【北京社科名家文库·纪念辑】

RENJIYU ZIXUANJI

任继愈自选集

BEIJING SHEKE MINGJIA WENKU JINIANJI

任继愈◎著

首都师范大学出版社
CAPITAL NORMAL UNIVERSITY PRESS

图书在版编目（CIP）数据

任继愈自选集/任继愈著. —北京：首都师范大学出版社，2009.9（2014.04 重印）
（北京社科名家文库）
ISBN 978-7-81119-759-4

Ⅰ. 任…　Ⅱ. 任…　Ⅲ. 哲学—文集　Ⅳ. B—53

中国版本图书馆 CIP 数据核字（2009）第 164204 号

北京社科名家文库
RENJIYU ZIXUANJI
任继愈自选集
任继愈　著

项目统筹：杨林玉　　责任编辑：樊沁永
责任设计：王征发　　封面绘画：王征发
责任校对：王亚利　　责任印制：何景贤
首都师范大学出版社出版发行
地　址　北京西三环北路 105 号
邮　编　100048
电　话　68418523（总编室）　68982468（发行部）
网　址　www.cnupn.com.cn
印　刷　北京集惠印刷有限责任公司
全国新华书店发行
版　次　2009 年 11 月第 2 版
印　次　2014 年 4 月第 2 次印刷
开　本　710mm×1 000mm　1/16
印　张　33　　插　页　1
字　数　390 千
定　价　69.00 元

出版说明

1978年，中国改革开放的元年。自那一年开始，中国已经走过了波澜壮阔的30年。这是伟大的30年，是改变中国的30年，是震惊世界的30年，也是哲学社会科学蓬勃发展的30年。

在哲学社会科学这30年的辉煌成就里，浸透着为新中国哲学社会科学奠基的老一辈专家呕心沥血的求索，也镌刻着寻着他们足迹的后来者追求真理的步伐。“学之大者，国之重器”。我们有责任将这些“大者”潜心研究的成果，重新编辑出版以飨读者。为此，北京市社会科学界联合会和首都师范大学出版社将这一套《北京社科名家文库》奉献给读者。她以自选集的体例形式，每年推出一批，争取在几年内达到百种以上。《北京社科名家文库》将系统展示当代哲学社会科学名家学者30年来的学思精华，展示他们的学术探索历程和风采。同时，为使这套《北京社科名家文库》更加丰富，编委会决定在首都师范大学出版社已出版的《当代著名学者自选集》中挑选符合体例的图书，编辑成《北京社科名家文库·纪念辑》，这将更完整地反映北京学人在学术风范和学术使命上的历史延续。

我们相信，《北京社科名家文库》将能够成为具有文化传承价值的经典性大型出版工程，成为集中展示首都哲学社会科学重要成果的一个窗口。由于我们水平所限，定有不足之处，希望读者和同仁给予批评指正。

编 委 会

2009年11月

目录

（三）

新旧力量对比、文化传统等组成的社会历史条件之间有一定差异。

春秋战国时期，华夏民族的活动范围西从渭水流域，东至黄河下游，南到长江中下游流域，北到蓟辽地域相当广阔。哲学上出现众多学派，呈现百家争鸣。这固然反映了不同阶级不同阶层的利益和要求，同时也与各家所在地区文化传统有关。当时有四个文化区，分别产生了四种文化类型，即：邹鲁文化、荆楚文化、三晋文化、燕齐文化。

邹鲁文化对西周传统文化继承得最多。尤其是鲁国，为周公子伯禽封国，保存了丰富的西周文物典籍①。鲁文化对周朝的宗法制度采取肯定和维护的态度。鲁国是儒家的发源地，儒家的经典《诗》、《书》、《礼》、《乐》，都是西周数百年文化积累形成的。

楚文化发生在江汉流域，它受西周传统文化的影响较小，有自己独特的风格，对中原文化持批判态度。在思想方面，《楚辞》、《老子》及后来受《老子》影响的庄周②，都带有楚文化的鲜明特征；即偏重于探讨世界万物的构成、起源，人与自然的关系，人在自然界中的地位，对于自然事物歌颂备至。老庄哲学对于人伦日用、政治生活，采取轻蔑的态度，视社会生活为桎梏，认为它破坏了朴素的自然。所以荀子说："庄子蔽于天而不知人。"荆楚文化的遗风，至西汉时期的《淮南子》传承犹在。刘安和他的门客的活动地区仍在当年楚境。

三晋文化指韩、赵、魏一带的文化。三晋处于四战之地，地理条件不如邻近大国，缺少天然屏障和回旋余地。为了在激烈斗争中求得

① 公元前540年，晋国韩宣子到鲁国访问，看到鲁国丰富的文物典籍，惊叹道："周礼尽在鲁矣。"见《左传》昭公二年。

② 庄周，宋人。《楚辞》、《老子》对庄子的影响甚深，故应归为楚文化型。

生存和发展，这些国家对内注意改革、练兵、储粮，对外则随时权衡国际交往的利弊，利用矛盾，争取外援。法家吴起、商鞅、韩非等，纵横家苏秦、张仪等，虽然其中有些人后来在三晋以外受到重用，但他们最初都萌发于这一地区，这是形势逼出来的。名家公孙龙为赵人。惠施学说流传于梁(魏)、宋间。荀况的思想兼有儒法两家的特点，与他曾受过三晋学风影响有关。秦国是后起的诸侯国，其地虽为姬周故乡，但平王东迁以后，文化重心随之东移，秦陇反呈空虚，所以秦的文化长期落后，缺乏自己的传统，没有实行严格的宗法制。秦孝公以后，主要受三晋文化影响，可以归到三晋文化类型。

燕齐文化，发轫于齐国稷下，后转输于燕。齐国的周礼传统不如鲁国深固，而军功新贵的势力又不如三晋强，它产生的管仲学派，对旧有的宗法制采取半保留半否定的态度，主张把法治和礼治结合起来。稷下学宫，人才辈出，以道家的势力较大。邹衍的阴阳五行学说，后来盛行于燕齐。西汉董仲舒生活在燕齐方士、道家最流行的地域，他的学说明显受到燕齐文化的影响。

秦汉以后，全国政治上统一，统治者也在努力使思想文化得到统一，车同轨，书同文，行同伦。但由于封建经济是自给自足的自然经济，由于中国地域辽阔广大，有千山万水相阻隔，加上各地文化传统具有保守性，思想文化上的地区差异性仍然长期存在着。在国家分裂、地方封建势力割据称雄的时代，文化上的地区差异性就更加突出。

三国时，魏、蜀、吴各有自己一大批文人学士。荆州地区集中了不少文学家、经学家。刘备、诸葛亮以荆州人才为基础，夺取了四川。王弼先人王业、王粲都在荆州，如果追溯魏晋玄学思想渊源，可以上溯到荆州学派。

南北朝时，政治、经济上的分裂，使南北两地文化上的差别扩大，学术上形成迥然不同的风格。北方的门阀士族为了在少数民族中保持其封建宗法特权，主要是保持其经济特权，他们着力利用儒家传统，宣扬封建宗法道德来维系人心，于是汉儒的经学在北方得到重视。南方门阀士族不像北方处于少数民族贵族统治之下，他们享有足够的政治、经济、文化及社会地位的特权，他们才有条件尚清谈，擅名理，好庄老。北方文化比南方落后，世俗地主阶级的学风，也影响到僧侣地主阶级。因而北方佛教十分注意禅定，强调宗教实践，对于佛学理论上的发挥不甚在意。南方佛教则偏重佛教理论的探究，与唯心主义玄学清谈相配合，为门阀士族特权制度服务。例如，般若学与贵无论相呼应，涅槃佛性学说为门阀士族特权作辩护。南北文化的地区性，一直影响到书法艺术，南方尚飘逸、洒脱，北方多端庄、凝重。

隋唐时期，南北统一，文化融合的趋势随之加强。但学术的地区性差别并未泯除。就拿门户林立的佛教宗派来说，它们之间的不同，既表现在经典、教义与师承传授关系上，也表现在学派的地区性上。如禅宗分为南北两宗，南宗主顿悟、北宗倡渐修，也与南朝重义解，北方重禅定的传统有关。

宋以后，儒教垄断了文化，地区性的特点进一步减弱。凡与正统思想不合的新见解，往往受到限制，甚至遭到扼杀。但是细加考察，一些具有全国影响的学派都有自己活动的中心地区或根据地。就宋代理学而言，有濂、洛、关、闽等学派，分别以江西、关中、洛阳和福建为其学派学术活动的中心。此外，还有永嘉、永康等学派。辽金学术与江南赵宋传统也有差别。北宋苏氏父子在理学上亦自成一家，号称蜀学。明朝则有王守仁学派的分化，有浙中和江右、泰州学派等。

这些学派的学说是全国性学术思潮的组成部分，同时又各有自己的特色。

明中叶以后，中国有了资本主义萌芽，社会内部孳生着一种破坏封建桎梏的新生力量。明末清初之际，阶级矛盾和民族矛盾加剧，学术思想趋于活跃。黄宗羲的民主思想的提出，复社知识分子集会结社活动，与他们生活、活动的江浙地区有着深切的关系。那里工商业发达，有手工业工场的存在，受着东林党人的巨大影响。王夫之与黄宗羲同时，两人思想却很不相同，除开两人所受教育、家庭等原因外，生活环境不同也是一个重要原因。王夫之生活在湖南，又到过两广，直接接触到当时湘黔原始氏族社会生活，因此他不相信儒家关于尧舜禹三代盛世之说，提出了今胜于古的进步历史观①。

过去讲哲学史，哲学发展的地区性是常常被忽视的一个环节。为了把具体问题具体分析的原则贯彻到底，在哲学史研究中，不仅要注意哲学家的阶级性、时代性、地区性，也还要分析哲学家个人经历、性格特征给哲学理论形态带来的个性差异。这些问题如不注意，就把哲学史写成千篇一律、千人一面。

既要看到哲学史上地区性的差异，而哲学的融合过程也同样值得注意。中国向来是众多民族混居杂处的国家。殷朝、周朝的诸侯，虽然各自为政，但都拥戴一个共主，是大国中的小国，彼此间有密切的经济文化联系，在黄河、长江流域，形成大范围内的华夏民族共同体。春秋战国时期，各诸侯国由奴隶社会相继过渡到封建社会，各国之间既进行着政治和军事上的激烈争夺，又进行着经济和文化上频繁

① 王夫之认为唐虞三代并不高明，那时“国小而君多”，“暴君横取无异今川广之土司，吸龁其部民”。见《读通鉴论》卷二十。

的交流，并向着统一合并的方向发展。最后由秦国统一了天下。秦王朝由于压迫剥削过甚，激化了与农民的矛盾，不久即被农民起义所推翻。汉朝总结亡秦的经验教训重建和巩固了全国范围内地主阶级的中央集权，中国从此进入了较稳定的全国统一的时代。政治上的统一，促进了兄弟民族之间经济的往来、文化的交流；民族之间的通婚，加强了民族之间的融合。

在学术思想的发展上，也表现为不断融合的过程，唯物论和唯心论的发展都是这样。荀况的哲学是先秦各种唯物主义哲学的总结，其中既有邹鲁文化、也有三晋文化、燕齐文化及荆楚文化。《吕氏春秋》一书，集合众家之长，儒、墨、道、法、名、阴阳各家，兼而有之。汉初《淮南子》也是一部以老庄为主的综合诸家的著作。董仲舒号称醇儒，其实他的儒术并不醇正，是燕齐方士与儒学的混合物。董仲舒融合各家，用神学驾驭哲学，使两汉经学具有中古经院哲学的特色。西汉以后，表面上看只有儒家被尊崇，实际上在儒家这面旗帜下对许多别家的思想都有所吸收。王充的哲学，是继荀子之后对唯物论的第二次大的总结，他对于先秦《老子》、《管子》、《荀子》、《韩非子》中的积极成分都有所吸收，同时对汉以来扬雄、桓谭的思想也有直接的继承和发挥。

魏晋时期，儒家独尊的局面暂时被打破，佛教、道教大量流行。儒、释、道三家互有斗争，又互相渗透、吸收、融合，三家都在起着变化。从三国时起，汉译佛经就增加了某些儒家的传统观念①。尔后，儒、释两家在义理上彼此调和、融通的做法，更加盛行。东晋慧远，在佛学内部调和大小乘之间的矛盾，在世俗哲学上则调和儒学与玄学的歧异，在儒佛关系上融合在世与出世的矛盾。南北朝时，梁武帝儒佛兼信。儒家讲的三纲五常成为佛教的善恶标准。

隋唐以后，儒、释、道三教合流的趋势相当明显。唐朝由政府明令禁佛、道两教互相攻击，三教都得到朝廷的大力支持，三教在内容上由互相诋毁而变成互相补充。

宋代理学创始者周敦颐，他的太极图说显然来自道士陈抟。朱熹与道教的关系也很深，他曾大力钻研过《参同契》、《阴符经》等道教经典。宋明理学是儒、释、道三教在理论上相结合的产物，只是以三纲五常为核心罢了。

王夫之的哲学是封建时代唯物主义哲学的最高成就，他集前人之大成，系统地总结了我国古代朴素唯物论和辩证法，吸收了各方面学术研究的优秀成果，在这个基础上，他才能够使自己的哲学有较全面的创新，代表了前资本主义社会人们认识世界一般规律的最高水平。

以上只是举例说明，中华民族的文化是各时代、各民族、各地区人民共同创造的。中国历史上重要的哲学家、思想家都善于吸收前人和同时代人的学术思想，经过消化，形成新的理论体系。经过不断的汇合、积累，逐渐形成中华民族独立的文化传统，它有较深厚的根

---

① 吴支谦译《太子瑞应本起经》卷上："佛言：至于昔者定光佛兴世……寿尽又升第七梵天，为梵天王。如果上作天帝，下为圣王，……。及其变化，随时而现：或为圣帝，或作儒林之宗，国师道士"，与康孟详译《修行本起经》相较，自"寿尽又升梵天"以下，两译本相同，只是没有"或为圣帝，或作儒林之宗，国师道士"。可见这几句话是译者为了调和佛儒而故意增加的。

基，较持久的影响力。当然，唯物主义哲学的融合与唯心主义哲学的融合不同；前者是融合科学的积极的成分，使真理得到发展，后者是融合非科学的消极的成分，给谬误保持了地盘。我们应当对这种文化融合的过程作深入的研究，总结出规律性的东西来。

(4)详细地占有历史资料，认真地进行审查和鉴别

对于中国哲学史的研究工作来说，从实际出发，就是从真实的中国哲学史史料出发。所以研究工作的第一步是全面地搜集资料，去伪存真，确定时代和作者。资料根据不充分就难免陷于空谈和武断；使用错误的资料，同样也得不出正确的结论。

搜集资料即使不能“竭泽而渔”，而基本的和主要的事实则不能漏掉。这些资料便是我们用以作出论断的依据，我们要尊重它，使自己的观点与之相一致；我们反对那种为了适应主观的需要去剪裁历史事实，取其一点，不及其余。有许多学术上的争论，是由于不能全面地处理资料，而是片面地引用资料引起的。历史上没有纯而不杂的哲学家，其思想资料里不同程度地存在着互相矛盾的部分，倘若我们的研究工作者各取所需，根据观点去找资料，那么持相反论点的双方，都可以从中找到自己所需要的资料，当然也都不能正视对方所掌握的资料，而结论则都不免陷入片面性。例如《老子》、《墨子》、《庄子》，它们的思想体系内部有矛盾，我们若各持一端，这笔墨官司一万年也打不清。正确的态度应当是，对资料要有一个全面的观点，承认矛盾的客观存在，历史地说明这种矛盾出现的原因及其发展趋向。情况是多种多样的。唯物主义成分和唯心主义成分在一个哲学家的头脑中同时并存，这是极常见的现象。有的“大醇而小疵”，基本倾向(或唯物或唯心)很清楚；有的在这个领域唯物，在那个领域唯心；有的本身观点模糊不清；或者一个学派的早期后期有变化，对此都不应忽略。

有些古代哲学著作不出于同一作者之手，也不是同一时代的产物，需要分开来处理。《墨子》一书，历史上学者们长期把它当作墨翟所作，根据近人的研究，我们把它分为墨子哲学和后期墨家，一个在战国初期，一个在战国中后期，这样更符合古代历史的实际。《庄子》一书也有类似的问题，若不加区别，一律作为庄周的思想，许多矛盾不好解决。我们根据古人的记载，把它分为庄周的哲学和后期庄学。这样，《庄子》书中进步性和保守性的矛盾，唯物主义体系和唯心主义体系的矛盾，也就迎刃而解了。《庄子》书中两种思想的矛盾，不同于《老子》，不是思想本身含混不清，而是存在着两种不同的论证体系，只能说明它分别出于不同时代作者之手。还有《周易》，过去把它当作一部不可分的完整著作，其实，《易经》部分属于殷周之际，《易传》部分属于战国后期，时代相距甚远。《管子》一书并不是管仲亲著，已为学者们公认，其中哪些保存了管仲的思想，哪些属于后来的管学，我们研究得还不够，但也谨慎地作了一些鉴别剔除工作，我们认为，其中大部分应看作是战国时期齐管仲学派的集体著作。学术界经常提到先秦的“思孟学派”，我们作了一些考证，认为资料不足，“思孟学派”的存在无法得到证实。

也有些资料，写成文字的时间较迟，但有关事件发生的时代甚早。如早期的宗教、神话、传说，文字流传时期多在汉魏间。我们结合民俗学、少数民族社会调查，考古发掘资料，均可证明其事出有源，不为无据，我们也审慎地、有选择地加以使用。我们对原始社会人类思维的描述，就是以这样的资料为根据的。

辨别资料的真伪，是治哲学史必然遇到的问题。在封建时代，经书是圣人留下来的，敢怀疑的人不多。直到清代，才对《尚书》的真伪开展广泛的讨论。五四以后，《古史辨》派的学者在清人考据的基础上，进一步打破旧传统的迷古，提出更大胆的怀疑，为清除封建时代对古史的歪曲和偏见，重新用科学的眼光审查古史资料的真伪，开辟了道路。这一历史功绩，不容抹煞。今天有了更多的考古资料，看来他们当初为了“矫枉”，有时难免有“过正”的地方，不该怀疑的也怀疑起来。

解放后，我们不仅有了科学的世界观和方法论，而且得到了逐年增多的大批出土文物，其数量之多，超过以往任何时代。这就为中国哲学史史料的辨伪工作创造了更有利的条件。例如，过去有人怀疑《孙膑兵法》传世，现在在同一墓地发现了《孙武兵法》和《孙膑兵法》，问题便迎刃而解。有了马王堆出土的帛书，对于黄老之学的面貌，我们就更清楚了。对于文物考古的新发现新成果，中国哲学史工作者要给予关心，把能够采用的及时吸收进来。当然，我们并不把中国哲学史研究上今后出现重大新突破的希望，寄托在新资料的发现上，而要花大力气研究在历史上发生过重大影响的学派和学说。

有些著作假托古人，如能找到真凭实据，把它作伪的时代搞清楚，那么它就可以从伪书变为该时代真实资料。如东晋的《列子》，前人不把它看作战国时期的列子的思想，因而说它是伪书，但用它来说明魏晋时期的一种思潮，则是可用的和有价值的。在这个意义上说，它一点也不伪。如果我们能善于利用科学手段来处理历史资料，把有用的资料放在它应当被放置的地位，那就有一天会做到人无弃人，物无弃物，书无伪书。当然这是一个长期努力的方向。

四、发扬优良传统，批判封建主义

中国有将近四千年有文字可考的历史，中华民族在长期封建社会中，创造了灿烂的封建文化。中国哲学史是中国文化的重要组成部分，它的内容十分丰富，有许多优良传统值得我们继承发扬。

中华民族善于吸收、消融外来文化，从不照搬照抄。外来文化到了中国，不改变成为中国的样子，就不能立足，因为我华夏文化有深厚的历史的政治、经济根基，形成了独特的民族性格。中国哲学史不仅是国内各民族文化思想的融合结晶，而且也以外来的哲学思想丰富自己的体系内容，像汉魏以后对佛教的吸收和消化，到宋代理学糅合儒、释、道三教思想，成为最完备的儒教哲学体系。佛教经过中国改造又传播到亚洲各邻国，各邻国封建社会时代也大多采用中国的儒家学说。中国哲学史在构成东方世界文明以及影响世界文化的作用中做出了应有的贡献。

中国历史上出现了许多伟大的哲学家和许多博学的学者，如春秋时期的孔子、老子，他们约与古印度的释迦牟尼同时，而早于古希腊的苏格拉底，他们的著述不但成为中华民族的财富，也是世界文化财富。

战国时期的墨子、孟子、庄子、荀子、韩非子等人，他们的学问造诣，可与欧亚任何民族古圣先哲相媲美。至于汉朝以后出现的大哲学家，像董仲舒、王充、王弼、向秀、郭象、范缜、韩愈、柳宗元、玄奘、惠能、王安石、张载、程颢、程颐、朱熹、陆九渊、陈亮、王守仁、王廷相、王夫之、黄宗羲、戴震等。其人物之多，理论造诣之博大精微，更是外国(包括东西方)中世纪无法比拟的。只是到了明中期以后，由于儒教的消极作用抑制了中华民族的生机，统治者切断正常的中外交流，以“天朝”大国固步自封，压制资本主义因素的萌发，当西方已迅速步入资本主义时代，它仍然停滞于封建社会，这样便逐渐落后了。我国近代史上也出现了洪秀全、康有为、严复、谭嗣同、章炳麟、孙中山等大思想家，他们是我国近代最早向西方寻求救国救民真理的先进的代表人物。尽管中国近代社会缺乏西方近代资产阶级哲学发生发展的条件，但是他们作为中国微弱的资本主义因素代表，毕竟将中国哲学发展到一个新阶段，为辛亥革命的胜利准备了思想条件，也为后来的五四新文化运动铺了路基，他们的历史功绩是不可磨灭的。

随着社会主义祖国的强大，中国已进入现代世界文化大国之林，旧中国那样长期闭关自守的局面已被打破。我们要面向世界，要无愧于中华民族的光荣历史，对人类做出较大的贡献。我们如果能够写出一部较为科学的中国哲学发展史，能够对中华民族的认识史有所揭示，将是我们的最大光荣，也是我们应尽的责任。随着我国国际地位的提高，中外文化交流将推动我们进一步总结经验，发扬优点，吸取外国哲学思想的长处，创造未来的精神文明。

中华民族在长期封建社会中创造了灿烂的封建文化。如何剔除其糟粕，批判地吸收其优良传统，在新的历史条件下予以发扬光大，这是我们的责任。

中华民族的文化，贯通古今数千年，有文字记载的历史连绵不断，越来越翔实。中国哲学史的著作更是十分丰富，给后人留下了可资依据的大量的思想资料。从春秋战国到近代五四，使我们对历史上思想发展有一个连绵不断的线索，我们这个传统是值得自豪的。

中国哲学史每一个时代都有它的独特的表现形式和中心思想议题。争论的中心随着人类认识深化而不断创新、前进，有因有革，从而使得中国哲学发展史显得绚丽多彩，既有继承，又有发展，哲学范畴内容不断地得到丰富。这一优良传统给中国哲学史提供了广阔的思想资料来源。

我国自古是个多民族的国家，各民族之间交往频繁。民族交往中随时吸取其他民族的长处，以弥补各自民族的短处，这是民族之间的常规。但是在人民真正当家做主以前，广大劳动人民(人民的主体)没有权利，主宰国家和民族关系的是各个民族中的贵族特权上层人物，他们是剥削阶级的代表，难免要扩大疆土，掳掠人民。因此，在中国历史上除了民族之间的交往和融合之外，也不断发生战争争夺现象。一般地讲，民族之间的战争，掠夺的一方是非正义的，被掠夺的一方，即受害者，如果进行自卫，应当认为是正义的。把历史事件放在当时的历史条件下来评判，古代的民族战争的正义性和非正义性不应含混过去，因为那是当时的大事，它直接影响着有关民族兴衰和当时人民群众的切身利益。中国古代历史上有许多哲学家的新思想往往是在民族矛盾的激发下产生的。这样的进步的思想家，在汉族和其他兄弟民族中都有。维护正义，反对外来民族侵略压迫构成中华民族的爱国主义的精神传统，一直成为中华民族对内融合兄弟民族的长处，对外抗拒侵略的精神支柱。特别到了近代，这种爱国主义精神传统更具有非凡的意义。

在近代，中华民族为了摆脱帝国主义侵略、奴役的处境，民族解放的斗争，成了推动人民觉醒、奋发图强的巨大动力，而先进的中国人为了向西方寻找真理，揭开了中国现代化的序幕，在曲折的道路上摸索前进，最后终于找到了马克思主义这个真理。有了爱国主义的好传统，才使得我们有可能一次又一次地挣脱灾难深重的境地，才能有繁荣富强的今天。也正是有了爱国主义的好传统，才使得中华民族中的优秀的思想家得到鼓舞和力量，抛弃旧成见，钻研当时的新问题，提出了有新意的哲学问题。

中华民族各族劳动人民又具有反压迫反剥削的好传统，从先秦到近代，这种传统一直未断。号召人们向往无拘无束的生活，有老子的小国寡民的理想，有庄子的歌颂无君的思想，直到洪秀全的《天朝田亩制度》和康有为的《大同书》，有过各种反剥削反压迫的思想。这种思想成了经常的反抗儒家正统思想的促进剂，它有时是儒家明显的对立面，也有时作为儒家思想的必要补充，因而形成了中国特有的空想的大同理想。

数千年的中国历史表明中国的无神论思想和唯物主义思想十分丰富。这是由于中国封建社会得到了充分的发展，封建社会的生产力发挥到这个社会形态可能到达的最高水平。在封建社会中，神学当权，宗教神学笼罩了一切学术领域。唯物主义和无神论在中国的存在，当然也受到中国宗教思想的限制，但是，中国的封建生产关系与生产力的关系有较协调的一面，因而生产、经济、文化都有突出的进展。科学技术与文化是发生唯物主义和无神论的土壤。而唯物主义和无神论的进展又必然限制了宗教神学的辖区。这又是中国哲学史的一个好传统。由于不断得到科学和无神论的理性源泉的灌溉，中国的封建哲学才不致显得像欧洲中世纪经院哲学那末枯燥、独断、反理性。

中国哲学史上的辩证法传统也是世界上封建社会中少有的。辩证法的传统在我国有两大思想体系：一是以老子为代表的贵柔体系，一是以《周易》为代表的刚健体系。这两大体系经历数千年交相融摄，不断丰富中国哲学的辩证法内容，从而使中国古代的辩证法思想达到了朴素辩证法的高峰。辩证法作为一种思想方法和世界观，它不但表现在哲学上，它已渗透到生产和生活的各个领域，如医学辩证施治的理论，军事学的指导思想，农业生产上的因地制宜，不但形成了中国医学、兵法、农学的独特体系，而且对世界文化宝库也做出了应有的贡献。

当然，我们也应看到，中国古代的朴素唯物主义和朴素辩证法思想毕竟是近代科学以前的产物，它们的水平也是近代科学以前的水平，缺乏科学实验的可靠基础，而带有极大的臆测性、直观性。它们不但与马克思主义哲学的辩证唯物主义不可同日而语，与法国的机械唯物主义和德国古典哲学家黑格尔的造诣也差着一个历史阶段，是不能相比的。

学习中国哲学史，继承发扬祖国优秀的哲学遗产，可以提高我们的民族自信心。马克思主义若不与中华民族的优秀文化传统相结合，社会主义的精神文明便不可能真正建立起来。我们必须反对民族文化虚无主义，反对那种看不起祖国文化的崇洋思想，但是我们亦不主张排斥外来文化的国粹主义。我们继承封建文化的优秀成果，并不继承封建主义，而且要把批判封建主义作为中国哲学史研究的重要内容之一。

从战国到鸦片战争两千多年，中国是封建社会。鸦片战争后，中国进入半封建半殖民地社会。由于中国民族资产阶级的软弱性，旧民主主义革命没有能够完成反帝反封建的任务。在中国无产阶级领导下，新民主主义革命取得成功。但因为中国资本主义极不发达，封建残余势力却十分强大，肃清其影响，不是轻而易举的。“文化大革命”带来的十年浩劫，正是残余封建主义不甘心灭亡，与社会主义进行的一场生死搏斗。秦汉以后的中国，长期处于大一统局面下，与欧洲中世纪分散割据的封建格局很不一样。中国历代封建统治者不断从政治制度、思想体系方面，加强中央集权的统治力量，维系大一统的局面。

为封建制度服务的各种思想体系，也与这个制度密切配合，形成了具有中国特点的封建社会的意识形态。在唐以前封建社会还处于上升阶段，这时政治结构、意识形态着眼于封建宗法制度的加强。随着

宗法制度的加强，中央集权也日益强化，皇帝个人及皇室集团的权力也跟着加强起来。中央集权从秦汉到明清，变得越来越集中。这种权力集中的过程反映了封建制度由发展到腐朽的过程。由于中国封建社会有了一套维持统治的重点，即着眼于加强皇帝个人的权力，用皇权的绝对性来维持封建统治，这样便由前期的着重维护封建宗法制度，转到后期着重维护皇帝个人的权力。由于皇权的加强，贵戚、宦官等等腐朽力量依附于皇帝独裁权力的周围，于是造成封建社会政治的腐败和黑暗。

封建的意识形态与封建制度的发展密切关联，有以下几个特点：

第一，封建时代地主阶级的思想、尤其是那些占统治地位的哲学思想，都积极维护封建宗法制度，为封建的三纲五常提供理论根据，因而打上浓厚的封建主义的印记。关于封建制度的“三纲”说，在先秦诸子如荀子、韩非已经提出，但在那时仅仅属于理论主张，并没有形成严整的制度。到了汉朝，地主阶级利用它掌握的政权以行政手段来推行“三纲”准则，提拔那些认真贯彻“三纲”的人做官，从一家一户到全国都推行“家长制”，奖励孝道，提倡以孝治天下，这就使得维护封建宗法制度的“三纲”思想的贯彻得到物质保证，比先秦时期着重于讲道理要有效多了。宋元以后，把《大学》这本书定为国家的教科书，这本书讲的是修身、齐家、治国、平天下，把封建的个体自然经济的思想体系哲理化，向全国灌输，以维护封建的“三纲”。皇帝集中体现了封建国家的权力意志，因此，“君为臣纲”便成为三纲之首，成为纲中之纲。中国封建社会占统治地位的哲学思想都具有明显的维护皇权的特点。宋代的理学家们提出以“天理”为宇宙的精神本体，所谓“天理”就是把三纲五常扩展为宇宙的根本规律。理学把纲常名教抬高到神圣不可侵犯的“天理”地位，而宣扬“存天理、灭人欲”的僧侣主义说教。

从汉到宋是儒教的发展和最后完成，儒学成为儒教，渗透到社会各个机体，成为套在人民身上的沉重枷锁。

第二，封建主义哲学的认识论，不像近代哲学那样，以明确的方式对主体与外界的关系进行探讨。中国封建时代的哲学认识论，特别是儒教说的认识过程，只是为了指示人们通过人伦日用的实践以达到神秘主义的本体。认识论只是达到封建伦理、自我人格完善的手段。虽然它也讲了许多庞大的宇宙结构的“天理”、“太极”等玄远的观念，而落脚点还在于如何更好地实践事父事君的义务，宋儒把它叫做“践形”、“尽性”。一般是被用来作为维护封建纲常道德的手段。它把道德作为认识的标准。理学家提倡的“主敬”、“惩忿窒欲”，即变相的“原罪”说。所谓“存天理，灭人欲”的宗教修身方法严重地阻碍了哲学思辨的道路，以信仰主义代替了理性思考，生活中一切疑问，都要在《五经》、《四书》中寻求答案。

封建主义哲学宣扬帝王、“圣人”是历史的推动者，这本来是历史唯物主义出现以前人类认识的通病。这里要提出的是中国哲学史上这种唯心史观有其特殊表现。中国封建社会越到后期，它的自我保护的机制越完备，君主中央集权越强大。理论上的“圣人”，具体化为当时的君主。以“天理”至上去论证君主至上；以天理无谬误去论证君主无谬误。

第三，中国哲学史的研究范围绝大部分是封建时代的意识形态，这些意识形态当然是有着进步与落后、唯物与唯心之分。过去我们在研究中坚持哲学史的党性原则，一般注意了赞扬进步的、唯物的，批判落后的、唯心的，但是忽视了具体分析和批判这些意识形态中的封建主义的糟粕。“四人帮”炮制的“法家进步、儒家反动”的公式就是钻了我们工作中这个空子，他们以赞扬法家为名，贩卖封建专制主义的私货。现在看得很清楚，阻碍我国社会主义发展的，除了资本主义以外，还有大量的封建主义东西。过去由于没有认清中国的这个历史特点，往往在批资本主义的口号下给封建主义留下了后路，甚至错误地把封建主义的东西当作社会主义的东西予以肯定。我们从事中国哲学史的研究，应该自觉地把批判封建主义的任务担负起来。

中国哲学史是中华民族的认识史，它展示出中国哲学与宗教的斗争中发展前进的历程，展示出人类抽象思维从低级向高级的发展，以及人类的认识是如何由浅入深，从片面向更多的方面扩展的。它也展示，哲学压缩了宗教的辖区，而宗教则不断地改变着自己的形式以维护它的阵地。中国哲学史用事实说明儒教形成后，给中华民族带来的苦难，直到今天，人们还不得不背着因袭的重担，不适应现代化的步伐。

哲学史作为认识史，无疑地将为人们提供可贵的借鉴。看到前人如何克服错误，我们从中受到启发；看到后人重犯前人已经犯过的错误，我们从中得到警惕。百年前恩格斯就指出：训练思维能力，迄今为止，还没有比学习哲学史更有效的方法。今天看来，它仍然是颠扑不破的真理。

历史传统悠久，文化积累深厚，这是我们国家的特点，但特点并非尽是优点。正如鲁迅批判的所谓“国粹主义”者们，好比一个人头上长了个赘疣，对这个人来说可以说是“粹”，但这又有什么值得保存的价值呢？如果我们对遗产不善于区别什么是精华，什么是糟粕，就可能把赘疣当成“国粹”，可能把缺点、弱点当成了优点，被死人拖住活人前进的脚步，这是我们要警惕和要避免的。

学习中国哲学史三十年*

我从事中国哲学史的教学、研究工作，按时间累计，约有四十年，抗战时期，在昆明西南联大时，就开始讲授中国哲学史和从事有关这方面的专题研究。但是，真正用科学方法来研究中国哲学史，应当说是从 1949 年开始的。实际上，中国哲学史作为一门科学，是解放后在党的关怀下逐渐建立起来的。这个科学在发展中，一方面是取得了很大的成绩，另一方面也走过不少弯路。如何恰如其分地估计这门科学的历史和现状，促进它的进一步发展，是每个从事这门科学的同志都十分关心的问题。

解放前的中国哲学史研究

现代意义的“哲学”这个概念，在封建时代并不存在，因为那时还没有现代科学的分类和社会分工，还不曾有过现代意义的“哲学”这样的学科，只有约略相当于哲学的一些部类。中世纪的欧洲只有神学一门学问，其他门类都是

* 此文写于 1979 年。原载《哲学研究》1979 年第 9 期。

神学的仆从，哲学包括在神学里面。古代中国的“经学”这门学问，它不像欧洲中世纪神学那样挂出神学招牌，它是一门经天纬地、无所不包的学科。中国古人认为，一切原则、规律以及解决问题的具体办法，经学中都讲到了，有什么疑难问题，只要到《五经》或《六经》中去找，都能找到答案。中国的经学不具神学之名，而有神学之实。

封建社会的哲学史名著，如《明儒学案》、《宋元学案》，其中大部分讲的是中国哲学问题(也包括伦理学、教育学、历史学以及其他学科的内容)，但不具哲学和哲学史之名。严格地说，进入现代后，才有近代含义的哲学和哲学史。

近代中国出现了资产阶级，到了五四时期，开始了波澜壮阔的新旧思想交锋。这时期中国哲学史也有了新的发展。

五四前夕，胡适出版了《中国哲学史大纲》(上)，这部书得到当时提倡新文化的进步人士蔡元培的赏识，随后又得到社会上的广泛重视，胡适也自称它是开山之作。这部书在1954～1955年全国性的批判胡适实用主义运动中受到了批判。批判了他的唯心史观，驳斥了他的实用主义观点，并指出了他的其他方面的错误，很多文章的意见是对的，这里不再重复。现在要指出，胡适这部书的确有胜过以前封建学者的地方。胡适打破了封建学者不敢触及的禁区，即“经学”。“经”是圣贤垂训的典籍，封建社会的一切成员，只能宣传它，解释它，信奉它，不能怀疑它，不准议论它，更不能批判它。尧、舜、禹、汤、文、武、周公、孔子都是圣人，只能膜拜，不能非议，这是封建社会的总规矩(西方中世纪对《圣经》也是如此)。据当时人的印象，读了胡适的《中国哲学史大纲》，使人耳目一新。作为一部哲学史，表达方式有条理，这只是形式，当时人认为“新”的地方主要在于它不同于封建时代哲学史书的代圣贤立言，为经传注解，而敢于打破封建时代沿袭下来的不准议论古代圣贤的禁例。他把孔丘和其他哲学家摆在同样的地位，供人们评论，这是一大变革。至胡适标榜的“明变”、“求因”等，所谓寻找中国哲学史的规律的大话，不过是空洞的议论，可以存而不论。只要把胡适的哲学史与封建时代的《宋元学案》、《明儒学案》对比一下，显然可以看出两者的差异。黄宗羲被认为是封建社会第一流的学者，他的两部“学案”汇集了相当丰富的资料，今天仍然不失为研究宋明理学的有用的参考书，但它有一个致命的弱点，就是不敢大胆非议圣人。而资产阶级的学者胡适的《中国哲学史大纲》则敢于非议圣人，这是时代赋予研究者的胆识，不单是胡适的功绩。只有当时社会进入资本主义时代，才能用批评的态度评论封建社会的人和事。处在封建社会里面的人，大都是看不清也不允许去看清封建社会的。这就是所谓历史的和阶级的局限性吧。

继胡适之后，冯友兰先生写的《中国哲学史》，是一部完整的著作，不像胡适的著作有头无尾，资料也丰富。这是沿着胡适开辟的道路继续向前走的书。这部书出版后，也对社会影响了若干年，这部书对封建主义采取妥协的立场，不像胡适的第一部书问世时那样给人以新鲜感觉了。继胡适的《中国哲学史大纲》以后，出现的性质相近或相似的其他著作，有梁启超、萧公权、钱穆等人的政治思想史、学术史等，这些著作，比封建时代的哲学史都不同程度地有所前进。但是，总的说来，这些都不能算作阐明中国哲学史发展规律的科学著作。中国哲学史虽在大学及学术界有此一门科目，但是没有能够成为一门科学。

解放前，在历史学领域内，有几位前辈开拓荒地的功劳是不可磨灭的。郭沫若、范文澜、翦伯赞、侯外庐、杜国庠等同志都在不同的方面运用历史唯物主义的观点和方法，对中国的古代社会、古代历史以及古代思想进行了卓有成效的探索。材料虽也是人们常见的《五经》、《二十四史》，但经过一定的科学分析，使人们透过各种现象的迷雾，看到了一些真相，或者说更接近于真相。不是说这几位前辈们的著作毫无可以讨论的地方，已成定论，而是说，即使他们的著作有些缺点和错误，但他们走的方向道路是一条阳关大道，他们的作品是运用历史唯物主义进行探索的教材，具有示范作用。如果没有这些前辈们解放前的一些著作作为标本，解放后的一些新手在学习并运用马克思主义进行探索的路上不知要遇到多少困难，要走多少弯路。

学习用马克思主义研究中国哲学史

解放后，党十分关怀知识分子的成长，积极帮助他们学习马克思主义的基本理论。解放初期北京大学、清华大学哲学系的教师和一些马克思主义哲学工作者，定期(每两周一次)举行讨论会。当时北京大学哲学系教师们过去基本上都未曾接触过马克思主义，这样的讨论会是一个很好的学习方式。经常参加的，北京大学有汤用彤、贺麟、郑昕、洪谦、朱光潜、胡世华、齐良骥、任继愈等人，清华大学有金岳霖、冯友兰、张岱年、任华、邓以蛰、王宪钧等人。当时研究马克思主义多年的艾思奇、胡绳、侯外庐、何思敬等同志常来参加，徐特立同志有时也来参加。讨论会人数不多，自由参加，不拘形式，每次都有一人作中心发言，其他人围绕这个中心问题自由发言，金岳霖同志讲过形式逻辑，胡世华同志讲过数理逻辑，郑昕同志讲过康德，贺麟同志讲过黑格尔。发言多的是艾思奇、胡绳、何思敬几位同志。他们除了介绍马克思主义、毛泽东思想外，还给大家解答一些问题。当时我们没有接触过马克思主义，什么是历史唯物主义还很不清楚。通过这样的学习、交流、获益很多。后来，艾思奇、胡绳同志还兼任北京大学哲学系的教授，系统地讲授马克思列宁主义、毛泽东思想。当时，还成立了一个新哲学会，会长是李达同志。在这个学会里分中国哲学史、外国哲学史、逻辑、中国近代思想史、辩证唯物主义与历史唯物主义等几个组。这个组织除了举行大型报告会外，也为北大、清华两校的哲学系编写教学大纲，编选资料，后来出版的《中国近代思想史资料汇编》，就是这时编选的。龚自珍和魏源开始被写入中国哲学史，在这以前对刘逢禄、廖平还有人讲，龚、魏则被忽视了。

当时我们的学习，基本上是用从延安带来的办法。马克思主义者从来不采取教训人的态度，一些旧社会过来的唯心主义者，也没有顾忌地提出问题讨论。那时还没有提出过"不戴帽子、不抓辫子、不打棍子"的口号，但大家实际上做到了"三不"。记得艾思奇同志曾主张形式逻辑就是形而上学，但与会的逻辑学教师都提出不同的意见，争执了很久，讨论了若干次。最后艾思奇同志放弃了他的意见，也认为形式逻辑不等于形而上学。

学习马克思主义，光讨论不行，更重要的是必须系统地阅读、钻研马克思主义的经典著作。解放前，在国民党统治区里，这些书是被禁止的，不得公开发行。解放后，学习条件变了，我们有充足的时间，也能够读到马、恩、列、斯的重要著作。那时全集还没有译出来，但也可以读到一些外文本(如英、德、俄文本)。除了书本的学习，还参加了社会活动，群众工作。经常在京郊参加一些农村的社会活动，还到全国各地参加土地改革运动，上述北大、清华的教师们除年老体弱者外，差不多都参加过这类社会实践活动。作为一个中国哲学史研究者，不了解中国的农民，不懂得他们的思想感情，就不能理解中国的社会；不懂得中国的农民、中国的农村，就不可能懂得中国的历史。我自己深切感到，由于参加了土地改革运动，与农民共同生活在一起，思想感情有了很大的变化，从此真正感到过去儒学家讲的“修身、齐家、治国、平天下”以及“天地万物一体之仁”、“亲亲而仁民、仁民而爱物”都是空话。即使古人真正这样想的，也救不了天下，救不了人民，只能把旧中国拖向苦难的深渊。解放后不久，我对多年来最敬重的一位教授，也是我的老师说：你讲的儒家、佛教的那套哲学，我不信了，我要重新学习。

经过三年恢复时期，国民经济有了发展，国家开始大规模、有计划的建设。文化教育事业有了大的调整。1952 年院系调整，全国各大学的哲学系都取消，合并到北京大学，组成一个哲学系，这时的哲学系教授、副教授共有四十多人，人才济济，未曾得有。教材建设也在这时开始。

苏联派了不少哲学专家来我国，学制也进行了改革。他们的教材、教学方法、教学组织机构介绍过来，我们一齐接受了。北京大学哲学系先后来过几位苏联专家。我们今天哲学系四十岁以上的教师大都听过苏联专家讲课。苏联那时还没有系统的中国哲学史教材，而西方哲学史的教材却系统地介绍到我国来了，他们的方法对中国哲学史也发生了广泛的影响。

我们可以读到马、恩、列、斯的全部著作，也有了辅导、解释这些著作的一些书籍。使人们对马列主义有了更多的了解。但是也不能不指出，苏联的学风也给中国学术界、哲学界带来一些消极作用。

第一，苏联对欧美的传统哲学有偏见，特别是苏联在卫国战争后，对德国的古典哲学有偏见，因而不能客观地对待，不那么实事求是。

第二，苏联教学中只讲正面的，不讲反面的。参考书也只限于正面的，导致学生思想简单化，只讲唯物主义，少讲唯心主义，甚至不讲唯心主义。用这样的方法，讲马列主义已经不行，讲哲学史就更加不行。

第三，苏联学术界的习惯，只允许有一种讲法。遇到学术界有争论的问题，由政治局派人来作出结论，学术界按照结论来执行。最明显的例子如日丹诺夫在西方哲学史讨论会上的《发言》，成了研究哲学史的唯一指导方针，不允许讨论商榷。这是用行政手段来解决学术问题，把学术问题当成政治问题来对待，对科学发展有害无益。而这些消极影响，也波及中国学术界。

总起来说，通过解放初期这段系统认真的学习，历史唯物主义被广大学者接受，并把它运用于一切社会历史领域内。中国哲学史这个阵地也被历史唯物主义所占领，逐渐地成为一门崭新的社会科学。

中国哲学史研究的成就

三十年来，就作品来说，出版了通史、断代史、专题研究、论文集等，但纯属中国哲学史范围的不到十种。就人力来说，专业队伍不到二百人，与我们的任务相比，研究中国哲学史的专业力量还是十分薄弱的。尽管这样，我们的成绩还是很大的。

首先，我们毕竟有了一支研究中国哲学史的专业队伍，也拥有一大批业余爱好者。建国以来有几次关于中国哲学史的讨论，如对孔丘的评价问题，除了专业人员以外，社会上很多人参加了讨论。这样一支队伍，在解放前是不可能想象的。这支队伍也正是今后进一步发展中国哲学史的基础。

同时，中国哲学史作为一门科学，在马列主义、毛泽东思想指导下建立起来，已得到全国的公认。从孔丘到孙中山，进行了初步的描绘。不同的研究者分别做出不同的甚至相反的结论。应当承认这是科研工作的正常现象。人们对从古到今各个时代的重要哲学家和流派进行了初步的分析，虽然这种分析是粗略的，有时是片面的。对几个重要的哲学家还进行过比较广泛的讨论，比如对孔丘、老聃、庄周、王夫之等人都开展过全国性的讨论，对哲学史方法论也进行过多次讨论。这些讨论虽然不可能得到一致的结论，却进一步确立了马克思主义的立场、观点、方法的领导地位，开阔了人们的眼界，使参加者从不同的意见中吸取营养，无疑能够推动学术研究的深入。

对各个重要的哲学家或学派摸了摸他们的特点、性质以及他们的基本主张，是唯心主义还是唯物主义，在当时是进步的还是保守、反动，他们的自然观、认识论、方法论、社会历史观有些什么内容，等等。如果把这种工作看作研究哲学史的最终目的，当然不对，但为了进一步开展研究，摸清上述情况，则是不可缺少的。可能分类分得不妥当，可能把性质看错了，这不但是可能的，而且是不可避免的。常常看到对同一个哲学家或学派持有相反的意见，在研究中出现分歧，这不是混乱，恰恰是这一门学问兴旺发达的标志。

解放后的中国哲学史打破了旧哲学史的框框，把军事辩证法和自然科学中的哲学思想，如医学、农学中的哲学思想吸收进了哲学史，不但丰富了中国哲学史；也为自然辩证法的历史提供了可备参考的材料。

三十年来，中国哲学史不能不受中国的政治经济发展的总形势的影响。中国政治上的安定团结或动荡不安，马列主义的原则是否得到正确的贯彻，直接关系到中国哲学史的发展、停滞，甚至倒退。

国民经济正常发展的时期，也正是我国政治生活正常进行、党的政策较能得到正确贯彻的时候。这时，学术上可以开展正常的争论，学术活动可以比较健康地进行。相反，人为地制造紧张，打棍子、扣帽子的时候，也就是学术停顿的时候。

新中国成立以来，在全国范围内发动了几次大论战，直接与中国哲学史有关的有：对电影《武训传》的批判，有对胡适实用主义的批判，通过这些批判使人们把学到的理论武器用到战场上，历史唯物主义与历史唯心主义开展正面的交锋，不论是参战的还是观战的，都受到马克思主义的教育，锻炼了理论队伍，也提高了识别历史唯心主义的能力。当然，也产生了一些副作用。

1957年以后，国际国内形势起了变化，把反对修正主义当作头等大事来抓。马克思主义与修正主义水火不相容，真正的马克思主义当然要反对修正主义。但是不能把不是修正主义的东西当修正主义批判、斗争。今天回顾一下，至少可以说有把政治问题与学术问题弄混的情况。有时候往往把人民内部的不同意见当作敌我问题来处理，由此造成的损失是惨重的，甚至是无法弥补的。有些全国性的大批判，如关于思维与存在的同一性的问题；关于合二而一的问题；关于人口论的问题等，都是以政治运动代替学术讨论，以讨论开始，以批判告终的。

这种风气造成了学术界的不安定、不团结。学术界(中国哲学史也在内)出现了极不正常的现象，有一派人“一贯正确”，是专门批判别人；另一派人则是只能受批判，无权答辩，成了学术上被专政的对象。关锋的《反对哲学史方法论上的修正主义》一书，充分表现了这一时期的蛮横学风。

全国范围内从1957年以后直到“四人帮”的垮台，近二十年来，一贯反右倾机会主义，不反对“左”倾机会主义。于是“左”倾思潮泛滥成灾。三年困难时期，学术界又有点复苏。这时中国哲学史和社会科学的其他学科一样，也有些前进。由中共中央宣传部领导的教材编写工作开始了，这时大学文科教材有二百多种上马，有教科书和教学用的资料，中国哲学史也在内。这一时期举行过山东的孔子讨论会，湖南的王船山讨论会，都是主办单位邀请全国哲学史界的人士参加的。这一时期，学术空气比前些年大批“右倾”时期活跃，批判孔丘和赞成孔丘的言论都得到发言的机会。

“四人帮”在“文化大革命”中大搞影射史学，为其篡党夺权的阴谋服务。这十多年，中国哲学史的研究处于混乱、倒退的局面。这是有目共睹的，这里不再多说。这是前进中的逆流，历史终归要前进的。

除了上面所说的一些情况以外，关于哲学史方法论方面的论文，三十年来，发表了不少。比如像关于哲学史的对象与范围的问题，关于唯物主义与唯心主义在人类认识史上的作用问题，关于推动哲学思想发展的动力的问题，关于自然科学在哲学中的重要作用问题，等等。像这些重大问题，解放前不可能提到研究的日程上来，而今天则受到哲学史工作者的普遍关心和重视。能够提出这类问题，本身就意味着研究工作的深入，理论水平有了普遍的提高，表明面临着新的起点。

存在的问题

三十年来，中国哲学史的研究虽然取得了很大成绩，但也有不少问题，其中有些问题的性质甚至是严重的。这些问题如果得不到应有的重视，将会给这一科学带来严重的后果。

首先，我们对中国哲学史的研究应该批判封建主义的任务重视得不够。中国哲学史的研究范围绝大部分是封建时代的意识形态，这些意识形态当然是有着进步与落后、唯物与唯心之分。过去我们在研究中坚持哲学史的党性原则，一般地注意了赞扬进步的、唯物的，批判落后的、唯心的，但却忽视了具体地分析和批判这些意识形态中的封建主义的糟粕。“四人帮”炮制的“法家进步、儒家反动”的公式就是钻了我们工作中的这个空子，他们以赞扬法家为名，贩卖封建专制主义的私货，大搞封建法西斯专政。现在看得很清楚，阻碍我国社会主义发展的，除了资本主义以外，主要是大量的封建主义的东西。封建主义的根子更深，危害更大，甚至用马克思主义伪装起来，构成中国修正主义的特殊形式。过去由于没有认清中国的这个历史特点，往往在批判资本主义的口号下给封建主义留下了后路，甚至错误地把封建主义的东西当作社会主义的东西。我们搞中国哲学史的人好些是专门或者主要研究封建时代意识形态的，应该自觉地把批判封建主义的任务担负起来。当然，这种批判不是简单从事，而是在详细占有资料的基础上作出科学分析。只有这种以科学分析为特征的批判才有助于人们认清封建主义的实质，也才能使中国哲学史这门科学在促进“四化”中发挥应有的作用。

其次，在我们的研究中形式主义、教条主义相当严重。教条主义几十年来十分顽固，很难根除，应当看到有它的历史根源和社会根源。中国封建主义流毒深广，它弥漫于各个角落，也影响到学术界。社会上，人们往往不自觉地用对待封建帝王那样诚敬的态度来对待无产阶级革命领袖，马、恩、列、斯代替了尧、舜、禹、汤的地位，写在本本上的绝不敢有疑问，本本上没有写的更不敢多想。思想停止活动，就是僵化的开始。我们这些年来，习惯于在马列主义经典著作中找现成的答案，不少文章和著作，缺少有说服力的具体分析。天长日久，也逐渐安于这种多引用少分析，甚至不分析，习惯用马列主义著作中的词句代替作者的分析，实际上是背离了马列主义的根本原则——对具体问题作具体分析。这样的学风不改变，将使我们的中国哲学史研究思想僵化，不能有力地开展学术讨论和国际学术交流。历史唯物主义是马克思主义的划时代的贡献，但是，如果脱离了具体分析，不顾时间、地点、条件，把几条原则或个别词句生搬硬套，把马克思主义的词句当成包医百病的灵丹，或当作驱疫防邪的符咒，那不是尊重马克思主义，而是糟蹋了马克思主义。这种思想上的懒汉作风不仅使这门科学的发展受到影响，也使研究者本人在一定程度上丧失思考和辨别的能力，容易受骗上当，被别有用心的人牵着鼻子走，“四人帮”搞的那一套儒法斗争史居然欺骗了不少人，教训是深刻的。

前些年，“四人帮”横行时期，制造了一种“恐古病”，一提到“古”，就好像犯了大罪。实际上在“四人帮”横行以前，早已有了这种苗头。当时错误地解释和滥用了“厚今薄古”的口号。在研究问题时不要当古人的奴隶，不要颂古非今，这当然是正确的。但是如果把这一原则不看对象，不加分析地在研究历史、哲学史的广阔领域中当作法律来采用，则有害无益。因为历史总是“古”的多，今的少。对古的东西一概不予重视，那只能导致文化虚无主义，否定了我们的文化优良传统。应当实事求是，如实地总结历史经验。历史经验多就多写，少就少写，有多少，算多少。不能因为它是“今”的，就硬把它拉长，也不能因为它是“古”的，就硬把它压缩。有些哲学史著作在写作之前就规定，近代部分不得少于全部书的一半篇幅，这种不从实际出发的做法显然是错误的。

还有“古为今用”这个口号也被歪曲和滥用了。全面地、正确地理解这个口号，可以避免一些脱离实际的空谈。如果把它作为一条法律，也会把狭隘的实用主义当作马列主义来“用”。“四人帮”横行时期的很多文章，都是打着这个旗号来贩卖假货的。他们把历史看成百依百顺任人打扮的女孩子，好像历史不是客观存在，而是主观的东西，又走上了六十年前胡适走过的那条邪路。影射史学也经常是躲在“古为今用”的大旗下，进行鬼蜮活动的。

中国哲学史的研究工作，三十年来在马克思主义指导下取得了巨大成绩。但也应看到，这三十年间人们的真正工作时间还不到十五年，有一半的时间浪费了，大家干了一些无效劳动，甚至比无效劳动更坏的内耗，出现倒退。已经取得的成绩距离科学的哲学史的要求还差得远。我们仅仅对重要的哲学家和流派做了初步的普查工作，简单地分类，并没有深入研究。不仅是重大的专题，详尽的断代史，有待于进一步努力，就是对某一问题、某一人物，某一学派、某一部专著，也都缺乏深入的研究。经验表明：没有广泛的、深入的普查，就不可能准确地总结出规律来，断代史是通史的基础，对各个断代摸不透，看得不准，要想写出一部有科学性的哲学通史，是不可能的。衡量一部哲学史有无价值及价值大小，不在于篇幅长短，而在于它揭示的哲学史发展的规律性的深度和广度。

中国各个历史时期的哲学的发生、发展，不是孤立的，不是与它同时代的其他学科没有关系。一个时代的思潮，反映了时代的脉搏。比如研究魏晋时代的哲学，与当时的文学、艺术，以至宗教，都相互关联，相互渗透，相互影响。如果哲学史与它同时代的其他上层建筑、意识形态对不上号或格格不入，这样的哲学史即使它言之成理、持之有故，也不能算作科学的哲学史。

用这样的标准来衡量我们过去所做的工作，深深感到摆在我们面前的任务还很艰巨。例如，资料工作还得加强。今天我们研究中国哲学史手头必备的资料本来就很少，基本上依靠解放前商务印书馆、中华书局出版的书籍，解放后出版的原始资料很少，就是这些出版物，在“文化大革命”中由于受到破坏，也已经为数不多，靠这极其有限的原始资料开展科学的研究那是太困难了。由于没有进行原始资料的积累和整理工作，连整理资料的人才也没有得到充分锻炼的机会。今天我国四十岁以下的研究人员和大学教师，对原始资料的鉴别、校勘、训诂的基本功，比起老一辈的专家要差得多，阅读和理解能力也低得很多。这一差距要花相当长的时间才能弥补起来，短期是不行的。此外，三十年来新发现的考古发掘的对哲学史有用的资料，还未来得及整理，有的则未消化，旧的资料，有些过去认为是伪书的，今天已可证明其不伪。即使是伪书，只要断定其确切年代，仍然是可靠的资料，要给它重新估价。近三十年来，国外学者对中国哲学史也有不少的研究成果，有的有重要参考价值，我们还未能及时吸取其有用部分。

理论的准备也要加强。三十年来我们的理论界有很大的进步，马克思主义已深入人心，但也应当看到我们的理论水平还不高，对真假马克思主义，对唯物主义和唯心主义还缺乏科学的鉴别能力。我自己深感没有学好，不善于运用马克思主义作为指导来解决中国哲学史的具体问题。哲学史研究者不能不受全国理论风气的影响。1957 年以后，理论界的极“左”思潮和各种混乱，不能不影响到哲学史界。例如，把阶级斗争当作历史发展的唯一动力，在哲学史界也有反映。学术界长期以来不大习惯于心平气和地讨论问题，一有争论就说是两条路线的斗争。“恐古”、“恐修”达到神经衰弱的程度。像这些多年来积累下来的顽症，不是一年两年可以治好的。这些缺点都不利于马克思主义理论的正常发展，理论水平决定了哲学史的水平。理论水平不高，哲学史水平也不高了。

有了理论，有了资料，还要有锻炼以理论驾驭资料的本领。三十年来，我们也吃尽了理论与资料脱节的苦头，二十世纪五十年代有一个时期学术界曾流行“以论带史”的口号，它的用意大概是提倡用理论统帅历史资料。记得在北大文科各系曾出现过“以论代史”的倾向，空论太多，史料不足。往往用马列的词句代替科学的论证和分析。这种做法，有时可以造成一时的声势，但不能说服人。五十年代和我们批判胡适的实用主义的繁琐考据时，强调理论的重要。任何时候强调理论的重要都是对的，但从此出现了轻视资料的偏向；任何时候史学工作者轻视资料的偏向都是错的。因此，把材料与理论有机地统一起来，是我们长期努力的方向。

先秦哲学无“六家”*

——读司马谈《论六家要旨》

自从司马谈著《论六家要旨》后，封建学者多以此为根据，认为先秦有“六家”。只要细读司马谈原文，这恐怕是出于误会。有些“家”在先秦根本不存在，也有些家，有其名而未必有其实——像司马谈所列举的那样的内容。现在试作以下的辨析。

司马谈是这样说的：

> “……‘天下一致而百虑，同归而殊途’。夫阴阳、儒、墨、名、法、道德，此务为治者也，直所从言之异路，有省不省耳！”

太史公提出六家的次序，不是按学派产生的先后提出的，可能是按他认为重要的程度的顺序排列的，把最重要的排在最后。他还说，这六家“此务为治”，各有优缺点。这在

---

* 原载1963年5月31日《文汇报》。

先秦，无论站在哪一家的立场，都是认为不能接受的。且不用说孟子与杨墨势不两立，庄子对孔墨极尽挖苦之能事，就连同属孔子之徒的荀子也是不承认孟子的学说是能“为治”的。法家的韩非对儒墨《显学》都有所批判，也是有明文记载的。这种调和观点，是汉初的情况，不是先秦原来的情况。

且看他所论述的“道家”：

“道家使人精神专一，动合无形，赡足万物。其为术也，因阴阳之大顺，采儒墨之善，撮名法之要……”

这一段话，古人习而不察，认为讲的是老庄思想。我想这种看法是不对的。

如果他所谓道家指的是老子，老子在儒墨之前，司马谈当然知道，阴阳家如邹衍、名家如公孙龙、法家如韩非更在战国后期。老子早已死去多年，如何能死而复生：“采儒墨之善，撮名法之要”呢？

如果他所谓道家指的是庄子，庄子“剽剥儒墨”（见《史记·庄子列传》），对儒墨抱着敌视的态度，对辩论（名家所重视的）也采取反对的态度，如《齐物论》就是反对辩论的，对严刑峻法（法家）君臣上之序一向反对，又怎能说他能“采儒墨之善，撮名法之要”呢？

如果说有所谓既不包括老子，又不包括庄子的道家，那就是另有所指，那末就更奇怪了。把老庄思想除外，还有什么“道家”？

儒家，倒是先秦有这样的学派的，《韩非·显学》就说过“儒分为八”。但是其中有唯心主义的孔子、孟子，有唯物主义的荀子。即使孔子是否是唯心主义现在还有争论，但是孟子是唯心主义、荀子是唯物主义似乎已有定论。那末，孟子、荀子有什么共同之处就很难说了。首先在世界观上是对立的。他们两人都自称以孔子为师，都讲“仁义”，如果从表面看问题，未尝不可以归为一类。但是师承不能代替派别，讲仁义也有不同的讲法。是不是可以把讲仁义的、自称孔子弟子的都归为一派呢？我想是不可以的。司马谈自己认为儒家的标志是“博而寡要，劳而少功”，这是孟子、荀子都难以承认的。至于“序君臣父子之礼，列夫妇长幼之别”，更不只是儒家为然。在孔子以前，周公所制定的“礼”就是这样规定的；以后“法家”和“墨家”也不是不讲君臣父子之礼和夫妇长幼之别的。可见用这个标志以区别先秦的六家也是不够妥当的。

再看“墨家”。墨家也是先秦已有的学派。但是，早期的墨家是唯心主义的，后期墨家是唯物主义的。在世界观上是根本对立的。根本对立的两派，合为一家，不分早期、后期差别，看来，也失之含混。

再看名家。司马谈说名家“使人俭而善失真，然其正名实，不可不察也”。司马谈把讲到名实关系的都列为“名家”。先秦讲到名实问题，并进行深入辨析的，有公孙龙、有后期墨家、有荀子等人。这里面有唯物主义的名实论，也有唯心主义的名实论。事实上不是一家，而是不同的学派对于名实问题发表过意见。这怎能列为一家呢？

法家，倒是体系比较完整，首尾一贯的学派。

阴阳家，先秦有唯物主义的阴阳学派，也有唯心主义的阴阳学派。

总起来看，“六家”之说，不是讲的先秦的学术流派。如果勉强说先秦有所谓“家”，也只能说有“法家”。至于儒家墨家，那只是从师承方面分派的，这是表面划分的办法，是十分勉强的。先秦有的只是老子学派、庄子学派、公孙龙学派等。道家、名家、阴阳家，先秦根本没有过。

那末，司马谈《论六家要旨》是不是造谣？也不是。他讲的六家，是汉初当时流行的六个重要学派。这些学派，有他们的纲领，正像他的文章中所讲过的。当西汉初年，秦王朝的暴力统治被推翻以后，许多学术流派又有一次小“争鸣”的热闹局面。《淮南子》一书的杂家的特色，正是反映了当时实际状况。董仲舒曾对汉武帝说过：

> “今师异道，人异论，百家殊方，指意不同。”（《举贤良对策》）

董仲舒与司马谈同时，所说的情况应当就是司马谈所亲见的。董仲舒是汉初的儒家，他为了加强中央集权的统一，他要使思想定于一尊，除了孔子之说，不许其他学派传布。司马谈是汉初的道家，他认为道家采取了儒、墨、阴阳、名、法众家之长，这也反映了汉初黄老之学占统治地位的思想情况。班固说司马迁的《史记》的缺点是“论大道，则先黄老而后六经”（《汉书·司马迁传》），班固讲的是司马迁，其实司马谈的观点和司马迁也是差不多的。

汉代政治统一了，学术思想方面也需要总结过去，瞻望将来，为统一的封建王朝建立其哲学理论基础。《论六家要旨》就是适应这一时代要求，从“道家”的学术观点所提出的学术评论。荀子的《非十二子》，韩非的《显学》，都带有一定的总结性，庄子的《天下篇》更是一篇比较系统的学术评论。这些文章的出现，都在战国末期或汉初，不是偶然的。面临从奴隶制到封建一统的新局面，不同的学派都力图从自己的立场论证自己的观点是“正确”的。司马谈的六家分类说，对于处理当时百家众说的复杂现象，是有其积极意义的，虽然不尽妥当，也不够深入，但在两千年前，也算难得了。

今天我们研究哲学史，因为有了马克思主义作为分析批判的武器，我们有条件胜过古人。我们看哲学史中的派别，首先要看它是属于唯物主义的还是属于唯心主义的。不论古人自称他属于什么家什么派，我们不要轻信他们悬挂的招牌，重要的是掌握其本质。我们讲先秦哲学史，如果也用“六家”来分，就比司马谈多了一重错误。

司马谈不懂得唯心、唯物的区别，他可能只看到师承相传的关系，我们有了马克思主义，如果用“六家”来讲述先秦，实际上会掩盖了哲学史上唯心主义与唯物主义斗争的真相。同是“儒家”，有孟子的唯心主义，又有荀子的唯物主义；同是“墨家”，有前期的唯心主义的墨家，有后期的唯物主义的墨家；同是“名家”，有公孙龙的唯心主义名家，有后期墨家和荀子的唯物主义名家。把这些不同性质的流派，勉强划归于所谓“儒”、“墨”、“名”各家，有什么必要呢？对于说明思想发展斗争的规律有什么好处呢？把那些根本不存在的“道家”、“阴阳家”、“名家”当作先秦的实际情况，又有什么根据呢？至少司马谈没有这样说过，我们也不能以《论六家要旨》作为先秦有六家的根据。再以“名家”为例，如果由于讲到“名”，就算“名家”，那就得把后期墨家、荀子也放在“名家”之内才行。那就打乱了六家的体例了。如果说，只有公孙龙才算“名家”，别的都不算，那就是用另外的标准来划分派别了。而且公孙龙的哲学讲名实问题，也讲了其他问题。就算用“名家”来概括公孙龙一派，也是不全面的。何不把公孙龙的学派老老实实叫做公孙龙学派呢？

论魏晋南北朝社会思潮的交融

从事中国哲学史的研究，不难发现魏晋南北朝时期的哲学，上不同于秦汉，下不同于隋唐宋明。魏晋时期的玄学思想在中国哲学史上的地位，越来越被重视，这是可喜的现象。同时不能不指出，学术界对南北朝时期的中国哲学的发展注意似乎不够。从时间上看，魏晋哲学(即玄学)的发展流行，约在魏晋政权更替之际，为时不过五十年。东晋时期，已不完全是玄学当令，佛教的思想深受儒教、玄学的影响，又有它独特的时代色彩。

魏晋玄学的主要代表人物，早期的如何晏、王弼，较后的如郭象等人的哲学体系及运用的范畴，看不出他们与佛教思想有什么瓜葛，事实上当时佛教已十分流行，只是没影响到玄学内部。相反，魏晋时期佛教的翻译及著作却不免带有玄学的影子，有些佛教独特的概念、范畴，往往用当时人们所熟知的玄学的概念、范畴去理解，并用这种理解向中国介绍。

东晋朝廷偏安江南，后来与东晋相衔接的南朝四代的主要思潮，呈现为玄学、佛教、道教与儒教思想混合交融的形势。

与东晋相对峙的五胡十六国及后来北方建立的北朝与南方学风不同，它具有中国北方学派和少数民族的特色，佛教、儒教的成分较重，玄学、道教的色彩较南朝稍淡。即历史上所说的北学繁芜，南学简要。繁芜，是指它玄学成分少，而汉儒解经影响大；简要是指玄学影响大，汉儒解经的影响少。若进一步细分，还可以举出更多的南北差异。如果把魏晋南北朝这段历史四百年的中国哲学发展全局来看，这四百年间也有它共同特点。因为这一时期，中国属于“乱世”，而不算“治世”。秦汉以来，中华民族已奠定了大一统的政治格局，大家已确认统一是正常的，分裂是不正常的。东晋及南朝有作为的几个统治者多利用恢复中原为号召，往往得到朝野的拥护。北方有为的统治者也认为不统一全国，不算真正的帝王大业。苻坚淝水之战，大败而归，以至亡国，如果摆脱成败论功过的旧观念，苻坚统一全国的指导思想，符合中华民族秦汉以来的传统观念。中国应当统一，至于应当由谁来统一，要看民心向背，国势强弱；不是皇帝及贵族们的主观愿望所能决定的。

总之，魏晋南北朝虽属乱世，乱世也要有政府，也要建立适应乱世的统治秩序，否则人们一天也活不下去。因此，魏晋南北朝时期哲学社会思潮能在“乱世”这个总格局下面做文章。相对于全国大一统的盛世，我们称这一时期为“乱世”。

这个长期分裂近四百年的“乱世”，放在整个中国历史发展的长河中，它有哪些特点？简单地说，概括为“交融”时期，有五个方面的特点可说：

第一，汉代经学的变革；第二，多民族社会制度生产方式的交融；第三，宗教思想弥漫；第四，多民族文化与多宗教文化的交融；

第五，国际文化与华夏文化的交融。

一、汉代经学的变革

神学经学经历了汉末的政治混乱，已失去了它的神性的光辉。经学的训诂章句之学，作为一种纯学术，已流为繁琐，作为统治之术，更是缓不济急。魏晋经学演变趋势，在太学的讲习中已有所反映。它不满足于汉代传统讲述方式。高贵乡公曹髦，幸太学，与众博士论经学。先论《易》。曹问：

"圣人幽赞神明，仰观俯察，始作八卦，后圣重之为六十四，立爻以极数，凡斯大义，罔有不备，而夏有《连山》，殷有《归藏》，周曰《周易》，《易》之书，其故何也？"

《易》博士淳于俊对曰："包羲因燧皇之图而制八卦，神农演之为六十四，黄帝、尧、舜通其变，三代随时，质文各繇其事。故《易》者，变易也，名曰《连山》，似山出内(云)气，连天地也；《归藏》者，万事莫不归藏于其中也。"帝又曰："若使包羲因燧皇而作《易》，孔子何以不云燧人氏没，包羲氏作乎？"

俊不能答。

帝又问曰："孔子作彖、象，郑玄作注，虽圣贤不同，其所释经义一也。今彖、象不与经文相连，而注连之，何也？"

俊对曰："郑玄合彖、象于经者，欲使学者寻省易了也。"

帝曰："若郑玄合之，于学诚便，则孔子曷为不合以了学者乎？"

俊对曰："孔子恐其与文王相乱，是以不合，此圣人以不合为谦。"

帝曰："若圣人以不合为谦，则郑玄何独不谦邪？"

俊对曰："古义弘深，圣问奥远，非臣所能详尽。"

帝又问曰："系辞云，'黄帝、尧、舜垂衣裳而天下治'，此包羲、神农之世为无衣裳。但圣人化天下，何殊异尔邪？"

俊对曰："三皇之时，人寡而禽兽众，故取其羽皮而天下用足。及至黄帝，人众而禽兽寡，是以作为衣裳以济时变也。"

帝又问："乾为天，而复为金，为玉，为老马，与细物并邪？"

俊对曰："圣人取象，或远或近，近取诸物，远则天地。"①

讲《易》毕，复命讲《尚书》。

帝问曰："郑玄曰'稽古同天，言尧同于天也'。王肃云'尧顺考古道而行之'。二义不同，何者为是？"

博士庾峻对曰："先儒所执，各有乖异，臣不足以定之。然《洪范》称'三人占，从二人之言'。贾、马及肃皆以为'顺考古道'。以《洪范》言之，肃义为长。"

帝曰："仲尼言'唯天为大，唯尧则之'。尧之大美，在乎则天，顺考古道，非其至也。今发篇开义以明圣德，而舍其大，更称其细，岂作者之意邪？"

峻对曰："臣奉遵师说，未喻大义，至于折中，裁之圣思"。

次及四岳举鲧，帝又问曰："夫大人者，与天地合其德，与日月合其明，思无不周，明无不照，今王肃云'尧意不能明鲧，是以试用'。如此，圣人之明有所未尽邪？"

---

① 《三国志魏书》卷四，136页，北京，中华书局，1982。

峻对曰："虽圣人之弘，犹有所未尽，故禹曰：'知人则哲，惟帝难之'然卒能改授圣贤，缉熙庶绩，亦所以成圣也"。

帝曰："夫有始有卒，其唯圣人。若不能始，何以为圣？其言'唯帝难之'，然卒能改授，盖谓知人，圣人所难，非不尽之言也，《经》云：'知人则哲，能官人'。若尧疑鲧，试之九年，官人失叙，何得谓之圣哲？"

峻对曰："臣窃观经传，圣人行事不能无失，是以尧失之四凶，周公失之二叔，仲尼失之宰予。"

帝曰："尧之任鲧，九载无成，汩陈五行，民用昏垫。至于仲尼失之宰予，言行之间，轻重不同也。至于周公、管、蔡之事，亦《尚书》所载，皆博士所当通也。"

峻对曰："此皆先贤所疑，非臣寡见所能究论。"

次及"有鳏在下曰虞舜"，帝问曰："当尧之时，洪水为害，四凶在朝，宜速登贤圣济斯民之时也。舜年在既立，圣德光明，而久不进用，何也？"

峻对曰："尧咨嗟求贤，欲逊己位，岳曰'否德忝帝位'。尧复使岳扬举仄陋，然后荐舜。荐舜之本，实由于尧，此盖圣人欲尽众心也"。

帝曰："尧既闻舜而不登用，又时忠臣亦不进达，乃使岳扬仄陋而后荐举，非急于用圣恤民之谓也。"

峻对曰："非臣愚见所能逮及"。

于是复命讲《礼记》。

帝问曰："'太上立德，其次务施报'。为治何由而教化各异，皆修何政而能致于立德，施而不报乎?”

博士马照对曰：“太上立德，谓三皇五帝之世以德化民，其次报施，谓三王之世以礼为治也。”

帝曰：“二者致化薄厚不同，将主有优劣邪？时使之然乎?”

照对曰：“诚由时有朴文，故化有薄厚也。”①

曹髦当政时，社会上已出现了玄学思潮，这股思潮已冲决长期定于一尊的神学经学传统。当时国家教育机构(太学)思想比较保守，对新生事物(如玄学)还不能接受，皇帝曹髦(高贵乡公)也不属于代表新思潮的人物，尽管如此，从曹髦和太学博士们的问答讲论中，已看出传统经学已经失去它的统治优势，对数百年沿袭下来的师承、家法的旧经义，提出了疑问。

东汉末年中央政权堕落，失去权威性。当初被描绘得十分神圣的天子皇权，在人民的眼里已经破产。名不符实的现象十分普遍；从当政者的言行，到社会风气，取士的标准，政府所提倡的和它实际所干的，完全不对号。社会出现了一股对传统价值的怀疑与批判思潮②，批判思潮的兴起，已经标志着玄学萌发酝酿阶段。对旧的社会失去信任，新的社会应当是一种什么形态，思想体系如何，还提不出一套完整的方案。总之，人们认为，从政治制度到道德标准，从宇宙论到人生观，非改变不可，旧章程无法维持下去了。

二、多民族的社会制度，生产方式的交融

我们编写《中国哲学发展史》(秦汉卷)，已经指出，中国秦汉开

① 《三国志魏书》卷四，135～138页，北京，中华书局，1982。

② 《中国哲学发展史》(秦汉卷)《东汉末年的社会批判思潮》。

始，开创了我国多民族大一统的新局面。今天全国人口占绝大多数的“汉族”，是秦汉以后，逐渐发展壮大的。如果追溯这个汉族的起源，可发现它不是从来就存在的单一的民族。号称“汉族”的民族，它是春秋战国以来，以中原文化为中心的华夏族发展的结果。华夏族也不是单一的民族，它以华夏文化为中心长期形成的民族共同体。华夏族有共同文化语言文字，共同的经济生活，共同的心理状态。其中血统的联系，对汉族倒不占主要地位。

魏晋南北朝，是中华民族以空前规模进行大融合的时期。西晋统治集团内部混战，引起五胡十六国在北方连年混战，战争无疑给人民带来了灾难。同时战争迫使人民进行大规模的流动。民族大迁移，又促使民族间的婚姻关系变得复杂起来，从而打破了在族内近亲的繁衍的常规。由于民族的不断地交流融合，北方少数民族在汉族影响下，加速了生活方式到生产方式的变革，处在奴隶制前期的一些民族，吸收了汉族先进文化(封建制社会对奴隶社会以至部落社会，无疑是先进的)按常规需要千百年的社会变革，在短短的几十年内就完成了，它们很快进入封建社会。少数民族以它本身固有的青春朝气，傅以先进的社会制度，它会开创意想不到的新局面。落后的蛮族在欧洲建立了生气勃勃的罗马文化，我国南北朝时期的历史发展与西欧的罗马文化有某些近似。北朝的生产发展，国家财力都超过南朝，后来以北方人力物力为基础的隋朝轻而易举地征服了南朝，为隋唐大一统的新局面打下基础。

南方各民族也有不同程度的融合。上层贵族，有南方土著顾、陆、张、朱等大姓与南渡后的北方大族王、谢、郗等士族结为联盟；南方少数民族也在大量开发生产的过程中有了新的交融。

经过了南北朝近四百年的民族融合，中华民族内部增加了新内容，以华夏文化为中心的汉族文化浸润了当时的各民族，各民族也以吸收中华文化为荣。如北魏的迁都，文化改革，改易姓氏，又给中华民族增输进新鲜血液。

民族间的融合过程，在当时并不是自觉进行的，历史往往以它独有的“诡恢”通过某些偶然事件完成了必然的使命。南北朝的战乱，无疑给人民带来了深重的灾难，灾难的背后，却伴随着新的成果——中华民族壮大了，社会发展的步伐加快了。为下一步大一统创造了条件。

三、宗教思想弥漫

中国的土生土长的宗教，在秦汉以前为巫术，汉末政治黑暗，社会混乱，朝野上下充斥着一种不安定的意识。在今存的东汉古诗中有不少反映。地主阶级中，有表现仕途失意，异乡漂泊的；有咏叹光阴易逝，伤悼自己地位卑下的；有表达人生有常，寿命有限的。在东汉古诗中有大量失志、伤时作品流行。

社会不安定的局面，黄巾起义后，汉王朝名存实亡，到魏晋时期，社会危机日益严重，西晋八王之乱，不但老百姓遭受战争灾难，上层贵族也朝不保夕。现实社会的动乱，给宗教活动提供了滋生的土壤。中国的道教就是在这个社会条件下加快发展起来的，外来的佛教早在西汉末、东汉初就传入内地，但影响仅限于皇室及上层贵族。魏晋以后，佛教、道教风靡全国，南北朝时，佛教更加发展。梁武帝时，“天下户口几亡其半”，(这里的“天下”只是指梁朝境内)北朝佛教发展的迅猛更甚于南朝①。《洛阳伽蓝记》所述塔庙建筑的宏伟壮丽，

① 参看《魏书·释老志》。

不难想见佛教在当时的势力。北周灭北齐，齐旧境内寺院四万余所，僧尼二百多万，周武帝建德三年(574年)和建德六年(577年)两次下令禁断佛道两教，焚经毁寺，没收寺院财产，强令三百万僧尼还俗(按当时禁断佛道两教的政策，其中也当有道教)归乡编户[①]。这样庞大的僧徒，在全部人口所占比例之高，可以说空前的。

魏晋南北朝佛教信徒与佛经译著几乎同步增长。凡是印度及西域佛教经典中已有的，中国都有相应汉译本。佛教小乘、大乘、空宗、有宗、史传、目录，戒律、经论。都有代表性的译著。南朝刘宋以后，译事停滞(也是趋于饱和)，转向著述，此后佛教典籍中，译述的比重下降，著述的比重上升。著名僧人不再是外国的翻译家，而是中国的佛教思想家。这时期的道教，既有为上层王公贵族养生、修炼的著作，也有为下层民众设置的符水、祈禳的巫术。因而得到上层的重视和下层的支持。北方有寇谦之建立的进一步为上层服务的道教流派，南方道教有葛洪、陆修静、陶弘景等人为代表的南方流派。南方道教更多地从理论上融合玄、佛、儒的思想，构造体系。“三洞”、“四辅”的道教经典分类方法，反映了南方道教各流派综合整理、总结的实况。

佛道两教虽然都宣传出世，但都力图为当时的门阀士族地主政权服务，从出家人的立场强化儒家纲常名教思想。

魏晋南北朝时期佛教道教反映了各宗教内部许多流派的理论的分歧，同时也反映了各类宗教为封建统治者服务的基本教义，如忍让、禁欲、苦行、服从等奴化人性的教条。有利用宗教掩护农民起义的活

① 这次对佛教的打击甚于唐武宗会昌五年(845年)的废佛运动，会昌废佛，拆寺4600所，兰若四万所，僧尼还俗者260500。

动；也有政府内部的不同集团的武装斗争。其中成员有道教信徒，那是政治斗争，与宗教信仰没有必然联系。

四、多民族的文化与多宗教文化的交融

中国古代社会的基本支柱是封建宗法制，纲常名教是它的核心。封建宗法思想的代表人物是孔子为首的儒家。南北朝时期，北方少数民族过去不曾接触华夏封建文化，生产方式还处在前封建主义阶段。佛教本来是外来宗教，在少数民族地区，佛教因果报应宣传比儒家思想更容易被接受，“佛是戎神，正所奉祀”。佛教对协调我国多民族的关系，促进北方民族间的交往，曾起过积极作用。

但文化在人类社会生活中是个有机体，与民族的发展密不可分。宗教文化与民族文化有时一致，有时不尽一致。民族不断发展，生产方式不断前进。北方少数民族很快进入封建社会，在中原地区执政后，又不得不与当地汉族门阀士族发生联系，争取得到他们的合作与支持，才能维持中原地区的长治久安局面。从五胡十六国到北朝各代，事实上形成了汉族与少数民族的地主阶级的联合政权。南北朝的后期，政府设施，官制建置，更多采用中国传统的《周官》。《周官》真伪学术界有争议，但当时的少数民族容纳了北方汉族门阀士族的建议，并付诸实行，则是事实。

外来宗教到了中国，要作一些改变，以求适应新的环境①。南北朝后期的佛教也不同于汉魏初期的佛教，同时南北双方佛教也会相互影响。佛教与道教的长期争辩也促进双方交流、融合。佛道两教又同为门阀地主阶级服务，因而不能不受儒家文化的影响；出家人本来不

---

① 参看任继愈主编的《中国佛教史》，社会科学出版社，第一卷。

应参与政治活动，可是东晋庐山慧远为儒家讲丧服经，陶弘景身在山中，随时备政府咨询，号称“山中宰相”。这些交融只是形迹上的，政治上的。更深刻的多民族的文化与多宗教的文化的交融表现在哲学思想内部。

宗教之间的交互影响，随处可见。南北朝时期出现了大批“伪经”如《须弥四域经》称伏羲女娲为佛二弟子，两个显化菩萨，《洁静法行经》称佛遣二弟子，震旦教化，儒童菩萨，彼称孔子，光净菩萨，彼称颜渊，摩诃迦叶，彼称老子。《老子化胡经》则把释迦当成老子西出关教化的弟子，这两类都是抬高自己的宗教地位，贬低其他宗教地位的伪经。又如《提谓波利经》，流行于北方，以五戒、五常、五行、五星、五方、五色、五味、五脏相配伍。这正说明汉代的阴阳五行的宇宙论框架在玄学流行的南方逐渐消逝，北方保留的汉代经学传统观念较多的证据。讲到佛教的“八关斋”与《礼记》的《月令》相结合。认为积善功德可以“增寿益算”。增寿益算之说来自道教《太平经》及《抱朴子》①。还有一些宣扬儒家忠孝的伪佛经，如《佛说父母恩重经》等。

如果作更进一步的发掘，还可以发现，佛教道教经典中某些概念范畴的作用、涵义，已经不限于佛教道教内部，它已渗透到中国哲学内部，实际上改变着中国哲学内容。佛教得到了儒教的支持而扩大了势力范围，儒教得到佛教的渗透而增加它们的抽象思维的深度。例如，北朝流行的经论中有《十地经论》(世亲)和《摄大乘论》(无着)，这两者都是印度大乘后期的作品。《十地经》原为《华严经·十地品》(鸠摩罗什译)。该经把成佛的过程分成十个阶段，一个阶段为一地(等级)。“十地”是由低级到高级进行精神修养的层次。《十地经》有“三界

① 《抱朴子·微旨》：“天地有司过之神，随人所犯轻重，以夺其算。”

虚妄，但是一心作”。《十地经论》对此“一心”提出了解释，认为造作三界的这个心(“一心”)即阿赖耶识，这是一种不灭永存的精神实体。这个实体是“净”，它就是成佛的根据，要扶持它；这个实体是“染”，它就是成佛的障碍，要消除它。而《摄大乘论》讲“无尘唯识”，讨论的也是成佛的途径和世界构成的最后根源的问题。佛教中一派认为这个“识”是第八“识”(阿赖耶识)，是染污的根源；另一派则认为这个“识”是阿摩罗识(唯一净识，又称第九识)。这些问题是深入探讨涅槃佛性问题引发出的新问题。它涉及一个根本问题：佛性是善，是真，那么罪恶从何而起？人性是善，恶从何来？佛教这个外来宗教关于佛性的辨析，直接联系到中国哲学史的人性论，而且把中国哲学史上讲了近千年的人性论深化了。后来的佛教华严宗，倾向于自性清净；法相唯识所讲的阿赖耶缘起，则认为第八识与生俱来，它是万恶之源，必须消灭它才能成佛。

佛教把得到最高精神境界叫做“成佛”。中国古代哲学把得到最高精神境界叫做“成圣”。名称不同，宗旨没有什么两样。

中国哲学史研究者，比较注意佛教思想与中国哲学思想关系，不少人指出，宋儒的月印万川，理一分殊的说法导源华严，心性之学来自禅宗，都言之有据，毋庸多说。朱子攻击陆九渊，说陆子近禅，陆子也说朱子近道教，陆朱两家都讲天理，讲心、性、情。宋儒关于人性论最重要的范畴是“天命之性”与“气质之性”，朱子称自从张载提出了“气质之性”与“天命之性”，才使儒门论性之说趋于完备。“论性不论气不备”，“论气不论性不明”。“气质之性”之说，于儒家经典无任何根据，但一切正统宋儒学者，对此完全接受，并有所发挥。把它和尧舜禹相传的“十六字真传”同样奉为至理名言。

我们可以说儒佛两教的互相渗透，有的有形迹可寻，有的无形迹可循。有形迹可寻的容易看出儒家与二氏的凭据，无形迹可寻的真赃实犯不容易被人捉住。上面所举的例子，"气质之性"这一重要范畴出现后，立即完全为儒家所接受。这也就说明儒佛思想的交融已是水到渠成，双方心照不宣。

此外，如关于儒佛、儒道之间的类似情况还多，这里不必一一列举。

五、国际文化与中华文化的交融

一种外来文化与本土文化接触后，由于主客观的条件不同，产生的结果往往很不相同。文化不是抽象的，更不是无根的。文化必具有民族性，也必具有地区性。文化还具有继承性，没有从天而降的文化。

中华民族秦汉以前，是在中国内部范围内进行广泛的长期的交流，而形成华夏文化。秦汉以后，由丝绸之路，沟通了中西文化。先是经济的、商业的和政治的需要，逐渐打开了对外开放的门户。中国当时是个高度发达的封建大国。经济发达，物产丰盛，文化悠久而开明，远出于四邻之上，中华民族以自己的悠久灿烂文化而自豪。当时，我们主要来往借助于陆上的丝绸之路。佛教的发源于东方文明古国，有它自己产生发达的社会历史背景。在中国与当时西方文化接触后，经历了一个长期融合的过程。两种不同来源的文化相接触，有三种可能：(一)如本土文化先进，外来文化落后，两相接触，落后的一方往往被先进文化的一方消融；(二)外来文化先进，本土文化落后，外来文化引进后，很少不被外来文化消融的；(三)双方文化先进程度大致相当，两种文化接触后，经长期激荡，摩擦，造成相互渗透、相互吸收的情况。佛教传入中国，略相当于第三种情况，又不全同于上述第三种情况。因为中国传统文化是中国封建宗法制度下，长期积累的产物。它根深叶茂，支干扶疏，对外来文化无所畏惧，信手拈来无所容心，以我为主吸收其所当吸收以为我所用。因此，佛教文化传入中国后，中国传统文化对佛教文化不是闭门不纳，而是对它进行改造，以求其适应中国封建宗法制度。而佛教文化也有它的深厚根基，要把它改造得完全适合中国的需要，并非轻而易举。

我们可以说，佛教传入中国两千年的历史，也就是佛教不断改变它的精神面貌以期适应中国封建宗法社会制度的历史。先经过翻译介绍，然后中国人自己阐释发挥，有些发挥在印度有某些经典根据，也有些中国佛教著作与印度传统佛教全不相干，完全是自己的创造。历史表明，完全创造的流派，其影响反而胜过有外来经典依据的流派。佛教毕竟是一种体大思深的宗教思想体系，虽屡经改造，但仍能维持自己的门户不使隳灭。我们也曾看到进入古代中国的还有其他宗教，却被中国传统文化逐渐消融，最后归于消失的也不少。

再以佛教文化为例。东方哲学、东方宗教与古希腊传统迥异。即以认识论为例，认识论都是探讨主体与客体关系的学科。这是共同的。但认识方式，思维方式，都不得不受言语、民族的文化传统的制约。同样讲到"认识"，在西方感性认识，理性认识的分辨层次井然，心内主客之间也界划分明，西方把道德感情、感受之类的感受与认识能力有分明的界限。东方的"认识"论，包括中国的，佛教的哲学理论所涉及的认识，像佛教所讲的"识"，就它具有分别辨析的作用来说，它有着认识论的共性，任何哲学流派的认识论，涉及主客观关系，都承认有分别、辨析才有认识作用。但佛教的识(包括大乘后期提出的八识)的对象，不止限于识别主体外物，感知的精神活动。它的"识"的内容丰富得多，佛教的识，绝不限于观察，反映的活动，它还包括痛痒之感，苦乐之情，善恶价值判断，行为追求，是对宇宙，对人生，对社会的总判断。如果说这也是认识论，这个认识论既包括西方传统哲学所公认认识论的内容，又有西方传统哲学认识所包不尽的内容，如道德观念，美的欣赏品鉴，宗教情操体会，都是属于“识”所涉及的范围。它是一种广义的，整体性，综合性的直观“体认”过程。这种“识”包括心的作用，也包括思想感情的作用，也包括道德修养自我判断和自我体验。这种特点，把宗教修养，宗教世界观，很自然地与哲学融为一体，佛教、儒教(宋明理学)混然一体，不易划分，其症结也在这里。

综上所述，魏晋南北朝时期各种思潮和文化的交融在中华民族的认识史上占有十分重要的地位，它承上启下，一方面继承维护了从先秦到两汉长期积淀而成的民族文化传统，同时也在广泛的交融中汲取了多方面的营养，扩大了视野，丰富了内容，隋唐宋明以后中国哲学史所出现的新面貌，如果不追溯到这一段历史，是无从理解的。

中国哲学发展史（魏晋南北朝卷）导言

魏晋南北朝这一历史阶段的年代断限为从曹丕称帝（220年）到陈朝灭亡（589年），历时369年①。这是秦以后，我国政局分裂持续时间最久的一段时期。中间西晋曾有过短暂的统一，不久发生了八王之乱，此后国无宁日，长期陷于政治纷争、民族纠葛之中。369年中，只有35年是统一的。旧史家称这段时期为乱世。也有的史学家出于传统种族偏见，只承认南方政权为正统，贬斥北方政权僭号。这类偏见长期影响着人们对南北朝的历史作如实地评价。

从中华民族的发展、成长、壮大的全过程来考察，在有文字记载的五千年中，这中间近四百年长期分裂，不能看成民族的不幸，而应当为这一段历史欢呼、赞叹。因为这是中华民族一次更新时期，它为后来的隋唐盛世积蓄力量，准备条件；它为后来的文化高潮奠立基础。中国哲学

① 哲学发展的分期，不同于历史上朝代的断限那样严格按年月划分，不能刀砍斧截似的齐整。按历史朝代分期只表示大体的时限，有的思想可以较早，也可以较迟，不能看死了。

史如果对这一段落研究不好，此后一千多年的文化高峰将无从说起。

再从历史发展的客观形势看，魏晋南北朝这一特定阶段，不是碰巧了出现的，用王弼的话说，“物无妄然，必由其理”。

秦汉奠定了封建大一统的格局，并持续了两千多年。两千多年贯穿着一对基本矛盾：从经济结构看，中国封建社会是小农经济，一家一户为生产单位，小农经济的本性是分散的、封闭的自然经济；从政治结构看，中国封建社会的管理机构是大一统的封建集权制。要统一，必须集中管理，而极端分散又是小农经济的特性。政治上的高度集中与经济上的极端分散有矛盾。集中过了头，影响了小农经济的生存，政治就不稳定；中央失去控制，过度分散，也不利于小农经济的发展。中国地主阶级在两汉时期，由于中央腐败，集中统治失控，造成军阀割据，三国鼎立，出现了地方分散的豪强势力。西晋短暂的统一，并不能扭转地方割据势力发展趋势——门阀士族抬头。这也是地主阶级发展中不可避免的过程。

再从思想发展史的趋势看。两汉的神学经学随着汉政权的失势而衰落，于是出现反映门阀士族地主阶级世界观的玄学。

从人类认识史的角度考察，由汉代的宇宙构成论到玄学的本体论，标志着哲学思想的进步。

魏晋南北朝近四百年的哲学发展史，可以分为三阶段。第一阶段为玄学时期；第二阶段为玄学与佛教般若学时期；第三阶段为佛教经学形成时期。

玄学阶段时间不长，极盛时期在正始年间，晋室南渡，玄学思想也带到江南，这时已经与佛教般若学合流。东晋后期，直到南北朝结束，都是佛教经学形成时期。由于玄学的产生在中国哲学史上起着划时代的作用，本书阐述玄学的篇章较多。过去的中国哲学史只讲玄学，对儒教的经学，道教的思想，尤其是佛教思想阐述得不够，本卷对这一方面将有所加强。

还要指出，中国佛教思想经历几百年的传播与中国传统文化相融合，已成为中国封建社会上层建筑的一部分。佛教哲学思想不应再被看作外来文化，它已是中国文化的一部分。佛教哲学与当时中国社会、历史文化息息相关。佛教经学所涉及的问题，是接着中国哲学史讲的，应当看作中国哲学史的一部分，而不是中国哲学史以外的体系。

南北朝时期形成佛教经学，是接着魏晋玄学讲的，它沿着玄学开创的道路继续发展。

东晋以后，佛教传播较从前更加广泛，经过晋、南北朝僧众的翻译，汉译佛经基本上完成了介绍外来佛教著作的任务。中国人的著作比重增加，先后创立了许多学派，为后来隋唐佛教宗派奠立了基础。

这一时期佛教作为宗教哲学讨论的中心问题是佛性问题。佛教界关心的“佛性论”，实际上就是人世间“人性论”的屈光折射。佛性论（心性论）的提出并受到思想界的普遍关注，它标志着玄学本体论向纵深的发展。由本体论进而探讨心性论，是中华民族认识史上的深化。

南北朝时期，社会上流行的主要佛教经典有《维摩诘经》、《法华经》、《涅槃经》、《华严经》，流行的主要佛教经论有《摄大乘论》、《十地经论》、《大乘起信论》，表面上众说纷纭，但中心问题不出心性论范围。它涉及众生有无成佛的可能，人性是善是恶；如果是善，恶从何来；如果是恶，通过什么途径使人弃恶向善；成佛有无捷径；有无佛国净土；佛国净土在心性之外还是在心性之内，等等。这些众多的关于心性论的问题被提出来了，却没有一个令人满意的答案。因为有些问题是佛教自己制造出来的假问题，他们当然无法做出正确的回答。也有些问题受历史的局限，当时任何人也回答不全。总之，当时关于心性论这个范围提出的许多问题，可以促使后人进一步去思考、去寻求答案，这在人类认识史上是一个进步。

从魏晋到南北朝，佛教学派众多，著作丰富，思想活跃，形成了与儒家经学并立的“佛教经学”。它以出世的姿态积极为封建王朝服务。我们不用佛教说明历史，而是用历史说明佛教。

民族融合与文化交流，两者互相促进。南北朝初期，南北双方对峙，民族矛盾占主要地位。如桓温、刘裕北伐时，曾得到中原地区群众的欢迎，即可说明民族矛盾是主要的，北方群众怀念中原地区的旧统治者。

随着文化的交流，更确切地说，由于社会发展的内在动力，中国传统文化的凝聚力，把北方少数民族迅速带进了封建社会。因为封建制比奴隶制先进，奴隶制向封建制过渡，是不可抗拒的趋势。这个转折点的标志是北魏孝文帝迁都洛阳，大量接受华夏文化，禁胡语、胡服，改汉姓，学习儒家典籍，建立封建宗法制的政权管理体制。南朝梁武帝时，南北朝的对峙，已由民族政权的对立转化为南北政权的对立。南方北方文人学者有了往来，双方互相收受政治避难者，民族成见已不占重要地位。佛教僧团在南北双方的传教活动，也对促进南北融合起了积极作用。

伟大的中华民族，经历了魏晋南北朝几百年的磨炼，变得比过去更加成熟了。哲学抽象思维的水平更加提高了。中国哲学发展史比过去更加璀璨夺目。这是在新的历史条件下涌现的新成果。这里所说的新的历史条件和新成果，可以从以下四个方面来考察，即：民族大融合、地区大开发、文化大交流、思想大开放。这四个方面的变革，其深度和广度都远远超过了以前任何时期。后来隋唐社会及其哲学思想就是沿着魏晋南北朝所走的道路继续前进的。

一、民族大融合

中国是个多民族的国家，中华民族是多民族长期交融形成的伟大民族。我国历史上有过五次民族大融合①。第一次在春秋战国时期。当时不但边远地区有少数民族，中原地区也有不少插花地带华夷杂处②。

第二次民族大融合，在魏晋南北朝时期。这一次的民族融合所达到的深度和广度已远超过了春秋战国时期。因为这一次融合，持续时间很长，近四百年. 涉及范围极广，几乎包括了中国长江、黄河、辽河、漠北广大区域。这次民族融合方式也更为复杂多样。有以汉族为主，吸收少数民族文化的；有以少数民族为主，适当吸收汉族文化的；有通过和平方式交融的；有通过战争掠夺、征服方式强力融合的。当时战争频繁而惨烈，以强力把各族人民组在一起③。也正是由于这种民族间不幸的战争，使得被奴役的少数民族之间增加了同情与了解。因为古代的社会是封闭型的，只有通过经济交流和战争，才可能打开封闭型的生活。当然，这是在不正常的条件下的融合，为此付出了极高的代价。更多的情况下的融合是通过经常的、正规的经济交往、文化交流进行的。

---

① 第一次在春秋战国，第二次在魏晋南北朝，第三次在10～12世纪的宋、辽、金、西夏及早期蒙古，第四次在元朝，第五次在清朝。

② 见《中国哲学发展史》(先秦卷)，6页，北京，人民出版社，1985。

③ 北方统治者作战时，“每以骑战，驱夏人(汉人)为肉篱”(《通典·边防典》)。魏太武帝在公元451年攻宋盱眙城，曾说：“吾今所遣斗兵，尽非我国人，城东北是丁零与胡，南是三秦、氐、羌。设使丁零死者，正可减常山、赵郡贼；胡死，正减并州贼；氐、羌死，正减关中贼。卿若杀丁零、胡，无不利”(《宋书·臧质传》)。这是拓跋氏欺凌其他少数民族的自供。

从五胡十六国开始，北方各民族如匈奴、鲜卑、羯、氐、羌、卢水胡各族先后主持政权，长期杂居，文化、生活，甚至语言也互相影响，逐渐封建化，多民族进一步融合成为中华民族的一部分①。当时的姓氏中，如元氏、长孙氏、独孤氏、呼延氏已完全与汉族相忘于江湖。直接采取汉族姓氏的也很多。隋唐的皇室、贵族也是汉族少数民族的混血后裔。

南北朝对峙时期，南北双方各成体系，但在南北朝各自内部，民族间的融合相当成功。南方的山越，三国时居住深山，到了南朝梁陈时期，他们走出深山，活跃在会稽一带，事实表明已与汉族融合。蛮族，活动在江汉间。豫州蛮，活动在江汉一带；荆州蛮，活动在荆襄一带；五溪蛮，活动在常德一带。蛮族上层也接受了封建文化，接受朝廷官职，设立郡县，他们居住在荆、襄、汝、颍，多种民族长期杂处，互通婚姻，逐渐融为中华民族的一部分。傒人、俚人活动地区多在广西、广东；僚族活动地区多在广西、贵州、爨族在云南东部，也不同程度地接受了封建文化。

南方各少数民族互相影响、互相融合，加速封建化，在二百多年间，走完了社会正常发展要上千年才能走完的进程。

---

① 西晋永嘉以后，民族迁徙有多次。公元 318 年，氐、羌、胡、羯归于石勒者 10 余万落，徙处河北郡县。公元 320 年，刘曜徙巴、氐部落 20 余万口于长安。公元 329 年，石勒灭刘曜，徙氐、羌 15 万落于河北。

公元 332 年，石虎徙秦、雍民及氐、羌 10 余万户于关东，使氐族部落酋长苻洪为流民都督，居枋头；羌族部落酋长姚弋仲为西羌大都督，率部族数万，移居清河之滠头。

冉闵消灭石赵政权后，欲驱各少数民族势力于赵、魏地区之外，今诸氐、羌、胡、蛮数百万各还本土。魏末晋初，少数民族归附内地的最高数目是“八百七十余万口”(《晋书·文帝纪》)。这 870 万口进入中原地区的，当不在少数。

民族大融合，是魏晋南北朝哲学发展的一个极为重要的社会基础。长时期的各民族互相学习、取长补短，从而丰富了中华民族文化，它为后来隋唐统一，形成封建文化高峰，奠定了基础。

二、地区大开发

西晋统治时期短暂，东晋以后，形成了南北割据的形势。

南方从东晋起，有了近百年来的安定局面，农业有了很大的发展，江南地区"一岁或稔，则数郡忘饥"(《宋书·孔季恭等传论》)。

生产发展，首先表现为地区的开发。太湖流域、鄱阳湖流域、洞庭湖流域，都成为粮食基地。原来采用粗放的耕作方法，发展为积粪养田①，并大规模兴修水利，建立堰闸，扩大了灌溉面积，小的可溉田 200 顷，大的可达一两千顷以上。当时利用南方水源丰富的优势，围湖造田，不忧水旱，可保高产丰收。江南的农业生产，比三国以前有了极大的发展。

南朝的手工业和商业，较东吴时有极大的发展。刘宋以后，江南兴起织锦业，江南地区发展了木棉和草棉的织布业。江南制盐、冶铁、采煤、造纸、漆器、瓷器、造海船及国际商业。建康(今南京)为南朝历代国都所在，梁时城中 28 万户，形成了百万以上人口的大城市。广州成为当时东方国际贸易港口，活跃了经济，交流了文化，三国时期，几乎不通用铸钱，南朝由于商品交换的需要，铸钱多次，有钱币多种。这也是经济繁荣，生产发达的一个标志。

北朝自从拓跋氏接受封建制以来，挟其塞外少数民族清新刚健之

① 积粪肥与烧草木灰肥田的方法同时存在，庾信有"穿渠引水碓，烧棘起山田"，徐陵有"烧田云色暗"。耕种技术，南方落后于北方。

朝气，寓兵于农，建立了府兵制，把战斗编制与生产组织结合起来，合耕战为一体。北方的生产得到迅速发展。就封建性的主要生产项目农业而论，北朝不但懂得施粪肥，还懂得粪肥熟化，制造厩肥。还积累了农作物禾本科与豆科轮作的经验。北方的统治者多不像南朝的贵族那样腐败，脱离生产，而是采取了一系列促进生产发展的措施。北魏的著名科学家贾思勰利用当时已达到的科学知识，总结经验，写成《齐民要术》①，这部名著，对全世界的农业发展史作出了贡献。随着地区开发、文化交流，地理知识也较前丰富，郦道元的《水经注》是一部不朽的地理著作，为人类精神文明积累了财富。

当时天文、历法等学科与农业相伴而发展起来。农业工具、酿造业、手工纺织，不仅比秦汉有显著的发展，其生产的质和量也超过了南朝②。北方也建立了大都市，如洛阳城，大小佛寺达千余处。河北邺城，自曹魏以来不断扩建，规模也十分宏伟。北周的都城西安，也成为关中的中心，隋、唐两朝利用它的基础建为国都。

北朝的生产技术科学胜过南朝，南朝的抽象推导科学，如数学，胜过北朝。

三、国内国际文化大交流

汉代通西域，打开了欧亚交往的大门，当时对外交往只限于欧亚之间的来往。那时东临大海，只知道海上有“仙山”，秦始皇遣徐福等千人赴海上求仙，去而不返，所谓蓬莱诸岛只能停留在若明若暗的

① 关于南北朝的农业生产，参看《中国哲学发展史》(魏晋南北朝卷)，718页，北京，人民出版社，1988。

② “自淮以北，万匹为市；从江以南，千斛为货”(《宋书·周朗传》)。北朝的纺织业，南朝的粮食生产，各有优势。

传说阶段。北方为大漠所限，而北方民族与中原民族处在对立的立场，相互了解得也不够。南方荒蛮，交趾以南，中外交往不多，因而对南方的知识也很贫乏。

魏晋南北朝时期，对外交往范围扩大了。北方民族进入中原，成为中原主人，对北方辽阔地域，不再是隔绝状态，而使北方、东北方内外连成一片。对海东、南洋地区也建立了定向联系，商旅不避风涛，利用季候风定期往来①。除了昔年丝绸之路以外，又从巴蜀通向西域，辟了一条几乎与河西走廊并行的道路，这是南朝时期通往西域的主要通道。它不经过河西走廊，而是经益州达吐谷浑，不但成为南朝与西域交往的大道，连北魏有时也避开阳关、玉门关，经益州、吐谷浑去西域②。

魏晋南北朝时期，中国与国外交往，陆上交通有东北、西北、西方；海上交通有海东、日本、南海几个方面。

西域交往的国家有焉耆、龟兹、于阗、渴盘陁、疏勒、乌孙，这些国家有的从曹魏、西晋、前凉、前秦、姚秦、北魏、北周互派使者通问、贡方物，派王子到洛阳学习。名僧竺法护、鸠摩罗什等人，建立学派，凉州成了佛教的重要基地。

在东北及北方，有勿吉族、挹娄与曹魏、西晋、北魏、北齐有过多次使臣来往，互赠方物。室韦，在东魏与北齐时期，也遣使来聘，互赠方物。契丹族，常到平城、洛阳聘问，多达30余次，北齐时也有6次。库莫奚，到平城、洛阳30余次，北齐时到邺城5次。柔然

---

① 当时海上航船大者长20余丈，高出水面2丈，载六七百人，载重达千吨。其中扶南国海船，长20～40公尺，大者载百人。

② 根据唐长孺：《魏晋南北朝史论拾遗》。

与北魏多年为敌，但积极与南朝交好，公元464年，与齐武帝萧赜通问，要南朝派医生和锦工，要学习指南车及漏刻造法。高车为匈奴的一支，与汉族联合，共同反抗北魏的民族压迫。

在西方有鄯善，曹魏赠方物，东晋法显经鄯善西行去印度。伊吾(今哈密)曾并入北魏版图。高昌(咕鲁番县)麴氏王朝，北魏明帝正光(520～524)年间，向北魏求借五经诸史，并请国子助教刘燮为博士到高昌讲学，汉地的《毛诗》、《论语》、《孝经》，历代子、史、集，在高昌流传。近年来考古发现有《毛诗》、《尚书》、《孝经》等残片，说明文化交流的密切。汉文也曾用作官方文书，“文字亦同华夏”(《北史·高昌传》)，“言语与华略同”(《南史·高昌传》)。近年发现高昌国汉文墓志，也证实历史记载不虚。民间用语则用胡语(《北史·高昌传》)。据近来的地下文物考古发现，在吐鲁番那斯塔那五六世纪时期，墓葬群发现当地民族，妇女着丝织右衽上衣，下系裙襦，埋在同一墓中的汉人男子头上盘发辫。男子胡服，妇女汉装，说明文化交流的实际状况。他们崇拜胡天神，也信佛教。高昌及西域诸国曾在中国与西域佛教传播中起桥梁作用。

海东各国与中国建立经常联系的有高句丽、百济、新罗、日本邪马台与大和国。高句丽与后赵、前燕、前秦、后燕、北燕、北朝、南朝都有往来，江南东晋聘问近30次，国都平壤设太学，讲授《五经》、《三史》(《史记》、《汉书》、《东观汉纪》)、《三国志》、《晋阳秋》。高句丽把中国文化介绍到百济、新罗、日本。百济曾从西晋始，先后多次聘问洛阳、邺城、长安，与我国南方的东晋、梁、陈有11次聘问。从东晋传入佛教，建有僧尼寺塔，百济采用宋何承天制的元嘉历。梁武帝时，表请《毛诗》博士、涅槃等经义，求工匠、画师(《三国志》)。新罗在西晋、南朝梁、陈有四次使节，北齐时也有两次来邺城。日本在曹魏时到洛阳聘问，晋武帝时，从中国取《论语》及工匠植桑技术。

魏晋南北朝对西域及五天竺也有了比过去更多的交往。西域各国有大宛、者舌、悉万斤、忸密、粟特、大月氏、哌达汗国、波斯萨桑王朝，北魏时各国有使到平城、洛阳聘问，赠方物。有的国家经历北魏、西魏、北周，聘问30余次。与南朝也有过多次聘问。最远的西方国家大秦、东吴及西晋时到过洛阳。北方王朝先与西罗马，后与东罗马有过交往。

印度五天竺各国，也有了更详尽的了解。东晋法显到过华氏城(今Patna)住过三年之久。笈多王朝于苻坚时到长安聘问，赠火浣布。宋文帝、梁武帝、陈宣帝时，不断有天竺使者聘问(南朝称笈多王朝为中天竺，北朝称笈多王朝为南天竺)。也曾有五次到洛阳聘问北魏。北天竺犍陀罗国(都城富楼沙城，今在巴基斯坦白沙瓦)曾遣使到洛阳。乌苌国、尼婆罗(今尼泊尔)、锡兰岛(今斯里兰卡)都与北朝、南朝有过直接交往，东晋时赠玉佛像，宋文帝时赠佛像、象牙，梁时有定期航行商舶。

南海各国，有占婆，又称林邑，在今越南南部。扶南国，在今柬埔寨境。金邻、顿逊、狼牙修，在今泰国南部，这些国家与东吴、西晋、东晋、宋、齐、梁、陈都有来往。槃皇国(马来西亚境内)、丹丹国(马来西亚南部)、槃槃国(沙捞越或文莱境内)、诃罗单(今爪哇岛)、干陀利(苏门答腊岛山巨港)、婆利国(巴厘岛)，这些岛国在宋、梁、陈诸王朝，先后十余次来往，有佛教僧尼寺多处，我国名僧法显在干陀利停住五个月。

魏晋南北朝的文化大交流，表现在许多方面。商业的往来，贸易上互通有无，带动了文化交流，中国的五经、史传、佛教的经传律论，成为国内各族间和国际间文化交流的主要媒介。其中佛教文化显然起着更重要的作用。

四、思想大解放

佛教传入中国后，最早时期与方术、道术相结合，互相附会，它自己的个性还不被认识，佛教自身也未具备充分发展的条件。东晋南北朝时期，佛教得到极大的发展机会，佛教释迦牟尼的地位得与孔子并列，上至帝王将相，下到市井乡里，都受到佛教的熏陶。孔子儒家的教化与佛教的因果报应劝善宣传，都在于加强封建纲常名教，特别是宗教思想深入到各个阶层。

佛教在魏晋南北朝时期，由于长期传播，佛教的思想在广大人民心目中，已不被看做外国人的宗教，而是看做自己民族可以接受的宗教。南北朝的佛教造像，也表现出佛已是中国化了的偶像，不大像外国人。更像中国人。佛教的宗教宣传，三世因果报应的民间故事，传说所反映的情况表明佛教的宗教宣传是成功的。鲁迅《中国小说史略》说：

> 释氏辅教之书，《隋书·经籍志》著录有九家①，在子部及史

① 《隋书·经籍志》存佚共36种，大部散佚。它们是：刘义庆《宣验记》13卷，傅亮《应验记》1卷；王琰《冥祥记》10卷；魏文帝《列异传》3卷；王延秀《感应传》8卷；袁王寿《古异传》3卷；戴祚《甄异传》3卷；祖冲之《述异记》10卷；刘敬叔《说苑》10卷；《续异苑》10卷；干宝《搜神记》30卷；陶潜《搜神后记》10卷；荀氏《灵鬼志》3卷；祖台之《志怪》2卷；孔氏《志怪》4卷；刘之遴《神录》5卷；无疑《齐谐记》7卷；吴均《续齐谐记》1卷；刘义庆《幽明录》20卷；王曼颖《补续冥祥记》1卷；郭氏《汉武洞冥记》1卷；陆琼《嘉瑞记》3卷；《祥瑞记》3卷；许善心《符瑞记》10卷；《灵异录》10卷；《灵异记》10卷；萧绎《研神记》10卷；侯君素《旌异记》15卷；刘质《近异录》2卷；谢氏《鬼神列传》1卷；殖氏《志怪记》3卷；王劭《舍利感应记》3卷；《真应记》10卷；《周氏冥通记》1卷；颜之推《集灵记》20卷；颜之推《冤魂志》3卷。

部。今惟颜之推《冤魂志》存，引经史以证报应，已开混合儒释之端矣，而余俱佚。遗文之可考见者，宋刘义庆《宣验记》，齐王琰《冥祥记》，隋颜之推《集灵记》，侯白《旌异记》四种。大抵记经像之显效，明应验之实有，以震耸世俗，使生敬信之心。

这种现象，说明儒释两教的融合，已不再看成生硬的比附，颜之推信奉儒学，引儒家史传以证报应不虚。《高僧传》是佛教著作，为证明三世因果，也大量采撷儒家史传材料。佛的三世因果报应已深入人心，从士大夫到老百姓都已自然地接受了因果报应观点。佛教经学与儒家六经已相互容纳，相互配合。佛教是政府认可的辅助王化的工具之一，寺院的经济来源得到政府的资助（如免役、免税）与政府的上层贵族、王公大人享有同样的特权。佛教寺院建筑、经典翻译由政府资助，列为国家的正常开支。佛教徒有僧官，与国家的官吏一样，受政府的任命，推行政府的政令。佛教经典虽然没有用来作为开科取士的教科书（因为他们不直接讲治国平天下的方略），但佛教经典的教条受到皇帝及门阀士族的重视，中间虽不断有排佛的争论，也有过短暂的毁灭佛教的举动，但为时甚暂，旋废旋兴，废佛后的佛教活动比废佛前更为炽烈。

因此，我们对魏晋南北朝佛教的地位，特别对佛教经学的地位和作用不可低估。当时的士大夫一方面读儒书，一方面读佛书，两者的影响都很深远。我们中国哲学发展史研究的是时代思潮。一个时代的思潮反映的是该时代普遍流行的社会风气。时代思潮是一面时代的镜子，妍媸毕现，因而魏晋南北朝时期的佛教经典及其主要代表人物的思想要给以适当的地位。

魏晋南北朝时期的儒教经学，是官方肯定的维护封建宗法制度的经典依据，魏晋南北朝佛家经学同样是官方肯定的、维护封建宗法制度的经典依据，所不同者，一在方内，一在方外；一在治世立法，一在治心修身。正如慧远在《答桓太尉书》中所说，“如令一夫全德，则道洽六亲，泽流天下，虽不处王侯之位，固已协契皇极，大庇生民矣。”从慧远开始，结束了从东汉以来佛教主要依附《老》、《庄》的历史，转向了与儒家结合的轨道。

魏晋南北朝时期的经学可以分为两大支系，一是儒家经学，一是佛教经学。儒家经学通过儒家经典阐释直接为门阀地主阶级的统治秩序作论证；佛教经学则从方外立场，在世界观、心性论、心身修养方面为门阀地主阶级的统治秩序作论证。

从社会条件看，魏晋南北朝具备了宗教孳生、蔓衍的土壤和气候，佛教和道教都在这一时期得到很大的发展。由于汉末三国之初，黄巾起义与当时的民间流行的道教有牵连，封建统治者们对道教还有戒心，觉得利用道教不甚安全。当道教经过改造，形成上层道教，教义鲜明地维护纲常名教以后，统治者便对道教加以支持和利用，于是出现像北魏天师道那样的官方道教。道教与佛教采取互相排斥立场。道教排斥佛教的理由之一，说佛教是夷狄之道，不是华夏的宗教。道教狭隘的种族偏见，在多民族大规模相互融合的潮流中，不会受到欢迎。特别从五胡十六国以来，在北方少数民族贵族专权的社会环境下，石勒曾公开倡言，“佛是戎神，正所奉祀”。像石勒的观点，颇有代表性，是针对汉族中的“夷夏论”而提出的。汉族的佛教信徒又进一步指出，大道不分夷夏，求道不应为地域、种族所限。佛教经典的教义的确没有宣扬过民族的、国家的观念，倒是更多的情况下讲了废除种族成见，在宗教王国里众生一律平等。佛教教义在某种意义上，对于团结我国少数民族，促进文化交流，推进民族和洽方面起过一定的积极作用。这一优点，则是道教所缺少的。

习惯看法，往往认为魏晋南北朝的思想就是玄学，事实并非完全这样。因为魏晋玄学流行于魏晋之际，它的兴盛时期不过几十年。东晋以后，玄学逐渐衰退。社会条件变了，人们对玄学的兴趣也发生了变化。

魏晋南北朝这一段历史约为三百多年，魏晋玄学流行、鼎盛时期约为四十年，以后还有一些影响，那是玄学的余波。其余的约三百年间，佛教思潮占了主流。而过去我们的学术界没有把佛教思想放到应当放置的地位上，因而魏晋南北朝这漫长的后一段哲学思想显得如“架漏过时，牵补度日”，有些空荡荡的，给人们的印象由魏晋一下子跳到了隋唐。

历史不曾停顿，人类认识不曾停顿，哲学思想发展当然也不曾停滞不前。魏晋南北朝这一段哲学思想，南北朝时期的佛教哲学，对后来隋唐佛教的宗派建立，起着直接的影响。这是本书特别强调的。

魏晋南北朝时期的思想大解放，是对东汉以来的神学经学说的。

神学经学以天意附会人事，把一些本来明确的科学概念，附会为天意，汉代神学经学的出现，在当时可以说是事出有因，为了巩固封建大一统的汉王朝，在思想上建造一种无所不包的神学体系，这是可以理解的。一个极度分散的小农经济的封建大国，如果不在政治上高度统一，就很难维持大一统的国家。从小生产、小农经济的本性来说，他们不要求有过多的政治干预；但由于小农经济本身的脆弱，经不起天灾人祸的摧残，他们又自发地要求上面有一个开明的、仁慈的皇帝为民做主。东汉以后，中央集权的格局被打破了，晋以后，长期陷于分散割据的坞堡经济，江南江北的大姓、士族自身有经济、军事、社会声望的实力，他们无需有更强大的中央集权政府。如果真正有了这样的中央政府，它将要求直接控制属下的个体农民，对门阀士族不利。

政治形式发生了变革，中央集权的封建大一统王朝不复存在，与那种政治要求相适应的思想统一也没有存在的必要。所谓思想解放，只是说从汉代绝对统一、定于一尊的神学经学中解放出来。忠、孝从来是我国封建宗法社会的两大思想支柱，魏晋南北朝时期，这两大支柱的“忠”退到第二位，“孝”被推到第一位。因为门阀士族所需要的一切，不必向国君乞讨，士族自己就可以创造；相反，国君的统治地位能否稳固，还得靠地方上门阀大姓的支持。这就不难理解南北朝时期，国君不断更换，而门阀士族并不热心于殉国赴难，往往充当新王朝登基的赞礼官。

对汉代神学经学的解放，并不等于从封建宗法制度下解放出来，封建宗法社会必需的社会秩序还是不能打破，维护封建社会的纲常名教，仍然是所有地主阶级要共同遵守的教条。

即使有这样的局限，魏晋南北朝思想解放的业绩还是不能低估，约略说起，可有以下数端。

(1)神学经学从此结束，三国以后人说经，具有理性主义的精神。

(2)从认识过程看，两汉的宇宙论关心于宇宙构成，魏晋玄学则进入本体论，关心于宇宙万物之所以然。

(3)打破儒家一尊的地位，老、庄等经典著作的地位可与孔子并列，学术思想比较活跃。

(4)打破中华传统文化独霸地位，外来佛教经过中国思想家的改造，佛教哲学、佛教宗教成为中国传统文化的一部分。

(5)科学发达生产进步。

以上五点，综合考察可以看出魏晋南北朝是我国思想史空前解放的伟大时代，其根本契机是中央集权的削弱，不再干预那些本来管不了、又管不好的过度统一，文化专制主义为殊途同归、兼容并包的文化政策所代替。

唐宋以后的三教合一思潮

隋唐初期，中国思想界即有了“三教”的名称。三教即以孔子为代表的儒教，以老子为代表的道教与外来的佛教。孔子和老子都是先秦时期公元前五世纪的哲学家、思想家、学者，不是宗教的领袖。孔子、老子被神化，被说成宗教的创始人，是后来人们塑造出来的。

隋唐时期，中国佛教、道教都得到中央封建政府的提倡，与儒教并列，形成三教鼎立的局面。儒教主张维护中国封建君权的“三纲”说，即君臣、父子、夫妇的绝对服从关系永恒不变。三教从不同的方面为同一个封建皇权服务。它们为了发展自己的势力，也有过矛盾斗争。在矛盾中，佛教、道教都分别遭到政治上的打击。而儒教也认识到，佛教和道教的一些宗教思想可以辅助儒教世俗说教的不足。在唐朝后期，三教的重要思想家都主张三教会同，主张在理论上互相包融，有时候只是在政治上互相排斥。唐宋以后，直到鸦片战争(1840 年)，这种儒、佛、道三教融合的总格局没有改变。

这种思潮，对于中国后期封建社会起了稳定作用，从而延缓了中国封建社会向近代资本主义社会过渡的速度。三教合一思潮，构成了近千年来中国宗教史、中国思想史的总画面。

一

佛教的三教合一思潮。隋朝李士谦论三教说，“佛日也，道月也，儒五星也。”(《佛祖历代通载》卷十)隋唐以后，中国出现了大批“伪经”，所谓“伪”，是指它不是来自西方，是中国人自己编造的。伪经名目繁多，各有特点，有所偏重，但它们都强调中国封建伦理，忠君、孝父母等儒教思想。唐代僧人宗密《原人论》中说：“孔、老、释迦皆是至圣，随时应物，设教殊途。内外相资，共利群庶。”五代时僧延寿，主张三教融合，“儒道仙家，皆是菩萨，示助扬化，同赞佛乘。”(《万善同归集》卷六)北宋元祐年间，四川大足县石篆山石窟造像，即将儒、佛、道镌刻一处。北宋的三教合一，反映了代表中央政权的儒教为中心的势力的增强，佛、道两教均主动向儒教接近的趋势。宋代的孤山智圆自称“宗儒述孟轲，好道注《阴符》，虚堂踞高台，往往谈浮图”(《闲居编》卷四十八《潜夫咏》)。他主张“修身以儒，治心以释”(《中庸子传》上)。以佛教徒的身份，而自号“中庸子”，还认为没有儒教的支持，国家不得安宁，佛教也不能推行。他为了宣扬“中庸之道”，不惜违反佛教教义，他说：“儒之言中庸者、龙树所谓中道义也。”(《中庸子传》上)龙树“中道”为不执着有无、真假，儒家的“中庸”指的是处世对人要无过无不及，两者本不相干。

宋赞宁也说：“三教循环，终而复始，一人在业，高而不危。有一人故，奉三教之兴；有三教故，助一人之理。”

僧人契嵩著《辅教编》中有《孝论》凡十二章，具论忠孝，“拟儒《孝经》，发明佛意”。还说，“夫孝，诸教皆尊之，而佛教殊尊也。”(《孝论·叙》，见《镡津文集》卷三）佛教本来号召出家，脱离家庭的封建伦理关系的，而佛教的代表人物却高唱佛教比儒教道教更看重孝道。

明朝袾宏继承了这个方向，也主张三教“同归一理”、“三教一家”。僧真可《题三教图》，又有《释毗舍浮佛偈》，认为“仁”、“义”、“礼”、“智”、“信”都是值得敬礼的佛（如来）。德清有《大学纲目决疑》以说明儒教与佛的一致性；又作《道德经解发题》、《观老庄影响论》以说明道教与佛教的一致性，认为“孔老即佛之化身”。智旭（1599～1635年）以儒教的十六字诀融通佛教，并著有《周易禅解》、《四书藕益解》，主张孝道，“儒以孝为百行之本，佛以孝为至道之宗”（《题至孝回春传》），“以真释心行，作真儒事业”（《广孝序》），“非真释不足以治世，是以一切三宝常能拥护世间，而真儒亦足以出世”（《玄素开士结茅修止观助缘疏》）。

二

道教开创之初，即提倡佐助君王的方略。

南北朝时期，道教经过官方的改造，更加充实了支持封建社会的忠君爱国的内容，宣扬孝慈的如：

> “与人君言，则惠于国；与人父言，则慈于子；与人师言，则爱于众；与人兄言，则悌于行；与人臣言，则忠于君；与人子言，则孝于亲”。（《太上洞玄灵宝智慧罪根上品大戒经》二卷，《道藏》二〇二册，洞玄部戒律类，陶）

宣扬“三教归一”的如：

《三教归一图说》："三教殊途同归，妄者自生分别。彼谓释、道虚无，不可与吾儒并论。是固然也。自立人极，应世变言之，则不侔。至于修真养性与正心诚意之道，未易畦畛也。"(《黄帝阴符经讲义》四卷，南宋夏元鼎撰。《道藏》54 册，洞真部玉诀类，藏下)

宣扬报父母恩，出家道士超度其亡亲的，如：

"三纲五常乃立人之大本，孝道之大，至于日月为之明，王道为之成，……是故净明之法，本忠君孝亲以存心；盟真之斋，以报祖荐亲而立教。以此见学仙之士，曷尝不笃意于亲……"

"资事父以事君，则忠孝之义尽，取于治身而治国，则清净之化成。其在栖真者流，尤以报君为重。"(《玄门报孝追荐仪》，《道藏》285 册，洞玄部，威仪类)

道教还按照儒教的纲常名教的规矩应用到道教的师徒关系上。如：

"以传度法箓者为度师，度师之师为籍师，籍师之师为经师。"

"先序三师，然后行道。凡厥读经、讲诵、行道、烧香、入室、登坛，皆先礼师存念。……此法不遵，真灵靡降。"(《洞玄灵宝三师名讳形状居观方所文》，张万福撰。《道藏》198 册，洞玄部谱录类，有二)南宗道士张伯端说"教虽分三，道乃归一"(《悟真篇》序)，致力会同儒、佛、道。

金元间，道教三教合一说十分流行。王喆在山东建立三教金莲会、三教平等会，“劝人诵般若心经、道德、清静经及孝经”(《甘水仙源录》)。丘处机云：“儒释道源三教祖，由来千圣古今同。”(《磻溪集》)赵缘督(友钦)有《仙佛同源》，主张三教一家、三教合一，是全真教的中心思想。后来假托吕洞宾的许多著作(多数应出在明代)也都是三教合一的基调。道士谭处端说：“为官清政同修道，忠孝仁慈胜出家。”(《水云集》)

三

唐宋以后，历元、明、清各朝，儒教配合中央集权的要求，也极力加强思想统治的集中。儒教本身直接提倡的是维护封建专制制度的三纲说。儒教的许多学者，没有不受过佛教和道教的影响的。周敦颐的《太极图说》，与道教先天图关系至深。以后张载、二程以及南宋的朱熹、陆九渊也都是深受佛、道两教的影响的。由此上推，如白居易身为儒者，同时又是佛教和道教的忠实信徒①。宋代理学家们如朱熹对《黄帝阴符经集解》及《参同契》都进行过认真的研究。前人论述已多，这里从略。朱熹借用佛教常用“月印万川”的比喻来说明他的理一分殊的道理。朱熹说：“释氏云，‘一月普现一切水，一切水月一月摄’，这是那释氏也窥见得这些道理。”(《朱子语类》卷十八)朱熹既继承了禅宗思想，也继承了华严宗思想，因为华严宗发挥“一即一切”这个神秘主义观点，朱熹也说“万个是一，一个是万个”(《朱子语类》卷九十四)。朱熹好像在说佛教的某些观点近儒，实际上倒是朱熹的思想符合了佛教观点。明清之际的王夫之曾指出：“贞生死以尽人道，

① 陈寅恪：《白乐天之思想行为与佛道之关系》，《岭南学报》1949年。

乃张子之绝学，发前圣之蕴，以辟佛、老而正人心者也。朱子以其言既聚而散，散而复聚，讥其为大轮回。而愚以为朱子之说反近于释氏灭尽之言，而与圣人之言异。”(《张子正蒙注·太和篇》)再以明代学者王守仁为例，也能看出明代儒者所持鲜明的三教合一的立场。王守仁说：

“仙家说到虚，圣人岂能虚上加得一毫实？佛氏说到无，圣人岂能无上加得一毫有？但仙家说虚，从养生上来，佛家说无，从出离生死苦海上来。却于本体上加却这些子意思在，便不是他虚无的本色了。”(《传习录》下)

“佛氏不着相，其实着了相。吾儒着相，其实不着相。请问。曰：佛怕父子累，却逃了父子；怕君臣累，却逃了君臣；怕夫妇累，却逃了夫妇。都是为个君臣、父子、夫妇着了相，便须逃避。如吾儒，有个父子，还他以仁；有个君臣，还他以义；有个夫妇，还他以别。何曾着父子、君臣、夫妇的相。”(《传习录》下)

王守仁还把儒教的修养与道教的宗教修炼等同类比。他说：

“只念念要存天理，即是立志。能不忘乎此，久则自然心中凝聚，犹道家所谓结圣胎。”(《传习录》上)

他还把佛教、道教说成差不多少，极为接近：

“二氏之学，其妙与吾人只有毫厘之间。”(《传习录》上)

“大抵养德养身，只是一事。元静所云真我者，果能戒谨不睹，恐惧不闻，而专志于是，则神住、气住、精住，而仙家所谓长生久视之说，亦在其中矣。神仙之学与圣人异，然其造端托始，亦惟欲引人入于道。《悟真篇》后序中所谓‘黄老悲其贪著’，乃以神仙之术渐次导之者。元静试取而观之，其微旨亦自可识。”（《年谱》）

王守仁故意把道教的神秘主义内丹修炼方法说成儒教的道德修养过程。陆元静问王阳明关于道教的精气神的部位与作用，信中问：

“元神、元气、元精必各有寄藏发生之处，又有真阴之精，真阳之气，云云。”

王守仁回答说：

“夫良知一也，以其妙用而言，谓之神，以其流行而言，谓之气，以其凝聚而言，谓之精，安可以形象方所求哉？真阴之精即真阳之气之母，真阳之气即真阴之精之父。阴根阳，阳根阴，亦非有二也。苟吾良知之说明，则凡若此类，皆可以不言而喻。不然，则来书所云三关、七返、九还之属，尚有无穷可疑者也。”（《传习录》中《答陆元静书》）

三教关系是中国思想史、中国宗教史上的头等大事。三教合一，则是中国思想史、中国宗教史的发展过程和最终归宿。“三教合一”的趋势形成后，三教的地位是平等的。北宋以后，佛、道两教屈从儒教。儒教吸收了佛、道教的宗教修养方法，及不计较世俗利害、不贪图物质要求的禁欲主义以加强封建社会的统治秩序。安贫乐道，口不言利，温顺和平，与人无争，成了儒教为人处世的基本教义。

四

唐宋以后的这种三教合一思潮反映了中国封建社会后期阶段的政治经济结构，适应了维护这种政治经济结构的需要，不是一个偶然的现象。

中国封建社会的大一统的政治局面从秦汉时期确立以来，经过魏晋南北朝时期三百多年的分裂，到了唐宋时期，又重新巩固下来。但是，这种大一统的政治局面是建立在以一家一户为单位的小农经济的基础之上的。这种小农经济是一种自然经济，生产的产品首先要交纳赋税租债，剩下的农民自己消费掉了，产品主要不是供商业流通的。因而具有停滞、闭塞、分散的特性。历代封建帝王的政策多重农抑商，以农为本，叫做“重本抑末”，采取各种措施来保护这种自然经济。

这种自然经济有两重性，一方面，小生产者落后、软弱，希望在他们上面有一个集中强大的权威来保护他们，使他们免于土地兼并，这就给专制主义提供了社会基础；另一方面，庄园式的生产、生活方式，又是分散的，彼此独立的，这又为地方分裂割据势力创造了有利条件，形成一种离心倾向。

因此，政治上的高度集中和经济上的高度分散这一矛盾，长期不得解决，分散的个体农民好像一盘散沙，缺少联系，需要有一个强大的中央政府统率他们，保护他们，把他们统摄在一起。克服他们的离心倾向，保持国家的集中统一，就必须强化上层建筑的力量来进行控制。这种控制包括两个方面，一是用政权的力量，二是用精神的力量。

中国历代统治者，不断总结经验，加强中央集权，他们以极大的努力，进行了艰巨的工作。政治上，秦、汉、隋、唐集权于中央政府，宋朝则进一步削弱地方政府的权力，把一切财力、兵力集中于中央。明、清废宰相，置内阁。内阁只供皇帝咨询，没有行政权力。于是中央集权又进一步发展为皇帝个人的专制独裁。

至于从精神力量来加强中央政府和皇帝的权力，主要依赖三教合一的宗教和哲学思想。

三教合一，表面上仍维持着三教的门户，儒、佛、道各成体系，三教都力图吸收另外两教，把它们当作自己体系的一部分，实际上，三教的力量不是平衡的。儒教是主流，佛、道两教处在依附的地位，起配合作用。

儒教的思想核心是三纲五常。这种思想强调君权、父权、夫权。君权是直接维护大一统的政治局面的，父权和夫权有利于树立自然经济中男性家长的权威地位。因而这种思想特别适合中国封建社会的政治经济结构的需要，受到历代封建统治者的重视。佛教是一种外来的宗教，它必须接受封建宗法传统思想，即纲常名教思想，才能在中国这块土地上生根。道教是中国土生土长的宗教，除了它的宗教修养以外，它也是以维护纲常名教为基本内容的，不得不与儒教合流。另一方面，佛、道二教有一套追求彼岸世界的系统的宗教理论和修养方法，为儒教所不及。儒教也必须从佛、道二教那里吸取营养来弥补自己的不足。

由于儒、释、道三教都是封建上层建筑的重要组成部分，进行精神控制的有效工具，所以都受到历代封建统治阶级的重视。这又反过来促进了三教合一思潮的发展，成为中国封建社会后期占主导地位的思潮。

任何社会都有其形成、壮大、衰亡的过程。中国的封建社会，虽曾长期处于停滞状态，它仍然在缓慢地发展、前进。封建的自然经济中也孕育着突破封建束缚的内在因素。工商业者、手工业者，如果得到充分的条件，也可能首先在某些地区产生资本主义萌芽。越是到了封建社会后期，这种要求突破旧传统的自发力量也越强烈。在思想上，则反映为对封建宗法制度的核心——君权的怀疑。如南宋末年的邓牧(1274～1306年)主张无君，稍后的黄宗羲(1610～1695年)也提出过君主为天下之大患的思想。由于传统的三教合一思想太强大了，它加强了封建宗法制度。被强化了的封建宗法制度又扼杀了自然经济已经孕育着的资本主义萌芽，从而造成中国封建制度的长期稳定以至停滞状态，因而像邓牧、黄宗羲等人的民主思想都没有发生大的影响。

论儒教的形成*

中国哲学史是在中国这块土地上生长、发展的，中国社会历史的特点，决定了中国哲学史的面貌和性质，正像欧洲的社会历史决定欧洲哲学史的面貌和性质一样。

中国有文字记载的历史绝大部分是封建社会的历史，中国哲学史的发展主要是在中国封建社会历史时期进行的。研究中国哲学史，如果把中国封建社会的哲学史研究清楚了，找到它的基本规律，中国哲学史的主要任务也接近完成了。中国封建社会历史有哪些特点，大家的意见还不一致，剔除其分歧的部分，总还有些基本上被人们公认的部分。简略地说，中国的封建社会历史约有以下几个特点：

(1)中国封建社会维持的时间长久而稳定；

(2)封建宗法制度发展得比较完备；

(3)中央集权下的多民族的大一统国家结构形成得早，分裂不能持久；

---

* 作者附言：这篇文章，是根据1979年访日时所作的《儒家与儒教》学术报告补充改写的。

(4)农民起义次数多，规模大；

(5)在中国的封建制度下，资本主义没有得到很好的发展。

如果把中国封建社会发展的阶段再进一步划分，可以分为以下的六个时期：(1)分散割据的封建诸侯统治时期(春秋战国到秦统一前)；(2)中央集权的封建专制制度建立时期(秦汉)；(3)门阀士族封建专制时期(魏晋南北朝)；(4)统一的封建国家重建、兴盛与地方割据时期(隋唐五代)；(5)封建国家中央集权制完备与社会停滞时期(宋元明)；(6)封建社会僵化没落时期(清)。以上六个时期，隋唐以前封建社会在发展，在前进，宋元明以后封建社会制度则开始停滞以至僵化。在上述经济、政治形势变动的同时，代表统治阶级利益的思想体系也相应地发生着变化。

封建社会的上述历史特点和历史过程，造成了以儒教为中心的封建意识形态，这种同封建宗法制度和君主专制的统一政权相适应的意识形态，对劳动人民起着极大的麻醉欺骗作用，因而它有效地稳定着封建社会秩序。为了使儒家更好地发挥巩固封建经济和政治制度的作用，历代封建统治者及其思想家们不断地对它加工改造，逐渐使它完备细密，并在一个很长时间内，进行了儒学的造神活动：把孔子偶像化，把儒家经典神圣化。又吸收佛教、道教的思想，将儒家搞成了神学。这种神学化了的儒家，把政治、哲学和伦理三者融合为一体，形成了一个庞大的儒教体系，一直在意识形态领域占据着正统地位，对于巩固封建制度和延长其寿命，起了十分巨大的作用。

春秋时期孔子创立的儒家学说本来就是直接继承了殷周奴隶制时期的天命神学和祖宗崇拜的宗教思想发展而来的，这种学说的核心就是强调尊尊、亲亲，维护君父的绝对统治地位，巩固专制宗法的等级制度。所以这种学说稍加改造就可以适应封建统治者的需要，本身就具有再进一步发展成为宗教的可能。但是在先秦它还不是宗教，只是作为一种政治伦理学说与其他各家进行争鸣。由儒学发展为儒教是伴随着封建统一大帝国的建立和巩固逐渐进行的，曾经历了千余年的过程。孔子的学说共经历了两次大的改造。第一次改造在汉代，它是由汉武帝支持，由董仲舒推行的，这就是中国历史上所谓“罢黜百家，独尊儒术”的措施。汉代大一统的中央集权封建宗法专制国家需要一套在意识形态上和它紧密配合的宗教、哲学体系。孔子被推到了前台，董仲舒、《白虎通》借孔子的口，宣传适合汉代统治者要求的宗教思想。第二次改造在宋代，宋统治者集团利用机会从唐末五代分散割据的混乱局面中捞到了政权。他们鉴于前朝覆亡的教训，把政治、军事、财政、用人的权力全部集中在中央。宋朝对外宁可退让，对内则强化中央集权的封建宗法专制制度；思想文化领域里也要有与它相适应的意识形态相配合。汉唐与宋明都是中央集权的封建宗法专制制度的国家，但中央权力却是越来越集中，思想文化方面的统治方法也越来越周密。为了适应宋朝统治者的需要，产生了宋明理学，即儒教。儒家的第二次改造，虽说完成于宋代，追溯上去，可以上溯到唐代。韩愈推崇《大学》，用儒家的道统对抗佛教的法统。李翱用《中庸》来对抗佛教的宗教神秘主义。到宋代朱熹则把《论语》、《孟子》、《大学》、《中庸》定为“四书”，用一生精力为它作注解。朱熹的《四书章句集注》被宋以后的历代封建统治者，定为全国通用的教科书。“四书”从十三经中突出出来，受到特殊的重视。

下面，我们就从汉代起回溯这个历史过程。

封建大一统的局面形成之后，必然要求与它相适应的哲学作为指导思想。秦王朝不加掩饰地实行严刑峻法，结果很快覆亡了。贾谊《过秦论》就总结了这一教训。汉初的黄老之术，虽有一时的作用，也不是封建国家长治久安之策。统一的封建帝国需要这样一种思想体系：它能够用统一的神权来维护至上的君权，它能够用祖先崇拜来巩固宗法等级制度，它又能够用仁义道德的说教来掩饰统治者对劳动人民的压迫和剥削。为了寻求合适的思想体系，西汉王朝探索了六七十年之久，终于选中儒家，出现了儒家的代表人物董仲舒。董仲舒为了巩固政治的统一，主张思想统一，提出“罢黜百家，独尊儒术”。从董仲舒起，孔子被抬上了宗教教主的地位。春秋时期的孔子是一位政治家、思想家、教育家和儒家学术团体的领袖，但常常被嘲弄、被冷遇；汉代的孔子就成了儒教的庄严、神圣的教主，他被塑造成神，成了永恒真理的化身。汉代封建统治者希望人民去做的许多事，都假借孔子的名义来推广，封建宗法制度进一步得到巩固、加强。“三纲”说在荀子、韩非的著作中已开始提出，但那时只是一家之言，表达一种政治伦理思想。汉代董仲舒以后，通过政府把它推广到社会生活中去。东汉的地方察举制度曾规定了许多道德品目，如“孝廉”，既是一种道德品质，同时又是一种做官进仕的条件。儒家的封建伦理和社会政治的制度结合得更紧了。西汉和东汉统治者为了巩固中央集权，他们使王权与神权进一步合流，为王权神授制造理论根据。但在实际政治生活中，他们把神权限制在王权之下，而不允许平起平坐，更不用说神权凌驾王权之上了。

中国封建统治者，由于和农民起义打交道的经验多，日益感到利用宗教化的儒学来麻痹人民的反抗意志十分必要。因此，汉代开始采用儒家的经典来为他们的政治、法律的措施作说明。汉武帝时，张汤决狱，要从《春秋》中找根据(其实是捕风捉影，与《春秋》没有关系)。东汉以皇帝名义召开的白虎观的会议，更是用政权来推行神权、用神权维护政权的典型例子。这时的儒家的面貌已经不同于先秦的儒家，孔子地位被抬高了。

汉代的儒家，先按照地上王国的模特儿塑造了天上王国，然后又假借天上王国的神意来对地上王国的一切活动发指示。这就是汉代从董仲舒到白虎观会议的神学目的论的实质。天为阳、为君、为父、为夫；地为阴、为臣、为子、为妇。天地自然界的秩序被说成像地上汉王朝那样的社会秩序。自然界也被赋予封建伦理道德的属性。虽然没有西方上帝造人类那样的创世说，但也有类似的地方。儒家定于一尊，儒家的经典成为宗教、哲学、政治、法律、道德、社会生活、家庭生活以及风俗习惯的理论依据：哲学虽不像欧洲中世纪那样都成为神学的婢女，但成了六经的脚注，非圣等于犯法。所谓圣人就是尧、舜、禹、汤、文、武、周公、孔子等儒家所崇拜的偶像。

东汉末年的黄巾大起义，动摇了汉王朝的政治统治基础。王权与神权紧密配合的汉王朝崩溃，代之而起的是分散割据的地方封建势力。政治上出现了三国分立的局面。三国时，商业交换基本停止，不再铸造货币，出现了更典型的自然经济。以王权、神权相结合的儒家正统思想——神学目的论也受到了致命的冲击。这时出现了魏晋玄学，在民间和社会上层相继发展了佛教、道教。这时，我国北方、南方少数民族也纷纷武装起义来反抗汉族的政治压迫。他们的领袖人物中有的是被卖的奴隶，后来起义成功，建立了王朝①。在思想领域，他们首先冲击的是儒家内中华而外夷狄的思想。少数民族统治者信奉佛教。汉族群众信奉佛教和道教。五斗米道、太平道在农民中间广泛流行。

---

① 如以刘聪、石勒等人（《晋书》卷一〇二及卷一〇四）为代表的北方少数民族的起义。

由于中国广大地区已具有高度的封建经济、政治和文化，少数民族掌握政权后，由奴隶制社会很快被带进了封建社会。封建社会的统治和被统治的关系，也很快被他们接受。具有中国特点的封建宗法专制主义也还得被重视。因为这一套统治人民的经验行之有效，而这一套封建伦理道德规范在儒家有深远传统。当然，起决定作用的是中国封建的经济结构和社会结构。中国封建社会的宗法制度是与中国封建社会相终始的，“三纲”、“五常”被儒家说成是万世不变的规范。说“万世不变”，这是古人的局限性，因为古人不知道封建社会以外还有其他生产方式。仅就中国的社会情况而论，说它是封建社会“万世不变”的秩序也未尝不可。

在魏晋南北朝时期，佛教、道教广泛流行，儒家失去独尊的地位，但统治者并未抛弃它，它仍然是封建思想的正统。梁武帝崇奉佛教，但梁武帝的《敕答臣下神灭论》的主导思想仍是儒教而不是佛教。当时的统治者用佛、道作为儒教的补充，三者并用或交替使用。三教之间有斗争，有妥协，也互相吸收。既然封建宗法制度未变，维护封建宗法制度的伦理纲常就不会被抛弃，“三纲”“五常”的秩序非维持不可。因此，佛教、道教也要适应封建宗法制度的要求，才能得到地主阶级的支持。佛教五戒十善，采用的善恶道德标准仍然不能超出三纲五常的规定范围，违反了就是十恶不赦。封建地主以造反为罪大恶极，佛教也认为无君无父是构成入地狱的罪行。难怪宋文帝发自肺腑地说，佛教虽主张出世，但有助于王化①。魏晋玄学否定了神学目的论，但未对儒家的封建宗法制度、三纲五常触动一根毫毛。当时名教

① 宋文帝：“若使率土之宾，皆敦此化，则朕坐致太平矣，夫复何事？”（见《广弘明集·宋文帝集朝宰论佛教》）

与自然的争论，反映了玄学家们如何对待三纲、五常的根本态度。不论哪一派，都不敢说不要名教。玄学最大的代表人物之一如王弼，还是认为孔子比老子高明①。农民不是先进的生产关系的体现者。农民的思想随着生产资料、政治权力的被剥夺，也被迫接受统治阶级的王权神授、天命决定论，也被封建宗法制度所束缚②。

虽然政治上南北处于分裂状态，中国历史这一时期在某些方面仍有所发展。北方和南方在各自的统治范围内有相对安定的政治局面，于是北方和南方各民族在经济、文化的交流中有了进一步的融合。许多落后的氏旅部落和奴隶制初期的民族，由于同汉族不断交往，相互了解、通婚、学习，很快赶上来，进入封建社会，这就给以后隋唐建立的多民族繁荣昌盛的封建统一王朝准备了条件。

隋唐时期由于封建经济的进一步繁荣、发展，对世界经济文化交流有过贡献。南北朝时期分裂割据的影响逐步泯除。佛教结束了南北朝各宗派长期分裂的局面，形成了统一的各宗各派；道教也混合南北，形成了统一的唐代道教。佛教、道教各自发展自己的寺院经济并建立宗派传法世系。儒家的经学也兼采南北经学流派，形成具有唐代

---

① ［裴徽］问弼曰："夫无者，诚万物之所资也，然圣人莫肯致言，而老子申之无已者何?"王弼回答说："圣人体无，无又不可以训，故不说也。"(何劭《王弼传》引)

② "统治阶级的思想在每一时代都是占统治地位的思想。这就是说，一个阶级是社会上占统治地位的物质力量，同时也是社会上占统治地位的精神力量，支配着物质生产资料的阶级，同时也支配着精神生产的资料，因此，那些没有精神生产资料的人的思想，一般地是受统治阶级支配的。"(《德意志意识形态》，《马克思恩格斯选集》第1卷，52页。)

特点的经学。儒、释、道三家鼎立，都得到封建王朝的大力支持①。三家学说有异，服务的对象却是一家②。朝廷遇有大典，经常让三教中的代表人物在殿上公开宣讲。儒家讲儒家的经典，佛教、道教也各自讲各自的经典，时称儒、释、道三教。儒、释、道所讲论的内容，也逐渐由互相诋毁而变得互相补充。政府命令禁止道教攻击佛教和佛教攻击道教的文字宣传。唐初朝廷举行公开仪式中，有时规定佛教徒在先，有时规定道教徒在先，中唐以后规定齐行并进，不分先后。儒家对佛、道有所攻击，主要说他们不生产、不当兵、不纳税、不负担政府的义务、不符合中国传统的风俗习惯，等等。但儒家在哲学观点上，则大量吸收佛、道的东西。

久为人们熟悉的宋代理学的开创者周敦颐的代表著作是他的《太极图说》和《通书》。周敦颐的学术渊源，来自道士(陈抟——种放——穆修——周敦颐)，他们的传授关系是有案可查的。维护周敦颐的朱熹一派，极力否认周氏与道教的关系，给以新的解释；也有一派如陆九渊弟兄，认为“无极”之说源出老子(道教)，为了维护儒家的正统，他们提出这不是周氏的主张，不然就是他早年思想体系不成熟的作品。又据记载，周敦颐与僧寿涯也有学术上的交往③。宋代的朱熹与道教的牵连更深，对道教的经典《阴符经》、《参同契》曾大力钻研。儒

---

① 唐大足元年(公元701年)，武则天当政时，已明白宣示，三教有共同的任务，并令人撰写《三教珠英》。(《唐会要》卷三六)

② 文宗诞日，召秘书监白居易，安国寺沙门义林，上清宫道士杨弘元入麟德殿内道场谈论三教。居易对语中有谓“儒门释教虽名数则有异同，约义立宗，彼此亦无差别，所谓同出而异名，殊途而同归者也”(《白氏长庆集》卷六七)。

③ 僧寿涯赠诗有：“有物先天地，无形本寂寥。能为万象主，不逐四时凋。”

道合流的代表人物，由北宋上溯，如唐朝司马承祯，由此再上推，到南朝的陶弘景，北朝的寇谦之，都是结合封建伦理学说来宣传道教的。宋以后的道教更是公开宣扬三教合一，如假托吕洞宾的名义的一些宋明道教著作，都在宣扬忠孝仁义等封建宗法世俗观点。

儒佛互相渗透的情形更普遍，如唐代的柳宗元、刘禹锡、梁肃、白居易，这是人所共知的。过去人们对柳宗元、刘禹锡以唯物主义而信佛，觉得不好理解，有的哲学史工作者出于爱护唯物主义哲学家的感情，对这个现象也进行过解释，对他们的信佛表示遗憾。宋代的唯物主义者王安石，同时又是佛教的信奉者，晚年还舍宅为寺。这些唯物主义者都受儒教的熏陶，并且认为儒佛并不矛盾，可以相通①。以佛教徒和尚而公开主张儒教的，如宋代的孤山智圆，自号“中庸子”，他自称：

“中庸子智圆名也，无外字也，既学西圣之教，故姓则随乎师也。尝砥砺言行以庶乎中庸，虑造次颠沛忽忘之，因以中庸自号，故人亦从而称之。或曰：‘中庸之义其出于儒家者流，子浮图子也，安剽窃而称之耶?’对曰：‘夫儒释者言异而理贯也，莫不化民俾迁善远恶也。儒者饰身之教，故谓之外典也；释者修心之教，故谓之内典也。唯身与心则内外别矣，蚩蚩生民岂越于身心哉？非吾二教何以化之乎？嘻！儒乎，释乎，其共为表里乎！’”(《闲居编·中庸子传上》第一九)

“故吾修身以儒，治心以释，拳拳服膺，罔敢懈慢犹恐不至

① 柳宗元：“浮图诚有不可斥者，往往与《易》、《论语》合，诚乐之，其于性情奭然，不与孔子并道。”(《柳河东集》卷二五)

于道也，况弃之乎？呜呼！好儒以恶释，贵释以贱儒，岂能庶中庸乎？”(同上)

自然现象不同于社会现象，它不具有人类社会的道德属性，但智圆用儒家的仁义观点，加以自然生物以道德属性①，与朱熹等以仁义礼智释元亨利贞的思想方式是一个路数。

至于佛教与道教的合流，交互影响，也是随着隋唐在政治上的大一统而形成的。道教经典很多取自佛经，这已是公认的事实②。天台宗的创始人慧思，既是佛教徒，又信奉道教长生求仙的方术，要作“长寿仙人”③，史传有明文，并不避讳。

从唐代的儒、释、道三教鼎立发展为宋代的三合一，这个长期的历史过程，也就是儒教在封建政权的支持下逐渐酝酿成熟的过程。

从汉武帝独尊儒术起，儒家已具有宗教雏形。但是，宗教的某些特征，尚有待于完善。经历了隋唐佛教和道教的不断交融、互相影响，又加上封建帝王的有意识地推动，三教合一的条件已经成熟，以儒家封建伦理为中心，吸取了佛教、道教一些宗教修行方法，宋明理学的建立，标志着中国儒教的完成。它信奉的是“天地君亲师”，把封

① “钱唐县西北水行十八里，有村曰‘义犬者。昔人养犬甚训，行迈于是，醉卧草间。野火四至，将焚焉。犬能亟至河岸，以身濡水，湿其草，主遂免祸。睡觉，犬力殚毙矣。感其义，因葬之。乡人命其地曰‘狗葬’。后刺史以‘义犬’之名，易‘狗葬’之名，予舟行过其地，遂为文以感之：‘浩浩动物，唯人为贵。立人之道，曰仁以义。二者不行，与畜同类。畜能行是，与人曷异。懿矣斯犬，立功斯地。救主免焚，濡草以智。其身虽毙，其名不坠。’”(《闲居编·感义犬》第二七)。

② 陶弘景的《真诰》有数十处抄自《四十二章经》。

③ 见慧思：《南岳誓愿文》。

建宗法制度与神秘的宗教世界观有机地结合起来。其中君亲是中国封建宗法制的核心。天是君权神授的神学依据，地是作为天的陪衬，师是代天地君亲立言的神职人员，拥有最高的解释权，正如佛教奉佛、法、僧为三宝，离开了僧，佛与法就无从传播。宋朝理学兴起的时候，恰恰是释道两教衰微的时候。风靡全国，远播海外的佛教，形式上衰微了，实际上并没有消亡，因为儒教成功地吸收了佛教。看起来中国没有像欧洲中世纪那样宗教独霸绝对权威，但中国中世纪独霸的支配力量是不具宗教之名而有宗教之实的儒教。

儒教这个宗教，看起来不同于其他宗教，如基督教、伊斯兰教、佛教等，甚至打出反对上述宗教的幌子：清代学者颜元早已指出程颐的思想“非佛之近理”，乃程颐之理“近佛”(见《存学编》)。还指出：

“其(朱熹)辟佛老，皆所自犯不觉。如半日静坐，观喜怒哀乐未发气象是也，好议人非，而不自反如此。”(《存学编》)

进入高级阶段的宗教都有他们不同的“原罪”说。宣传人生下来就有罪，必须靠宗教的精神训练来拯救人们的灵魂。程颐说：

“大抵人有身，便有自私之理。宜其与道难一。”

儒教宣传禁欲主义：

“甚矣，欲之害人也。人之为不善，欲诱之也。诱之而弗知，则至于天理灭而不知反。故目则欲色，耳则欲声，以至鼻则欲臭，口则欲味，体则欲安。此则有以使之也。然则何以窒其欲？

曰：思而已矣。学莫贵于思，惟思为能窒欲。曾子之三省，窒欲之道也。”(《宋元学案·伊川学案》)

这种禁欲主义，一直成为宋以后儒教修养的中心思想。他们甚至连五欲排列的次序也按佛教的眼、耳、鼻、舌、身五欲排列。

宗教都要树立一个至高无上的神(名称各有不同)。儒教亦宣传敬天、畏天，称国君是天的儿子。君权与神权紧密结合起来。国君被赋予神性。儒教还有祭天、祀孔的仪式。

宣传“以贫为荣”、“以贫为乐”，也是儒教的一个重要内容。儒教著作中称赞有道之士“虽箪瓢屡空，宴如也”。穷了，就避免了声、色的物质诱惑。儒教认为生活水平越低，道德品质越高，他们把物质生活的改善看作罪恶的源泉，把生活欲望与道德修养摆在势不两立的地位。“不是天理，便是私欲”，“无人欲即是天理”(《宋元学案·伊川学案》)。

儒教把一切学问都归结为宗教修养之学。儒教不去改造客观世界，而是纯洁内心；不向外观察，而是向内反省；不去认识世界的规律，而是去正心诚意当圣贤。圣贤的规格就是儒教规格的人的神化，即典型的僧侣主义的“人”。他们说：

“颜子所独好者何学也？学以至圣人之道也。……喜怒哀乐爱恶欲，情既炽而益荡，其性凿矣。是故觉者约其情使合于中，正其心，养其性，故曰：‘性其情’。愚者则不知制之，纵其情而至于邪僻，梏其性而亡之，故曰：‘情其性’。”(《颜子所好何学论》)

“伊川见人静坐，便叹其善学。”(《宋元学案·伊川学案》)

宗教都主张有一个精神世界或称为天国、西方净土，宗教都有教主、教义、教规、经典，随着宗教的发展形成教派。在宗教内部还会产生横逸旁出的邪说，谓之“异端”。儒家则不讲出世，不主张有一个来世的天国。这是人们通常指出的儒家不同于宗教的根据。

但是我们应当指出，宗教所宣扬的彼岸世界，只是人世间的幻想和歪曲的反映。有些宗教把彼岸世界说成仅只是一种主观精神状态。在中国的历史上，隋唐以后的佛教、道教，都有这种倾向。以影响最大的禅宗为例。中国出现过许多宗派，禅宗受中国封建文化影响最多，他们宣称“菩提只向心觅，何劳向外求玄？听说依此修行，西方只在眼前”(《坛经》)。禅宗主张极乐世界不在彼岸而在此岸，不在现实生活之外，就在现实生活之中，所谓出家、解脱，并不意味着离开这个世界到另一个西天。在日常生活之中，只要接受了宗教的世界观，当前的尘世就是西天，每一个接受佛教宗教观的众生即是佛，佛不在尘世之外，而在尘世之中。

宋明理学吸收了禅宗的这种观点。虽然它不讲出世，不主张有一个来世的天国，但是却把圣人的主观精神状态当作彼岸世界来追求，这和禅宗主张在尘世之中成佛是完全相同的。

程颢的《定性书》被宋明理学家公认为经典性的权威著作，这种“定性”与佛教禅宗的宗教修养方法一脉相承，所谓“动亦定，静亦定，无将迎，无内外”(《定性书》)，即是禅宗的“运水搬柴，无非妙道”。把人性区别为“义理之性”与“气质之性”，“人欲”又是挟“气质”以具来的罪恶，实质上是宗教的“原罪”观念。程颐的《颜子所好何学论》是一篇典型的宗教修养方法论，是一篇宗教禁欲主义的宣言书。张载的《西铭》也是一篇歌颂“天地君亲师”的儒教宣言，他认为人生的一切遭遇天地早安排定了，享受富贵福泽是天地对你的关怀，遭受贫贱忧戚，是地对你的考验。天地与君亲本是一家人。二程教人主敬，程颐终日“端坐如泥塑人”。“存天理，去人欲”更是一切唯心主义理学家全力以赴的修养目标。他们所谓“天理”，无非是封建宗法制度所允许的行为准则，内容不出“三纲”、“五常”这些儒教教条。儒教追求的精神境界更偏重于封建道德修养，巩固宗法制度。儒教的孝道除了伦理意义外，还有宗教性质①。儒教没有入教的仪式，没有精确的教徒数目，但在中国社会的各阶层都有大量信徒。儒教的信奉者决不限于读书识字的文化人，不识字的渔人、樵夫、农民都逃不脱儒教的无形控制。专横的族权，高压的夫权，普遍存在的家长统治，简直像毒雾一样，弥漫于每一个家庭，每一个社会角落。它像天罗地网，使人无法摆脱。

宋明理学所普遍关心并反复辨明的几个中心问题有“定性”问题、“义理之性”与“气质之性”的问题、“孔颜乐处”问题、“主敬”与“主静”问题、“存天理，去人欲”问题、“理一分殊”问题、“致良知”问题等等。这些问题虽以哲学的面貌出现，却具有中世纪经院神学的实质和修养方法。看起来问题虽多，最后都要归结到“存天理，去人欲”这个中心题目上来。

宋明理学各家各派，不论是政治上进步的、保守的、唯心的、唯物的，都在围绕一个中心问题阐述自己的观点：如何正确处理(对待)“天理”与“人欲”的关系，它不是一个哲学问题而是一个神学问题，即如何拯救灵魂，消灭“罪恶”，进入“天国”(理想的精神境界)的问题。中国哲学史涉及社会伦理思想的特别多，而涉及自然的比较少，这也是被中世纪封建社会的特点所决定的。欧洲中世纪的哲学是神学的奴

① 见《孝经》。

婢，它的注意力也不在认识自然界而在拯救人类的灵魂。恩格斯指出，特别在近代才突出思维与存在、精神与物质的关系问题①，古代不是这样，那时是靠天吃饭，是自然的奴隶，也就没有能力摆脱神学的束缚。西方中世纪神学的中心观念是“原罪”，中国中世纪神学的中心观念是“存天理，去人欲”。这不是谁抄袭谁的，而是封建社会的共性决定了的。只要是中世纪封建社会，必讲天理人欲之辨。只是欧洲有欧洲的讲法，印度有印度的讲法，中国有中国的讲法。

在资本主义出世以前，人们都受神的统治，神学笼罩一切。因为中外中世纪的经济是封建经济、小生产的自然经济，靠天吃饭。物质生产要靠天，精神上就不能不靠天。人们不能摆脱宗教这个异己的力量。统治者则充分利用牧师这一职能来维持其统治。由于这个原因，封建社会里的唯物主义阵营在实力上无法与唯心主义阵营旗鼓相当，唯物主义者总不能摆脱宗教和唯心主义的巨大影响。欧洲中世纪宗教和教会具有垄断一切的势力，曾经发生过唯名论与唯实论的争论，唯名论属于唯物主义阵营，但要披上宗教的外衣。后来十八世纪法国唯物主义者则是踢开上帝，抛开神学的外衣，大讲无神论。像斯宾诺莎实质是唯物主义者，还保留着“神”这个外壳。中国哲学史上提出唯物主义观点的思想家，如宋代的陈亮、明代的王廷相、清代的王夫之、颜元、戴震等人都在不同的领域对儒教的某一方面的问题有所抨击。② 与正统的儒教——程朱陆王的理学在哲学路线上相对立，但他们都抛不开孔子，摆脱不了六经，他们都自称得到孔子的正统真传，

① “全部哲学，特别是近代哲学的重大的基本问题，是思维和存在的关系问题。”《马克思恩格斯选集》，第4卷，219页。

② 他们给“人欲”以合法的地位，主张唯物论，反对唯心论，这都不符合儒教的原则。

假借孔子、孟子的衣冠来扮演革新儒教的角色。他们对孔子这位教主则不敢怀疑。明代的李贽曾提出过“不以孔子之是非为是非”，这是他敢于突破藩篱的地方，他怀疑的限度只限于孔子的个别结论，而不是怀疑孔子这个教主，更不是要打倒孔子。他竭力抨击那些口诵圣人之言、败坏封建纲常的假道学假圣人之徒，他提倡忠孝仁义，维持封建宗法制，他是爱护这个制度的孤臣孽子。李贽对佛教五体投地，他是儒教异端，而不是反封建的英雄。

宋明理学体系的建立，也就是中国的儒学造神运动的完成，它中间经过了漫长的过程。儒教的教主是孔子，其教义和崇奉的对象为“天地君亲师”，其经典为儒家六经，教派及传法世系即儒家的道统论，有所谓十六字真传。① 儒教虽然缺少一般宗教的外在特征，却具有宗教的一切本质属性。僧侣主义、禁欲主义、“原罪”观念、蒙昧主义、偶像崇拜，注重心内反省的宗教修养方法，敌视科学、轻视生产，这些中世纪经院哲学所具备的落后宗教内容，儒教应有尽有。

佛教禅宗曾把僧侣变成俗人，以求得与中国的封建宗法制度配合；儒教则把俗人变成僧侣，进一步把宗教社会化，使宗教生活、僧侣主义渗透到每一个家庭。有人认为中国不同于欧洲，没有专横独断的宗教；我们应当看到中国有自己的独特的宗教，它的宗教势力表面上比欧洲松散，而它的宗教势力影响的深度和广度、控制群众的牢固性更甚于欧洲中世纪的教会。欧洲中世纪设有异教裁判所，中国的儒教对待叛道者使用的教条教规也是十分严酷的。凡是触犯了封建宗法规范，被认定为大逆不道、逆伦灭理的，可以在祠堂里当众处置，直到死刑。更重要的一个手段是“以理杀人”。被儒教残害的群众，连

① “人心惟危，道心惟微，惟精惟一，允执厥中。”(《尚书·虞书》)

一点呻吟的权利也被剥夺干净，丝毫同情、怜悯也得不到。千百年来，千千万万男男女女无声无息地被儒教的“天理”判了死刑。儒教“视人之饥寒号呼、男女哀怨，以至垂死冀生，无非人欲”(戴震:《孟子字义疏证》)，必尽除之而后快。真是“杀人如草不闻声”，精神的镣铐比物质的镣铐不知道严酷多少倍。

董仲舒对孔子的改造，已经使孔子的面目不同于春秋时期的孔丘。汉代中国封建社会正在上升时期，统一的封建王朝继秦朝以后，富有生命力，配合当时的政治要求而形成的儒教虽有其保守的一方面，但它有积极因素。宋明以后，中国的封建社会已进入后期，出现的资本主义萌芽都不幸没有得到正常发展的机会。宋明封建王朝的统治者推动儒教的发展，朱熹对孔子的改造，与孔子本人的思想面貌相去更远。如果说汉代第一次对孔子的改造，其积极作用大于消极作用，那么宋代第二次对孔子的改造，其消极作用则是主要的。

儒教限制了新思想的萌芽，限制了中国的生产技术、科学发明。明代(16世纪)以后，中国科技成就在世界行列中开始从先进趋于落后。造成这种落后，主要原因在于封建的生产关系日趋腐朽，使社会经济停滞不前，中国的资本主义没有得到发展的机会，而儒教体系对人们探索精神的窒息，也使得科学的步伐迟滞。上层建筑对它的基础决不是漠不关心的，它要积极维护其基础。中国封建社会特别顽固，儒教的作梗应当是原因之一。

自从五四运动开始提出“打倒孔家店”的口号，当时进步的革新派指出孔子是中国保守势力的精神支柱，必须“打倒孔家店”，中国才能得救。当时人们还不懂得历史地看待历史事件和历史人物，不善于用发展变化的眼光看待事物，因而把春秋时期从事政治活动和教育文化事业的孔子和汉以后历经宋元明清封建统治者捧为教主的孔子混为一谈。孔子只能对他自己的行动承担他的历史功过，孔子无法对后世塑造的儒教教主的偶像负责。作为一个教育家、政治思想家、先秦儒家流派的创始人，我们应当给以全面的恰当的评价，历史事实不容抹掉，而且也是抹不掉的。孔子这个人在历史上的功过，现在学术界还没有一致的意见，这是一个学术争论的问题，不可能短期取得一致的意见。儒教的建立标志着儒家的消亡，这是两笔账，不能混在一起。说孔子必须打倒，这是不对的；如果说儒教应当废除，这是应该的，它已成为阻碍我国现代化的极大思想障碍。

有人认为中国历史上不曾出现过像欧洲中世纪那样的政教合一的黑暗统治时期，是得力于孔子的儒家学说。儒家起了抵制宗教的作用，儒家不迷信，所以抵制了神学的统治。

中国没有出现欧洲中世纪那样的基督教，这是中国社会的特点所决定的；说中国有了儒家从而避免了一场宗教神权统治的灾难，是不对的。因为儒教本身就是宗教，它给中国历史带来了具有中国封建宗法社会的特点的宗教神权统治的灾难。

宗教、迷信、神权是人类历史上不可避免的现象，迄今还没有发现过有哪一个民族、国家有过对宗教的免疫能力。不过在不同国家和不同地区，宗教具有不同的表现形式罢了。中国儒教顽强地控制着中国，它与中国封建社会相始终，甚至封建社会终结，它的幽灵还在游荡。

还应当看到宗教有它的形式和内容。形式上可以有信奉的偶像不同、教义教规的不同，但寻求彼岸世界的宗教世界观是一切宗教的共同的特点。教权与王权的关系，西方与东方形式上有所差异，西方是教权高于王权，中国除从前西藏地区外，则是王权高于教权。但王权与教权的紧密配合，及其禁锢人们的思想的程度，东方与西方没有两样。

有人认为中华民族屹立于世界民族之林，经历了多少次风雨，儒家提倡的气节，起了重要作用。所以历史上出现了临危不惧、见义勇为的英雄人物。当民族面临危机严重的关头，我国出现过不少英雄，他们是民族的脊梁。应看到，临危不惧、以身殉其理想，历史上屡见不鲜，如墨子的门徒们为维护墨家的利益、理想，赴汤蹈火，死不旋踵；田横有五百壮士同日自杀以殉齐国；董狐秉笔直书，视死如归。他们都不是孔子或儒家的信徒。还有一些为宗教狂热的驱使到西方取经的佛教徒，也能不避死亡，策杖孤征。可见把曾子所说的“可以托六尺之孤，可以寄百里之命，临大节而不可夺”的坚强品德记在孔子或儒家名下，是不符合事实的。像曾子所标榜的这个要求，儒家创始人孔子就没有做到。孔子周游列国，遭到蒲人的围困，孔子对天发了假誓，作了保证，才逃脱包围。一旦脱离险区，发的誓就不算数了，还自己解嘲说“要盟不信”①。孔子还看不起那些“言必信，行必果”②的人们，他在气节这一点上偏偏表现得不好。一个民族，不论大小，都有它的长处。世界大门已经敞开，可不能再抱着“河东白豕”那种自我欣赏、自我锢蔽的态度。欧洲人的书里也曾讲由于有了基督教的好传统使他们保持了宽容、忍让、慈爱为怀的高尚情操。事实果真如此么？我们中华民族早就有过深刻体会——当年大炮、军舰、圣经、鸦片同时莅临，这就是他们所宣扬的高尚情操。所谓宽容、忍让的美德是有的，它出自劳动人民，而不是圣经的教训的结果。

有人认为儒家有爱国主义的好传统，儒家保存了中华民族的文

---

① “要盟也，神不听。”(《孔子世家》)

② “言必信，行必果，硁硁然，小人哉。”(《论语·子路》)

化，形成一种团结的向心力。

爱国主义，不是抽象的名词，它有实际的内容。春秋战国时期诸侯国林立。许多学有专长的人，有政治抱负的人，到处游说，想依靠一个国家的国君支持他们的主张，推行他们的政治理想。孔子就是其中的一个。孔子离开了他的祖国鲁国，到处游说，他到过齐国、卫国、楚国等大国。哪一个国君用他，他就在哪一个国家当官。后来孔子的弟子们、诸子百家的领袖们都是这样做的。当时没有人议论他们背离祖国，或不爱国。战国末期，李斯的《谏逐客书》不但没有想到要好好为祖国效力，而是举出种种理由，规劝外国君主重用有才学的外国人，而不必管他们来自哪个国家。当时各民族之间经济、文化、婚姻的联系频繁，视为当然，诸侯贵族曾与邻近的少数民族通婚①，春秋战国时期，民族之间，国与国之间的关系是正常的，开放的，不是封闭的。

到了秦汉以后，中国创立了多民族的统一的宗法封建专制主义的大一统的国家。这时的国内各民族的关系也是平等和睦的。只是来自北方游牧地区，尚处在奴隶制前期的匈奴部落对农业地区经常掠夺，把早已进入封建社会的内地居民掠为奴隶，这就遭到进入封建社会的全体人民的反抗。掠夺与反掠夺的斗争，加深了民族的限隔。长期的战争和经济交流(战争也是一种代价很高的文化交流)，使多民族的封建大一统国家在安定的政治局面下不断得到发展。隋唐皇室就不是纯汉族。唐代任用朝廷和地方官吏，对蕃汉各族一视同仁，这对于封建的发展繁荣起着促进作用。民族融合，和平相处，这是历史发展的主流。

① 《史记·晋世家》:“晋献公娶狄女，娶骊姬，晋文公娶季隗。”

但也应当看到，由于地理形势的局限，我国与东南海外的往来关系远不如西北陆上的密切。我国历史上不断地一批一批把西北民族从部落社会、奴隶制社会带进了封建制社会，同时又不断接触一些新的部落民族。长期以来，形成了汉族的自大优越感，以“天朝”自居。宋以后，历代统治者致力于控制内部、防止造反，再加上儒教的长期灌输，从而形成一种极不健康的民族思想意识。对外来的东西，又怕又恨，产生一种儒教变态心理①。

有人认为有了以儒教为中心的文化共同体，团结了中华民族。华侨中多半相信儒家思想，他们的爱国主义精神，多得力于儒家传统。

这是用思想去说明社会历史，而不是用社会历史去说明思想，而且这个说明也是不正确的。华人海外谋生，很不容易，他们多半是冒着生命危险去的。明清以前出国谋生的华侨得不到政府的支持和保护，近代中国又处在半殖民地的地位，政府无力保护，在海外受尽了凌辱和种族歧视。华侨如不团结，不互相帮助，就难以生存，更不用说发展了。华侨渴望祖国繁荣、昌盛，他们的处境决定了他们热爱祖国的思想感情。

中国是一个封建宗法制度占统治地位的国家，华侨离乡背井，往往依靠封建宗法关系、同乡邻里关系、行会关系。以这些关系为纽带，加上语言、习惯、经济的联系，自然结成了自己的相互依存的共

① “宋的文艺，现在似的国粹气味就熏人。然而辽金元陆续进来了，这消息很耐寻味。汉唐虽然也有边患，但魄力究竟雄大，人民具有不至于为异族奴隶的自信心，或者竟毫未想到，凡取用外来事物的时候，就如将彼俘来一样，自由驱使，绝不介怀。一到衰弊陵夷之际，神经可就衰弱过敏了，每遇外国东西，便觉得仿佛彼来俘我一样，推拒，惶恐，退缩，逃避，抖成一团，又必想一篇道理来掩饰，而国粹遂成为孱王和孱奴的宝贝。”(《看镜有感》，《鲁迅全集》第1卷，198页，北京，人民文学出版社，1993)

同体。他们可能把“天地君亲师”的神位一齐带出国，但团结他们的主要力量是现实的生活而不是什么儒教的遗泽。多少世纪以来，世界上失去祖国的犹太人，顽强地生存着，他们都不信儒教。流浪的吉卜赛人，也顽强地生活着，他们也不知道什么是儒教。

有人说，儒教集中体现了中华民族优秀的文化传统，它培育了许多“取义”、“成仁”、可歌可泣的民族英雄。不错，中华民族是有优秀的传统，在它的历史上也涌现出许许多多伟大的民族英雄，但不能把功劳记在儒家或儒教的账上。中华民族的优秀文化传统和自强精神是在同民族压迫和阶级压迫的斗争中，在同自然界的斗争中形成的，主要是指反抗精神、牺牲精神、科学精神和民主精神。这些优良传统首先体现在广大劳动人民身上，也体现在代表人民利益的一些先进的人物身上。历来反抗黑暗的专制统治、反抗暴政、反抗民族压迫，最终把封建制度推翻的并不是正统的儒家人物，而是农民的革命力量。创造了中国灿烂的古代文明，在农业、手工业和建筑、绘画、雕塑等方面创造出高度的技艺和举世闻名的伟大作品的作者们甚至连名字也没有留下，他们是农民、手工工人和各种巧匠艺师，却不是儒教信徒。否定天命鬼神，高举无神论和唯物论旗帜的并不是儒教正统学者，而是敢于冲破儒教传统的先进人物。宋元及明清优秀的文学作品，其指导思想多半是发不平之鸣、离经叛道之作。近百年来，在民族危亡、社会昏暗的时刻，从伟大的太平天国运动、辛亥革命，直到五四运动，这些斗争唤醒了沉睡的中国，为在中国共产党领导下使中国重立于世界各国之林开辟了道路。这些伟大的运动，一个重要的斗争目标，就是反封建制度，反儒教思想。

宋明以后的儒教，提倡忠君孝亲、尊孔读经、复古守旧，都是文化遗产中的糟粕，是民族的精神赘疣。像岳飞这个民族英雄，由于儒教灌输给他的忠君思想，使他违背了民族利益，放弃已经到手的胜利，自己冤死，国家受难。文天祥在《正气歌》里说的“成仁”“取义”的名句，虽出自儒教圣训，但推动他行动的根本动力，还是他面临的民族压迫的现实。我们同样应当指出，外来侵略者也提倡儒教，内部的投降派也提倡儒教。抗战时期日本帝国主义者也修过孔庙，大小维持会的头目，多为儒教信徒，而抗日根据地的军民群众并没有靠“成仁”、“取义”的口号来作为抗战的动力。

中国文化确实有好传统，像奋发有为、刚毅顽强、吃苦耐劳、不畏强暴，这都是劳动人民的优秀品质。这些优秀品质并非来自儒教，甚至是反儒教的产物。如果我们的广大群众和海外侨胞都照儒教的规范行事，那就要脱离生产，轻视劳动，“畏天命，畏大人，畏圣人之言”，他们神龛里供奉着“天地君亲师”的神位，虔诚礼拜，终日静坐，“如泥塑人”，天天在“存天理，去人欲”，将是什么样的精神面貌，又怎能立足于世界呢？

总之，历史事实已经告诉人们，儒教带给我们的是灾难、是桎梏、是毒瘤，而不是优良传统。它是封建宗法专制主义的精神支柱，它是使中国人民长期愚昧落后、思想僵化的总根源。有了儒教的地位，就没有现代化的地位。为了中华民族的生存，就要让儒教早日消亡。我们只能沿着五四时代早已提出的科学与民主的道路，向更高的目标——社会主义前进，更不能退回到五四以前老路上去。倒退是没有出路的。

儒家与儒教*

儒这个称号不自孔子始。孔子以前社会上已有一批帮助贵族办丧事或帮助贵族执行相礼以谋生的人，这些人靠专门的知识混饭吃。孔子开始也是靠儒来谋生的，但是他比当时的儒博学，有政治主张，并参与当时的一些政治活动①。孔子开创的儒家是一个学术团体，又是政治团体。由于孔子一生为恢复周代的奴隶制而奔波，他的主张与历史发展方向背道而驰，所以他的活动没有成功，遭到社会和时代的冷遇。社会发展表明，孔子当时所极力主张的事物，后来都被历史所淘汰了；孔子当时极力反对的事物，后来都得到了发展、壮大。历史实践表明孔子是个反历史潮流的人物，他的思想是保守的，他的学说在当时所起的作用也是保守的。春秋时期是奴隶制崩溃、封建制形成的过渡时期②。孔子的社会地位并不十分显赫，他的学说也

---

* 原载《中国哲学》三联书店 1980 年第三辑。

① 如《论语》中记载，孔子告诫他的弟子，“汝为君子儒，无为小人儒。”

② 这个问题在中国学术界有几派的说法，并没有一致的意见。大体上可分为四种说法。我主张春秋时期奴隶制向封建制过渡，战国时封建制确立。

没有得到广泛的重视。孔子晚年不得已退而著书，整理典籍。他又是一个博学的学者、历史家、教育家，对古典文化的整理保存有贡献。孔子一生活动最大的成功处，就是他教育了不少有才干的学生，先后共计达三千人之多①。由于孔子的门徒多，势力大，他们又大部掌握文化知识，与被雇佣只会给贵族打仗守卫的武士不同，影响也较大。战国时期，儒家已成为社会上的显学，只有墨家这一派可以与之相抗衡，并先后分为八派②。这些不同的派别各有哪些特点，现在不可详考。从哲学的观点来划分，主要有两派，一派是唯心主义的孟子学派，另一派是唯物主义的荀子学派。

战国时期，各国已走着共同的道路，即由分散割据封建国家，走向统一的中央集权的封建国家。各阶级和阶层都为自己的利益而斗争。反映在思想上，即百家争鸣。百家争鸣的实质，即对当时面临行将统一的中央集权封建国家采取什么态度，由哪个阶级和阶层来执行这一历史任务。墨家代表“农与工肆之人”的利益，反对儒家亲亲的宗法制度，儒家骂墨家是“无父”。法家代表军功贵族和官僚阶层的利益，反对孝悌仁义，主张绝对君权的官僚制度。儒家虽然分为八派，有唯心主义和唯物主义的重大区别，但他们对封建制的宗法、等级制度，孟子和荀子没有两样。孟子主张“父子有亲，君臣有义，夫妇有别，长幼有序，朋友有信”(《滕文公上》)。其中最重要的是孝悌，“尧

---

① 这个数目后来的人没有提出过怀疑，可能接近真实。在社会大变革时，士这一阶层的人数逐渐扩大，后来战国中期以后，好几个国家的贵族和孟尝君、平原君、春申君，养士风气盛行，甚至一个贵族同时养士两三千人，孔子时代虽较早，一生共收纳弟子三千人，是可能的。

② 《韩非子·显学》称儒分为八，与墨家并称显学。这八派是：有子张之儒，子思之儒，有颜氏之儒，有孟氏之儒，有漆雕氏之儒，有仲良氏之儒，有孙氏之儒，有乐正氏之儒。

舜之道，孝弟而已矣”(《告子下》)。以孝道为中心的宗法伦理思想是这种社会政治结构的指导思想。孟子还认为这种社会伦理观念是天赋的本性，从而构造了他的性善说。荀子与孟子处在理论尖锐对立的地位，但他在社会伦理上也主张社会离不开孝悌、忠信、仁义等道德规范。主张维护君臣、上下的等级制。他一再强调维持这封建宗法等级制的必要性，他认为要用人为的手段，即教化的灌输，而不相信这些道德出于人的本性。这是他的性恶论的结论。其他儒家介乎孟、荀之间，其封建伦理思想则是一致的。正因为这一点有它的一致性，所以虽分为八派，毕竟还是儒家。

孔子这个奴隶主的保守派，后来成了封建社会的圣人，这是不难理解的。因为奴隶制和封建制都是贵族等级制，西周以来宗法制度被保留下来。孔子的孝悌忠信的规范略加改造，即可用于封建制。

秦汉统一是中国社会历史上的一大变革。这个变革基本上奠定了中国封建王朝两千多年的格局——即中央集权的封建统一王朝是中国封建社会被中华民族所接受并认为这是正常的状态。遇到暂时的分裂割据政治局面出现，则认为是天下分崩不正常的乱世，一定把它纠正过来，才算拨乱反正，天下大治。

政治的统一，必然伴随着思想上的统一，这是历史所要求的，也是经中外历史所证明了的。秦汉统一后，封建统治者经历了七十多年的探索，终于找到了，也可以说建成了思想统一的精神工具，即儒家。我们要特别指出的是，这时的儒家已不同于先秦时期作为一个学派参与百家争鸣的儒家，而是封建大一统的王权与神权紧密结合的儒家。这个儒家尊奉的代表人物是孔子。但这已不同于先秦时期被人们重视的学者，同时又被人们嘲笑、讽刺、打击的失意政客，而是具有高度尊严的教主。孔子既是高贵的素王，又是任人摆布的偶像，他成了神和人的复合体。封建统治者的意志，无不需要加上孔子的经典中的一言半句来支撑，才显得有权威。

奴隶制社会在欧洲发展得比较完备而典型，欧洲的封建社会则不如中国的完备而典型。中国封建社会的生产力在世界封建社会的历史上发展得很充分。作为统治这个社会的封建地主阶级不断总结统治经验，不断完善它的上层建筑，使它形成一个相当完整的体系，包括哲学、宗教、文学、艺术、法律……各个方面。

西汉和东汉统治者为了进一步巩固中央集权，他们把王权与神权进一步合流，为王权神授制造理论根据。但他们又小心翼翼地使神权限制在王权之下，而不允许平起平坐，更不用说教权凌驾王权之上了。

中国封建统治者，由于和农民起义打交道的经验多①，他们更懂得自觉地利用宗教来麻痹人民的反抗意志。因此汉代开始采用儒家的经典为政治、法律的措施进行说明。汉武帝时，张汤决狱，要从《春秋》中找根据，其实是捕风捉影，与《春秋》没有关系。东汉以皇帝名义召开的白虎观的会议，更是用政权来推行神权，用神权维护政权的典型例子。这时的儒家的地位已经与先秦的儒家相去更远，孔子地位被抬得更高了。

汉代儒家，先是按照地上王国的模型塑造了天上王国，然后又用天上王国的神意来对地上王国的一切措施发指示。这就是汉代从董仲舒到白虎观会议的神学目的论的实质。天为阳、为君、为父、为夫；地为阴、为臣、为子、为妇。天地自然界的秩序被说成像地上汉王朝那样的社会秩序。自然界也被赋予封建伦理道德的属性。虽然没有西

① 中国农民起义规模大，次数多，为世界历史所仅见。

方上帝造人类那样的创世说，但也有类似的地方。儒家定于一尊，儒家的经典成为宗教、哲学、政治、法律、道德、社会、生活、家庭生活以及风俗习惯的理论依据。哲学及所有科学虽不像欧洲中世纪那样都成为神学的婢女，但成了六经的脚注，则是事实。非圣等于犯法。所谓圣的标准，则不能离开儒家所规定的范围。东汉末年的黄巾大起义，动摇了汉王朝的政治统治基础。王权与神权紧密配合的汉王朝崩溃，代之而起的是分散割据的地方封建势力。政治上出现了三国分立的局面。三国时，商业交换基本停止，停止铸造货币，经济上出现了更典型的自然经济。思想上以王权、神权相结合的儒家正统思想神学目的论也受到致命的冲击。这时已出现了魏晋玄学，在民间和社会上层相继出现佛教、道教。这时，我国北方、南方少数民族也纷纷起来反抗汉族的政治压迫，起来造反。他们有时是被卖的奴隶，后来起义成功，建立了王朝①。他们首先冲击的是孔子儒家内中华而外夷狄的思想。他们信奉佛教。汉族农民则信奉道教。五斗米道，太平道在农民中间广泛流行。

由于中国广大地区已具有高度的封建经济、政治和文化，少数民族掌权以后，也由奴隶制社会很快被带进了封建社会。封建社会的统治和被统治的关系，也很快被接受。具有中国特点的封建宗法专制主义也还得被重视。因为这一套统治人民的经验行之有效，而这一套封建伦理道德规范在儒家有深远传统。当然，起决定作用的是中国封建的经济结构和社会结构。中国封建社会的宗法制度是与中国封建社会相终始的，“三纲”、“五常”被儒家说成为万古不变的规范。说“万世不变”，这是古人的局限性，因为古人不知道封建社会以外还有其他

① 如刘聪、石勒等人北方民族的起义。

生产方式。仅就中国的情况而论，说它是封建社会"万世不变"的秩序也未尝不可。

在魏晋南北朝时期，佛教、道教广泛流行，儒家失去独尊的地位，但统治者并未抛弃它，它仍然是封建思想的正统，梁武帝崇奉佛教，但梁武帝的《敕下答神灭论》的主导思想仍是儒教而不是佛教。当时的统治者用佛、道为儒教的补充，三者并用，或交替使用。三教之间有斗争，有妥协，也互相吸收。既然封建宗法制度未变，维护封建宗法制度的伦理纲常就不会被抛弃，"三纲"、"五常"的秩序非维持不可。因此，佛教、道教既然为这个制度服务，它也要适应封建宗法制度的要求，才能得到地主阶级的支持。农民不是先进的生产关系的体现者。农民的思想随着生产资料、政治权利的被剥夺，也被迫接受统治阶级的王权神授、天命决定论，也被封建宗法制度所束缚。佛教"五戒十善"，采用的善恶道德标准仍然不能超出三纲五常的规定范围，否则为十恶不赦。封建地主以造反为罪大恶极，无父无君也是佛教公认的构成入地狱受精神惩罚的罪行。难怪宋文帝发自肺腑地说佛教虽主张出世，但有助于王化。魏晋玄学否定了神学目的论，但未对儒家的宗法制度、三纲五常触动一根毫毛。当时名教与自然的争论，反映了玄学家们如何对待三纲五常的根本态度。不论哪一派，都不敢说不要名教。玄学最大的代表人物如王弼，还是认为孔子比老子高明①。

由于政治上南北的分裂割据，中国历史这一时期从另一方面有所

① ［裴徽］问弼曰："夫无者，诚万之所资也，然圣人莫肯致言，而老子申之无已者何？"王弼回答说："圣人体无，无又不可以训，故不说也。"（何劭《王弼传》引）

发展。北方和南方在各自的统治范围内有相对安定的政治局面，于是北方和南方各民族在经济、文化的交流中有了进一步的融合。许多落后的氏族部落和奴隶制初期的少数兄弟民族之间，不断交往、了解、通婚、学习，很快赶上来进入封建社会，这就给以后隋唐建立的多民族繁荣昌盛的封建统一王朝准备了条件。

隋唐时期由于封建经济的进一步繁荣、发展，对世界经济文化交流有过贡献。经济、政治的繁荣发展也带动了哲学、宗教的繁荣发展。南北朝时期分裂割据的影响逐步泯除。佛教结束了南北朝长期分裂的局面，形成了统一的各宗各派；道教也混合南北，形成了统一的唐代道教。佛教、道教各自发展自己的寺院经济和宗派传法世系。儒家的经学也兼采南北经学流派，形成具有唐代特点的经学。儒、释、道三家鼎立，都得到封建王朝的大力支持①。三家服务的对象却是一家②。朝廷遇有大典，经常让三教中的代表人物在殿上公开宣讲。儒家讲儒家的经典，佛教、道教也各自讲各自的经典，时称儒、释、道三教③。儒、释、道所讲论的内容，也逐渐由互相诋毁而变成互相补充。由政府明令禁止道教攻击佛教和佛教攻击道教的文字宣传。唐初

---

① 唐大足元年(公元701年)，武则天当政时，已明白宣示，三教有共同的任务，并令人撰写《三教珠英》。(《唐会要》卷三六)

② 文宗诞日，召秘书监白居易、安国寺沙门义林、上清宫道士杨弘元入麟德殿内道场谈论三教。居易对语中有谓“儒门释教虽名数则有异同，约义立宗，彼此亦无差别，所谓同出而异名，殊途而同归也”(《白氏长庆集》卷六七)。

③ 元魏、后周、隋世多召名行广学僧与儒、道对论，悦视王道。唐高宗召贾公彦于御前与道士、沙门讲说经义。德宗诞日，御麟德殿，命许孟容等登座与释老之徒讲论。贞元十二年四月诞日，御麟德殿。诏给事中徐岱，兵部郎中赵需及许孟容、韦渠牟与道士葛参成、沙门谈筵等二十人讲论三教。文宗九月诞日召白居易与僧惟澄、道士赵常盈于麟德殿谈论。居易论难锋起，辞辩泉注，上疑宿构，深嗟揖之。(《僧史略》卷下)

朝廷举行公开仪式中，有时规定佛教徒在先，有时规定道教徒在先，中唐以后规定佛、道两教徒齐行并进，不分先后。儒家对佛、道有所攻击，主要说他们不生产、不当兵、不纳税、不负担政府的义务，不符合中国传统的风俗习惯，等等。

封建地主阶级的总头目唐朝的皇帝，把三教都看作宗教，而三教的信徒们也自居为宗教。佛教、道教是宗教自然不成问题。宗教都主张有一个精神世界或称为天国、西方净土；宗教都有教主、教义、教规、经典，随着宗教发展形成教派。在宗教内部还会产生横逸旁出的邪说，谓之“异端”。这种状况，佛教、道教都具备。儒家则不讲出世，不主张有一个来世的天国。这是人们通常指出的儒家不同于宗教的根据。

但是我们应当指出，宗教所宣扬的彼岸世界，只是人世间的幻想和歪曲的反映。有些宗教把彼岸世界说成是一种精神境界。在中国的历史上，隋唐以后的佛教、道教，都有这种倾向。以影响最大的禅宗为例，禅宗宣称“菩提只向心觅，何劳向外求玄？听说依此修行，西方只在眼前”(《坛经》)。禅宗主张极乐世界不在彼岸而在此岸，不在现实生活之外，就在现实生活之中，所谓出家、解脱，并不意味着离开这个世界到另一个西天。在当前日常生活之中，只要接受了宗教的世界观，当前的尘世就是西天，每一个接受佛教宗教观的众生即是佛，佛不在尘世之外，而在尘世之中。

这种观点给中国的佛教带来了独特的面貌，它也使中国的儒家逐渐成为具有中国特点的宗教——儒教。

从汉武帝独尊儒术起，儒家已具有宗教雏形。但是，宗教的某些特征，尚有待于完善。经历了隋唐佛教、道教的不断交融，互相影响，又加上封建帝王的有意识地推动，三教合一的条件已经成熟，以儒家封建伦理为中心，吸取了佛教、道教一些宗教修行方法，宋明理学的建立，标志着中国儒教的完成。它信奉的是“天地君亲师”，把封建宗法制度与出世的宗教世界观有机地结合起来。其中君亲是中国封建宗法制的核心。天是君权神授的神学依据，地作为天的陪衬，师是代天地君亲立言的神职人员，拥有最高的解释权，正如佛教奉佛、法、僧为三宝，离开了僧，佛与法就无从传播。宋朝理学兴起的时候，恰恰是释道两教衰弱的时候。佛教，为什么衰微了？因为儒教成功地吸收了佛教。为什么中国没有像欧洲中世纪那样宗教独霸绝对权威？因为中国中世纪宗教独霸的支配力量是儒教。

宗教世界观要求人们过着禁欲的生活，物质欲望是罪恶之源。安于贫困，以贫为乐的人才算道德高尚，人品卓越。宋明理学所普遍关心并反复辩明的几个中心问题有“定性”问题、义理之性与气质之性的问题、孔颜乐处问题、主敬与主静问题，存天理去人欲问题、理一分殊问题、致良知问题等等。这些问题虽以哲学的面貌出现，却具有中世纪经院神学的实质和修养方法。

程颢的《定性书》被宋明理学家公认为经典性的权威著作。这种“定性”与佛教禅宗的宗教修养方法一脉相承，所谓“动亦定，静亦定，无将迎，无内外”①，即是禅宗的“运水搬柴，无非妙道”。把人性区别为义理之性与气质之性，人欲又是挟气质以具来的罪恶。实质上是宗教的原罪观念。程颐的《颜子所好何学论》是一篇典型的宗教修养方法论，是一篇宗教禁欲主义的宣言书。张载的《西铭》也是一篇歌颂“天地君亲师”的儒教宣言，他认为人生的一切遭遇天地早安排定了，享受富贵福泽是天地对你的关怀，遭受贫贱忧戚，是天地对你的

① 《定性书》。

考验。天地与君亲本是一家人。二程教人主敬，程颐终日“端坐如泥塑人”，“存天理，去人欲”更是一切唯心主义理学家全力以赴的修养目标。他们所谓“天理”，无非是封建宗法制度所允许的行为准则，内容不出“三纲”、“五常”这些儒教教条。儒教除了有一般宗教的共同性，又有它的特点。孔子被奉为教主，具有半人半神的地位。它追求的精神境界更偏重于封建道德修养，巩固宗法制度。比如儒教孝道除了伦理义外，还有宗教性质①。儒教没有入教的仪式，没有明确的教徒数目，但在中国社会的各阶层都有大量信徒。儒教的信奉者决不限于读书识字的文化人，不识字的渔人、樵夫、农民都逃不脱儒教的无形控制。专横的族权，高压的夫权，普遍存在的家长统治，简直像毒雾一样，弥漫于每一个家庭，每一个社会角落。它简直像天罗地网，使人无法摆脱。

宋明理学体系的建立，也就是中国的儒教的完成，它中间经过了漫长的过程。宗教的教主是孔子，其教义和崇奉的对象为“天地君亲师”，其宗教组织即中央的国学及地方的州学、府学、县学，学官即儒教的专职神职人员。僧侣主义、禁欲主义、蒙昧主义，注重心内反省的宗教修养方法，敌视科学、轻视生产，这些中世纪经院哲学所具备的落后东西，儒教(唯心主义理学)也应有尽有。在内部也有个别思想家力图摆脱枷锁、正视现实，提出唯物主义观点的思想家，如宋代的陈亮、明代的王廷相、清代的王夫之、颜元、戴震等人都在不同的领域对儒教的某一方面的问题有所抨击②，他们可称为儒教的异端。

---

① 见《孝经》。

② 他们给“人欲”以合法的地位，主张唯物论，反对唯心论，这都不符合儒教的原则。

这些进步的思想家，都自称得到孔子的正统真传，假借孔子、孟子的衣冠来扮演革新的角色。他们对孔子这样的教主则不敢怀疑。明代的李贽曾提出过不以孔子之是非为是非，这是他敢于突破藩篱的地方。但他竭力抨击那些口诵圣人之言，败坏封建纲常的假道学，他提倡忠孝仁义，维持封建宗法制，他是爱护这个制度的孤臣孽子。他对佛教五体投地。他是儒教异端，而不是反封建的英雄。

儒教限制了新思想的萌芽，限制了中国的生产技术、科学发明。明以后中国科技成就在世界行列中开始从先进趋于落后。造成这种落后，主要原因在于中国的资本主义没有得到发展的机会，而儒教体系的完善和它对人们探索精神的窒息，也使得科学的步伐迟滞。上层建筑对它的基础决不是漠不关心的，它要积极维护其基础。中国封建社会特别顽固，儒教的作梗应当是原因之一。

自从五四运动开始提出“打倒孔家店”的口号，当时进步的革新派指出孔子是中国保守势力的精神支柱，必须“打倒孔家店”，中国才能得救。当时人们还不懂得历史地看待历史人物和历史事件，形而上学比较严重，认为好就全好，坏就全坏。由于他们不善于探索事物发展的规律，因而把春秋时期从事政治活动和教育文化事业的孔子和汉以后历代封建统治者抬出来作为教主的孔子混为一谈。孔子只能对他自己的行动承担他的历史功过，孔子无法对后世塑造的儒教教主的偶像负责。作为一个博学的学者、伟大的教育家、政治思想家，先秦儒家流派的创始人，孔子是打不倒的，历史事实不容抹掉，而且也是抹不掉的。孔子这个人在历史上的功过，现在学术界还没有一致的意见，这是一个学术争论的问题，不可能短期取得一致的意见。

儒教的形成曾经历了上千年的过程，孔子的学说共经历了两次大的改造。第一次改造在汉代。它是由汉武帝支持，由董仲舒推行的，这就是中国历史上所谓“罢黜百家，独尊儒术”①的措施。汉代大一统的中央集权封建宗法专制国家需要一套意识形态和它紧密配合的宗教、哲学体系。孔子被推到了前台，董仲舒、《白虎通》借孔子的口，宣传适合汉代统治者要求的宗教思想。第二次改造在宋代。宋统治者集团利用机会从唐末五代分散割据的混乱局面中捞到了政权。他们鉴于前朝覆亡的教训，把政治、军事、财政、用人的权力全部集中到中央，宋朝对外可以退让，对内则强化中央集权的封建宗法专制制度，思想文化领域里也要有与它相适应的意识形态相配合。汉唐与宋明都是中央集权的封建宗法专制制度的国家，但中央权力却是越来越集中，思想文化方面的统治方法也越来越周密。为了适应宋朝统治者的需要，产生了宋明理学，即儒教。儒家的第二次改造，虽说从宋代开始，追溯上去，可以溯到唐代。韩愈推重《大学》，用儒教的道统代替佛教的法统。李翱用《中庸》来对抗佛教的宗教神秘主义。到宋代朱熹则把《论语》、《孟子》、《大学》、《中庸》定为“四书”，用一生精力为它作注解。朱熹的《四书章句集注》被历代封建统治者定为全国通用的教科书。“四书”从十三经中突出出来，受到特殊的重视。

朱熹制造了一个庞大的儒教体系，佛教禅宗曾把僧侣变成俗人，以求得与封建宗法制度配合；儒教则把俗人变成僧侣，进一步把宗教社会化，使宗教生活，僧侣主义渗透到每一个家庭。有人认为中国不同于欧洲，没有专横独断的宗教；我们应当看到中国有自己的独特的宗教，它的宗教势力表面上比欧洲松散，而它的宗教势力影响的深度

---

① 这个看法是否成立，还有待于进一步探讨。有人不承认宋明理学是宗教，不承认董仲舒的天人感应的神学目的论是宗教，认为儒家有功，因为它抵制了宗教，事实上它本身就是一种宗教。

和广度、控制群众的牢固性更甚于欧洲中世纪的教会。欧洲中世纪设有异教裁判所。中国的儒教不用火烧，不用肉刑，它“以理杀人”。被儒教残害的群众，连一点呻吟的权利也被剥夺干净，丝毫同情、怜悯也得不到。千百年来，千千万万男男女女无声无息地被儒教的“天理”判了死刑，“视人之饥寒号呼，男女哀怨，以至垂死冀生，无非人欲”①。“杀人如草不闻声”。精神的镣铐比物质的镣铐不知道严酷多少倍。

董仲舒对孔子的改造，已经使孔子的面目不同于春秋时期的孔丘。汉代中国封建社会正在上升时期，统一的封建王朝继秦朝以后，富有生命力配合当时的政治要求而形成的儒教虽有其保守的一方面，但它有积极因素。宋朝以后，中国的封建社会已进入后期，有几次资本主义萌芽都不幸没有得到正常发展的机会。宋明封建王朝的统治者推动儒教的发展，朱熹对孔子的改造，与孔子本人的思想面貌相去更远。如果说汉代第一次对孔子的改造，其积极作用大于消极作用，那末宋代第二次对孔子的改造，其消极作用则是主要的。儒教的建立标志着儒家的消亡，这是两笔账，不能混在一起。说孔子必须打倒，这是不对的；如果说儒教应当废除，这是应该的，它已成为阻碍我国现代化的极大思想障碍。

---

① 戴震：《孟子字义疏证》。

儒教的再评价*

1980年拙作《论儒教的形成》(载于《中国社会科学》1981年第一期)，从历史的角度论述了儒家逐渐演变为儒教的过程。指出孔子的学说共经历了两次大的改造：第一次改造在汉代，产生了董仲舒的神学目的论，儒家已具有宗教雏形；第二次改造在宋代，产生了三教合一的宋明理学，也是儒教的完成。这个演变过程是伴随着封建统一大帝国的建立和巩固逐渐进行的，曾经历了千余年的时间。宋明以后，中国的封建社会制度停滞以至僵化，儒教起了积极维护的作用。现在再从另一角度来考察一下，儒教形成于中国的封建社会，是否具有世界史的共性？和佛教、基督教、伊斯兰教普遍兴盛繁荣于中世纪世界的原因有无关联？同时，儒教之所以为儒教，它的独特的个性是什么？对中国的社会和文化究竟起了什么影响？这些问题都是承接着前一篇文章的意思而来的，故曰再评价。

世界三大宗教成为国际性宗教，分别在不同的国家成

* 原载《社会科学战线》1982年第2期。

为统治思想，都发生在中世纪时代，中世纪的封建社会离不开宗教，也为宗教的滋生蔓衍提供了良好的土壤。封建制不同于奴隶制。奴隶制下的奴隶不具有人格，奴隶主主要靠暴力与刑罚统治奴隶，没有必要对他们进行虚伪的说教，为他们许诺一个来世的天国。虽然奴隶制也有宗教，但是这种宗教刚由原始宗教蜕化而来，比较粗糙，不像封建制度下的人为宗教那样，有一套神道设教的丰富的思想体系。封建制下的农民和奴隶不同，他们有自己的小块份地，有相对的人身自由，属于个体经营的劳动者，封建的剥削方式改为租税和劳役，因此，封建统治者除了使用暴力和刑罚的手段，还需要从思想上、精神上加强对他们的统治。由于农民无力摆脱受奴役的地位，加上他们没有文化，愚昧落后，不了解人间苦难的真实原因，也很容易接受宗教所宣传的一套蒙昧主义。封建社会实行严格的等级制度，君臣上下之间的身份地位成了不可逾越的界限，为了稳定这种等级秩序，使得不同身份地位的人各安其位，也需要用宗教来为这种等级秩序涂上一层神圣的油彩。这些都是中世纪世界史的共性，中国也不能例外。世界三大宗教在中世纪普遍兴盛繁荣，不是一个偶然的现象。

中世纪的宗教不同于原始宗教。据近来我们在国内边远地区兄弟民族社会调查表明，原始宗教大致是阶级出现以前的宗教形式。当时宗教活动即生活的组成部分，如祈祷丰年，禳除疫病，消灭水旱灾害等活动，都有宗教仪式。据云南等边远地区保留的原始资料看，他们的宗教活动如驱鬼、祭祖，都是全民族参加的活动，宗教生活就是他们的社会生活，宗教活动同时又是他们的生产活动，部落之间的战争，也是在宗教仪式引导下进行的。我国古书记载的古代氏族部落的活动，多属于原始宗教的活动，其中没有什么宗教理论，而宗教实践、宗教仪式即是行动的根据。原始宗教带有更多的自发性，人与自然、人与神的关系比较接近。原始宗教仪式与民族习俗关系密切，我国《仪礼》所载的一套冠、婚、丧、祭等仪式，带有许多原始宗教的痕迹。

进入封建社会之后，一部分原始宗教发展为成熟的人为宗教(奴隶制社会的宗教是从原始宗教到人为宗教的过渡形态)。人为宗教的普遍特点，一般说来具有理论性、系统性，与社会伦理道德密切配合，而使宗教的善恶标准打上统治阶级道德的烙印。如果说原始宗教主要是对自然界的异己力量的反映，那么人为宗教则主要是反映了社会的异己力量，人为宗教为中世纪普遍存在的特权、压迫和社会不公正的现象作辩护。为蒙受不幸的人们描绘一个彼岸世界，要求他们忍受现实世界的苦难，去企求精神的解脱。同时，这种人为宗教培养了一大批与民众脱离的神职人员，按照封建制的等级结构形成了一套严密的教会组织，有自己的寺院经济。于是宗教势力就和封建社会的政治经济密切结合，成了一股强大的有组织的封建势力。随着宗教势力的发展，必然导致宗教组织与世俗政权之间的关系不断发展。这种发展一方面表现为双方目标一致，紧密配合；另一方面也表现为互争领导权的矛盾。人为宗教也分裂为不同的教派，各教派有不同的教义、教规和传法世系。从人为宗教的社会内容和历史作用来看，它既是封建制的精神支柱，也是和世俗地主阶级并列的封建性的社会阶级力量。这些特点是中世纪的宗教共同具有的，尽管它们各有不同的个性，矛盾分歧很大，甚至发生流血的宗教战争，但却都有这种一般的共性。

值得注意的是，佛教虽然诞生在印度，但是中世纪却被印度教排挤出来迁徙到其他各国流传，这是因为印度教更适合于印度社会的需要，得到统治阶级的支持。印度教在思辨哲理方面大大落后于佛教，它能够战胜佛教，靠的不是宗教教义和宗教理论，而是在中世纪的印度所起的作用。这种现象说明，宗教的传播流行和兴旺发达，是为特定的历史条件所规定的。

儒教是在中国封建社会形成的一种宗教，它既有中世纪世界的一般宗教的共性，也有自己独特的个性。这种共性和个性的统一，充分反映了中国封建社会的历史条件。中国的封建社会没有种姓制，但是有宗法制。我在《论儒教的形成》中，曾经提到中国封建社会约有五个特点，其中一个就是封建宗法制度发展得比较完备。这种封建宗法制度造成了儒家的以三纲五常为基本内容的宗法思想。当然，宗法思想本身不是宗教，比如先秦时期孔子、孟子和荀子的宗法思想就只是一种社会政治伦理思想，不带有宗教性质。但是，当它宗教化之后，变成一种神圣的教条，人们就不能怀疑，更不能反对。董仲舒说的“道之大原出于天，天不变，道亦不变”，就是借天神的权威来论证宗法思想的绝对合理性。董仲舒的神学目的论其实就是一种宗教化了的宗法思想。它战胜了当时流行的其他一些学派，成为汉代封建统一大帝国的精神支柱，如果联想到中世纪世界史的进程来看，这是一种历史的必然。

董仲舒的神学目的论给封建的国家政权罩上神的灵光，天(上帝)成了最高权威，政府的行政命令都假借天意来推行，皇帝“奉天承运”，代天立言，诏书名曰“圣旨”，即具有神学的意义。为了给予宗教神学以理论的解释，儒家的经书便被捧上神圣的地位。其中所包含的上古宗教神秘内容，被用来引申发挥以解释“天命”、“圣意”。在西方中世纪，神学顽固地反对科学，不允许有违背圣经的言论，敢于以科学对抗宗教者的要处死刑。在中国，情况也差不多，敢于发表违背儒家经典的言论，便被指为非圣无法。一些进步思想家、革新派，为了逃避迫害，当他们提出一些新的改革主张，也是力求从圣人的经书中找论据，标榜自己的主张符合圣训。这些和西方中世纪神学统治时期是相同的。

在整个封建社会，统治者都要求把“三纲五常”奉为天经地义，因为这种宗法思想最适合于维护封建宗法制度，稳定封建秩序。因此，把宗法思想宗教化，可以说是统治者的一种内在的要求。至于采取什么形式来宗教化，用什么理论来论证，这是为各个不同时期的科学技术和思维发展的水平所决定的。董仲舒的神学只是儒教的雏形，宋明理学才是儒教的完成。在这一千余年的历史过程中，不管论证的形式和手段有什么改变，但是万变不离其宗，总的目的都是为了把“三纲五常”变为神圣的教条。

汉末到三国，中国出现了道教。在此以前，佛教已传入中国，只是影响不大。魏晋之后，佛教迅速发展，社会上儒、释、道三教并行。佛教与道教都用出世的教条教化群众。道教是中国土生土长的宗教，它以炼形、养神、养气作为宗教修炼方法，宣传使人长生不死，修炼成仙。佛教则教人厌弃现实世界，厌弃躯体，追求一种超脱尘世的绝对安静的精神境界。佛教和道教都是用出世的办法为信教者寻求个人解脱的途径，他们的主张具有摒弃暴力、反对造反、逃避现实斗争的特点，这是投合封建统治者的口味的，因而得到统治者的支持。但这两种宗教的教义号召出家，弃绝人伦，这就不能不和维护封建宗法制度形成一定程度的矛盾。佛教和道教都力图缓和这种矛盾，部分修改自己的教义，以迎合统治者的意志，适应封建宗法制度的要求。比如北魏时期高僧法果吹捧拓跋珪是“明睿好道，即是当今如来，沙门宜应尽礼”。还说：“能鸿道者人主也，我非拜天子，乃是礼佛耳。”（见《魏书·释老志》）释僧导对宋孝武帝说：“护法弘道，莫先帝王，陛下若能运四等心，矜危劝善，则此沙土瓦砾，便为自在天宫。”(见《高僧传》卷八)道教的经典《太平经》也认为封建皇帝是天帝在人世的代表，“帝王，天之子也；皇后，地之子也”。因此，辅助帝王也就是顺从天帝，忠于君，孝于父母，也就是按“天心”、“地意”行动，虽然如此，这两种宗教出世的基本教义却不能改变，否则就不成其为佛教和道教了。佛道二教的发展，特别是佛教的发展，引起了寺院经济的恶性膨胀。它使直接纳税的人口减少，影响了统治阶级的利益，加剧了世俗地主阶级和僧侣地主阶级的矛盾。我国历史上几次大的排佛运动，就是佛教势力的发展与封建国家利益相冲突的最激烈的表现。

隋唐时期，封建统治者虽对儒、释、道三教都加以支持，而贯彻封建宗法制度最有力、最方便的乃为儒教。政府仍以五经为经典，以“三纲五常”为指导思想，以此教育人民和培养知识分子士大夫，佛、道二教则起辅助配合作用。

儒教在中国适应了中国的社会历史条件和统治者的需要，发挥了维护封建宗法制度的作用，同时也适应了思想斗争的形势，吸收了其他宗教和学派的某些有用的内容。董仲舒的神学目的论，宣扬天人感应，神能赏善罚恶，上天直接干预人事，对君主的过失进行谴告。这种神学比较粗糙，经过唯物主义哲学家王充的元气自然论所作的理论批判之后，在理论上已很难成立。宋明儒教扬弃了这种粗糙的神学形式，不宣扬有意志的人格神，吸收了佛教的宗教理论，用作为世界本身的“理”或“天理”来论证“三纲五常”的合理性。人为宗教实质上是人们社会关系的异化。是否信仰有意志的人格神，是否举行祈祷献祭，并不是判别宗教和非宗教的标准。佛教的禅宗，禅堂中不立佛像，也没有宗教仪式，它确是一种不折不扣的宗教。章太炎称佛教为无神论的宗教，这种说法可以商榷，但也概括了佛教特别是中国的佛教的某些特征。宋明儒教的“天理”，就是“三纲五常”的异化，它把只存在于封建社会中的人与人的关系和价值标准异化为绝对永恒的神圣秩序，压制人们的理性，使人们温驯、顺从，宋明儒教和董仲舒的神学虽然在理论形态上有精粗之分，从目的和作用方面来看，并无不同。由于二程、朱熹把天、天命、上帝这些神学概念都解释为“理”，当作哲学概念来宣传，看起来好像脱掉了神学的外貌，实际上却是一种具有深刻意义的神学。

儒教不重视个人的生死问题，却十分重视家族的延续。所谓“不孝有三，无后为大”，就是把断子绝孙，不能传宗接代看作极端可怕的事。在封建宗法制度中，个人依附于家族，以断绝“宗祖血食”为大罪，个人的生存的目的和意义，就是承继祖宗的余绪，维系家族的延续。在儒教所崇拜的“天、地、君、亲、师”中，“亲”虽居第四位，是从上古氏族社会沿袭下来的祖宗崇拜，是一种古老的宗教形式。所以儒教尽管不像佛教那样多的谈论个人的生死，“奉天法祖”的观念本身就是一种宗教观念。

儒教不主张出家，而注重现实的人伦日用之常，带有很强的世俗性。宗教的世俗化是宗教发展的一般趋势。马丁·路德的宗教改革就是把僧侣变成了俗人，但又把俗人变成了僧侣。中国的禅宗也是如此，它把西方极乐世界转化为人们所体验的一种精神境界。《坛经》说：“东方人造罪，念佛求生西方；西方人造罪，念佛求生何国?”所谓彼岸世界并不在这个现实世界之外，而就在人们的心中。“运水搬柴，无非妙道”，解脱的道路就体现于日常的生活之中。宗教的世俗化是宗教适应现实生活的一种表现，是否具有这种适应性，是判定宗教生命力强弱的主要标准。儒和其他的宗教不同，它不是先虚构出一个彼岸世界，然后逐渐挪到现实世界中来，而是把现实世界中的“三纲五常”进行宗教的加工，使之转化成为一个彼岸世界。宋明儒教反复讨论所谓“下学上达”、“极高明而道中庸”和禅宗从“运水搬柴”中体验妙道一样，这是主张从下学人事去上达天理，在人伦日用之常中去追求所谓高明的精神境界。这种精神境界实质上就是一种彼岸世界。我曾讲到董仲舒的神学，宗教的某些特征尚有待于完善，理由之一就是在他的神学体系中，彼岸世界的思想不够成熟，宋明儒教吸收了佛教的思想，按照维护宗法制度的要求进行改造，把天理说成是人们应该毕生追求的目标，是唯一的精神出路，并且设计出了一套完备的主敬、静坐、“存天理，灭人欲”的修养方法，儒教的宗教体系也就发展成熟了。

宋明儒教，是儒、释、道三教合一的产物。它以儒家的封建伦理纲常名教为中心，吸取了佛教、道教的一些宗教修行方法，加上繁琐的思辨形式的论证，形成了一个体系严密、规模宏大的宗教神学结构。它既是宗教又是哲学，既是政治准则又是道德规范。这四者的结合，完整地构成了中国中世纪经院神学的基本因素。

社会是一个有机体，当它的各部分机构发展得比较完备时，它自身会产生一种自我调节的作用，使不利于这个有机体生存的因素受到遏制，使有利于生存的因素得到加强。儒教作为中国封建社会上层建筑的一个有机组成部分，对于巩固封建社会的结构起了相当大的作用。它和中国中世纪后期的整个历史进程密切结合，一方面加强了中央集权的封建大一统的政治格局，另一方面也压制了资本主义因素的萌芽，延缓了封建社会向资本主义社会的转变。

儒教把维护封建宗法制度的“三纲五常”纳入神学体系，将君、师的地位奉为至高无上，皇帝要礼拜孔子，而儒教中人都要拜皇帝，皇帝代表上帝(天)发号施令，这样以神权强化王权，客观上避免了欧洲中世纪教权与王权长期争夺的局面。在欧洲，由于教权与王权的分立，僧侣和世俗两大贵族阶级的争夺，无法形成统一的封建统治，使欧洲处于长期封建割据状态，列国林立，互争雄大，一直影响到近代。中国的儒教则积极地配合王权，用思想上的统一来加强政治上的统一。

儒教取得统治地位之后，得到历代中央政府的支持，《四书》、《五经》作为封建教育的教材，用以宣传"三纲五常"思想，强化封建宗法制度，并通过科举制度，依据对儒教经典的领会程度选拔符合要求的知识分子做官。儒教成为统治思想，它的信仰精神深入人心，那种不利于中央集权的封建割据，以及所谓异姓"篡位"的政变发动，都被视为大逆不道受到社会的谴责，而曹操、司马懿一流人物竟至为后期封建社会所不容。

中国是一个多民族的国家，我国北方许多少数民族，原先处在氏族部落社会，进而发展到奴隶制社会。由于接触了中原地区的儒教文化和儒教思想，促使他们很快地跨进封建社会，如辽、西夏、金、元、清这些朝代，都得力于儒教的文化思想，在社会发展中缩短了封建化的过程。在这些民族中宣传儒教的一些重要人物，如许衡、耶律楚材等，对于促进各兄弟民族思想文化的融合，是起了积极作用的。

中国的封建制发展得十分完备、典型，在当时世界经济文化之林名列前茅。儒教代表了中国封建社会发达的文化，是一个包罗万象的体系，它不仅综合了自先秦以来的儒家思想，也广泛吸收了佛教、道教和其他一些学术流派的精神成果。它尊天命而又重人事，讲求治国平天下的道理以及处世为人的准则，教导人们如何自觉地克制情欲和物质生活要求，即宋儒所说的用"天理之正"去克服"人欲之私"。同当时欧洲的基督教神学相比，这种儒教的世俗性较强。随着中外文化的交流，儒教也传播到邻国如朝鲜、日本、越南、俄国，直至西欧。这些国家通过儒教接触到并了解了中华民族的精神文化。同时儒教思想也在他们本国的具体历史条件下，发生了不同程度的影响。

儒教是在宋代正式形成的，这时中国的封建社会开始走下坡路，因而儒教的主导作用就是为处于停滞僵化状态的封建社会注射强心剂，禁锢人们的思想。中国封建社会的文化，以唐宋划界，可以明显地区分为两个不同的时期。汉唐时期，文化是开放的，外向的；宋明以后，则是封闭的，内向的。汉唐时期，中国封建社会处于上升阶段，文化生活丰富多彩，而且善于吸收外来的艺术，人民能歌善舞，体力充沛，健美开朗。这可以从敦煌壁画和唐代贵族陵墓发掘的绘画人俑艺术中看得出来。但是自从儒教占了绝对统治地位以后，文化教育着重于“惩忿窒欲”，加强人们道德上的“主敬”、“慎独”的功夫，将古代具有认识客观世界意义的“格物致知”完全变成“正心”、“诚意”向内修养的手段。有的学者虽也认为“格物”有认识外物的意思，但也只是为了达到一种神秘境界，即所谓“豁然贯通”的程序。这就严重阻碍了认识自然改造自然的科学思维的发展。本来，哲学的职能在于推动人们思维能力的发展，开拓人们对自然和社会的视野。但是儒教却和中世纪一切宗教一样，注重自我的宗教训练，加强内心的忏悔和涵养，把反观内省的修养功夫作为人类追求的最高境界。结果将人们引向“睟面盎背”的僧侣苦行主义，将俗人僧侣化，人们言谈举止都必须符合儒教规范。这样长期训练的结果使知识分子变得迂腐顽固，在思想界便不复有生机蓬勃的闳阔气象了。

儒教中无论是程朱派或陆王派，都吸收了佛教的禅定方法，他们提倡的“主敬”、“慎独”均无异于坐禅。像朱熹即教人半日静坐，半日读书。清代反程朱理学的学者颜元曾讥讽说：“半日静坐是半日达摩也，半日读书是半日汉儒也。试问十二个时辰，那一刻是尧舜周孔乎？”（《朱子语类评》）他还指出儒教熏陶下培养出来的读书人，终日静坐、读书、不劳动、无所事事，以致“天下无不弱之书生，无不病之书生，生民之祸未有甚于此者也”（同上）。颜元向往“尧舜周孔”之道，不过是他的空想。但他批评宋儒的弊端则是事实。这种弊端和毒害亦非颜元首次发现，朱熹在世时，就遭到过当时关心社会的进步人士的反对，像陈亮和叶适等人即曾提出批评。陈亮说：“自道德性命之说一兴，而寻常烂熟无所能解之人自托于其间，以端悫静深为体，以徐行缓语为用，务为不可穷测以盖其所无，一艺一能皆以为不足自通于圣人之道也，于是天下之士丧其所有，而不知适从矣。为士者耻言文章行义而曰‘尽心知性’，居官者耻言政事书判而曰‘学道爱人’，相蒙相欺以尽废天下之实，则亦终于百事不理而已。”（《陈亮集·送吴允成运干序》）叶适也说：“为文不能关教事，虽工无益也；……立志不存于忧世，虽仁无益也。”（《叶适集·赠薛子长》）

当中国的封建社会走下坡路时，儒教所起的作用总的说来是保守的以至消极的。在这一时期曾出现不少奋发有为的改革家，他们的改革大多遭到失败。尽管可以举出许多事实说明改革家的行动失误，客观形势的扞格等等，然而主要的阻力仍在儒教造成的顽固守旧的社会势力。特别到了明清以后，儒家更加成为社会前进的绊脚石，使我国封建社会内部孕育着的资本主义因素在胚胎之中便遭到扼杀，我国近代许多民主改革的先驱，为了冲破儒教的网罗，进行了可歌可泣的英勇斗争，有些人则被责为儒教罪人而牺牲。

儒教经常以反宗教的姿态出现，并且猛烈抨击佛教和道教，致使有些史学家误认为中国没有经历欧洲中世纪那样黑暗的神学统治时期，其原因就是得力于儒教。这种误解一是只看到了西方中世纪宗教形式与中国儒教的区别，而忽视了儒教的宗教实质；一是只看到儒教具有丰富的哲学思辨内容，而忽视了它的宗教思想核心。儒教讲的第一义谛是“天理”，它不在于启迪人的心智，而是用神秘直观的宗教实践去体察、涵养，要求人们摒除欲望，存养天理，以期完成作圣之功。在儒教的长期熏陶下，社会上形成麻木不仁的状态，即如鲁迅所痛切抨击的“国民性”。这种“国民性”当然不是中华民族的固有精神，而是儒教桎梏所造成的畸形、变态。一个人长期囚禁在幽室，必然苍白失色；一株树生在大石缝中，其根枝必然盘结扭曲。儒教压制了追求个性解放的人本主义思想的抬头，禁锢人们的思想，束缚人们的心灵。鲁迅面对旧中国灾难深重的中华民族，曾“哀其不幸”，“怒其不争”(《摩罗诗力说》)，对儒教长期流毒的认识是十分深刻的。

儒教所起的主导作用对今天的新中国的前进也是一种严重的思想阻力，甚至也是社会阻力。因为宗教既是一种意识形态，又是一种社会力量。长期的宗教影响极易造成一种共同的习惯势力，共同的心理状态。儒教的影响对于今天的中国虽然只是残余，但不可忽视。

当然，儒教作为在中国的社会历史条件下产生的一种复杂的历史现象，它对中国的社会和文化的影响也是多方面的，这些都应该联系到具体的历史进程作细致深入的研究。同时，它的产生既是一种历史的必然，便有其存在的合理性，因而对它的历史作用也就应该作出全面的估计。比如从中国哲学史上来看，儒教哲学就是中国哲学思维发展的一个不可缺少的环节。它继承了魏晋玄学的成果，经过儒、释、道三教哲学思想的融合，把唯心主义本体论推进到一个新阶段，丰富了哲学史的内容。有了程朱和陆王的儒教哲学，才有可能诱发出王夫之、戴震的唯物主义元气本体论来。我只不过是指出宋明儒教不同于先秦的儒家，实质上是一种宗教，带有中世纪的经院神学的特征。如同欧洲中世纪的托马斯的学说一样，既是一种神学也是一种哲学。但是只有首先注意到它是一种神学，然后才能把它和近代哲学准确地区别开来，在分析评价它的哲学思想内容时容易掌握分寸。

朱熹与宗教*

朱熹(1130～1200 年)是中国哲学发展史上一个重要的里程碑，是继孔子、董仲舒之后，完成儒教体系的最重要的人物。研究朱熹的思想，既是一个学术问题，也与当前中国人的现实生活有关。在中国学术界一般的看法，认为朱熹的思想体系属于哲学，本文认为朱熹的思想体系属于宗教，他的哲学思想是为他的宗教体系服务的。

一、中国特殊的社会历史条件决定中国宗教的特殊表现形式

宗教、哲学不同于自然科学，它具有鲜明的民族特点。中华民族的文化与其他民族的文化相比，有其共同性①又有其特殊性。中国的社会与西方比较，有以下几个特点：

---

* 原载《中国社会科学》1982 年第 5 期。

① 社会发展史表明，人类社会一般必须经历五种社会发展阶段：即原始社会，奴隶制社会，封建制社会，资本主义社会，共产主义社会。也有不同意这五种生产方式的，但社会发展由低级向高级，由不发达向发达的方向的发展，则是多数历史学家所承认的。

中国封建社会维持的时间长久而稳定；封建宗法制度发展得比较完备；封建的中央专制集权；农民起义次数多，规模大；资本主义没有得到发展。中国有文字记载的历史近四千年，其中有两千多年是在封建社会中渡过的。中国古代思想引起全世界注意的部分，也以它的封建文化最为显著。如果想把中国封建文化研究得比较清楚，要调动政治、经济、文化等各方面的学者共同努力才行。本文只是从哲学与宗教一个侧面来接触这个问题。

上面说过，宗法制度是中国封建社会历史的特点之一。宗法制度产生于氏族公社后期。一般在生产落后、劳动不发达、产品数量极为匮乏的情况下，社会制度更大的程度上受血族关系的支配。世界上许多民族随着社会经济生产的发展，冲破了血族关系的束缚，建立了以地区划分的国家组织。在中国却不是这样。国家组织形成后，氏族社会遗留下来的血族关系的旧形式不但没有被摒弃，反而作为一种有效的社会组织形式，对国家、社会的活动继续起着调节作用，甚至是支配作用，成为调整社会关系的杠杆。由于阶级矛盾、贫富悬殊造成的冲突，通过宗教关系而得到缓和，宗法制度在阶级社会里，仍然以自然的血缘纽带把社会成员牢固地联系在一起，共同的风俗习惯、心理状态、行为规范，在社会上仍然具有普遍意义。儒家在维护宗法制度方面，不断地利用旧形式，填充新内容。

问题还得从西周说起。

周民族战胜了殷民族，取得了全国统治地位，少数统治者征服多数被征服者，他们有效地利用了血缘关系的宗法制度，按血缘关系，分封了本族及其亲属贵族，把他们分驻在齐、鲁、燕、晋等东方重要地区，建立了国家。这个制度延续了七八百年，秦统一后，分封制才解体。分封制度停止了，但血缘关系的宗法制度却在新的形式下得以保持。秦汉统一后，把氏族社会遗留下来的原始宗教仪式，给予系统的解释，讲出一番道理，这就是汉初的《礼记》。原始宗教没有专职的宗教职业者，氏族的首领就是祭祀的主持者。族内祈祷丰年、禳除疾病、消灭自然灾害等活动，全族成员都要参加。生产活动、社会活动同时也是宗教活动。内部的祭祀、对外的部落之间的战争也是在宗教仪式的引导下进行的。古代记载过许多礼仪，是当时社会民俗的记录。如冠、婚、丧、祭、军、宾、燕、飨的活动，都可以在原始宗教中找到它的来历①。西周的文化，经过长期传播，逐渐形成了超出周民族范围的华夏文化。周王室东迁后，王室失去领导地位，鲁国由于周公的原因，保存了完整的礼乐文物、典章制度②。儒家创始人孔子、孟子出于邹鲁，绝非偶然。孔子与六经的整理，并以六经作为教材，传授门徒，则是学者们公认的事实。六经中，礼乐部分即包括了原始宗教的记录和解释。六经中体现了宗法制为核心的天人观、社会观、宗教观等芜杂的内容。儒家经典中的“敬天法祖”、“尊尊亲亲”、“敬德保民”的教训，都带着原始宗教的遗迹，后来儒家对所传的六经不断给以新的解释，注入新内容，使它成为生活的准则。儒家经典始终具有浓重的宗教传统。

秦汉统一，奠定了中国两千多年大一统的政治格局。中国人长期以来，认为统一是正常的，分裂是不正常的。但是封建社会的经济是自然经济，农民的生产品除上交国家外，都为了自己一家一户的消费。经济上是自给自足的封闭的体系，是分散经营的个体。经济上的

---

① 今天的少数民族地区的调查可以与古代礼书记载相印证。

② 《左传》昭公二年，晋国韩宣子到鲁国访问，看到鲁国保存的丰富文物典籍，惊叹道：“周礼尽在鲁矣。”

分散，要维持统一的局面，没有统一的思想工具是不可能的。秦汉统一后，探索思想统一的经验，历时七十年，终于定儒家于一尊，董仲舒的神学目的论取得了支配的地位。东汉《白虎通》把经学神学化、系统化。过去学者讲两汉经学多注意其师承家法传授，而不大注意其神学意义，是不全面的。

魏晋南北朝时期，统一的国家长期分裂，儒教的势力有所削弱，但封建宗法制并没有削弱，门阀士族势力强大，严孝悌之教，重宗谱之学。当时民族矛盾，战争频繁，给宗教的发展提供了土壤，佛道二教得以盛行。隋唐统一，儒、释、道并称三教。国家大典，召三教代表人物讲论于宫廷上。儒家被公认为宗教，自此时始。

二、中国哲学与中国的宗教

从人类认识史的角度来考察中国儒、释、道三教的鼎立与融合的过程，也可看出人类认识不断前进、不断深化的过程。

中华民族的认识史即中国哲学发展史。先秦时期，人们关心的是天道问题，讨论关于世界构成问题。这相当于人类认识的幼年时期，董仲舒的神学目的论也未超出这一认识阶段的水平。处于宇宙论(Cosmology)的阶段，还没有达到本体论(Ontology)的阶段。经历了几次社会大变乱，政治上的大变革，人们对天道观的兴趣逐渐被更复杂的社会矛盾所吸引，兴趣由对世界是什么构成，进而追问社会现象中人们自身的问题，人的本性是怎么构成的。人性论在春秋战国时期已被提出，那仅仅是开始，从孔子的“性相近也，习相远也”到孟子的性善说，荀子的性恶说，董仲舒的“性三品”说，扬雄的“善恶混”说，虽说在认识上不断前进，但在理论上还不深入。像人性善恶的根源，人性与社会关系，人性与生理机能、个人的行为与人性有什么关系，人性有没有变化，规律是什么等问题，都还来不及探索。

佛教传入中国后，大量经典译为汉文，人们看到了所描绘的世界比中国六经所涉及的要广大得多。佛书中对人的感情、意志、心理活动描述，也比中国古圣贤相传的人性论丰富、细致、复杂得多。三世因果之说，更是中土人士前所未闻，听到后，莫不爽然若失①。人类知识也在不断发展。日趋复杂的生活现实强迫人们回答一些带根本性的问题。社会为什么有灾难，人们为什么有富贵贫贱，世界是什么样子，应当以什么生活态度对待这个世界？人活着为什么等等。任何一门具体的科学都不能回答这些问题，只有哲学和宗教有兴趣来回答。回答得正确与否，是另一回事，但古今中外哲学家和宗教家都自认为有了正确的答案，只是两者所走的道路不同。哲学采取思辨的方法，宗教走的是信仰的道路；哲学从理性方面做出解释，宗教从感情方面给以满足。就理论上讲，哲学和宗教各有自己的领域，但这种清楚的领域划分，只有当人们从中世纪的长期冬眠中觉醒以后才能认识到，才能获得哲学的完全的意义。中世纪的哲学还没有从宗教中独立出来，只是宗教的附庸。人类认识水平是科学水平的反映。科学水平低下(与近代相比)，哲学无力给以合理的解释，不得不借助于宗教。哲学与宗教的界限今天也还有人没有完全划清，何况在古代？

五四以后的中国哲学家们，接触近代欧洲文化和哲学。他们敏锐地感到中西哲学的性格是那样差异！我的老师熊十力先生一再强调，欧洲哲学只能给人以思辨的知识、逻辑的方法，却不能教人从躬行履践中获得安身立命的精神受用。真正了解中国传统文化的学者们都感到这种差别。差别是客观存在着。现在要指出的是，西方人并不是不

---

① 此说见袁宏《后汉记》。

要安身立命的地方，每一个有文化的民族，如果没有一个安身立命的精神寄托处，将是不可想象的。西方人把安身立命的境界寄托于宗教，把认识世界的任务交给了哲学。西方经历了产业革命，科学和生产力得到现代化，使哲学、科学有条件从宗教中分离出来，中国没有经历像西方那样的产业革命，长期停留在封建社会，哲学没有条件从宗教中分离出来，宗教仍然统治着哲学，两者划不清界限，这就造成了中国封建时代的哲学与宗教浑然一体的状况。西方中世纪的哲学也是大讲安身立命的，他们也要囊括宇宙，统贯天人以成圣成贤为目标。正如西方中世纪安瑟伦(Anselmus，约1033～1109年)所主张的那样，把信仰看作理解的基础，理解则可为信仰提供论据。其时，相当于中国宋仁宗到徽宗时期，约与周敦颐、二程、张载、邵雍同时。西方的托玛斯·阿奎那(Thomas Aquinas，约1225～1274年)所处年代相当于南宋理宗到度宗时期，约后于朱熹。西方的经院哲学也讲他们的“天理人欲”之辨，“身心性命”之学。真是东圣西圣若合符节。也有人喜欢把程朱陆王与近代康德、黑格尔相比，五四以来，相沿成风。不同的社会发展阶段(封建社会与资本主义社会)拿来相比，是不慎重的，不能从中得出什么可信的结果。也有人认为中国理学与印度佛教哲学相近，是由于都是东方人的思想。实际上，中印古代思想相近，是由于中国和印度的古代社会发展阶段相仿，印度和中国都没有正式进入近代资本主义社会就沦为殖民地和半殖民地。中印古代文化相近、相似，只是由于这两大民族的文化都带有“古代”特征。

这样讲，是不是抹煞了中国民族文化的特点，完全以社会发展阶段来区别文化的差异呢？完全不是。中国古代文化除了带有中世纪的普遍特征外，还有它自己的特征，即封建的宗法制度。中国的儒教是为封建宗法制度服务的，是封建宗法制的产物，正像印度古代哲学为印度的种姓服务成为它的特点一样。正是由于中国封建宗法制度的强大，顽固、历史长久，所以它对中国的传统文化有着极为重大的影响，其威力之深远，远非西方人所能想象。中国本土的思想固然要受它的支配，就连来自外国的佛教，不向封建宗法制让步，也难以通行。从东晋到唐初，这二百余年间，发生过“沙门不敬王者”、“沙门不应拜俗”的争辩，均以沙门失败而告终。僧众要求治外法权，也遭到失败。佛经原著与中国宗法伦理制冲突，则删略不译。或改译，或增字以迎合封建宗法制度的需要①。对佛教徒来说，“圣言量”是最高准则，倘故意违犯，将堕地狱，受恶报。中国佛教徒宁肯昌堕地狱，受恶报的后果，也不敢触犯封建伦理、“三纲五常”的尊严。

中国的宗教与哲学不得不为封建宗法、纲常名教服务，这种事例到处可见。如佛禅林清规，重修《百丈清规》首先祝君王，然后才祝佛祖，这都表明中国的宗教世俗化程度之深。不止表现在仪式上，宗教理论上也是与当时的封建宗法制度配合的。宗教的核心是宣扬出世，从生活习惯到世界观都要与现实社会的俗人有所区别。但是中国影响最大的佛教宗派禅宗就主张西方极乐世界不在彼岸而在此岸；不在现实世界之外，而在现实世界之中。所谓解脱不是到另外地方，过另一种生活才能解脱，解脱即世界观的转换功夫。所谓出家、解脱，并不意味着离开这个世界去寻找另一个西天。只要接受了佛教的世界观，日常生活中的尘世就是西天②。宗教世俗化是中唐以后佛、道二教共

① 陈寅恪：《寒柳堂集·莲花色尼出家因缘跋》第 719 页；日本中村元：《儒教思想对佛典汉译带来的影响》，中国社会科学院《世界宗教研究所》1982 年第 2 期。

② “菩提只向心觅，何劳向外求玄？听说依此修行，西方只在眼前。”（《坛经》）

同趋势，到了唐末五代，民生凋敝，战乱频繁，寺院经济遭到破坏，只剩下禅宗这个宗派不但没有衰落，反而遍地蔓延。道教的全真教也是走的世俗化的道路。从唐代的三教分立，到唐末五代的三教合一，已经水到渠成。理学的出现，即儒教的完成。理学排斥二氏（释道两教），并取得成功，完成了前人排佛老数百年未竟之业，这只是一种假象。实际上并没有排斥掉二氏，而是吸收了二氏的一些重要内容，挂起儒教的招牌。宗教不同于政治势力，可以用什么力量去打倒，宗教是意识形态，特别在中世纪有极大的生命力，从历史上抹掉它，是不可能的。中国历史上的几次大的"毁法"①运动，都未成功，毁法之后，信佛群众反而更加炽烈，即是明证。

理学产生于中国封建社会后期。《宋元学案》的学者以孙复、石介、胡瑗为理学创始人，这一说法没有被正统的理学家所承认。理学家自己认为周敦颐、二程才是理学的创始人，后一学说占了上风。北宋五子②，所处的时代，正是王安石变法几经反复的时代，这是北宋的一件大事，直到北宋灭亡，这一政治斗争才算终止。变法失败并不能只归咎于人谋不臧，它是封建社会后期不可避免的困境。变法没有出路，不变法也没有出路。与此相适应则是哲学上的北宋理学的建立。哲学上也遇到了危机，不改变就没有出路，危机来自佛教和道教的威胁。不论孙复、石介、胡瑗，还是周、程、张、邵，他们个人的思想体系不尽相同，都以批判二氏相号召。也可以说，这是儒家哲学面临的思想危机，和变法的形势一样迫切，非解决不可。它们努力获

① 北魏太武帝、北周武帝、唐武宗、后周世宗都曾用行政手段灭佛。史称"三武一宗"。

② 北宋五子：周敦颐（1016～1073年），程颢（1032～1085年），程颐（1033～1107年），张载（1020～1077年），邵雍（1011～1077年）。

得了结果，建立了儒教，到南宋朱熹，正式完成了这一历史使命。

三、朱熹理论体系剖析

朱熹继承周敦颐的《太极图说》的“无极而太极”的思想并有所发挥，建立“理一分殊”的学说，论证事物的多样性与统一性的关系，比较完整地阐发他的唯心主义本体论。继承程氏“性即理”的命题，突出了“理”的客观性及普遍性，并吸收了张载的太虚即气的学说，改造了张载的哲学体系使“气”从属于“理”，理为气的主宰。这就使朱熹把宇宙论的框架建造得比过去任何一个哲学家都完整。在人性论方面，朱熹吸取了前人关于人性的成果而又有新的发挥。他说：“人之有生，性与气合而已。即其已合而析言之，则性主于理而无形，气主于形而有质。”①这是说天命之性通过气质之性才形成具体的人。区分天命之性和气质之性，是要在理论上解决中国哲学史上长期存在的性善性恶的争论。朱熹认为孟子主张性善，是指天命之性，但孟子不知道人还有气质之性，因而不能很好地解释人性既善，恶从何来的问题，所以说他对人性的解释不够完备。荀子主张人性恶，扬雄主张善恶混，韩愈主张性三品，都是指气质之性而言，他们不懂得极本穷源的天命之性是善的，所以他们对人性的解释也不透彻。朱熹认为只有严格区分天命之性和气质之性，才能做出圆满的解释。所以他对张载、二程的人性论给以极高的评价：“故张程之论立，则诸子之说泯矣”。② 讲天命之性是人的本性，即可以为性善说找出本体论的依据。照朱熹的体系，万事万物都是太极的体现，太极体现在人，叫做性。太极是最完

① 《文集·答蔡季通》。

② 同上。

美无缺的本体，一切事物都分享了太极的光辉。太极完善无缺，它体现到人性，也应当是完美无缺的。既然本性是善的，即是气质上有缺陷，经过努力是可以把差距缩小的。

朱熹的人性论的重点在于论证封建道德规范（如仁、义、忠、孝等）是天命之性，人人都有这些道德品质，只是由于气质的偏蔽，使得有些人没有很好地把这个天命之性（道德）充分实现出来。经过朱熹的论证，孟子的性善说得到了本体论的证明，才确立起来，它给人以努力的方向，又给目前还不尽符合封建道德标准的人以信心。所以朱熹说划分天命之性与气质之性“有功于圣门”。朱熹还认为天命之性的内容包含着“仁、义、礼、智”。仁、义、礼、智不只是人的本性，甚至也是宇宙的本性（天地之德）。“在天曰元亨利贞，在人曰仁、义、礼、智。”①既从理论上论证人人接受封建道德的必要性（吸收荀子性恶说对人民改造的思想），又从理论上指出改造成为圣贤的可能性（发挥孟子性善说的思想）。

在心、性、情的关系方面，朱熹也有新的发展，他说“性者心之理，情者性之动，心者性情之主”②。用比喻来说，“心如水，性犹水之静，情则水之流”③。性中有仁、义、礼、智，发为情，则为恻隐、羞恶、是非、辞让。“仁、义、礼、智根于心”，是从性上见得心。“恻隐之心，仁之端也”，这是从情上见得心。性只是理，故无不善；发而为情，则有善有不善。本体的心是“道心”，为情所累的心，是“人心”。与“道心”、“人心”相适应的是“天理”与“人欲”。朱熹说“只

① 《文集·仁说》。
② 《语类》卷五。
③ 同上。

是人之一心，合道理底是天理，徇情欲底是人欲”①。朱熹比二程不同处，二程认为道心即天理，人心即人欲。朱熹认为道德即天理，人心不尽同于人欲，人心有为善为恶两种可能，人欲则一定是恶的。战胜人欲恢复了天理，便是“仁”。

人的最终目的，是求仁。“克己复礼为仁，言能克去己私，复乎天理，则此心之体无不在，而心之用无不行也。”②“仁”为“心之德，爱之理”③。又说，“盖仁之为道，乃天地生物之心，即物而在。……诚能体而存之，则众善之源，百行之本，莫不在是，此孔门之教，所以必使学者汲汲于求仁也”④。

以上是说朱熹把人的普遍原则贯彻到天(自然)的普遍原则，同时，朱熹又把自然的普遍原则推广到人的普遍原则。朱熹在《大学章句·补格物传》说：

> 所谓致知在格物者，言欲致吾之知，在即物穷其理也。盖人心之灵莫不有知，而天下之物莫不有理。惟于理有未穷，故其知有不尽也。是以大学始教，必使学者即凡天下之物而益穷之，以求至乎其极。至于用力之久，而一旦豁然贯通焉，则众物之表里精粗无不到，而吾心之全体大用无不明矣。

格物就是“即物而穷其理”，教人们从认识具体事物入手。穷理的对象既包括穷究一草一木的理，也包括哲学上最根本的原理。朱熹虽说穷

① 《语类》卷七八。
② 《文集·仁说》。
③ 同上。
④ 同上。

究天下万物之理，而着力于教人穷究封建道德原则，“且穷实理，含有切己功夫。若只说穷天下万物之理，不务切己，即是《遗书》所谓游骑无所归矣”①。可见他的格物说虽然包含求知于外物的因素，但重点不在于认识自然界，并发现其规律，而是一种封建道德修养方法。他要的不是一件一件事物的理，而是要达到“众物之表里精粗无不到，吾心之全体大用无不明”的境界。这种思想境界是一种顿悟的境界，是全知全能的精神境界。“知至，谓天下事物之理，知无不到之谓……要须四至八到，无所不知，乃谓至耳。因指灯曰：‘亦如灯烛在此，而光照一室之内，未尝有一些不到也。’”“格物是零细说，致知是全体说。”②又说“心包万理，万理具于一心。不能存得心，不能穷得理；不能穷得理，不能尽得心。”③

从自然界到人，朱熹把它打通了。天人共理，天人一贯，天人相通。他比秦汉的天人合一的神学目的论前进了。董仲舒讲天人合一，讲天有意志，有喜怒，能赏罚，人若违天，必遭谴责。朱熹沿着这条路线前进，却在道理上讲得更加圆通。朱熹的“天”、“理”不是那么露骨的人格化，而更多的地方表现为理性化、人性化、合理化。朱熹说：

> 太极只是个极好至善底道理。人人有一太极，物物有一太极。周子所谓太极，是天地人物万善至好底表德。④

---

① 《语类》卷一八。

② 《语类》卷一五。

③ 《语类》卷九。

④ 《语类》卷九四。

自然界的事物，按其存在而言，只有“如何”，而不存在善恶的价值。人们不说山河大地如何善，如何有德性。天地人物“万善至好”，这个天地人物已被赋予道德属性。所以朱熹又说：

> 天地以生物为心者也，而人物之生又各得夫天地之心以为心者也，故语心之德，虽其总析贯通无所不备，然一言以蔽之，曰仁而已矣。①

天地和人一样，都以生物为心，这个“生物之心”贯彻、显现于万事万物，显现于一草一木，也显现、贯彻到社会、政治各个方面。朱子喜欢用“月印万川”的比喻来说明这个道理，同一个太极(众理之全)体现到各个事物，各个事物都分享到“太极”的光辉。如果一定要形容这个太极性质，那末它就是“仁”。朱熹说“天地之心，其德有四，曰元亨利贞，而元无不统”，“人之为心，其德亦有四，曰仁义礼智，而仁无不包”。又说“仁之为道，乃天地生物之心，即物而在。……诚能体而存之，则众善之源，百行之本莫不在是。此孔门之教所以必使学者汲汲于求仁也”②。这个“心”，“在天地则块然生物之心，在人则爱人利物之心，包四德而贯四端者也”③。

朱熹又批评了程门学者传授二程的“仁”说走了样，出现两种偏差：一种偏差认为物我一体是仁之体，以杨时为代表；一种偏差认为“心有知觉为仁”，以谢良佐为代表。朱熹本来认为天人一贯，天地和

---

① 《文集·仁说》。

② 同上。

③ 同上。

人都要贯彻、体现以“生物为心”的仁。以“物我一体”为仁，又有什么不对。朱熹担心其蔽“或至于认物为己”，使人误认为“仁”不须努力去求，本来现成，人含糊、昏缓而无警切之功。如以“知觉言仁，其蔽或至于认欲为理”，这种偏差危害性更大。这是明目张胆的禅家思想。朱熹多次批评禅宗以知觉为性，他们说“在目为视，在耳为闻，在手执捉，在足远奔”。朱熹认为这种脱离封建伦理价值的言行活动，不是性，人和禽兽的差别恰恰在于人有价值观，视、听、言、动要合于道德规范，才是“仁”；没有道德内容的视、听、言、动是禽兽，不是人。

虽然朱熹的哲学体系，从天地万物说起，从格物致知入手，说到底，落脚点却回到人伦日用之常规，归结到封建道德修养，归结为求仁。格物以致知，只是为穷理以尽性。知命，即知天。朱熹的眼中，天地万物充满了一片生机，充满了和谐，宇宙万物原来是仁的显现，只是人们缺少修养，不去体察，看不到罢了。元亨利贞，是天地的四德①，而元无不包。仁义礼智是人性的四德，而仁无不统。心的本质即天的本质(心之即天德)。朱熹随时随地有意贯通天和人的关系。这是宋儒共同的、基本的世界观。周敦颐不除窗前茂草，曰“和自家生意一般”，二程说“观鸡雏可以观仁”，程颢说“仁者与物同体”。张载“民吾同胞，物吾与也”，“为天地立心，为生民立命”。朱熹教人保持“中心恻怛之怀”。

一种在社会上发生广泛影响的学说，都不是无病呻吟，皆有感而发。北宋立国之初，局面就比较迫促，内忧外患一直不断。王安石变

---

① 朱子和宋儒说事物的德，即本质、属性；仁者之德，犹言润者水之德，燥者火之德(《二程全书》卷一五)。

法，牵动北宋的政局，反反复复，直到北宋的灭亡。这是当时政治危机的反映。北宋经济凋敝，民不聊生，变法也不是，不变法也不是，统治者进退两难。北宋五子与王安石政治上的变法同时出现。北宋五子在学说上却是成功的，从周、程、张、邵到南宋朱熹，逐渐把这个宗教思想体系完善化。南宋小朝廷的日子比北宋更不好过，经济更困难，民气更萧索，“中兴”不过是幻想，恢复只是空话。无论北宋或南宋，社会现实不是那么令人鼓舞的，但是当时的宋儒的言论却看不出这种苦难和不安。他宣扬的是天机活泼，生意盎然，宋儒所从事的精神修养也是从容中道，睟面、盎背、徐行缓步的圣贤气象。这恰恰说明宗教的世界观是现实世界的歪曲的反映。唐末五代，民不聊生，甚至人相食，而禅宗大盛，到处教人立地成佛，不看经，不坐禅，却能保证人成佛作祖。

两年前，我在《论儒教的形成》①一文曾说过，宗教都宣扬有两个世界，一个是超世间的精神世界，即天国、西方净土、彼岸世界；另一个是现实世界。有的宗教把彼岸世界说得活灵活现，十分具体，几乎是现实世界一切幸福的无限夸张。也有的宗教把彼岸世界说成是一种主观精神境界。我国隋唐以后的佛教道教都有这种倾向。出家并不意味着教人离开这个世界，到另一个西天去寻求安顿，在日常生活之中，只要接受了宗教世界观，当前的尘世也就是西天极乐世界②，每一个参悟佛教教义、接受宗教世界观的众生即是佛。佛不在尘世之外，而在尘世之中。

宋明儒教也正是这样，它给人指出一个精神境界，所谓“极高明

① 见《中国社会科学》1980 年第 1 期。

② 见《坛经》。

而道中庸”，不用改造世界，只要改造自己的世界观，即可成为圣人。而佛教的这种不脱离世间而能出世的理论，本身又破坏了佛教的理论的完整性。人们不免要问，既然“运水搬柴，无非妙道”，那何必硬要出家呢？事父事君不也是妙道吗？而中国封建社会遇到的最大的社会危机，恰恰是在于“三纲”的秩序从政治措施到思想意识，如何加强和巩固的问题。这个大问题，佛道两教虽然也都愿尽力帮忙，但提倡“出家”，总不免隔了一层。从运水搬柴可以见性成佛，到事父事君可以成圣成贤，中间只隔着一层纸，只要戳破这层纸，道路就打通了。儒、佛、道三教也就融合起来了，从历史上看，不止儒教有三教合一的行动，佛道二教也都讲三教合一。这是文化发展的总趋势，不是哪一个人可以决定的。理学成为儒教，敬天、法祖的老传统，被添入了新内容。

四、朱熹与新中国

朱熹自称远绍洙泗正统，近接伊洛渊源，他是孔子以后影响最大的哲学家。当然，朱熹影响大，这是历史条件造成的，不完全是朱熹个人的能力。五四时代，提出“打倒孔家店”的口号，实际上孔子是代人受过。五四时代要打倒旧的习惯势力，与其说是针对孔子，不如说是针对朱熹。因为五四时代人们声讨的孔家店的罪状，几乎都是朱熹和儒教的，和孔夫子没有什么直接关系。

中国社会几乎没有经历资本主义阶段，就由半封建半殖民地而一步跨进社会主义了。由于缺少西方约四百年的反对中世纪教会神权的统治势力的斗争的传统，给我们的社会主义建设带来了不少麻烦。五四时期提出两大口号：“科学”与“民主”。三年前纪念五四六十周年，人们还提到五四的两大任务，还要继续完成。欧洲反封建反了几百年，我们才几十年。中国的封建文化、思想，与封建制度结合得很紧密的宗教(儒教)十分顽强，过去我们对此估计不足。衡量一下，近百年中国走过的道路，再上溯到朱熹，以后九百年来走过的道路，对我们每一个中国人，研究中国哲学史的人不能无所感受。哲学、宗教，看起来，高高在上，讲的问题，提出的范畴，好像远离人间，实际上它是现实世界的一面镜子。

儒教是中国封建社会后期产生的适应当时情况的宗教，是具有中国特点的宗教。这一点，清代颜元也指出过，二程"非佛之近理"，乃程颐之理"近佛"①，又说"其辟佛老，皆所自犯不觉，如半日静坐，观喜怒哀乐未发气象是也"。② 颜元讲的仅仅是程朱儒教的一部分。朱熹认为天地之大德曰生，天地有生物之心。人也有从天得来的爱物之心——仁。没有"仁"的人，不成为人，没有"仁"的天地不成为天地。朱熹为学，不仅在于纯知识的探求，他确实用实践来体验古代圣人的教导。以朱熹对《论语》"观过斯知仁矣"理解为例：

> 观过之说，……似非专指一人而言，乃是通论人之所以有过，皆是随其所偏，或厚或薄，或忍或不忍，一有所过，无非人欲之私。若能于此看得两下偏处，……便见天理流行，……故曰"观其过斯知仁矣"。言因人之过而观其所偏，则亦可以知仁，非以为必如此而后可以知仁也。

朱熹不但对原文作了如上的解释，而且还切身体会圣人的教导，他接

① 颜元《存学编》。

② 同上。

着说：

> 若谓观已过，窃尝试之，犹觉未稳。若必俟有过而后观，则过恶已形，观之无及，久自侮咎，乃是反为心害而非所以养心；若曰不俟有过而预观平日所偏，则此心廓然本无一事，却不直下栽培涵养，乃预求偏处而注心观之，圣人平日教人养心求仁之术，似不如此之支离也。①

可见朱熹的为学，不是口头讲论，确实从体验中得来，它不是纯思辨之学，而是指导行为的学问，它是宗教而不是哲学。宗教不是教人会说，而是教人去做的。与汉代董仲舒的学说以及《白虎通》的儒教神学相比，汉代的“天”是人格化的神，它反映两千年前人类认识的水平。朱熹的“天”，不是活灵活现的人格神，而是封建宗法化的理性之神，它不具有人形，而具有人性，有“盎然生物之心”。儒教崇拜的对象是“天、地、君、亲、师”，好像是多元的，其实这五者即封建宗法社会的异化物。其中君代表封建政权，亲代表族权，是中国封建宗法制度的核心。天是君权的神学依据，地是天的陪衬，师是代天地君亲立言的神职人员，握有对封建制度最高的解释权。正如佛教奉佛、法、僧为三宝，离开了僧②，佛和法就无从传播。

儒教不同于其他的宗教，甚至打出反对宗教的旗帜。儒教以气质之性为恶的起源，即宗教的“原罪”说；儒教宣传禁欲主义，教人轻视物质生活，教人屈服于“天理”；不去改善外部世界，而教人涵养省察

① 《文集》卷六七。

② 儒教的“师”，相当于佛教的“僧”。

内心的一念之差。朱熹的学说出于一时的不被谅解，曾遭到禁锢，但不久即解禁，历元、明、清得到国家的提倡，朱熹的著作成为知识分子应付考试的教科书，朱熹的观点，也灌输给广大知识分子。

生产力和经济发展要求冲破封建主义的束缚，为资本主义开辟道路。从明朝万历(1573～1620 年)时期，及清朝乾隆(1736～1795 年)时期，工商业在个别地区有相当发展，如果不受干扰，可以和当时世界步调相一致，走向资本主义。可是中国的封建势力十分顽固、强大，新生力量几次萌发，几次被抑制。历史家们常说鸦片战争以后，中国的科学、技术才被迫落后，事实上从明中叶以后，中国的科学、技术已开始失去领先的地位。中国发明火药，但明朝，要买西方的大炮；航海事业，中国本来是先进的，明以后落后了，航海周游世界的不是中国人。天文历法，中国是世界上先进国之一，明以后，历法推算也不及西方准确了。中国科学技术落后，有多种原因，而宋代儒教思想对人民的禁锢的作用，决不能低估。

朱熹的格物说，决产生不了科学家，它只能为封建宗法制度服务；朱熹的仁说，训练不出改革家，更不会有革命家。他的格物穷理，身心性命之学，是为了保卫封建伦理秩序。

照通常情况，社会主义前身是资本主义。新中国没有经历发达的资本主义社会，而是在半封建半殖民地旧址上建立的。在人民民主的政权下，很容易地改革了封建的土地私有制，但对封建宗法主义的影响估计不足，没有来得及详细区别哪些是封建文化的优秀传统，哪些是封建主义文化的糟粕。每一民族的文化，精华部分是人民群众长期积累、创造的文化财富，它代表民族文化的优良传统；糟粕部分是少数特权剥削者假借全民的名义，以谋私利，它是民族文化的赘疣。举世瞩目的中国十年“文化大革命”，许多罪恶的行动，就是用封建主义冒充马克思主义得以畅行无阻的。

中国封建主义的核心是封建宗法制度"三纲"说。"三纲"说与社会主义民主是不相容的。儒教的中心思想即"三纲"说。君权、族权、神权的压迫下，农民没有民主，群众如果不从族权下解放出来，只听张姓、王姓一族一家的支配，就谈不上民主。青年男女婚姻自主、婚姻自由的权利还不断受到家长及旧势力的干扰，现在的新婚姻法就是法律形式保障青年男女民主权利的。家长制，一言堂，也是封建宗法制的残余。这些问题，在西方社会已不成问题，在新中国却还在起作用，妨碍社会的前进。

西方世界有自己的困难，比如家庭关系的不巩固，老年人没有归宿，有人对东方的家族制说了许多优点。社会主义的尊老爱幼、平等互助的新的家庭关系，子女有赡养父母的义务，与封建宗法制的家长的绝对统治是有区别的。封建制的孝道与社会主义下的尊敬父母的孝是不同的，因为封建宗法制下，子女是父母的附属物，子女为父母而活着。同样，我们也要看到，一种学说在不同的社会环境中，会发生不同的作用。朱熹、王守仁学派传到日本，起了进步作用。在西方，中国的文化也在不同的时期，不同的民族、国家起了不同的影响。因为，一个民族的存在、发展，要靠它自己的传统文化作为支柱，外来的文化只起着借鉴和催化的作用。朱熹的思想，无论它的积极部分或消极部分，对外国文化都不能起决定性的作用。朱熹的思想在中国经历了近千年的官方提倡，强制灌输，"三纲说"、"天地君亲师"的崇拜，已深入人心，积重难返。作为一个新中国的学者的切身感受和站在这个文化圈以外的学者的印象是不同的。

我们谈论的是哲学问题，我这里涉及的似乎不属于纯哲学问题。这正是朱熹的思想。朱熹教人要从格物、致知入手，进而正心、诚意、修身、齐家，以至于治国平天下。建设社会主义的国家，也正属于“治国平天下”的范围。照朱熹的方案是不行的。朱熹的学说讲了近千年，并没有解决人民的温饱，并没有使中国人民真正站起来。朱熹的思想体系中有可取的地方，但朱熹建立的儒教体系是不可取的。

论白鹿洞书院学规

白鹿洞书院是朱熹讲学基地之一。朱熹一生从事讲学工作，以培养人才为己任。他对当时的教育制度不满意，提出自己的办学宗旨。看来，这是朱熹的教育方针，它的实际意义远远超出了教育范围。白鹿洞书院的学规应当看作朱熹的哲学世界观的纲领。

一

在学规中指出教育的目的不在于传授知识、务记览、为词章、钓声名、取利禄，而在于给从学者讲明义理以修其身，推以及人，最终为圣贤。朱熹相信尧舜时代，曾使契为司徒(教育之官)“敬敷五教”为总纲。这五教是：

> “父子有亲，君臣有义，夫妇有别，长幼有序，朋友有义。”

尧舜时代是否可能提出这五种社会规范，这里且不论。但可以断言，朱熹认为“五伦”观的确立是人生的头等大事，它是维护社会秩序，明确人伦关系的永恒准则。离开这“五教”就没有学问，它是为学的基础，也是为人的根本。基本内容有五项：

“博学、审问、慎思、明辨、笃行。”

前四者属于知识传授范围，最后一项“笃行”不属于知识而属于实践。朱熹主张知在先，行在后，学知识为了实践。笃行属于修身范围。修身的要点有四条：

“言笃信，行笃敬，惩忿窒欲，迁善改过。”

这四条中，包括言论规范、行为态度、心理活动、道德修养。也就是从内心到行动的全部要求。

行为必然接物和处事。朱熹对处事要求做到：

“正其义不谋其利，明其道不计其功。”

这本来是董仲舒的格言，朱熹全部继承了下来。处理人与人的关系的原则(接物之要)，朱熹要求做到：

“己所不欲，勿施于人；行有不得，反求诸己。”

这本来是孔子、孟子的古训，朱熹也全部继承下来，以此教育学者，作为处理人与人的关系的准则。

这个学规，张贴于大门上方最醒目的地方，以引起学生们的注意。不但记住它，并且要见诸实际行动，用它来规范学生们的全部言行和心理活动。不符合这“五教”原则，不但不应去做，不应去说，而且不应去想：“思虑云为之际，其所戒慎恐惧，必有严于彼者矣。”

二

白鹿洞书院学规所涉及的不限于该地听讲的学生，也不限于文字表面的意义，文字明白，不难理解。它还有更深一层的社会涵义，值得引起人们的注意。这个学规与其说它是朱熹的办学方针，不如说它是朱熹的施政方针；与其说它是朱熹的哲学思想，不如说它是朱熹的宗教思想；与其说它是朱熹的政治学的大纲，不如说它是朱熹的政教合一的体现。

政教合一，历史学界认为曾流行于西方欧洲中世纪，宗教领袖兼地方行政领袖，或是地方行政领袖接受宗教领导。在伊斯兰教流行的地区，也是政教合一，教权领导王权。我国西藏在改革以前，也是政教合一的形式，改革以后，行政与宗教分离。在中国内地广大地区，一般认为不存在政教合一的历史现象。有的历史学家还认为这是中国历史的特点和优点，因而没有遭受过欧洲中世纪那样的困扰。这种见解是不对的，因为它不符合事实。

提起宗教，人们习惯地用基督教、佛教、伊斯兰教作为标准，和那些宗教一样的，认为是宗教。不一样的不算宗教。我们还是从实际出发，先不用一种固定的模式来判断活生生的历史。

从人类学、考古学、社会学，以及历史文献记载，迄今为止，还没有发现过哪一个民族没有宗教信仰的。只是宗教信仰的品类不同，其间有高低深浅的差别。以华夏民族为主体的中华民族来说，它也有宗教。宗教是一种社会现象，随着历史的前进而变化。

自秦汉以后，政治上形成大一统的封建大国。秦汉大一统为此后两千年的政治格局打下了基础。为了维护这个格局，我国历代政治家、思想家、哲学家，从各个角度做出努力，使这个总格局得到发展和巩固，使它的统治系统日趋完善。从经济结构看，中国土地辽阔，自然经济呈现出地区封闭的状态，不利于统一。从政治要求看，为了中华民族的整体利益(如兴水利、御外侮、救灾荒)则要求高度统一，要求统一，哲学思想、宗教思想力求与政治思想相配合。配合得好，得到政府的鼓励。不利于统一的受到限制，破坏统一的受到制止。一代一代传下去，中国封建社会的制度越来越完善。与全世界比较，中国封建制度最完善，封建文化最发达。

维护中国封建社会靠政治力量，同时还得有哲学与宗教的配合。秦汉时期中国的宗教与哲学相配合，维护大一统的局面，董仲舒开始建立儒教体系。利用社会上流行的天人感应思潮，为王权服务。此后，汉代的神学经学已经是政教合一的雏形。中国的政教合一与欧洲不同处，是王权为主，神气为辅，神权为王权效劳。汉代的宗教神学比较粗糙。三国以后，有了更为精致的宗教，道教正式建立，佛教大量输入。佛、道两教各自为中国的政权尽力。都曾为维护三纲、五常封建制度说教。忠君爱国也成了宗教的教义主要内容。他们的说教有的直接，有的间接。总之，宗教活动与政治活动基本协调一致。到了隋唐，三教(儒、释、道)鼎立，互相配合，共同为王权效力。

北宋开始，在三教鼎立的基础上，进一步促成三教合一，以儒家为主流，吸收佛教、道教中特有而儒家所缺少的，如心性论的分析、宗教修养、禁欲主义的内容，使之融合为一个体系。这一方面，北宋诸儒做了大量工作。朱熹是继北宋诸儒之后，成就最大的学者，也是政教合一的集大成者，在历史上起了决定性的作用。

中国的政教合一，继承中国传统宗教信仰(可以上溯到西周)，敬天法祖、王权神授思想(王者天命所归，受命于天)，对稳定中央集权起了推动作用，儒教的专职传播者儒者(士大夫)形成了一个特殊阶层，他们以道自重，为王者师，不充当最高领导者，而是给政府及皇帝出主意、定规划，提供指导思想。宗教与教育相结合，制定教育制度，用科举制度培养儒教的接班人，不断向中央输送后备力量，加强中央政权。以经典指导政法措施，用经典解释法律条文，引经决狱。经典解释权归儒者专享。从中央到地方设有儒教组织系统，中央有太学，地方有府学、县学。教育者享有崇高的社会地位，不同于一般行政官吏。从中央到地方有一系列组织保证，如地方上官绅共治，乡里有乡规民约，内容贯彻了封建三纲、五常的原则。从白鹿洞书院学规到清朝康熙年间颁布的学宫圣训十六条，有着一脉相承的关系。①

政教合一，是中世纪封建社会的共同现象，不是西方所专有，但各地区的政教合一，各有自己的特点。它有它的历史使命，它的出现是历史的客观需要。它的历史使命完成后，即应退出历史舞台。封建社会后期，中国的政教合一早已失去其积极作用，理应功成身退。随着新政权的建立，旧政权即行结束。思想意识方面的影响，则是长期的，很难短时期完全清除干净。这是我们今天建设社会主义精神文明、从事思想教育工作的科学工作者共同的任务。

---

① 《圣谕广训》：敦孝弟以重人伦；笃宗族以昭雍睦；和乡党以息争讼；重农桑以足衣食；尚节俭以息财用；隆学校以端士习；黜异端以崇正学；讲法律以警愚顽；明礼让以厚风俗；务本业以定民志；训子弟以禁非为；息诬告以全良善；戒匿逃以免株连；完钱粮以免催科；联保甲以免盗贼；解仇忿以重身命。

三

朱熹的政教合一体系，不能仅仅看作朱熹个人的，它代表着宋、元、明、清长达八百年的政治体制。政教合一体系，不在于培养哲学家、科学家，而在于为封建大一统王朝培养大批比过去任何时期更适合巩固封建秩序的合格人才。历史证明，这一体制收到预期的效果。①

“博学、审问、慎思、明辨”均属求知，它不是教人穷天地万物之理，落实在人伦日用之中。有人认为朱熹讲格物，教人穷万物之理，王守仁讲格物，教人格自家内心。实际上，朱熹教人为学的最终目标还是充实内心修养，“言忠信行笃敬，惩忿窒欲，迁善改过”。这里有人生哲学，也有宗教的禁欲主义。这一点，程、朱、陆、王没有两样。后来清代理学中涌现出一些批判朱熹的革新派，从唯心唯物的观点来看，他们不同于前人，但他们仍未超出儒教的范围。

儒教有其独特的体系和结构，神权王权之间没有尖锐的矛盾，没有生死斗争，它利用政权的杠杆，随时调节两者的关系，使它温和地发展着，因而没有发生过像欧洲中世纪那样的教权与王权长期的战争。儒教即国教，儒家经典有不可亵渎的神圣性，儒教领导人足以为帝王师，但不可以为帝王。王权拥有最终的管理实权，但必须以儒者为师。

① 宋以后，有奸臣而无篡臣。曹操、司马懿父子用宫廷政变取得政权的事件，从此绝迹。这都是政教合一的实效。

论朱熹的《四书集注》

——儒家经学的一大变革

秦汉建立统一的封建王朝，为了加强政治的统一和教化的统一，汉武帝置五经博士，定儒家为一尊，用政府的权力推行儒家思想。“五经”成为国家规定的教材。

经书文字简古，传抄不易，传授经典靠记诵，古代没有工具书，识字断句都要有人指点，经典传授必有师承，经师传授，既讲文句，又解释书中的道理，这是经疏章句之学的起源。

汉以后，社会政治不断变化，为不同时代的政府服务的经学也跟着变化，因而经学具有时代特征。汉人解经，受天人感应思潮的影响，以天道附会人事，是为“神学经学”，它是汉代巩固统一政权的得力工具，神学经学，是一种比较粗糙的神学体系，但它体现了时代思潮，包含了当时许多学科（如哲学、神学、史学等）的内容，用经学为最高思想指导，有助于推行治国安邦的措施，如引经书决狱，施政等。

唐初编定《五经正义》融南方经学与北方经学为一体。

它反映了唐初统一南北朝以后的新形势。唐永徽四年(653年)颁行天下，直到宋朝，一直用来作为明经科取士的标准教科书。维持的时间比汉代的神学经学长得多。但是唐朝经过安史之乱，社会情况发生了急剧变化。唐中期以后，《五经正义》已不能完全满足施政的要求。因为天下处于地方割据，与中央政权对抗，唐末五代十国，直到北宋建国，中国进入封建社会后期。作为稳定政权统治秩序，维护封建宗法制度，除了儒家经学以外，还有佛教经学、道教经学。为了加强经学的权威性，只有把当时社会思潮诸多文化因素吸收到经学中来，经学才有生命力。建成完整的上层建筑，不是一朝一夕建造的。汉初董仲舒的经学体系从汉初算起，经历了七十年。《四书》的出现，[①] 从北宋建国算起，差不多经历了百年之久。

体现时代思潮的新体系的形成，要具备三个条件：第一，政局稳定。战争年月，兵荒马乱中不能出现新体系。第二，充分而必要的思想资料的积累。第三，新体系要有体现时代思潮的思想家。到了北宋中期[②]才具备了这三个条件，南宋朱熹出色地完成了这一使命。他对中国封建社会后期贡献和作用大于董仲舒对中国封建社会前期的贡献和作用。朱熹陪祀孔庙，享受的奉祀达七百年之久，直到五四时期，朱熹的牌位才被撤除。

《论语》、《孟子》是先秦的著作，《大学》、《中庸》成于汉初，[③] 这是学术界的共同看法。这四部分各自独立，不相联属。这四部分组合在一起，命名为“四书”，并得到社会的认可，那是朱熹努力推行的结

① 《四书》的出现，标志着“新经学”的形成，这是《五经正义》以后，吸收了佛、道二教的某些宗教内容，而形成的“儒教经学”。

② 北宋仁宗时期，出现一批思想家，正式提出“四书”与“五经”并重。

③ 见《中国哲学发展史》(秦汉)卷，219～244页。

果。远在南北朝时期，《中庸》一书已受到重视，梁武帝把《中庸》与佛经同等看待，等于说《中庸》已从《礼记》中独立出来。①《论语》在汉代尚不能与《五经》并列，与《孝经》地位相当，起着辅翼《五经》的作用。《孟子》在汉代的地位不及《荀子》。唐朝韩愈著《原道》，倡言道统，以与佛教相颉颃，提出从尧、舜、禹、汤、文、武、周公到孔子、孟子有一脉相传的相道统。尧、舜、禹、汤、文、武、周公，是帝王而兼圣人，孔孟都是春秋战国时期的有影响的思想家，但不具有帝王的身份。孔、孟的圣人地位，是根据他们的留下来的言行记录《论语》和《孟子》而来的。柳宗元为佛教辩护，认为佛教讲的道理与《易》与《论语》合，他也把《论语》与《易》相提并论，《论语》也享有"经"的地位。稍后于韩愈的李翱根据《中庸》著《复性书》发挥圣人之教，唐人已开始注意到《大学》、《中庸》、《论语》、《孟子》的重要性。北宋张载少年时，喜谈兵，初次谒见范仲淹，范授以《中庸》，从此张载成了儒家的信徒。可见《中庸》一书从唐到北宋已相当流行，是一部随处可以见到的儒家典籍。

伊川程颐开创洛学，他经常以《大学》、《中庸》、《论语》、《孟子》为基本教材教育门徒。这四部书成为儒家系列丛书，应当说是从程颐开始的。北宋仁宗庆历以后，文化发达，人才辈出，出现了群星灿烂的局面，与洛学并峙的有王安石、司马光、苏氏父子、邵雍、张载许多学派。这些学派中，如司马光对这四部书并不完全赞成。"四书"虽在北宋受重视，还未能定型，"四书"与"五经"并列，公开主张"四书"

① 见《中国哲学发展史》(魏晋南北朝)卷，436～618页。

优于“五经”，那是从朱熹开始的。①

韩愈、李翱对《大学》、《中庸》予以阐发，但没有把它们从《礼记》中分离出来，朱熹说：河南程夫子之教人，必先使之用力乎《大学》、《论语》、《中庸》、《孟子》之言，然后及乎《六经》(《朱子文集》卷八二)。朱熹进而说明学习《四书》的顺序，学者应当：

> 先读《大学》以定其规模，次读《论语》以立其根本，次读《孟子》以观其发越，次读《中庸》以求古人微妙处。②（《语类》十四）

朱熹对《四书》的研究注释，投入极大的工力。朱熹对《大学》加工较多，从中分出“经”及“传”，并改变了原来的次序，还认为格物章有经无传，补写了一篇“传”即《格物传补》这一举动也曾引起后来学者的怀疑和反对。朱熹对《中庸》大体依照程颐的观点，重新分别章节，朱熹称为《大学章句》、《中庸章句》。对《论语》、《孟子》两书未曾改动，而是博览古今注释择善而从，称为《集注》。这四部书的合订本统称为《四书集注》。

朱熹以毕生精力从事学术活动，讲学、著述达四十余年。中国思想家中，对社会产生深远影响的不过三五人，朱熹是其中的一位，他

① 《语》、《孟》，工夫少，得效多；《六经》工夫多，得效少。(《语类》七九)

② 朱熹晚年，发现《大学》一书学者不易领会，于是提出先从《论语》、《孟子》入手，然后再读《大学》、《中庸》。印书商人因《大学》、《中庸》篇幅小，放在一起便于装订，其序列为《大学》、《中庸》在先，《论语》、《孟子》在后。明代遵从朱熹说，认为《中庸》为子思作，应在《孟子》前。不论顺序如何排列，这四部书成为一组，已成定局。

的《四书集注》起决定性的作用，朱熹从 34 岁时，为《论语要义》，43 岁时为《论语精义》，48 岁时成《集注》，此后不断修改、补充。朱熹对《大学》、《中庸》用力最勤。62 岁时《大学》、《中庸》尚未付刊，他 69 岁时自称：

某于《大学》用功甚多。温公作《通鉴》，言"臣平生精力全在此书"。某于《大学》亦然。《论》、《孟》、《中庸》却不费力。（《语类》十四）

他自己认为对《大学》用功甚多，这是实情。象"格物"一词，在《大学》原著中，还算不上哲学范畴，经过朱熹的注释，"格物"成了后来儒教体系的中心构件，后来王守仁与朱熹的理论分歧，也发端对"格物"的理解。朱熹的"格物"说的意义，不在于解释《大学》，而在于建立自己的儒教新体系。

《四书集注》引用汉人以后注释，董仲舒、司马迁、扬雄等 15 家，引用宋人及同时人之说有 41 家。朱熹尽量博采众长。①

或问集注有两存者，何者为长？曰：使见得其长底时，岂肯存其短底？只为是二说皆通，故并存之，然必有一说合得圣人之本意，但不可知尔。复曰，大率两说前一胜。（《语类》十九）

程先生解经，理在解语内，某集注《论语》只发明其辞，使人玩味经文，理皆在经文内。（《语类》十九）

---

① 《孟子集注》引用王勉说三条。此人宋史无传，不是有名人物，有"绍兴进士王勉"的记录。参看钱穆著《朱子新学案》。

《四书集注》，不能只看做关于字句的注释，它体现了朱熹的全部哲学体系。《集注》解释孔孟的话，有些是孔孟原有的意思，朱熹予以发挥。也有孔孟没有的意思，朱熹给加上去的。孔子、孟子多处讲仁、义。孔子多论“仁”，孟子多仁义并举。朱熹解释的仁义，与孔孟并不相同，《四书集注》说：

仁者，心之德，爱之理。

义者，心之制，事之宜。

礼者，仁之发，智者义之藏。

这些思想都不是孔孟原有的，孔孟不可能讲得这样深，这样细，这是朱熹的创造。

也有朱熹按照自己的理解，发挥孔、孟的原意的。如《论语》“诗三百，一言以蔽之，曰思无邪”。注云：

凡诗之言，善者可以感发人之善心，恶者可以惩创人之逸志。其用归于使人得其性情之正而已。然其言微婉，且或各因一事而发，求其直接全体薰则未有若此之明且尽者。故夫子言，诗三百，而惟此一言①足以尽其义，盖示人之意亦深切矣。

朱熹注释的高明处在于从教育、心性修养方面提出了读《诗》的方法，教人善于从中“得其性情之正”。不像有些卫道士，板起面孔，对经书上的话百般回护，硬要说《诗经》的诗讲的都是大道理，没有任何邪

① 此一言，即“思无邪”三字。

思，这种笨拙的解经法，不符经书原意，也无说服力。朱熹在《诗集传》中已明确指出有些诗为“淫奔之诗”。

《集注》中还随时灌注等级尊卑秩序的思想教育。如《季氏篇》“是可忍孰不可忍”一章，注多解“忍”为“容忍”。朱熹则从忠君的心理感情着眼，他解释说：季氏像这样大逆不道的僭越行为都忍心干得出，还有什么不忍心干不出来呢？

朱熹讲书，着重发挥，这是宋代学者治学的风气。程颐任崇政殿说书（讲官），给小皇帝宋哲宗讲《论语》，讲到颜回生活穷困，“箪食瓢饮，而不改其乐”一章。门人认为这一章与皇帝没有什么联系，程颐怎样去发挥呢？程颐说：“陋巷之人，仁义在躬，忘其贫贱；人主崇高，奉养备极，苟不知学，安能不为富贵所移？且颜子王佐才也，而箪食瓢饮；季氏鲁国之蠹也，而富于周公。鲁君用舍如此，非后世之监乎？”问者叹服。

封建社会后期的哲学体系，特别强调了心、性，宗教内心修养中忏悔、禁欲、反省、自责的思想感情训练。这种训练是汉唐佛教、道教流行以后出现的，正像汉代经学必须吸收天人感应思潮才能具有生命力一样。宋代儒教经学的特点在于用心性论来解释儒家经典，特别是《四书集注》，它强调为人处世的道理，主要教人如何修身养性、涵养性情，正心诚意。在家为孝子，做官为忠臣，成圣成贤，不离于人伦日用之间。以心性论解经，是中国经学史上前所未有的一大变革。

《大学》出自《礼记》，是汉初综合先秦孔、孟、荀儒家各派思想，协调封建宗法制度的政治纲领。《大学》充分反映了中国封建宗法制度下以一家一户为生产单位的小农经济的世界观。

《大学》与《中庸》都属于西汉初的儒家著作。近人也有人认为《大学》为荀子一派著作，《中庸》为孟子一派的著作。①

《大学》的基本内容，即后人所说的“三纲领”，“八条目”。三纲领为“明德、亲民、止至善”。八条目是“格物、致知、诚意、正心、修身、齐家、治国、平天下”。这是汉初统一王朝建立后，总汇先秦儒家孟、荀诸流派关于如何协调封建宗法制度的政治纲领。封建宗法制度以家为本，家庭是小农经济的基本细胞。因此，对每个人的社会地位、职责提出明确的要求。《大学》说，“自天子以至于庶人，一是皆以修身为本”。从修身向内心修养方面追求，则是格物、致知、正心、诚意；向社会方面推开去，要做到“齐家”、“治国”、“平天下”。这是《大学》一书原来的意义。

《四书集注》则把《大学》的纲领解释为“格物”，这是朱熹个人对《大学》的独特的解释，朱熹格物说与《大学》本身的涵义要区别看待。

《中庸》这一章讲的是儒家的社会思想，讲在封建宗法制度下，为人处世的普遍原则。它指出：为人处世，不要太过，也不要不及，恰到好处，才是“中庸”。中庸不是在两极端之间截其平均值。而是根据具体的情况，做出最合理的行为抉择。难就难在“恰到好处”——适度。行为的适度，取决于行为者的道德修养的水平，要求人们在日常生活中经常遇到的最平常的一些大大小小的行为中都能自觉地做去，而且做到恰到好处。

君子之道费而隐，夫妇之愚，可以与知焉，及其至也，虽圣人亦有所不知焉。

大哉圣人之道，洋洋乎！发育万物，峻极于天。

① 参见冯友兰先生说。

> 故君子尊德性而道问学，致广大而尽精微，极高明而道中庸。

《中庸》在当时引起社会关注的是它关于社会生活方面的中庸准则，重点在伦理方面。《中庸》中还有一部分关于人性论方面的论述，集中讲到"诚"这个范畴。可惜两汉经学的兴趣在于建立统一的哲学思想体系，到处弥漫着天人感应思想，《中庸》中关于人性论的阐发如：

> 诚者天之道也，诚之者人之道也。诚者不勉而中，不思而得，从容中道，圣人也。诚之者，择善而固执之者也。

没有引起更多的反响。《中庸》把孟子、荀子的人性论给以综合，采取兼容的态度，认为"万物并育而不相害，道并行而不相悖"(这种兼容并蓄的倾向，从《吕氏春秋》就已开始了)。因为当时需要统一的哲学体系。《中庸》力图用"天人合一"的理论解释人在宇宙间的地位和作用。

> 唯天下之至诚为能尽其性；能尽其性则能尽人之性，能尽人之性则能尽物之性；能尽物之性，则可以赞天地化育；可以赞天地之化育，则可以与天地参矣。
>
> 其次致曲。曲能有诚，诚则形，形则著，著则明，明则动，动则变，变则化，唯天下之至诚为能化。

《中庸》对"诚"的作用做了无限夸大，使之神秘化。这种倾向在汉代没有引起注意，当然也不会发生社会影响，而是被搁置起来。只是经历唐宋几代人的发挥解释，更主要的是时代的需要，人类认识的深化，心性论的不断从佛、道二教的著作中得到充实。《中庸》的价值又重新被认识。

《四书集注》的历史地位和作用，可以从以下几个方面来考察。

第一，《四书集注》吸收了唐宋以来的文化积累，达到了当时可能达到的理论高度，建立了完整的儒教体系，它把各等级的人排到一个被认为适当的社会位置上，建立了封建社会成员的全方位的岗位教育，对安定社会起着极为重要的作用。

第二，《四书集注》是一部强化内心修养，涤除心灵杂念的儒教经典。把“正心诚意”、“主敬”、“守一”、“格物致知”、“存诚”作为人生修养内容，最终目的在于教人成圣贤，使人们在社会生活，人伦日用之中得到精神解脱。“极高明而道中庸”，贯彻“内圣外王”之道。

第三，《四书集注》打破传统注释的旧模式。简明通脱，新人耳目。宋儒自称得尧、舜、禹的“心传”及文、武、周公、孔、孟以下千古不传之秘。朱熹的注解，有的有根据，有的根据不多，也有的直抒胸臆，不要古代书本的根据。它的特点是摆脱依傍，不受古人的束缚。

司马光《论风俗劄子》中说：

> 新进后生，口传耳剽，读《易》未识卦爻，已谓《十翼》非孔子之言；读《礼》未识篇数，已谓《周官》为战国之书；读《诗》未尽《周南》、《召南》，已谓毛、郑为章句之学。读《春秋》未知十二公，已谓《三传》可束之高阁。(《温国文正司马公文集》卷六)

司马光对当时学风不满而发牢骚。其实不能责怪“新进后生”们，当时青年学者的这些疑古倾向，也是跟他们的前辈们学来的。①

第四，《四书集注》被指定为国家教科书，元明清各代用来开科取士，作为选拔政府官吏的标准。除了用它的学术影响以外，它还得到历代政府强迫性的灌输。读书人参加国家的各级考试，不能背离《四书集注》的观点，否则难以被录取，这也是《四书集注》流传久远的一个因素。

如果汉代的经学称为前一时期的神学经学，后一时期的经学可称为“儒教经学”。前一时期的经学以宇宙论的形式出现，后一时期的经学(儒教经学)以心性论的形式出现。中间经过魏晋南北朝佛教经学的补充，使儒教经学增加了体现时代特点的新内容。它超越了宇宙论和本体论，上升到心性论的理论高度，它达到了中国封建社会经学的高峰，同时也表明中国封建社会的经学已走到了尽头，经学的历史使命已完结了。

① 疑古代经典在北宋已成为风气。疑《周易·系辞》非孔子所作的有欧阳修；疑《周礼》的有欧阳修、苏轼、苏辙；疑《孟子》的有司马光、李觏；疑《尚书》的《允征》、《顾命》的有苏轼；疑《诗序》的有晁说之；王安石贬《春秋》，他的《三经新义》，抛开旧传统，独标新解。南宋朱熹疑孔安国《书序》是魏晋间人作。

《朱熹思想研究》序*

张立文同志勤奋好学，研究朱熹的哲学有年，他的《朱熹思想研究》最近完成，要我写一篇序，我高兴地接受了这一任务。这是因为：

朱熹这个人很重要，应当有专门研究的著作问世。解放后学术界缺少这方面的系统研究，现在有了这方面的著作，是件好事。在政治运动接连不断的年月里，社会风气不鼓励读书，甚至打击读书的情况下，张立文同志居然挤时间，甘于寂寞，埋头读书，不怕坐冷板凳，这种好学态度值得提倡。四十二年前，我写的毕业论文也是：《朱子的哲学》，对这个题目一向有兴趣，也很关心，看到中、青年一代的成长，我很高兴。

由于以上的原因，借写序的机会谈一谈对关于朱熹研究的一些看法。

中国哲学史的研究，从五四算起不过六十多年，六十多年的社会变迁之大超过了过去的几千年。这六十多年又

* 1980 年 12 月于北京。

可分为两大阶段。1949 年中华人民共和国建立以前为第一阶段，建国以来到现在为第二阶段。第一阶段的学术研究打破了几千年的封建传统和“圣人”经传的教条，这是一大突破。像孔子这样的“圣人”，在五四以前，谁敢评论他？五四以后才把他从“圣人”的宝座上拉下来，恢复了他先秦诸子之一的本来面目。这是打开封建禁区的第一步，使哲学从经学中独立出来另立门户。当然，封建禁区打开得很不够，突破旧传统也很不彻底，但无论如何，五四以后的学术界开了新生面，这是事实。

随着五四带来的思想大解放，学术界活跃起来了，大量的西方外来的文化及各种思想体系被引进，特别是马克思主义的传入。不过，那时人们的眼里马克思主义还仅仅是百家中的一家。又经历了三十年的实践考验，马克思主义的理论已在广大革命群众中扎下了根，它不但指引中国革命走向胜利，而且在它指导下，中国的社会科学也真正成为科学。这就使得过去看不清楚的一些历史现象能够看清楚了，不易理解的一些问题可以理解了，因为人们手中有了唯物史观这个工具。在历史科学领域里取得的成绩尤为显著，这些成绩当然也包括中国哲学史的研究。

近三十年来，我们已有了十来部大小不同规格的哲学史或思想史，也造就了一大批人才。但是也应看到现在的哲学史著作的科学性和体系的严密性，还不能满足社会的要求。要写出高度水平的哲学通史，必须有大量的专题研究作为支柱。通史要求上下相通，即通古今之变，找出哲学发展的总规律。还要求左右相通，即和每一时代的思潮相呼应，与宗教、文学、艺术、科学等意识形态挂上钩。只有对上下左右进行一番全面探索，才不会把哲学流派的活动、哲学范畴的出现、哲学问题的论战看作一些偶发事件。近三十年来由于我们对一个一个的人，一个一个的问题的研究做得不够，也妨碍到哲学通史的水平的提高。这应是一条治史的原则。因为个别的、局部的问题没有搞清楚，总体和全局也难以看得分明。这些年来我们忽略专题的研究，对哲学家的原著没有花大力气去钻研，空议论比较多，可以说是走了弯路。

像朱熹这样的关键性的人物，是中国哲学发展史上一个重要的里程碑，旧的理学家称朱熹“致广大，尽精微，综罗百代”，也并非全是夸张，朱熹在哲学史上确实有其重要性。不论人们是喜欢或不喜欢他，对他应当认真去研究，这是无可争辩的。

张立文同志以他多年的努力，在他的著作中，从朱熹的生平到学术活动，从哲学世界观方法论到经济思想、政治学说都进行了探讨。对朱熹哲学的重要范畴，如理、气、性、命，都作了严密的分析。这部著作对于多年来重观点不重视史料的空疏学风有所矫正。这些都是值得欢迎和肯定的。

当然，对朱熹这样一位后期儒教集大成者，还有许多更细微曲折的地方有待于继续发掘，要求在一部书里解决很多的问题是不现实的，也不是短期内三五年内可以办得到的。因为：朱熹一生所涉及的学术门类相当广泛，他自称心传唐虞道统，明伊洛渊源，崇洙泗，黜二氏。有识之士早已指出他于释道两家，阳挤之而阴受之。这些问题不是三言两语可以说清楚的。

现在一般看法，认为朱熹的哲学体系是客观唯心主义，本书对此也做了认真的剖析和论证。朱熹的客观唯心主义体系的特点及其内在的逻辑发展层次，每一个研究者还可以有不同的剖析方式，也应当有不同的出发点和落脚处。对朱熹的许多重要哲学范畴的理解也应当允许仁者见仁，智者见智。由此连带引出的对朱熹哲学体系不可避免的内在矛盾都大有从不同角度深入钻研的余地。对朱熹的历史地位和作用，应当有各种高下不同的评价同时并存，不宜强求一致，也不能强求一致。

还必须看到，朱熹一生心血凝聚于儒家经典注释中，他于《五经》、《四书》用力最勤，与王夫之的《尚书引义》、《周易》内外传、《读四书大全说》都是寓创造于注疏之中。朱熹的注释，有的开始于中年，有的贯串他的全部著述生涯，有的直到晚年尚未完成。其著述的先后过程与他思想的发展脉络至为密切，如细加分疏，必将对于了解其哲学全貌有所裨益。

朱熹文章信札保留下来的数量很多，其中也有属于信手酬答，仓促急就的，如仔细分别，尚有自相抵牾之处，就中如何取舍，均须全面斟酌。《朱子语类》分门别类，明白易晓，为学者们喜欢援引。却也应当看到他对弟子们问答，有时为了强调某一方面，其间详略轻重时有歧异，或出于应机答对，不尽周详。故《语类》所记未可尽从，朱子的及门弟子中已有过疑问，此中取舍标准，尚须进一步研究。这也是研究朱熹的思想的人们容易忽略的。

朱熹多才多艺，遗留文学作品不少，其中有吟风弄月的，有感事咏怀的，也有通过形象思维发挥他的哲学观点的。这也是宋诗不同于唐诗的一个特点。如能适当注意，取精用宏，那么我们对朱熹的哲学理解又增加了一个侧面。哲学文学都是朱熹的思想的表现，若能合并考察，就更可以加深了解朱熹思想的全貌。

朱熹学术活动时间较长，约有半个世纪，与当时思想界、文化界、政界上层人物交游至广，其门生弟子遍朝野。当时重大论战朱熹曾亲身参与，随着双方以至多方辩论的逐渐深入，问题的矛盾也一步一步展示出来。倘能把这些论战进行整理、排比，不但可以说明朱熹的思想，还可勾勒南宋中期一代思潮概貌。《宋元学案》著者虽有见于此，惜囿于时代，蔽于儒教，浅尝辄止，掘井不及泉。深入探究，尚有待于后来研究者的共同努力。

这里只是随手略举研究朱熹哲学思想尚有待于发掘的几个方面，实际上当不止这些。我只在于说明研究朱熹这样的哲学家，不是仅仅从一个角度就能一眼看透的，即使看到了，也未必一眼就看得准。对朱熹的历史评价，是非功过，更不是一部书就能得出结论的。现在有了第一部专著，就不愁第二部、第三部以至更多的有关这一方面的著作问世。百家争鸣、群星灿烂的局面终将到来。学问无止境，有如登高山，攀登愈高，所见愈远；有如探幽谷，行程愈深所见愈奇。研究无止境，研究就是学习，活到老，学到老，愿与中、青年同志们共励。

陈著《韩柳诗文系年》序

——论韩愈的历史地位

古今历史人物，其功业足以不朽者，大致可分两种类型。一种是代表旧时代的结束者，一种是代表新阶段的开拓者。像诸葛亮、文天祥、近代的章太炎、西方的黑格尔属于前者；像屈原、司马迁、近代的孙中山、鲁迅、西方的马克思属于后者。他们的业绩都足以传世不朽。韩愈也是我国历史上不朽的人物之一，他的功绩在于开拓新阶段。

安史之乱后，人心厌乱，客观上要求有一个强有力的中央政府，要求消灭地方割据势力。唐以后的历史发展证明，中国社会正是沿着这一条道路前进的。韩愈所提倡的排佛、古文运动、创立道统说，与社会发展、文学发展和哲学发展的总趋势符合。我们不能说后来的文学家、政治家、哲学家读了韩愈的书，才这样去做的，这里只是指出，韩愈的许多主张，符合历史潮流。韩愈的历史地位，宋以后被抬高。韩愈的著作，在宋以后越来越引起学术界的兴趣。韩愈还是那个韩愈，何以宋以后身价大增？这不能从韩愈本身找原因，只能从社会历史中找原因。韩愈是宋代哲学、文学界的先驱，他赢得宋人对他崇拜，是理所当然的。

一、排　佛

韩愈排佛是他的一贯主张。他的谏迎佛骨表，由于措辞激烈，不避忌讳，给他招来一场灾难。韩愈排佛的理由都是前人已讲过的，没有比南北朝人更多的新见解。陈寅恪先生认为韩愈反对佛教，重点在于反对道教，道教在唐朝为患更甚于佛教。韩愈虽未公开指斥道教，实际上也抨击了道教。这是陈先生的新解释。如果我们作更进一步的探索，我们还会发现韩愈排佛教、道教，还包含反对藩镇割据以加强中央集权的意义在内。

考察韩愈排佛，不应局限于排佛的文章的字句，更要注意排佛这一行动在当时社会环境下所起的作用。《礼运·大同》是在汉代提出来的学说。清末康有为变法，重新提出“大同”理想，撰写了《大同书》。康有为的《大同书》与《礼运·大同》思想大不一样。再比如“实事求是”这是我国古代成语，中国马克思主义者拿来为唯物主义认识论作注解，很恰当。“实事求是”对今天的中国共产党并不是一个新口号，因为已在党内讲了几十年。粉碎“四人帮”以后，党中央重新提出“实事求是”的口号，号召全党从“四人帮”设置的两个“凡是”的桎梏中解放出来，打破他们的教条主义、造神主义。旧口号有了新内容，以今例古，其理不殊。

安史乱后，唐朝藩镇割据，中央政令不能在割据地区贯彻，韩愈提出排佛，目的在于维护中国封建传统文化。他从维护封建传统的立场，指斥佛教是“夷狄”之教。因为它败坏了中国传统文化(即封建文化)的纲常名教，破坏君臣、父子、夫妇的伦常，逃避了臣民的纳税服役的义务。照韩愈这个理论来衡量，当时败坏纲常名教、背离君臣大义、不为朝廷国家尽纳税服役义务的，除了佛教、道教以外，还有割据国土的藩镇军阀。他们破坏封建纲常名教，没有履行臣对君的义务。藩镇割据地方政权实行的也是“夷锹之道”。

韩愈的政治主张与他的排佛一样明确，他坚决主张削平藩镇，维护中央集权。裴度平淮西取得胜利，韩愈为之欢呼、歌颂。为了说服地方割据势力，韩愈不惜冒生命危险，与地方军阀开展面对面的辩论。可惜唐朝这个小中兴的局面没有维持多久，唐宪宗因服道士药中毒而死，唐王朝权力落在历代宦官手中，再也没有振作起来。

中国历史表明，巩固中央集权，消除割据势力，已成为唐末历宋、元、明、清的一贯发展趋势。韩愈中央集权的政治主张，在当时由于主客观条件不具备，没有做到，经过多年的努力，宋朝做到了。宋以后未曾出现过地方割据政权。与宋朝并存的有夏、辽、金诸王朝，都是独立的主权国家，不是分裂中央政权、闹独立的地方政权，与唐末藩镇割据政权的性质不同。宋以后，再未出现过地方割据政权，对今天来说，这也是相沿千年之久的中华民族的一份宝贵遗产。

二、古文运动

文学，是社会活动的一面镜子，它对社会生活有反映、描述、评论、宣传多种功能，文学与社会生活相终始，社会不停地前进、发展、创新。社会在前进、文学也在前进。文学如同长江大河，上游水系不断增加进来，增益、丰富、充实着旧水系。而不是加入了新水系旧水系即停止流动。我国最早的文学创作《诗经》多采四言形式，后来五言、七言兴起，丰富了表达方式，而四言诗并未废除。律诗起于古诗以后，当时号为近体诗。近体诗盛行，古体诗并未废除。辞赋起于战国，盛行于两汉，但辞赋经历了两千年之久，直到明清并未消亡。

文化变革不同于政权更替。新政权建立之日即旧政权灭亡之时，文化则不能割断，新文化都是在旧文化的基础上产生的。

文学是文化的一个分支。韩愈提倡古文运动，扩大了古文的运用范围，使古文进入文坛，受到社会重视。古文上台，并不意味着骈文下台。唐、宋古文盛行，骈文一直是官方通用文体，凡政府公告、国家任免官吏、官僚政绩考评，甚至一般社交函札，仍用骈体。韩愈的功绩并不是打倒骈文，而在于运用文学本身的魅力，扩大了文学表现领域。

韩愈把散文这个文学工具，运用得出神入化，得心应手，用于墓志碑铭，文辞简雅；用于写事状物，能尽传神之妙；用于发抒胸臆，能无所不达；用于日常生活小品、杂文，能生动活泼，嬉笑怒骂，涉手成趣。他的《进学解》亦庄亦谐，《杂说》以小喻大，《毛颖传》寓苍凉于滑稽，当时有人不理解他，说他太不严肃。其实这是对韩愈的误解。韩愈的散文刚健清新而自然，“唯陈言之务去”，却不留斧凿痕，举重若轻。苏轼也是文学巨匠，而苏轼不免有文人夸大虚浮之气，这一点朱熹早已指出过。

除了散文以外，韩愈的诗也独辟蹊径。韩愈“以文为诗”，古今论者或以为功，或以为过。是功是过，这里不作评论。“以文为诗”，应当认为这是韩愈的特点。他打破了诗只限于抒情的旧传统，拓展诗的表现范围，这是事实。学术界一般认为唐诗宏阔，宋诗深沉。从认识史的角度来看，由宏阔到深沉，是一个发展，表明诗在前进。这一变革，不是一朝一夕之功，也不是一手一足之劳，而是靠众多作家，共同努力，顺着文学发展趋势推动促成的。众多推动者中，韩愈是重要的一员。

天地之大，品类之繁，世态变幻而恢诡，在韩愈眼下，没有不可以入文的，也没有不可以入诗的。语言这个文学工具，简直被韩愈用活了，竟做到无往而不适，无事而不宜。杜甫为诗，超逸绝伦，无愧于诗圣，但杜甫的散文的确不算高明，有时显得很不通顺。说到驾驭语言的功力，韩愈堪称超逸绝伦。

有人说韩愈诗风偏于险怪，认为这是韩愈自以为无法超过李白、杜甫。才力图以险怪取胜。这种评论是不解韩愈，也低估了韩愈的文品。

文学的价值。在于能够通过形象思维，揭示社会现象的本质，要求作家不但有语言技巧，更要看作家对现实生活的感受及理解的深度。照这个标准来衡量韩愈的文学造诣，试把韩愈排在古代伟大作家的行列里比一比，韩愈比先秦诸子、屈原、司马迁、李白、杜甫稍逊。韩愈的文学造诣仍应属上品。

评价历史人物，既要看他在本学科领域中所起的作用，又要看他本人的学术造诣，历史作用和作家本人的造诣，有时一致，有时不一致，不完全是一回事。韩愈的历史地位，有他开创新局面、推动学术发展的功劳，也有他创作的功劳。前者的功绩更大一些，因为他为后世开了风气。

三、建立道统说

韩愈在《原道》中提出了尧、舜、禹、汤、文、武、周公、孔、孟，古代圣人历代相传的道统理论。道统说的提出是针对佛教而提出的。佛教道统说的建立、推广、流行，起于隋唐，盛行于安史之乱以后。隋唐佛教建立了各大宗派，各派有自己所依据的根本经典(比如华严宗依《华严经》；天台宗依《法华经》)，对所依据的根本经典各宗派有自己的解释，师徒世代相传，出现了解经的章句之学(如《法华文句》等)。这种风气颇似汉代经学、经师相传授的章句之学，我称之为“佛教经学”。“佛教经学”与佛教道统说、佛教宗派的建立，是同一事实在不同方面的表现。佛教各宗派都标榜自己得到释迦的真传。找不到文字根据的，则自称是得到“教外别传”、“佛祖心传”，总之，都自称是佛教正宗。除教义上争正统，还在传法世系上来证明，自己的宗派有渊源，是正统佛教。

安史乱后，佛教寺院经济遭到不同程度的破坏，僧众避乱，流动较大，经典散佚，有的毁于战火。各宗派为了保持自己宗派的纯洁性，更有强调传法世系的必要。如神会和尚在滑台召开的“南宗定是非论”，就是一次声势很大的法统之争，也就是佛教宗派中的“道统”之争。

韩愈的道统论，为后来儒教正式建立后的道统论奠定了基础。陈寅恪先生《论韩愈》中指出，韩愈的道统论受佛教的启发。乃不刊之论。陈先生根据的理由是韩愈少年颖悟，随兄在岭南，在禅宗流行地区，必受禅宗影响。韩愈少年颖悟，对社会思潮有感应，自不待言。我们还应看到隋唐时期佛教势力最大、影响深远的地区，并不在岭南，而在中原。早在南北朝时期，禅宗已盛行于嵩洛。安史乱后，中原地区佛教宗派之间的道统之争较偏远地区更加激烈。滑台之会，就发生在中原。当年惠能求法，在岭南无师可投，才奔赴湖北。韩愈生长于中原，当时佛教思潮弥漫于朝野上下，其影响不限于岭南一隅；长安、洛阳佛教宗派林立，不止禅宗一家。上有帝王、贵族提倡，下有百姓群众景从，佛道儒三家鼎立，各立门户，互争高低，构成隋唐思想界的总形势。

儒家在政治上占优势，其哲学思想、思辨分析，不及佛教深刻；业报轮回、三世因果之说，积数百年的宣传，已深入人心。儒家为了在三教中争取领导地位，力图论证儒教源远流长，得圣人真传，又由于受到佛教建立法统的启发，于是建立自己的道统论。

再进一步探本溯源，问一问佛教法统论又是从哪里来的？我看佛教各宗谱牒相传，以嫡系自诩，并非出自佛教自身，而是受了魏晋以来门阀士族谱系之学影响，世间法影响到出世间法的结果。纵览天竺佛书及有关释迦及部派传记，他们一向缺乏时间观念，也没有一代一代严格记录的习惯。而中国魏晋南北朝时期，门阀士族的家族出身，关系到这个士族成员社会声望及政治升降。谱牒之学，在南朝成为显学。政府任命官员，必以族谱渊源为根据。伪造族谱者，置以重典。宗教号称出世，出世的宗教一刻也离不开世间。佛教的传法世系，所谓法统说，正是当时门阀士族世间法在出世间法的反映。

韩愈把世间封建宗法家族谱系学，移植为学术承传的学术谱系学——道统论。道统论形成后，再与封建宗法的政治承传关系相结合，于是儒家政治上的正统与儒家学术上的道统结合起来。韩愈在这一方面给儒家立了大功。

三教鼎立时期，社会上流传着"儒以治世，佛以治心"之类的儒佛分工论。意思是说，儒教有治世的功能，佛教有感化人心的功能，说到心性修养之学，还得仰仗佛教。儒家为了夺取思想阵地，在治世这个功能之外，还要发挥"治心"的功能。道统说的实际意义，在于为儒家张目，宣布儒家不止有治世之术，儒家还兼有心性修养功夫，它有深远的思想渊源，它继承了尧、舜、禹、汤、文、武、周公、孔、孟学术嫡传正宗。道统说的建立，意味着把天下一切学术(道)都纳入儒家门下。道统说，发端于唐代韩愈，完成于宋代朱熹。朱熹接着韩愈指示的方向走到底。

新中国成立后，对韩愈的研究开展得不多，对韩愈的评价也欠公允。粉碎"四人帮"以后，纠正了学术界"极左"倾向，贯彻了实事求是的学风，学术界出现了新气象，沉寂的学术界活跃起来。研究韩愈的专著不下十种。陈克明同志的《韩愈诗文系年》是值得向广大读者推荐的一部专著。它为研究者提供了可信的背景资料，对今后研究者无疑提供了方便。

陈克明同志在中国社会科学院哲学研究所从事中国哲学史研究垂三十年。对古典文献整理工作有较深的素养，他通义理之学又好词章之学。凭他的知识积累和勤奋的治学精神，写成了《韩愈诗文系年》，对今后研究者提供了方便。《系年》的优点，一是详备，二是谨严。凡前人及时贤的成果可采取者，尽量吸收，以期详备；诗文创作的时间一时难以确定的，存而不断，以待后人。这两个优点，整理其他古籍也同样值得推广。

若干年来，学术界有一种风气，认为资料整理不算创造性的研究，写论文才算创造性的研究。有人把夸夸其谈当作了创造性。不务实，不从第一手材料入手，那样的"创造性"经不起风雨，不值得提倡。

研究韩愈，现在刚刚开始，在文献资料整理取得大面积丰收之后，才可能产生高质量的创造性的研究成果。鄙薄资料工作，妄图一举写出创造性的著作，那是空想。盼望继《韩愈诗文系年》之后，对一些重要作家，写出大量有分量的著作，为后人提供资粮，铺平道路，我国今后的学术大繁荣就有了指望。

(二)

《中国佛教史》第一卷序

佛教的创始人是悉达多(Siddhārtha)，族姓为乔达摩(Gautama)，中国古译为瞿昙，相传为净饭王太子，生于迦毗罗卫(Kapilavastu)，该地现在尼泊尔王国境内。他一生传教活动在印度北部、中部恒河流域一带。释迦牟尼(Sakyamuni)是佛教徒对他的尊号。关于他的生卒年，根据文献史料的推断，约生于公元前 565 年，死于公元前 490～480 年之间，略早于中国孔子(孔子的生卒年为公元前 551～479 年)①。

佛教在印度开始传播时期，正是印度奴隶社会比较发达的时期。印度封建化的过程历时较长，大约从公元前一世纪到公元后六世纪，印度的封建经济才逐渐巩固下来。进入封建社会后，印度奴隶制残余曾延续了很长时期。早期佛教是为当时的印度奴隶主阶级服务的，后期的佛教大乘则为封建地主阶级服务。

佛教开始传播于尼泊尔、印度、巴基斯坦一带，以后

① 参看汤用彤：《印度哲学史略》，59 页，北京，中华书局，1960。

南到斯里兰卡、印度支那半岛，北到中亚细亚，随着中国与中亚各国经济、文化的交流。佛教于两汉之际传入中国，在中国的社会历史条件下，开始生根、发展，成为中国封建社会上层建筑的组成部分。

佛教在中国的传播和发展，经历了近两千年的漫长的岁月，它在中国封建社会各阶层中曾起过广泛影响。自从它传入中国那一天起，一直是适应当时封建地主阶级的需要来宣传解释其宗教学说的。不少中外学者认为中国的佛教背离了印度佛教原旨，使印度佛教走了样。这种看法不是没有一定的道理，但这种看法是不太妥当的。

思想意识是一定社会的产物，各种社会有它的成长和衰落的过程。印度佛教也有它生长和衰落的过程，总在不停顿地发展、变化着。印度的佛教，不但在一两千年间有很大的变化，即使拿佛陀一生的宗教活动来说，据后人的研究，他早期传教和后期传教，其侧重点也不同。究竟什么是佛教的原样？佛陀死后约百年左右时间，佛教徒中间对教义教规的理解已发生了严重的分歧，形成上座部、大众部两大部派；随后，这两部派又不断发生分化，形成了十八部（或二十部）。接着又出现了佛教大乘教派。大乘教派中先有龙树、提婆倡导的中观学派，后来又有无著、世亲倡导的唯识学派。大乘自称得到佛陀的“了义”，而小乘许多学派并不服输，与大乘并存，各立门户，都继续流传。由此可见，在印度事实上并不存在一个标准的佛教样板。如果要把印度佛教的各种教派分化、兴衰变迁的道理讲清楚，就不能只在佛教内部去寻找佛教变迁的原因，而应当从印度的社会历史中去寻找佛教兴衰变迁的原因。这属于另外的题目，不属于中国佛教史的范围。我们的任务是考察中国佛教的历史，揭示出它的发展变化的规律，从而有助于加深认识东汉以后中国的古代封建文化，更好地认识中国的哲学史、文学史以及整个历史。

社会实践表明，一切事物都在发展变化，古人所信奉的“天不变，道亦不变”的观点只能表达取得政权的地主阶级的主观愿望。哲学和宗教看起来高入云霄，好像不食人间烟火，实际上它们仍然是一定的社会的经济生活和政治生活的反映，只是有时是直接的反映，有时是间接的反映，有时是曲折的反映罢了。社会经济生活和政治生活总在不断地发展变化，从而反映经济生活和政治生活的哲学、宗教也相应地改变。我们应当通过考察佛教在中国这块土地上初传、滋长、兴盛、衰微的全部过程，从中找出规律性的东西。

封建社会与近代社会不同，敬天法古，几乎是一切封建社会的共同信条。哲学有许多学派，宗教有许多教派，往往打出不同标志的旗帜以广招徕。但旗帜并不真正代表它的实质。以人们所熟悉的中国儒家为例。从春秋时期儒家创立，经过汉代的儒，宋明的儒，一直到清末五四以前的“孔家店”，大家习惯于把孔子所创立的儒家看作一个一成不变、影响中国文化历史达两千年之久的学派。其实汉代所信奉的儒学已经不是孔、孟、荀为代表的儒学。汉代的儒把燕、齐方士推演阴阳五行、占星变、言灾异、信禨祥、迎神送鬼、求雨止雨那一套都算作儒家的内容。这是儒、道（道术、道士）合流的儒。宋代程朱理学自命为得到尧舜禹相传的十六字真传①，自称为洙泗正宗。其实宋儒是以孔子为招牌，大量吸收了佛教和道教宗教世界观和宗教修养方法。如提倡涵养静坐。以观喜怒哀乐未发气象，致力于“天理人欲之辨”、要人们“存天理、去人欲”。“存天理、去人欲”不是一个哲学问题，而是一个神学问题，是教人如何消灭罪恶，拯救灵魂，进入天国（理想的精神境界）的问题。近代的康有为也曾抬出孔子的招牌，托古

① “人心惟危，道心惟微，惟精惟一，允执厥中。”（《尚书·大禹谟》）。

改制。中国历代儒家各派都自称自己的教派得到了教主的真传。中国佛教史的发展，也表明各个时代的佛教学派、学说与释迦的关系甚少，而与它所处的社会制度、阶级利益的关系甚深。“我们不把世俗问题化为神学问题，我们要把神学问题化为世俗问题”。[①] 这是我们研究各种宗教史的态度，也是我们研究佛教史的方法。

东汉时中国人知道西方有佛，一般是通过西方僧人的翻译介绍的。隋唐以后，由于译述介绍的佛教经典的增多，逐渐有了中国人自己的著述，其中包括对佛经的注解和阐明佛教的专著。今存的汉译佛教经典，绝大部分是在东汉到唐中期(前后历时约八百年)这一段时期翻译过来的。唐以后，也有些零星译述，约五百卷左右，其内容多为旧译佛经的补充，且多为零星小品，在社会上起的影响也不大。唐以后，还有大量的佛经译为西藏文字被保存下来，这也是我国佛典文献中一大财富。藏文佛经中，大部分是译自梵文，也有一小部分是由汉译转译成藏文的。可见，西藏地区自古与中原地区文化交流频繁。

东汉及三国时期汉译佛经都是由来自天竺、大月氏、安息、康居等地以及我国西部地区的僧人介绍过来的。当时所根据是天竺文字还是西域文字，现在还不甚清楚，其中可能有不少是西域当地的语言。到南北朝时，中国人讲到佛教的翻译时还常说“译胡为秦”(秦指苻秦、姚秦)。现存的《四十二章经》，据说为摄摩腾译，从内容看可能是《阿含经》中的某些章节的节译或编译，但今天已难以确指它是《阿含经》中的哪些章节了。“译所不解，则阙不传，故有脱失，多不出者。”[②] 译者不懂的就不译，其中阙失是不可避免的。何况，在佛教传入初期

① 《马克思恩格斯全集》第1卷，425页，北京，人民出版社，1956。

② 《法句经序》，《出三藏记集》卷七。

为传教需要只选译某佛经的一部分也是十分自然的。事实上，即使译者自以为懂得的，其译文也未必符合佛书的原意，因为当时的佛教信徒，都是用当时当地中国流行的宗教观念和文化思想来认识佛教的。一种新的宗教思想信仰，传到一个陌生的民族中间，并要求取得当地的群众的信任，不是一件容易的事。传教者要善于迎合当地群众的思想和要求，并且采取一些办法以满足他们的要求。理论在一个民族中实现的程度，决定于理论满足于这个民族的需要的程度。

东汉继承了西汉以来的宗教神学目的论的传统，谶纬迷信比西汉更盛行，经王莽、刘秀的利用和提倡，已遍及朝野。东汉社会上流行的宗教迷信有占星、望气、风角、卜筮等。《后汉书·方术列传》序说：

> 自武帝颇好方术，天下怀协道艺之士，莫不负策抵掌，顺风而屈焉。后王莽矫用符命，及光武尤信谶言，士之赴趣时宜者，皆骋驰穿凿，争谈之也。

在两汉当时迷信盛行的风气下，佛教也被中国人看成社会上迷信宗教的一种，这完全是可以理解的。袁宏《后汉纪》说：

> 沙门者，汉言息心，盖息意去欲，而欲归于无为也。

旧译“涅槃”为“无为”，汉人所理解的佛教，是黄老之术的道教。汉代神仙方术，往往通过符咒、治病、占星、禳灾、祈福，预言祸福来吸引信徒群众。汉代佛教徒也往往迎合当时社会上神仙方术之士、道士们的传教手法，也兼用占验、预卜吉凶、看病等方术以接近群众。据佛教史籍记载，东来的有名的高僧，都会一些方术。如安世高，“博学多识，综贯神模，七正[1]盈缩，风气吉凶，山崩地动，针脉诸术，观色知病，鸟兽鸣啼，无音不照”[2]。《高僧传》也说安世高通晓“外国典籍及七曜五行，医方异术”。汉末三国时，康僧会“明解三藏，博览六经，天文图纬，多所综涉”[3]。昙柯迦罗“善学四韦陀，风云星宿，图谶运变，莫不该综”[4]。此外，后来的外国僧人求那跋陀罗，“天文书算，医方咒术，靡不该博”[5]。求那毗地“明阴阳，占时验事，征兆非一”[6]。佛教传入中国所以能被接受，首先不一定是他们那一套“安般守意”的禅法及般若学，看来他们的方术更能吸引一部分群众。

《后汉书·乌桓传》：“……使[犬]护死者神灵归赤山，……如中国死者魂归岱山也。”《水经注·汶水注》引《开山图》曰，“太山在左，亢父在右，亢父主生，梁父主死。”因此，三国时汉译佛经，有把“地狱”译为“太山”的。可见汉代人对佛教的态度，不论在理论方面还是在传教僧人的行动方面，都是以对待中国神仙方术、道教的眼光去迎接这一外来宗教的。神仙方士、道士的迷信宣传，很适合中国封建贵族们希望长生不死，永远过着他们剥削享乐生活的贪愚妄想。佛教的教义本来和这种中国方术道士的一套很不接近，但事实上，中国人当时的确把佛教理解为方术的一种。甚至佛教徒和道教徒名称也很接近。道教徒称为道士，佛教徒称为“道人”，这个称谓直到东晋南北朝

① 七正，即七政，日月五星运行有规律，可用运算推知其变化。

② 《安般守意经序》，《出三藏记集》卷六。

③ 《高僧传》卷一。

④ 同上。

⑤ 《高僧传》卷三。

⑥ 同上。

时还流行。①

佛教传入中国的初期，为了在中国站住脚，先要与中国本土的宗教迷信特别是道教相融合，中国人也用看待道教的眼光来看待佛教，所以当时的人称赞佛教的主张是：

> 浮屠者，佛也，西域天竺有佛道焉。佛者，汉言觉，其数以修慈心为主，不杀生，专务清净。其精者号沙门。沙门者，汉言息心，盖息意去欲，而欲归于无为也。又以人死精神不灭，随复受形，生时所行善恶，皆有报应，所贵行善修道，以炼精神而不已，以至无为而得为佛也。佛身长一丈六尺，黄金色，项中佩日月光，变化无方，无所不入，故能通百物而大济群生。……有经数十万，以虚无为宗，包罗精粗，无所不统，善为宏阔胜大之言，所求在一体之内，而所明在视听之外，世俗之人以为虚诞，然归于玄微深远，难得而测。故王公大人，观死生报应之际，莫不瞿然自失。（袁宏《后汉纪》卷十）

东汉社会上一般人所理解的佛教，有神通，项中佩日月光，变化无方，无所不入，这是中国所熟悉的“神人”、“至人”；“专务清净，息意去欲而欲归于无为”，这是中国的黄老之学和原始道教的口号。

汉末、三国，社会上一般人心目中的佛教，不过如此。虽然佛教的教义在当时已有较系统的介绍，但还不能说在社会上已有广泛的影

① “愍度道人始欲渡江，与一伧道人为侣”（《世说新语·假谲篇》）。当时僧人自称“贫道”。僧人支孝龙多游朱门，时人讥之，支孝龙答曰，“君见其为朱门，贫道如游蓬户”。

响。在中国哲学家及其思想文献中，如当时的嵇康、阮籍、王弼、何晏，以及西晋的其他重要思想家的文字及著作中，都尚未发现有受过佛教明显影响的迹象。相反，倒是从早期佛典译文中可以见到佛教迁就中原道教的迹象。这一时期的佛教虽说佛、道融合，实际上是佛教融于道教，佛教迎合了道教。南朝慧皎在评论三国魏地佛教时认为很不符合佛教的规矩：

魏境虽有佛法，而道风讹替，亦有众僧未禀皈戒，正以剪落殊俗耳。设复斋忏，事法祠祀①。

用后来的僧众的清规戒律来衡量汉的僧人，当然认为不合佛教的标准，所以说“道风讹替”。其实佛教当时的面貌就是那个样子，和道教徒的修行方式相近，不能算“讹替”。当时“设复斋忏，事法祠祀”，倒是完全真实的，因为当时的中国人士理解的佛教确是祠祀的一种，是用来祈福的。

中国佛教史的发展，主要是在中国封建社会的前期汉唐和封建社会的后期宋元明清历史时期进行的。因此，中国佛教历史与中国封建社会的经济发展、政治斗争的关系至为密切。中国封建社会历时甚久，佛教传入的时间，当在西汉末年、东汉初年，当时封建豪强地主当权，以后的察举制度为豪强地主相互援引，相互勾结，形成盘根错节的封建贵族世代拥有特权的权势集团。它是后来魏晋南北朝门阀士族地主阶级的前身，佛教传入时，所依靠的社会力量是汉代的皇室及贵族上层。东汉桓帝延熹九年(公元 166 年)襄楷上书说：

---

① 《昙柯迦罗传》。《高僧传》卷一。

> 又闻宫中立黄老浮屠之祠，此道清虚，贵尚无为，好生恶杀，省欲去奢……

在宫廷帝王及贵族们的特权垄断之下，神仙长生，祠祀求福，也是一种奢侈的精神享受特权，一般老百姓办不到。三国时，佛教传播得更为广泛，一般广大群众只是被作为特权贵族施舍的对象才接触到它。如《三国志》卷四十九《吴志·刘繇传》记载：

> 笮融，丹阳人，……大起浮屠祠，以铜为人，黄金涂身，……下为重楼阁道，可容三千余人，悉课读佛经，令界内及旁郡人有好佛道者听受道，复其他役，以招致之，由此远近前后至者五千余人户。每浴佛，多设酒饭，布席于路，经数十里，民人来观及就食且万人，费以巨亿计。

像笮融这样的贪残的官吏，信佛是为了他个人祈福，下令他管辖下的老百姓，凡信佛诵经的，免其徭役，还多设酒饭，招引来观者及就食者。可见这一带地方已有不少信徒，佛教的影响逐渐扩大。自然也有些群众虽未必真心信佛，只是为了逃避繁重的徭役，才来为他诵经拜佛的。

中国哲学史，以魏晋南北朝作为一个历史断代来划分，因为这一时期的封建社会有它的某些特点，和它以前以后的封建社会都不相同。佛教史接触涉及的问题和中国哲学史有许多共同或相关的地方，因而对佛教史的分期和我们编写的中国哲学史的分期力求一致。哲学史、佛教史所讲的内容分属两个领域，但他们都是从不同的角度反映同一个中国社会。其中也有许多共同相关的问题。我们撰写的佛教史与中国哲学史相互呼应，此略则彼详，此详则彼略，以期相互配合，避免重复。

由于佛教资料丰富，而建国三十年来，还没有一部中国佛教的通史，我们这部佛教史力求取材广泛，叙述详尽。佛教经典有些特殊名词、概念，为一般古籍所罕见，佛经翻译的文体也别具一格，不易为一般读者所理解，我们力求用现代科学的语言，把它的本来的意义介绍给读者，并提出我们自己的看法，给以评论。中国佛教史以东汉到三国为第一卷。晋、南北朝的佛教内容丰富，印度各派佛教已基本介绍到中国来，并在中国已有所滋长发展，拟把这个时期分为上、下两卷。

隋唐时期，是中国封建社会第二次大一统王朝的重建，国力强盛，文化繁荣，在当时对世界文化有过积极贡献。佛教在这样的社会历史条件下，由南北朝时期的滋长发展到盛大。形成了具有国际影响的许多宗派。对这一时期，我们也拟分为上、下两卷来论述。

宋元明清，是中国封建社会的后期，由于社会政治条件的改变，中国的封建主义从思想意识的各方面都在加强，中央集权的统治也更趋强化。经过隋唐时期三教鼎立，走向宋明以后的三教会同，形成了以儒家为中心的儒教。佛、道两教形式上走向衰微，实际上佛、道两教的宗教精神已渗透到儒教内部。儒教之成为宗教，多得力于佛、道两教为其支柱，而在两教中，佛教则起着主要的作用。从唐中期历宋元明清，我们还要论述西藏佛教，因为它也是中国佛教史的一部分，而且有它的特色和意义。宋元明清这一时期，也拟分上、下两卷来论述。

清末民初，中国封建社会解体，中国沦为半殖民地半封建的社会。反映中国封建社会的意识形态也起了相应的变化。这一时期的佛教在社会上仍有相当影响，某些佛教宗派又有所抬头，但这时西方现代思潮涌进中国，佛教所服务的对象及其社会作用也与古代佛教有所不同，它是欧亚现代思潮汇合时期的佛教。我们拟把这个时期单独作为一卷，其时间断限于中华人民共和国成立以前。

佛教全书总称三藏。三藏浩如烟海，按内容来说，大致可分为四类：

第一类，关于佛教基本知识入门的书，如名词概念的解释，不论大乘小乘，只要是佛教徒都要具备的佛教常识，即古人所说的事数，如“五蕴”、“四谛”、“十二缘生”等。属于“佛教手册”之类的。

第二类，关于佛教戒律，这是用来维持僧众集体生活规范的。

第三类，关于佛的传记、故事的宣传，对佛教信徒来说，是用来坚定佛教徒的信念，树立榜样以资遵循，也是为了普及的。

第四类，关于佛教宗教理论方面的，其中包括宗教修养方法。

前两类多属于佛教徒内部学习的经典，对社会影响不很大。第三类，既是对佛教徒内部的宣传材料，也是面向社会的。第四类影响所及，不限于佛教徒内部，它与当时的主要社会思潮相激荡、交融，息息相关，思想、文学、艺术、哲学，往往与佛经中的这一类著作发生多种联系。因此，本书的重点放在佛教的哲学思想的介绍与批判方面。佛教为了达到宗教宣传的目的，曾充分利用文学、艺术、音乐、壁画与雕塑等各种形式，对中国文化艺术产生过巨大影响。这方面论述也是本书南北朝、隋唐各卷的一个重点。随着佛教在中国的传播，因明学也曾为中国学者所关注，特别在西藏地区有所发展，由于长期缺乏整理，这一部分学问行将湮没，本书在隋唐部分也将给以介绍和评论。既然是中国佛教史，我们还要结合中国社会的特点。对寺院经济的形成及其作用，对佛教寺院组织，也给以适当的论述。

佛经翻译先后历千年之久，由分散到有组织有计划，其分工合作的制度并取得有成效的经验，今天仍有参考价值，本书也将在隋唐时期列为专章，给以介绍。

佛教在中国的传播和发展，与中国的社会经济、政治情况是不可分的；同时也应看到，中国封建社会经济结构和政治结构有它的特殊性，以封建宗法制度为核心，宣扬三纲五常的封建专制主义统治了中国两千多年，而支持这一社会制度的主要思想支柱，是儒家和后来转化成的儒教。佛教对中国的纲常名教起着夹辅作用，在思想方面它是为封建统治者征服人心的一个方面军，但不是主力军。只有在局部地区，如解放前的西藏，它取得过政教合一的绝对统治地位。在广大汉族地区，它和统治者配合得很好，虽也有时遭到过打击，随即又受到重视。中国佛教的命运与中国封建地主阶级的命运共休戚，相终始。如果只看到佛教的活动，而没看到佛教是在一种什么样的更大范围的社会历史背景之下所起的作用，那就会对中国佛教的历史地位和影响难以做出适当的评价。

我们这本书，从佛教开始传入，就把它放在中国本土传统文化的附属地位。东汉三国时期的佛教，属于佛、道融合时期，它依附于方术、道士；晋、南北朝时期的佛教，属于佛玄融合时期，它依附于玄学，并在依附的情形下逐渐得到滋长。隋唐时期佛教势力比过去有了更大的增长，寺院经济力量也逐渐雄厚，建立宗派，完成体系，并向国际化方向发展，属于三教鼎立时期，它虽然势力比过去盛大，也只是三教(儒释道)中之一支，并未能凌驾于儒教之上。进入封建社会后期的宋元明清时代，随着封建社会的停滞和衰退，佛教势力已趋于衰微。此时儒教已形成，并包容了佛教中对当时封建地主阶级有用的东西。佛教是依靠中国封建地主阶级的成长而起家的，也随着封建地主的没落而没落。对佛教有所偏爱的人们，虽惋惜它的衰败，却不能挽救它的衰颓。一种社会有兴衰，伴随着某种社会的一些宗教也有兴衰，我们不信佛教经典中所说的有什么“末法时期”，我们只相信社会历史发展规律；这个规律对任何伟大人物、伟大历史事件都是无情的，它是不可改变的。

宗教的存在除了思想认识的原因外，还有它的阶级土壤和社会土壤。只要有阶级、有贫富、有压迫，人们不能自己掌握自己命运，就为宗教提供了存在的条件。即使社会制度改变了，旧社会遗留下来的旧思想作为一种社会现象，它不会很快在生活中消逝，看不到它存在的顽固性和相当大的社会影响，也是不对的。

从事中国佛教史的研究工作，前辈学者作过不少努力，也有很大的贡献，如杨仁山、蒋维乔、黄忏华、欧阳竟无、梁启超诸人都有过开创的功劳。稍后，如吕澂、熊十力、汤用彤、陈寅恪、陈垣诸先生的著作，对研究佛教史及佛教思想提供了极为重要的思想资料和发展线索，特别是汤用彤、陈寅恪先生对佛教史研究的贡献，至今仍为国内外学者所称道和尊重。

事物是发展的，社会在前进，人类的智慧也随着社会历史的前进而前进。1949 年全国解放后，中华书局要重印汤用彤先生的《两汉魏晋南北朝佛教史》，汤先生很不满意他的旧作，多次和我谈起，要我协助他重新写一部中国佛教史。只是多年来，政治运动接连不断，广大知识分子，不遑宁处，这个愿望竟未能实现。这十几年我国已有一些断代史的研究和作为文化史的部分的较详尽的关于佛教史的论著，这是可喜的现象。但这些著作毕竟不能代替中国佛教通史。值得庆幸的是我国经过浩劫，终于走上了光明大道，中国佛教史的研究也获得新的生机。我们自知才力和学识有限，要写出有高度科学水平的中国佛教史还有不少困难有待于克服，但是我们有机会见到前人所没有见过的材料；我们有可能吸收近年国际学者研究的新成果；我们比前人更幸运，因为我们开始运用历史唯物主义这个最新最犀利的工具来解剖佛教史，有了这个工具，就可以透过历史的迷雾，比前人看到更多的历史真相。历史发展总有它的前因后果，但因果之间的联系，有时是内在的必然的，有时是表面的偶然的，各种社会现象纷繁复杂，弄不好很容易使人上当受骗。历史上重要的人物对历史的发展往往起着关键性的作用，这是古今历史学家都注意到的。但个人与社会的关系，个人在社会中的地位，以及个人最终被时代和阶级关系所制约，这样一条真理，只有马克思主义才能给人以正确的答案，而这一条也正是我们的前辈学者所不能认识的。

今人叙述古人，往往有两种毛病，一是站在古人的立场来重述古人的话头，所谓以经解经。这种转手贩运的办法，看起来没有走样，却并不能真正把古人的精神表达出来，使今人看不懂。一是任意发挥，或者把古人所没有的思想说成古已有之，也有人用现代西洋哲学某一学派来比附。这样做，看起来条理清晰，可是由于发挥过多，把不属于古人的思想说成古人的思想，缺少科学性。用这两种办法研究历史都是有害的。如何用科学的语言。把佛教思想中不科学的、但又结构严密的宗教哲学体系讲清楚，这是一个很艰巨的任务，我们力图使我们所介绍的佛教思想尽可能准确、可信，符合历史实际。

我们不信仰佛教，也不认为佛教所宣传的是真理。但是我们认为佛教的产生和发展，有它的社会根源和思想根源。它的产生和发展不是偶然的，而是必然的。它所指出的解脱道路是假的，它所反映的当时的社会苦难却是真的。这就要求我们对它认真对待，不能掉以轻心。几千年来的广大佛教信奉者是受害者。他们信仰虔诚，态度严肃、真心相信佛教可以帮助摆脱现实苦难。他们的行为虽不足效法，但他们成为宗教的俘虏是值得同情的，放在一定的社会历史条件来看待这一现象，是完全可以理解的。我们也还要指出宣传佛教的人们中间确有一些利用佛教作为工具谋取私利的，历代封建统治者确曾利用佛教麻痹人民的反抗意志。看不到这一点，也是不对的。因此，我们只讲清楚道理，对佛教作为宗教，我们批判的锋芒所向是佛教的宗教世界观；而不是当前信奉佛教的群众；揭露的是佛教麻痹人民的宗教本质，而不是针对虔诚的善男信女。这样既尊重曾经存在的历史事实，也尊重千百万宗教信徒的宗教感情。不必讳言，马克思主义的世界观与宗教的世界观是根本对立的，但宗教信仰是个人的自由，我们反对任何人把自己的观点强加于人。信宗教有自由，不信宗教也有自由。宗教问题是可以讨论的，而且也应该讨论的。我们对佛教史上的许多理论问题，采取说理的态度，以理服人。

佛教属于唯心主义宗教体系，它通过唯心主义的理论的论证，把人们引进信仰主义的大门。它的逻辑分析、心理分析相当细致，辩证法思想也相当丰富。佛教哲学比起欧洲中世纪的神学和中国的封建主义哲学都更精密。正是由于佛教的输入，才使得中国的宋明理学改变了它的面貌，完整地构造了儒教的思想体系。也正是由于佛教的传播，才使得中国的道教在某些方面吸收了佛教的内容，形成了佛教道教交互影响的局面。中国佛教是在中国发展成长的，它已成为中国的传统思想的组成部分。它的哲学的解答虽然是错误的，但是它提出了问题，迫使人们进一步寻求正确的答案，它对我国文化有过积极作用。

伴随着佛教的宗教活动，同时丰富了我国的音乐、舞蹈、绘画、建筑、文学等各个领域。伴随着佛教的传播，推进了我国与邻国的文化交流，加深了邻国友谊与了解。如果我们善于总结历史经验，不仅对古代历史研究有意义，对今后的国际文化发展也有积极意义。

最后应当说明，马克思主义的历史唯物主义的原理虽只有简单的几条，但如何正确运用于研究中国佛教史，却是一个艰难的有待于通过科研实践不断解决的问题。就我们来说还是刚刚开始摸索经验，理论水平确实不高，缺点错误一定不少，深望读者指正，以便今后改进。

本书第一卷的执笔者(按姓氏笔画为序)有任继愈、杜继文、杨曾文同志。刘苏同志担任抄写及校对工作。为了便于读者了解印度佛教的基本情况，特将黄心川同志的《印度佛教哲学》附录于后。

中国佛教的特点*

佛教起源于古天竺。但佛教传入中国以后，即成为中国传统文化的一部分，成为中华民族文化支柱之一。现在分四部分来阐明中国佛教①的特点。

一、中国佛教随着历史前进而前进

佛教传入中国后，与汉代神仙方术相结合，成为汉代道术的一种。桓帝在宫中“立黄老浮屠之祠”，与当时流行的祠祀同样看待。到了魏晋南北朝时期，佛教与玄学配合，使当时士大夫为之倾倒。以后，随着中国社会历史的不断前进，佛教也密切配合不同社会时代的需要，不断充实，改变着它的形式和内容，发展了自己，充实了中国文化、哲学的内容。如果说，中国佛教的特点是什么，它第一个

---

* 原载《历史论丛》山东人民出版社，1980年8月第一辑。

① 过去讲中国佛教只限于汉地佛教，我们所指的“中国佛教”，包括中原地区汉地佛教以及藏传佛教和云南地区的傣族小乘佛教。

特点是不停顿。①

二、中国佛教的协调性

中华民族是在秦汉开始即形成了多民族的封建专制的大一统的国家。几千年来，中国人认为大一统的形势是正常的，分裂割据是不正常的，形成了中华民族的共同心理。各民族之间长期合作，频繁交往，给民族文化的融合创造了条件。秦汉以前，且不说，秦汉以后，中华民族的大融合，约有四次②，这四次民族大融合的意义不限于血统上，主要是在文化上。多次融合，形成了中华民族的共同意识——文化共同体。汉族及其他少数民族，都以儒家三纲五常为治国治家的唯一合法思想，纲常名教已被各族所接受。

除了多民族的文化融合以外，还有广大地区性的文化融合。中国地域辽阔，长江流域与黄河流域是中国文化的摇篮，这两大地区的文化都有自己的传统，长期形成各自的特色。在统一的中央政权领导下，南北各地有了经济的、文化的、人才的交流，互相吸收，互相影响。不断地促进着中华民族文化的发展。在总的趋势下，佛教文化、佛教思想也受到这种协调发展的影响，并有所反映。

印度佛教的大小乘，不同的学派，都先后传入后。出现内部矛盾。译者的偏好不同，教派的宗旨各异，中国佛教则以判教的方法去调和佛教内部教义的分歧，认为各种经典都是佛说，只是由于时间、

---

① 这一点，在我们的《中国佛教史》第一、第二卷中已有比较详细的论述，这里不再重复。

② 第一次是晋五胡十六国到南北朝，南北方各民族的大融合；第二次是唐末五代，北方各民族的融合；第三次是宋、西夏、辽、金、元的大融合；第四次是清朝的民族融合。

地点、听众理解水平不齐，才针对性地宣讲不同的道理。佛教宗派本来门户之见很深，古代印度教派的争论有时以生命为注(失败者，斩首相谢)，中国的佛教派别间有争辩。但不像印度那样激烈，有时一个人同时信奉两个宗派。①

中国佛教与它同时并存的教化思想流派及不同宗教信仰。也随时采取容纳、吸收、协调的态度。这种协调不是表面上的敷衍，而是认真地吸收。比如汉地佛教对社会上影响最大的儒家和道教，有争辩，但更多的情况下，采取吸收的手段。儒家的纲常名教是儒家的核心思想，敬君主、敬祖先是儒家悠久传统，佛教对此予以合理的吸收。从牟子《理惑论》开始，千余年来，不断有攻击佛教不忠不孝的说法，中国佛教徒的辩论中总是一再强调，儒以治身，佛以治心，或者说佛与周(公)孔(子)之道殊途同归。《中庸》“万物并育而不相害，道并行而不相悖，小德川流，大德敦化，此天地之所以为大也。”

藏传佛教也是尽量与西藏当地宗教取得协调，吸收了西藏地区的民族宗教(苯教)，形成了独特形式的藏传佛教体系，它既不同于印度佛教，也不同于西藏当地的原始宗教，建成了俗称“喇嘛教”的藏传佛教。它流行的地区已不限于西藏一域②。

三、中国佛教的创造性

佛教传入中国两千年间，大致可分为三个阶段，第一阶段为译述介绍阶段，这是从汉代到南北朝，历时约五百年。这一时期佛教的主要代

① 宗密信华严，同时又是禅宗的大师，此例不鲜。社会上甚至佛教、道教之间的界限不分明。

② 它还传播到甘肃、青海、云南、内蒙古，以及尼泊尔、锡金、不丹，苏联远东一带地区，近二十年来，还传播到欧、美、日本各国。

表人物是外国译经僧人，他们是主译者，也是所译经典教派的宣传者。

中华民族有优良文化传统，深厚文化素养，对外来文化经过消化、吸收，继而创造，即是在介绍阶段也有创造。佛教般若学在西晋时期广泛流行，“六家七宗”应时而起。这些流派都是对般若“空”义提出的不同的理解和阐释。僧肇曾指出这些流派对般若性空义的理解都有片面性，这种指摘是有根据的。但是，我们结合当时流行的社会思潮来考查“六家七宗”的出现，是中国佛教学者企图摆脱依傍，提出自己见解的首次尝试。

隋唐时期，中国佛教进入第二阶段，我们称为创造发展阶段，历时约三百年。第一阶段的佛教代表人物几乎都是外国僧人。第二阶段的代表人物几乎都是中国僧人。如果说隋唐以前介绍佛典原著要借重外国僧人。隋唐以后，介绍翻译工作，中国僧人也占了很重要的地位。这一阶段翻译外国典籍的比重减少，中国人自己著作的比重增加。这一时期佛教传播的重心已转移到中国，印度大小乘各流派在中国均有传承，但中国佛教更着重离开佛教词句发挥佛教的微言大义。有些发挥，可以在印度佛教某一流派的著作中找到依据，赋予新义；也有的完全阐发自己的体系。隋唐以后的几个大的佛教宗派，都在印度寻找自己的开山远祖，有的自称远绍龙树，有的自称秉承迦叶，有的宗派撰出历历可数的谱系，其实都没有根据。南北朝中期以后，到隋唐，不断出现所谓“伪经”。这些“伪经”反映了当时的时代思潮，有很重要的思想史料价值。

最能代表中国佛教的创造性的，是中国佛教中许多宗派开创人的著作。如智顗、慧能、法藏、澄观，以及后来各派涌现的中兴祖师，如宗密、湛然、知礼等人的著作，都以注释或讲解佛典的方式①建立各自的佛教理论体系。这些著述都以述为作，直抒胸臆。这些著作(经、论、疏、抄)少的几卷，多的几十卷、几百卷，它丰富了中国佛教内容，开创了佛教理论研究的新局面。这些佛教论著，从出世的立场反映了当时人们的认识水平，也反映了时代思潮的一个侧面。从世俗立场，从人类认识史、文化史的角度来看，中国佛教史等于中国文化史、中国思想史。

四、中国佛教的“三教合一”

中国佛教史发展的第三阶段是儒、释、道三教合一阶段。从北宋到鸦片战争，持续时间近一千年。这一阶段的佛教，表面上似不及隋唐佛教的声势煊赫，但佛教的宗教精神与儒教传统文化得到进一步糅合，潜移默化，深入到中国文化的中枢部分，以至改造了儒家世界观，把佛教长期酝酿、发展成熟的心性之学渗透到理学内部，在佛教心性之学的参与下，逐渐形成了中国的儒教。从此，佛教与儒教同命运、共兴衰，佛教得儒教而广，儒教得佛教而深。

隋唐以前，三教鼎立，各以教派正宗相标榜。教派之间势力互有消长，但总的趋势是协调前进。三教中，儒家为主流，释、道两家为辅佐。

在隋唐中期以前，三教朝廷召集的讲论会上不免互相攻击；唐朝后期，三教中有识之士认为理论上应互相包容。北宋以后，历元、明、清各朝，直到鸦片战争(1840年)，儒、释、道三教融合的格局

① 对佛经阐释的，如《华严经》、《法华经》、《涅槃经》、《维摩经》等经，《大智度》、《摄大乘》、《起信》、《唯识》等论。

构成了近千年来中国宗教史、中国思想史的总画面。

隋朝李士谦论三教，说“佛日也，道月也，儒五星也”(《佛祖历代通载》卷中)。隋唐以后，中国的“伪经”都强调中国封建伦理，忠君、孝父母等儒教思想。唐代宗密《原人论》中说：“孔、老、释迦皆是至圣，随时应物，设教殊途。内外相资，共利群庶。”五代时僧延寿认为“儒道仙家皆是菩萨，示助扬化，同赞佛乘”(《万善同归集》卷六)。北宋元祐年间四川大足县石篆山石窟造像，将儒、佛、道镌刻于一处。宋僧孤山智圆自称“宗儒述孟轲，好道注《阴符》，虚堂踞高台，往往谈浮屠”(《闲居编》卷四十八《潜夫咏》)，主张“修身以儒，治心以释”(《中庸子传》上)。

僧人契嵩著《辅教篇》，有《孝论》凡十二章，“拟儒《孝经》发明佛意”，还说“夫孝，诸教皆尊之，而佛教殊尊也”(《孝论·叙》见《镡津文集》卷六)。

明僧人袾宏、僧真可、僧德清、智旭，这些著名佛教学者，都主张三教合一。智旭说“儒以孝为百行之本，佛以孝为至道之宗”(《题主孝春传》)，“以真释心行，作真儒事业”(《广孝序》)。

宋明理学家没有不“出入于佛老”的。学术界从师承、渊源指出，宋儒周敦颐的《太极图》来自道士的“先天图”。张载、二程、南宋朱、陆都深受佛道二教影响，不少学人指出理学家的范畴、概念、讲述方式，如“理一分殊”、“月印万川”多袭自佛教，从形迹来看，班班可考。若从思想发展实质来考察，可以说佛儒交融①乃是中国思想史发展的必然归宿，设想它们不交融、不合一，反倒是不符合历史发展的逻辑。

① 道教也有与佛教类似的情况，因为与本题没有直接关系，这里不讲。

中国佛教史在南北朝时期，先后提出了两个重要问题，引起了全社会的普遍重视。一个是般若性空问题，后来发展为南北朝的“般若学”。另一个是涅槃佛性问题，发展为南北朝的“涅槃学”。前者着重探讨关于本体方面的根本问题，后者着重探讨于心性论方面的根本问题。①

由《涅槃经》引发出佛性问题，受到当时朝野的重视，是与南北朝时期的中国社会有关。② 此后《十地经论》、《摄大乘论》、《大乘起信论》与《涅槃经》、《维摩经》相表里，掀起了讨论佛性论的热潮，发生了成佛与作圣如何可能？因此才又引发出人性污染而佛性清净，二者将如何发生关系。污染之性能否构成成佛的障碍？如有障碍，能否排除？如何排除？这些问题直接表现为宗教实践问题，间接反映了当时人们处在中国社会的现实苦难及其企图摆脱的愿望。中国佛教不触及社会改造而强化宗教内心修养，即后来宋儒所致力的“身心性命”之学。宇宙生成说秦汉已初具规模，本体论完成于魏晋玄学。唯有成圣，作佛的心理修养，理与心的关系，儒家现成的思想资料不多。《大学》、《中庸》略涉及这方面的问题，尚缺乏细致的论证。佛教经历了隋唐的创造阶段，特别在心性之学有不少独到的见解。这些见解恰恰是儒教需要引进的。比如宋儒讲人性论，提出了“义理之性”与“气质之性”这两个重要范畴。此后的儒教继承者对此给予高度的赞扬，认为“有功于圣门，有补于后学”用义理之性与气质之性以解释恶的起源，及教人弃恶从善的方式，都是从佛教中搬运过来的。可以说，没

① 应当看到，般若学并不是不关心、不涉及心性论，涅槃学也不是不涉及本体论，只是双方各有所侧重。

② 参见《汉唐佛教思想论集》第 22 页。

有中国的教，就没有宋、元、明、清的儒教。义理之性与气质之性的划分，由释门正统传入儒门正统，看来没有受到什么阻力，授予者(佛教一方)与接受者(儒教一方)都认为理所当然，① 水到渠成。

自从佛教融入儒教，儒佛已建立通家之好。学术界一般认为朱子近道，陆子近禅，王阳明近狂禅，这都是从迹上看。事实上离了佛教，就没有儒教。以反佛自命的张载、二程，都是佛教衣钵的传人，其余理学家更不在话下。

从以上这四个方面可以看出，中国的佛教确实有它的特点。这些特点都与中国传统儒家纲常名教的封建宗法思想有关，也与中国多民族长期大一统的局势有关。与中华民族善于吸收融合不同类型的外来文化的传统有关。

儒教得到佛教帮助，在世界观方面增加了它的深刻性，从而稳定了自己，也稳定了中国后期封建社会的统治秩序。十六世纪，世界已起了变化，欧洲中世纪的堡垒已出现裂痕，自然科学也获得从来未有的生机。唯有中国这个坚固堡垒，大门关得更严了。儒教只重心性修养，而不重视物理的探讨。中国在世界上的地位开始落后，但佛教没有直接责任。这属于另外的范畴，这里不谈。

① 以上只是作为一个例子来讲明儒、佛两教已融为一体，不分彼此。

南北朝佛教经学的中心议题

——心性论

魏晋南北朝的佛教经学有不少派别，我们只选取当时有影响有代表性的主要经、论进行评述。佛经中，择要剖析了《维摩经》、《涅槃经》、《法华经》、《华严经》等四种。当时流行的佛经不止这些，就思想界发生的影响深远来说，其余诸经都不及这四种①。“经”一般说以佛说名义，进行正面说教，“经论”有辩论论文性质，有立、有破，思辨性更强一些。南北朝流行的“论”也不止《十地经论》、《摄大乘论》、《大乘起信论》这三种，如《中论》经过鸠摩罗什的提倡，也盛行了一阵子。② 不久即归消沉。当时还有北方禅

① 净土宗的经典，社会影响也很广泛，但理论影响不及上述诸经。

② 因为中观学派的观点，与中国传统文化观、封建宗法观念，有神论思想，格格不入，鸠摩罗什在世时，他已有“折翮”之叹。鸠摩罗什的得力弟子僧肇的《不真空论》，并未遵守鸠摩罗什的教义，并未谨慎地保护着真如的实体。他的另一个弟子道生，盛宏涅槃学，也不尽合《中观》宗旨。

法也有相当势力，还出现过“楞伽学派①”，由于他们的中心议题也与上述各派接近，为了避免重复，本书从略。

综观上述这一时期流行的佛教经论，不难发现它的时代和阶级的烙印。佛教大乘分有空两大流派。空宗流派为般若学，以各种传承的《般若经》为代表。当时中国僧人对般若“空义”的理解很不相同，以致出现了互相对立的许多学派。这些学派在印度找不到根据，在中国基本上可以找到和他们相当的玄学的影子。随着晋南北朝政治形势的推移，玄学的影响逐渐缩小。南北朝时期阶级关系基本稳定，政权的转移不影响门阀士族的社会地位和经济地位。也就是说，朝廷上的改朝换代没有引起社会危机，社会的结构相当稳定，这与魏晋之际尖锐的政治斗争带来的危机，民不聊生、知识分子朝不保夕的遭遇大不相同。名教与自然之间，不再使人感到“不相容”、难以协调，相反，南北朝时期，从上到下，倒是需要一种稳定的统治秩序，加强封建宗法制度，保护文化人，发展生产力。这一趋势在北方表现得尤为明显。这种向上的趋势，标志着大乱之后，人心求治的要求，也是中国历史上经历了民族的、文化的、思想的融合、交流之后，出现的新形势。政治、军事、经济、生产发展各方面，北方居优势。北方统一南方不是隋朝一时侥幸，而是北朝长期积蓄力量的结果。

政治、经济方面的实力，也必然反映到学术上。佛教经学与儒家经学②都有所反映。但就其理论的深刻程度看，佛教经学的抽象思辨水平远在儒教经学之上，它直接承继魏晋玄学，发展为新的哲学体

---

① 参见任继愈主编《中国佛教史》第3卷，中国社会科学出版社1987年版，有专文论楞伽学派。

② 儒家经学，可参看任继愈主编《中国哲学发展史》(魏晋南北朝卷)619～652页。

系——心性论。

心性论，是中国哲学本体论逻辑地发展的必然归趣。本体论所涉及的本末、有无、体用关系，基本上从宏观着眼。它超越汉代的宇宙论而探究天地万物之“所以然”，“心性论”，则从天人关系中，透过人的心理、生理现象，进而探究人性本质的“所以然”。佛教经学以佛教的语言“佛性”来说明这一现实现象。“佛性”，说到底，还是“人性”的折光反射。我们不是用神学说明社会历史，而是用社会历史说明神学。因此，佛性问题无处不反映着南北朝社会问题、政治问题。

仅从南北朝流行的四部经、三部论①可以看出他们主要议题为佛性问题。成佛为未来还是在现世，如果有“佛性”，“佛性”是本有还是始有，成佛要靠外力援引，还是靠自己的觉悟和努力。从上列的经论中还可以看出中国当时大小二乘，空有二宗都有译著流传，都有著名学者为之宣扬、鼓吹，有的还得到国王的推动(如鸠摩罗什宣传的中观学派)，但社会历史有它的选择标准②。这几个重要的流派中，社会上流行的，受朝野上下欢迎的不是大乘空宗，而是大乘有宗。这些佛教流派基本倾向于成佛可能，那些主张不可能的、主张本性为有漏的观点不占优势。这种倾向(或称为趋势)，《涅槃经》、《法华经》、《华严经》诸经都有启示性的教义，为后来隋唐时期出现的天台宗、华严宗准备了思想理论基础。《地论》、《摄论》都对阿赖耶识有所论述，他们要从心性论以探究物质世界的起源。心性论管辖的范围不限于个人的精神修养、宗教实践，还要通过心性论去说明宇宙万物的起因。从认识过程说，它

① 四部经即《维摩诘经》、《涅槃经》、《法华经》、《华严经》；三部论即《摄大乘论》、《十地经论》、《大乘起信论》。

② 历史唯物主义者认为一种学说在一个民族流行的程度，决定于这个民族对于这种学说需要的程度。

从本体论到心性论，是一个认识的飞跃，它们又从心性论反观宇宙本体。从而以心体为本体（如《法华经》）或以性体为本体（如《华严经》）。

佛教经学还反复论证了人类认识的极限，人类对现实世界认识是否可能。他们的结论并不正确，但他们对人类正常的认识提出怀疑，并指出要注意那些干扰正常认识的生理因素、心理因素、社会因素等。这许多方面，恰恰是中国哲学史认识论没有接触或被忽略，但又不应忽略的方面。佛教经学加强了中国哲学史上一向比较薄弱的认识论环节。无论从正面或反面，都提供了有益的借鉴。

人人有佛性，人人可能成佛的问题，在南北朝时期成了许多宗教流派共同关心的大问题，因而唯识学提到的阿黎耶识这一新范畴，受到普遍的重视。只有建业一个地区受般若空宗影响较大，也可说玄学影响较大，摄论学派受到排斥，其余广大地区，南到广州，北到中原地区，都是唯识学派的势力范围，其势力中心在北朝政权范围之内。这种状况一直持续到隋唐初期。成了中国佛教理论的中心议题，甚至成为驱使玄奘西行求法的动力。大乘有宗、唯识学派，肯定有一个圆满无亏欠的真如世界，肯定通过某种努力修持，可以达到。这种积极追求真理的人生态度，是当时北朝政权处在向上发展阶段、社会思潮在宗教理论方面的反映。佛教经学从宗教理论上表现以北方为基础统一全中国的总形势。

南北朝佛教经学把哲学问题引向深入，从本体论走向心性论，是前进。但前进中遇到新问题，使他们无法解决。因为南北朝时期佛教提出的心性问题，主要借助于外来的唯识学说，它与中国传统文化、传统意识还未融合在一处。如何使心性问题中国化、民族化，为更广大的群众所接受，用佛教的心性论俘虏更多的善男信女，这一南北朝时期的佛教经学的任务，要待隋唐佛教经学继续完成。

佛教与儒教*

研读中国哲学史的人，都会发现宋、元、明理学家们，如周、程、张、朱、陆、王诸大家，在青少年时期都有“出入于佛老”的治学经历。已出版的中国哲学史中，不少的书也曾提到过，如朱熹的“理一分殊”的概念，“月印万川”的比喻，来自佛教，有的指出来自佛教的华严宗。陆象山指斥朱学近“道”(道教)，朱指斥陆学近禅(佛教)。王夫之也指出朱熹的学术来自佛教。王夫之自己以儒学正宗自居。王守仁也自称得自孔孟真传。这些相互攻击和自我标榜，都表明理学家们对于佛教、道教持反对立场。

如果仔细考察，会发现宋、明诸儒并没有真正反对佛教，倒是可以认为他们是佛教的直接继承人。也可以说，他们是接着佛教的一些中心问题，沿着他们的路线继续前进的。

中国哲学史是中华民族的认识史。中华民族在认识世界的道路上不断把哲学发展推向前进。试作粗线条的回顾，

* 原载《文史知识》1986年10期。

我们可以说，先秦哲学的世界观偏重在宇宙的构成论。好比人类幼年时期，对一件事物不了解，出于好奇，总要问一个是什么做的？有的哲学家回答是水，是火，是地、水、火、风，精气，元气。古希腊的哲学是这样，中国哲学史也差不多是这样走过来的。秦汉时期，中华民族对世界的视野又有所扩大。秦汉哲学构筑了宇宙构成的总模式。以阴阳五行说填充了人类世界，把天地构成、人物化生、社会结构、政治治乱、人性善恶，都力图纳入一个总模式中，用五行模式统摄世界，五方、五行、五味、五德、五色、五情、五声，都给安排在一定的地位。中国哲学史进入了完整的宇宙论阶段。

人类认识不能停留在宇宙论的阶段，于是进而发展为“本体论”的阶段。魏晋之际，产生了玄学。玄学的中心议题是探讨现象与本质的关系，提出了本末、有无等重要范畴。玄学的出现，标志着人们的认识又向前发展了。不但要求认识事物大、小、方、圆，而且要求追问大、小、方、圆之“所以然”。这个“所以然”的提出，比秦汉时期的宇宙论阶段。显然又深入了一层。

认识的过程，总是从外到内，从物到己。先认识世界外部，然后反观自己。中国哲学史的发展，也恰好证明了这个道理。由考察宇宙万物的本体，进而探索人类自身的“本性”(人的本体)。

这也是从认识自然，进而认识社会、认识历史、认识人性的必然过程。关于人性善恶的探讨，先秦、秦汉都有不少流派谈到了。但他们停留在表面观察、简单地分类(如人性是善、是恶、是有善有不善、无所谓善不善，后来又有“善恶混”、“性有三品”等)，还没有进一步探究，善、恶有没有起源，善、恶之间能否转化，如果能转化，是靠外因还是内因？善恶有没有生理的基础和心理基础？这些问题，在中国哲学史上有过相当充分的讨论，并且成了南北朝时期的“佛性论”的中心议题。当时关于成佛问题，实质上是为善、去恶，成圣、成佛对每一个人是否有同等的资格，有同等的机会？南北朝时期的“佛性论”，就是“人性论”、“心性论”。

由南北朝到隋唐，佛教创立了许多宗派。影响较大的有天台宗、华严宗、禅宗、净土宗，等等。三论宗、唯识宗为时甚暂，影响不远。这些宗派共同感兴趣的问题，也是引起社会上重视的问题，是佛性问题，即心性论。

隋唐佛教讨论的心性问题，涉及的范围既深且广，它涉及人类心理活动、感觉经验、道德观、认识论、社会观、本体论的综合心理训练，宗教实践(修养方法)。所谓“明心见性”、“即心即佛”、“性体圆融”、“无情有性”，都是从不同的角度建立的各宗的心性论，并在各自建立的心性论的基础上构造各自的神学体系。这是各宗各派的学说共同的思潮和趋势。各个宗派之间有很大的分歧，有的接近中国传统的性善说，有的接近于性恶说，也有游移于两者之间的。心性论曾把最大的注意力放在“恶”的来源的解释上。止恶，向善，遏制欲望，发明本心，也是众多佛教宗派共同探讨的热门问题。

抓住了这个大的潮流和总的趋势，我们再看宋明理学所关心的许多问题，以至他们所提出的重要范畴，就不难发现他们接过佛教在隋唐三百年来反复讨论的心性论，与儒家的纲常名教相结合，从而形成了一种新的宗教哲学。社会上叫做理学，元朝人称为道学，西方学术界称为新儒学，以区别于孔孟的儒学，我称它为儒教，讲的都是一回事。“存天理，去人欲”，朱熹说“人之有生，性与气合而已。即其已合而析言之，则性主于理而无形，气主于形而有质”。宋儒区别“人心”与“道心”并建立了“天命之性与气质之性”的学说。宋儒自认为“有补于后学，有功于圣门”。如果查一查隋唐诸宗派的心性论，这些议论似曾相识，并不生疏，俯拾即是。至于“人人有一太极，物物有一太极”、“理一分殊”的说法，那是明显的来自佛教，证据确凿，就不必多说了。

佛教与儒教有着直接继承的关系，特别在心性论这个问题上，儒教是接着佛教讲的。正因为佛教、儒教有这种内在的继承关系，所以佛教经过儒教加工改造后，好像被打败了，衰落了。实际上，佛教的宗教修养方法，特别是心性之学的修养方法在儒教中合法化，成了主静、主敬，禅定成了静坐，“克己复礼”成了“存天理、灭人欲”。《尚书·大禹谟》的十六字真言，“人心惟危，道心惟微。惟精惟一，允执厥中”，宋儒按照佛教的宗教修养的标准，进行注解，完全变成了儒教修身养性的咒语。

不应停留在字句上找儒与佛的异同，要从他们共同关心的思想方法、修养目的、修养方式，以及他们研究的问题上着眼，更容易看到宋以后，三教合一的思潮已深入学术界的各个领域。三教之间互相影响、互相渗透，最后成为一个三教合一的整体。儒教以自己为主，吸收了佛教及道教。佛教、道教也走上三教合一的道路，向儒教的纲常名教靠拢，共同为封建宗法制度服务。

唐宋以后的哲学家中，不但唯心主义者继承了佛教，唯物主义者如柳宗元、刘禹锡、王夫之、戴东原也都是佛教心性论的继承者，只是他们的讲法有所不同。

这是一个有争议的问题。佛教是世界三大宗教之一，已被世界所公认；儒教是不是宗教，国内外都有不同的看法，有人说是，有人说不是。说儒教是宗教的，又有两种理解：一派以孔子为儒教的创始人，孔子是教主；一派认为宋明理学为儒教，孔、孟创立的是儒家，先秦儒家是学派，不是宗教。对后世以至当前的社会生活仍在起作用的，并不是先秦的儒家，而是宋明以来的儒教。对孔子的研究已引起全国的关注，恢复孔子的本来面目，并不难。对儒教(或称为宋明理学)的研究似乎还未引起重视，而且难度也较大，有些准备工作要做，现在条件还不大具备。困难是困难，它却直接关系到我们现代化的命运。远的且不说，史无前例的"文化大革命"，可以说与孔子无关，却不能说与儒教无关。这不是篇把文章能说得清楚的。儒教的兴衰功过，我们的《中国哲学发展史》宋以后几卷，将有充分论述，这里不能深论。

佛教与东方文化

佛教发生在印度次大陆，以后沿着海上与陆上两条通路向外扩展它的影响。沿着海上路线，受到它的影响的有斯里兰卡、柬埔寨、泰国、缅甸、老挝等地，形成所谓“南传佛教”。沿着陆上路线，一经中亚、西域各国，由丝绸之路传到中国内地。形成所谓“北传佛教”。还有一条路由印度北部经尼泊尔到达西藏，与西藏地方文化相结合，形成藏传佛教。藏传佛教流行的范围不限于西藏地区，它随着西藏的民族、政治、文化的影响，传播到云南、四川、甘肃、蒙古等地，藏传佛教不限于藏族，蒙族及一些少数民族也有信奉的。

佛教传入中国，并没有停止它的继续发展，而是随时修正它的内容，以求适应当时中国社会的要求，配合中国的封建传统文化，逐渐形成中国佛教，它是封建社会的上层建筑之一。

公元七八世纪隋唐时期，中国的政治、经济文化正处在发展的高峰时期，中国佛教随着先进的中国文化，向邻国朝鲜、日本、越南等地传播。

八九世纪以后，印度次大陆的政局发生了大的变化，本来就不甚兴旺发达的佛教，受到致命的打击，濒于灭绝。今天人们在印度次大陆看到的佛教圣迹、古建筑，都成废墟。佛教传入中国以后，特别是汉地佛教，不但没有衰退，反而更加兴旺发达，中国佛教文化构成了东方文化不可缺少的组成部分。不了解佛教文化，就不能了解东方的历史和社会，应当承认这一事实。

一、佛教的产生、发展与传播

佛教与基督教、伊斯兰教号称世界三大宗教。三大宗教中，佛教的历史最长，它起源于公元前六、五世纪，基督教起源于公元前后，伊斯兰教起源于公元七世纪。世界三大宗教，并不是说这三大宗教人数最多，势力最大，而是说这三大宗教都是超越于一国一地的界限，其影响不限于一个国家、一个民族，它有国际影响。

佛教在印度的发展，国内外学术界一般认为大致可以分为四个时期：

(1)原始佛教，释迦牟尼创教到他逝世后二百年。

(2)部派佛教，由教义与戒律的解释，产生了分歧，分为上座部、大众部。这两大部派又进一步分化为十八部(或二十部)，大众部分化为五部，上座部分化为十一部。

(3)大乘佛教，约在佛逝世后五百年，出现了大乘空宗。大乘把它以前的佛教一切流派贬称为小乘，自称为“大乘”。

(4)七世纪以后，大乘一部分与婆罗门教混合，形成密教。十三世纪，佛教在印度趋于消亡。

佛教在中国的遭遇与印度的佛教大不相同。不但没消失，反而比印度更加兴旺。它兴旺的一个主要条件是经过中国文化的改造，使它符合中国封建宗法制的需要，结合中国的三纲论（特别强调忠孝观念），与封建正统思想相配合，形成中国佛教。

佛教由中亚，经西域各国再到中国内地，经历了漫长的道路，传入中国内地以前，曾在中亚一带传播，包括覩货罗、焉耆、回鹘、且末语系，中国内地一般称为“胡语”。早期汉译佛经，多数是由“胡语”译出的。佛教学者道安屡称“译胡为秦”，有“五失、三不易”之说。后来，与印度交往增加，才有大量的梵文、巴利文的佛经译为汉语。

佛教的教义的重点和信仰，随着地区、民族而有所差异，不是一成不变的，如玄奘的《大唐西域记》一书所记的他在印度当时所见到佛教传播情况，大小乘的势力，范围，各地差别很大，有的王国小乘多，有的王国大乘多，也有大小乘并行的。小乘占多数的地区为西域诸国，大乘占多数的地区在中印度、北印度。

佛教传入中国，开始遇到抵制，认为佛教夷狄之道，对中国文化不利。从佛教与中国传统文化的接触的历史看，中国文化反对佛教的主要理由，是佛教违背君臣大义，破坏纲常名教。佛教徒为自己辩护，则力图表明佛教的传播，有益于维护忠孝、纲常名教，出家为了更有益王化，出家是“大孝”，它是治国的有力助手。

二、佛教在中国的传播

佛教从两汉之际传入中国内地，到它被中国人完全接受，先后经历了南北朝和隋唐四五百年。它越来越能够配合中国封建社会的需要，佛教著作越来越被广大群众所接受。释迦牟尼已不再被中国人看成外国人。南北朝到隋唐，佛、儒、道并称三教，孔子、老子与佛被认为三教的教主。佛教不再被看作外来宗教。把佛教看作外来异端的是少数。绝大多数，上自宫廷贵族，下至平民百姓，都相信佛教的轮回报应学说。到隋唐时期，佛教典籍数量超过儒家典籍十百倍。

佛教在中国最早奉外国僧人为权威。佛书也以翻译的经典为主要依据。南北朝以后，中国人创立了“佛教经学”，以注释的方式解释汉译佛教经典的大意。用汉儒解经的方式，发挥佛教的思想。佛教的理论发挥，教义传播，已不再从经典辞句中找根据，而是阐发其中的“微言大义”，有的任意发挥。中国佛教的创造性得到充分发展。像隋唐以来中国建立的佛教宗派如天台、华严、禅宗等，都是中国的，而不是印度的。外国有的学者认为中国佛教不同于印度佛教，走了样。其实，这正是中国佛教的高明之处。我们从文化交流的原则来考察佛教，可以看出，中国佛教改变了印度佛教，是符合文化历史发展的规律的。因为宗教是上层建筑，它要为它的基础服务，文化的作用在于维护其赖以产生的基础。我们不是用宗教说明历史，而是用历史说明宗教。

佛教在中国的传播，表明它与每个历史时期的社会流行思潮密切配合，而且配合得很好。汉代，与黄老信仰、祠祀相配合。魏晋南北朝，又与玄学相配合，以佛教理论发挥玄学思想，或者说以玄学思想解释佛教原理。佛教徒也全力投入当时哲学思想界的本末、有无、体用的大辩论。从而与中国当时主流思潮玄学共同发展了中国哲学史。南北朝中后期，佛教提出了“佛性论”，与当时哲学界讨论的中心问题“心性论”，互相配合。中国哲学史从秦汉以后，经历了宇宙生成论（或称为宇宙结构论），发展到魏晋时期的本体论，又由本体论发展为“心性论”，是符合人类认识规律的，佛教哲学也是从本体论进入心性论的，而且在心性论领域内做出了很大的贡献。佛教除了在一般群众中进行的社会宣传外，在上层知识理论界，几乎与中国哲学发展史在同步前进。隋唐以后，在佛教各宗派中没有不讲心性论的，心性论成为各宗派共同关心的主要课题。中国哲学发展史表明，玄学本体论之后，已进入心性论的领域。

三、佛教文化传播的“势差”现象

文化是一定社会经济的产物，文化水平有高有低。古人说“水性趋下”。水性趋下，由高趋下造成势差，这是由于重力的缘故。文化的传播，也有“势差”，文化势差现象也有由高趋下的现象。高度发展的文化往往影响低度发展的文化，而低度发展的文化，处在被影响的地位。只有由高向低产生影响，而不能使低度发展的文化反过来影响高度发展的文化。中国历史表明，不同民族文化接触，都是高水平文化影响或改造了低水平的文化，有时高水平文化的民族在军事上被征服，低水平文化的统治者在政治上一时占支配地位，但过不了多久，征服者不得不接受文化高的民族的思想意识，反而成了被征服者。这是文化势差现象在我国历史上的表现。我国以完备的封建制度不断消融前封建文化的落后制度，使他们迅速封建化，从而不断丰富中华民族的封建文化。

隋唐以来一直到鸦片战争以前，中国封建社会在亚洲一直处在领先地位。当时与中国邻近地区，文化科技比较落后，有的还没有自己的文字，它们对较高的文化没有抗拒能力，所以很容易地接受过去，不曾有过像中国发生的那种“夷夏之争”。

再回头来看，中印文化交流，可以看出，当时中、印两大民族的文化水平很难分出明显的高下，文化势差不太明显，不能构成一方完全影响另一方的势差。因而中印文化交流曾经历了几百年的长期相持，经过长期对峙、交融，互相吸收，最后形成带有中国特色的佛教体系。它是中国的，即封建宗法制的，同时又有佛教的某些内容。因为当时的中印文化水平不相上下，才出现了相持交融几百年的局面。

四、发展社会主义文化优势

文化势差，有如水之就下，由高向低流动。所谓高低，不是任意的，自有其客观标准，那就是历史唯物主义所揭示的社会发展的五种生产方式(五种社会制度)，原始公社—奴隶制—封建制—资本主义制—社会主义、共产主义。这五种制度一个比一个高，随着社会历史的前进，将一个代替一个，后一种社会制度高于前一种社会制度。文化势差的作用，就在于后一种社会制度必然影响前一种社会制度(而不是相反)，后一种社会制度的文化必然批判地继承改造前一种社会制度的文化(而不是相反)。

佛教，作为一种宗教意识形态，已有两千年以上的历史，拥有众多的信徒，迄今仍然有世界性的影响。但从社会发展的角度来观察，佛教起源于奴隶社会，繁荣昌盛于封建社会。三大宗教都是在封建制社会中成为世界性宗教的。只有封建社会为宗教发展提供了最丰沃的土壤。进入资本主义社会以后，社会上仍然有不平等，有苦难，宗教仍有存在的土壤，在特定的条件下，有时还有所发展。但是也应当看到资本社会已孕育着社会主义。当前世界上已有了若干社会主义的国家存在。也就是说，当前有代表资本主义的文化，又有代表社会主义、共产主义的文化。资本主义、封建主义、社会主义三种制度的文化同时存在。我们可以看到社会主义的文化建立在马克思主义辩证唯物主义世界观的基础上，辩证唯物主义，是无神论，佛教的世界观，是唯心主义的。社会主义的新中国对佛教文化要给予高度的重视，因为它曾是中国传统文化的一部分，深入研究佛教文化是了解中国传统文化的一把钥匙。研究佛教文化和信仰佛教不是一回事。信仰佛教和信仰任何宗教是每个公民的自由。他们的信仰要受到法律的保护。研究佛教，可以有佛教信仰，也可以没有。信仰宗教是个人的私事，研究佛教文化则不仅仅是个人的私事，它是历史学者、社会学者、心理学者、宗教学者必须涉及的一个领域。我们社会主义国家，最有条件摒除任何宗教成见，客观地实事求是地对待历史，对待文化，对待一切传统文化。从文化的角度来考察佛教(及一切宗教)，才能更好地摆脱某种偏见或主观情绪的影响，还它以历史的真面目。这里要重申，我们是以历史说明宗教，而不是以宗教说明历史。

佛教信仰仍将长期存在，但佛教作为一种信仰思潮，它将不会出现像古代那样繁盛的局面。因为时代不同了，寺院不再是社会的文化中心、经济中心，寺院再也不会成为学者辈出、人才荟萃的中心。对于佛教的研究必将随着文化的发展，越来越深入，将达到前辈学者未曾到达的领域。

中国近代的历史有它独特的经历，它是在没有完成它的资本主义发展阶段，沦为半殖民地、半封建地位，又在中国共产党领导下走向社会主义的。资本主义的社会机制并不成熟，封建主义的旧包袱很重。社会主义的历史还不过三十多年，封建文化、资本主义文化与社会主义文化三者并存。随着开放政策的推行，外来资本主义影响不断渗入。这种情况和今天全世界的情况是一致的。今天世界范围内也差不多是三种制度并存。在不同地区有不同的表现。

按照历史唯物主义原则，资本主义文化比封建主义文化先进。社会主义文化又比资本主义文化先进，这一原则终会为历史所证实，也将会被多数人所承认。由于文化势差的缘故，封建文化与资本主义文化冲突时，必然吃败仗。怀着善良愿望的人们，力图用传统的封建主义文化来抵挡腐朽的资本主义文化，是抵挡不住的。当务之急是积极发展社会主义文化，只有社会主义能救中国，只有社会主义文化可以更全面继承人类文化遗产(包括优秀的封建文化和资本主义文化)。

敦煌《坛经》写本跋*

《坛经》在我国佛教发展史及思想史上有过深远影响。它也曾引起国内外学术研究者的重视，中国僧人的语录，被后代学人（当然是禅宗一派）尊奉为“经”的，只此一家。隋唐以后，出现过不少伪经，但这些伪经的作者都不敢说出作者的时代、姓名。只能伪托“佛说”。只有《坛经》明目张胆地标明这是惠能的言行录。当年释迦逝世后，他的说教也是在他逝世百年之后才开始结集的。《坛经》记录惠能的言行，汇编成书，需要一个过程，中间经历了若干传播者的手和口，难免有些意思与原意有出入。

据日本柳田圣山教授主编的《六祖坛经诸本集成》，所列版本共十一种，它们是：

---

* 原载《1983年全国敦煌学术讨论会文集（文史·遗书编　下）》甘肃人民出版社，1987年4月。禅宗《坛经》流传于海内外，版本甚多。近年日本禅宗研究学者柳田圣山教授编有《六祖坛经诸本集成》一书，汇集诸本合为一编，由中文出版社出版，给研究禅经学者以极大方便，世界宗教研究所郭朋同志出版《坛经对勘》，山东齐鲁书社1981年出版，对《坛经》各主要版本异同作对勘，有益于士林。

一、敦煌本。①

二、兴圣寺本

三、金山天宁寺本

四、大乘寺本

五、高丽传本

六、明版南藏本

七、明版正统本

八、清代真朴重朴本

九、曹溪原本

十、流布本

十一、金陵刻经处本

此外尚有西夏文断片，及金泽文库本断片，及手抄本曹溪大师传。

现存《坛经》的十几个版本中，分歧较大的莫过于惠能的“传法偈”。这个问题曾引起古今佛教研究者们的注意。

神秀偈云：

“身是菩提树，心如明镜台，时时勤拂拭，莫使有尘埃。”

敦煌本《坛经》记录的惠能偈有两首：

（一）“菩提本无树，明镜亦无台，佛性常清净，何处有

① 敦煌本全称为《南宗顿教最上大乘摩诃般若波罗蜜经六祖惠能大师于韶州大梵寺旋法坛经》。

尘埃。”

（二）“心是菩提树，身为明镜台，明镜本清净，何处染尘埃。”

近人陈寅恪先生有专文①论及这两个偈比喻不适当和意义不完备两大缺失。陈文指出，菩提树为永久坚牢之宝树，冬夏不凋，光鲜无变，佛祖在此树下成最正觉，不应比喻变灭无常之肉身，所以说这是比喻不适当。陈文又指出，后一偈开首两句，心身两字为书写者写颠倒了，应作“身是菩提树，心为明镜台”，极是。根据修辞通例，偈文必须身心对举，言身则为树，分析皆空；心则如镜，光明普照。今偈文只讲到心的方面，而对于身的方面，只用了一个比喻作为开头，缺少继续之下文，仅得文意之半，所以说意义不完备。

陈文指出，千百年来人们对此偈一味称赞，以为绝妙好辞，而忽略了它的缺失。陈文给后人以有益的启发。

现在从另一个角度来考察敦煌本《坛经》传法偈的问题。

据嵩山少林寺《法如碑》等文献记录，可以推证弘忍死后，禅宗南北二宗传法世系尚未正式建立，所谓顿渐之争还未提到日程上来。

禅学自东汉传入后，从安世高介绍小乘禅法起，到菩提达摩介绍南天竺一乘宗的大乘禅法，都是一面静坐，一面思维，用思想的集中以调整呼吸，内观因果，冥想解脱境界（如“四禅”“入道四行”等），都是身、心配合的宗教训练方法。

敦煌本《坛经》，神秀一偈与惠能两偈，说的都是身、心如何训练

① 《禅宗六祖传法偈之分析》，金明馆丛书二编，166页，上海，上海古籍出版社，1980。

问题。但神秀与惠能两人的侧重处不同。神秀偈强调坐禅者的主观训练，“菩提树”、“明镜台”都是一种比喻，要求不犯身、口、意等过失，调练身心，尽力防范俗念滋生，使它们像菩提树一样坚牢、光洁①，像明镜那样不容灰尘污染。惠能两偈也是讲的习禅训练方法，而侧重于佛教的宗教世界观的培养。“佛性常清净”(第一偈)、“明镜本清净”(第二偈)更偏于积极树立佛教的宗教世界观，其禅法宗旨不只限于防犯过失，而是致力于树立佛性“常清净”、“本清净”的宗教世界观。从坚定佛教宗教立场看，用菩提树作比喻，不一定算比喻不适当；惠能的第二偈要求习禅者体认佛性的自身清净，以树立其信心，也不一定算作意义不完备。

敦煌本《坛经》惠能两偈，后来各种版本的《坛经》都写作一偈，就是现在世界流行，几乎家喻户晓的“菩提本无树，明镜亦非台，本来无一物，何处惹尘埃”。

佛教研究者多着眼于辨析后来各《坛经》版本惠能偈为伪造或篡改。惟神秀偈各本相同，遂信其为真出于神秀之手，而未尝疑其“伪”。

喜得近年考古有新的发现②，这个五祖传法故事有多少真实性，还值得怀疑。

据《法如碑》记载(此碑刻于698年，保存完好，在少林寺)，法如在弘忍门下共16年，咸亨五年(674年)弘忍死后，他才离开东山寺，转到少林寺，后来当了主持。又据神秀碑载，神秀在弘忍门下“服勤

① 《大唐慈恩传》讲到佛成道的菩提树，冬夏常青，不遭虫害等特性。

② 温王成《读禅宗大师法如碑书后》，《世界宗教研究》1981年第1期，社会科学出版社出版。

六年，不舍昼夜”[①]。以后，离开了弘忍。弘忍死时，神秀未在身边，惠能早已离去。这就是说，弘忍单独传法给惠能(无论有无衣钵为信)，固然出于后人附会，单独传法给神秀，同样出于后人的附会。各种版本《坛经》的传法偈，都是法如死(永昌元年，公元689年)后约半个世纪以后的事。这些是非都是弘忍的再传门人分别门户，制造出来的。当然。这种争论也不排斥各派争取统治者的支持、争夺寺院财产的继承权等因素在内。以今例古，其理不殊。又据《唐大证禅师碑》(《金石萃编》卷十九)、《唐少林寺同光禅师碑》(《金石萃编》卷八)、《法如禅师碑》(《金石萃编》卷六)，各派虽都以传得道统自任，却还未见有独占法统，自称嫡系，排斥其他系统为异端的记载[②]。按法如死后又过了17年(神龙二年，公元706年)神秀死。张说为神秀撰碑文，亦说“东山之法，尽在秀矣”，未说神秀是达摩以后的唯一的嫡传法嗣。只是到了神秀死后又过了三十年(736年)，他的弟子普寂、义福才正式为神秀争得六代祖师地位。神秀死后，又过了39年(745年)，神会在滑台大会又为惠能争得六代祖师的地位。

《坛经》各种版本的传法记载，都是禅宗后代传人逐渐增补的。所有佛经，每卷开头都是“一时佛在舍卫国(或其他地点)……”，有时对国王说法，有时在龙宫，有时在林中，有时在山上。佛说经都有时间有地点，以示可信。事实表明，凡佛说经，都是后代佛徒“结集”成的，所谓“结集”就是后来的学派按照他们各自的理解来编凑的“言论集”，把它挂在释迦名下，称之为“经”，虽无其事，当有其理。唐中

---

① 张说《荆州玉泉寺大通禅师碑》。

② 参看汤用彤先生《隋唐佛教史稿》，中华书局1982年版，188页，有关禅宗部分。

期以后，禅宗风行海内，蔚为大宗，其门徒根据自己的理解和主张，“结集”师说，汇编为《坛经》，自在情理中，尽管敦煌本与后来的各种版本出入较大，却不能说后来的各种版本的《坛经》篡改或伪造。

现在的敦煌本《坛经》产生的时代约为780年①，上距惠能之死，已67年。现存最古的禅宗史《祖堂集》编于五代南唐保大十年(952年)②，上距惠能之死为239年，距敦煌本《坛经》为172年。《祖堂集》记录的这个传法偈，神秀偈一首。卢行者偈一首(不称惠能)，神秀偈与传世各本相同，惠能偈为：

“身非菩提树，心境亦非台，本来无一物，何处有尘埃。”

文句与后来通行本略异，而主旨不差。此偈早于北宋《景德传灯录》50年。

各本《坛经》都认为神秀偈没有彻底了解禅宗的宗旨，基本上持否定态度；只有对惠能偈(不论是敦煌本的两首，还是后来各版本的一首)持肯定态度。惠能偈为惠能后学所编制，自无疑问，神秀偈是否即神秀所作，似未见有人提出疑问。从神秀当时的活动及关于其弟子普寂、义福的记载中，却看不出他有作此偈的可能。如果没有弘忍传法与神秀或惠能的事实，当然没有传法的偈颂。史传记载，弘忍门下千百徒众，传法人不只是一个神秀，或一个惠能，而是有一大批继承者，其中也有相从最久、享有盛名的法如等。从敦煌本《坛经》开始流布之日起，就带有张大惠能学派的倾向。我们可假设，所谓神秀偈，

① 柳田圣山《六祖坛经诸本集成》解题，日本中文出版社，1976。

② 题为泉州招庆寺主净修禅师文僜述。

只是为了作为惠能偈的陪衬，为了显示神秀的“不了义”，反衬惠能的彻悟和高明而制作出来的，它与神秀及其弟子无甚瓜葛，倒是与惠能及其弟子的关系甚大。正因为这样的缘故，所以用作陪衬的神秀偈，诸本《坛经》尽同，而用作正面教材的惠能偈，却由惠能后学们一代一代地踵事增华，而变得完备起来。可以说，《传法偈》就是为了争禅宗六代祖师的正统地位才创制的。不打破神秀的垄断地位，就难以确立惠能的六祖的嫡系继承权。因为神秀经历了几代皇帝的吹捧，号称“两京法王，三帝国师”。势力太大了，法海、神会等惠能门徒必须把神秀作为靶子来打。先丑化对手，再说明自己的正确，这种事情，古来屡见不鲜。要警惕唐代名气很大的政治和尚，并不那么天真可信。

做翻案文章，必先有一个“正面”文章作为靶子，翻案文章才好做。缺少这个靶子，翻案文章即无从做。可以设想，如果没有神秀的偈在前，惠能偈即显不出它的警辟。历观佛教思想发展，如没有小乘的一切有部，大乘空宗的破相就成了无的放矢；没有大乘空宗的挥斥八极扫荡一切的作用，后来的大乘有宗的圆成实性，也无从区别于小乘有部。人类思想就是沿着这条不断地否定之否定的途径前进的。

敦煌本《坛经》，写成的时代约为780年。惠能传法偈与后来诸者有异，从敦煌本《坛经》到最早的《祖堂集》的中间相距约170年，后三十年乃《景德传灯录》的《传法偈》，于是惠能传法偈遂成定论。禅宗不立文字，而重在直观的体验，敦煌本《坛经》错别字连篇累牍，说明传抄者的文化水平不高，是个小知识分子，但其中道理却不可低估，见解是深刻的。弟子们记录容有出入，有详略，但各种版本的《坛经》确实是惠能禅宗的言行录，不容置疑。敦煌本《坛经》的发现足以表明，禅宗思想当年传播的广袤程度。从常情推论，内地关于《坛经》的记录当不止一本，惠能弟子除去法海外，尚有多人，神会就是比法海活动能力更强的一个。各种抄本内容有出入，是自然的。如“风幡之辩”不见于敦煌本《坛经》，而见于《历代法宝记》，该书成于大历年间（766～779年），略早于敦煌本《坛经》。敦煌本《坛经》足以说明禅宗势力已远及河西走廊，中原地区流行的其他版本和说法还不能由此一个版本就作出判断，认为其他版本都是伪造的。

禅宗早期不重著述，大量著述是在五代以后，语录已泛滥成灾。早期禅宗多为口传心印，以后各种版本《坛经》虽达十余种，而基本思想完全是惠能一派的，而不属于神秀、普寂、义福以及《禅源诸诠集》中所收集的其他流派。我们今天研究惠能的思想，敦煌本《坛经》给人们提供了较早的一件有价值的资料①。但也要考虑到，此后的其他版本，成书迟，其中包含的思想可以很早。此种事例，中外不乏先例。如《老子》成书于战国，其中有战国的时代痕迹，但此书基本上可以代表老子的思想，这一事实已被学术界所承认。从《老子》一书的完成上溯到春秋时的老聃本人，达一二百年，比敦煌本《坛经》的写定惠能传法时期要长得多。再如《山海经》一书写成图文并存的定本，约在晋朝，其中许多事迹多为史前传说，利用《山海经》以解释远古史地，不失为一种可行的依据。远古史前传说到《山海经》的汇编成书，当在几千年以上。因此，运用敦煌本《坛经》同时兼采宋以后的现存各种版本的《坛经》作为原始资料，说明惠能的禅宗思想，指出它的思想特征，不但是可行的，而且是必要的。

至于弘忍从《楞伽经》转授《金刚经》，敦煌本《坛经》已有明证。拙著《汉唐佛教思想论集》出版后，见解未变，这里就不再重复说明了。

---

① 李富华《惠能和他的佛教思想》，见《世界宗教研究》1981年第3期第110～113页关于《坛经》节。

然据《法如碑》，法如从弘忍处接受《楞伽经》，这也足以说明弘忍以《楞伽经》为主要经典，弘忍开始兼授《金刚经》，法如专主《楞伽经》，惠能专主《金刚经》，学术流源，痕迹显然。

法相宗哲学思想略论

一

法相宗在中国的创始人是唐代著名翻译家玄奘①和他的弟子窥基。② 如果追溯这一宗派的印度远祖，一般都认为应从无着③和世亲④开始，中间经过护法和他的弟子戒贤⑤而传到中国的。

佛教一开始就从分析物质和精神现象入手，建立它的宗教体系。分析到最后，认为一切象(相)都是虚妄的，都不是实有的。只是小乘(早期佛教)分析得不彻底，大乘(后期佛教)在小乘佛教的理论基础上作了更彻底、更琐碎的分析，构成了一套完整的唯心主义体系。由于它集中地分析了世界各种(心的和物的)现象，所以叫做法相学派；分析

---

① 玄奘(602～664 年)，《唐高僧传》卷四及《慈恩三藏法师传》。

② 窥基(632～682 年)，《宋高僧传》卷四。

③ 无着 Asanga(约 410～500 年)。

④ 世亲 Vasubandht(约 420～500 年)。

⑤ 参看《慈恩三藏法师传》卷三。

到最后，认为一切现象不过识所变现出来的。就它前一特点(分析现象的特点)说，叫做法相学；就后一特点说，把世界的存在、变化归结为识的作用，叫做唯识学。前人有人把这一派分别开来，称无着一派为法相学，世亲一派为唯识学。我们从它的体系上看，所谓法相学是唯识学的开始，但没有完成；所谓唯识学是法相学的继续，完成的只是法相学的体系。所以称为法相学，或法相唯识学。把这一套学说完整地从印度搬到中国，并建立宗派，加以传播，是唐代玄奘开始的，窥基继续的。法相和唯识截然划分，至少玄奘等人没有这种看法，也没有这样做。我们也不必强加区分。正如我国宋代的程朱学派，如分别研究，固然有所不同，但从体系上看，程朱还是一个体系，不必再把他们不重要的小差别看作根本差别。无着和世亲之间的学术渊源和体系比起程颐和朱熹之间的相同之处就更多，关系更密，完全没有必要分为两派。

玄奘一生的主要宗教活动在于全力从事佛教经典的翻译工作，他的弟子窥基推广了他的学说。说玄奘是法相宗的实际创始人，是由于他把法相宗的主要经典都翻译成汉语并作了初步的宣传；说窥基是法相宗的创始人，是因为窥基在玄奘所奠定的基础上扩大了这一宗派的理论影响。窥基著作很多，后世有“百疏论主”①的称号。

玄奘从印度回国后，在他的主持下，领导一个译经的集体，曾译出从印度带回的经、论共74部，合计1335卷。法相宗主要依据的有

---

① 窥基著作近五十种，今存的(包括残存的)也有些是别人的著作，误认为窥基的著作的。

六部经[①]和十一部论[②]。在六部经中，有的早有了译本，如《华严经》、《解深密经》及《楞严经》等，玄奘译了《解深密经》(第四次重译)和《菩萨藏经》。在十一部论中，法相宗有“一本十支”的说法，他们认为《瑜伽师地论》是“一本”，其余十种是“十支”。在十一部中，多数是玄奘译的。玄奘的弟子窥基的著作，现存的有二十七部(有的不完全)，也有一些是别人伪托的。研究法相宗的主要依据的材料还是依靠《解深密经》和《瑜伽师地论》、《成唯识论》等主要著作。

玄奘以艰苦卓绝的精神，克服种种困难，完成了赴印度取经的任务，回国后，并出色地进行了翻译工作。他在印度求学时期也曾虚心学习当时各种有关佛教经典知识和工具知识(如因明学等)，在中印文化交流的历史上写下了光辉的一页。他对增进中印人民之间的友谊也做出了卓越的贡献。这一方面，中外学者从不同的角度和不同的方面论述得不少，这里不打算多说，本文这里要谈到的是以玄奘为代表的法相宗这一派宗教哲学的思想体系，并对这一思想体系进行初步的估价和评论。

佛教在印度的早期和后期是不同的。早期佛教对当时流行的旧宗教只注重祭祀的形式以及大量搜刮信奉者的财物有所抨击。释迦牟尼以宗教革新者的姿态建立了他的新宗教。在印度奴隶制初期，佛教不像旧的宗教那样腐败。

玄奘到印度时，当时占优势的，早已不是小乘佛教了。约在佛逝

① 相宗“六经”是《大方广佛华严经》、《解深密经》、《如来出现功德庄严经》、《阿毗达磨经》、《楞严经》、《厚严经》。

② 十一部论据《成唯识论述记》卷一：《瑜伽师地论》、《金刚般若论》、《大乘庄严论》、《集量论》、《摄大乘论》、《十地经论》、《分别瑜伽论》、《辨中边论》、《二十唯识论》、《观所缘缘论》、《阿毗达磨杂集论》。

世一千年后，无着、世亲建立了大乘佛教的法相之学。传到了护法，已是佛死后的一千一百年左右。这时印度已进入封建社会。佛教已不再有当年释迦牟尼的革新姿态，而主要表现了封建时期“经院”哲学琐碎形式主义，成了为当权王室贵族直接服务的工具。佛教徒形成了特权阶级，已不再乞食于村邑，晏息于林泉，而是过着大官僚、大地主一样的豪华奢侈的生活了。以玄奘在印度留学期间居留最久的那烂陀寺为例：

“至那烂陀寺，……更安置上房，……加诸供给：日得瞻步罗果一百二十枚，槟榔子二十颗，荳蔻二十颗，龙脑香一两，供大人米一升，其米大于乌豆，作饭香鲜，余米不及。唯摩揭陀国有此秔米，余处更无。独供国王及多闻大德。故号为‘供大人米’。月给油三斗，酥乳等随日取足。净人一人，婆罗门一人，免诸僧事。行乘象舆。那烂陀寺主客万僧，预此供给，添法师合有十人。”①

这里描述了玄奘在印度那烂陀寺受到的重视，但也透露出当时的僧众的上层人物过的是王公大人一样的生活。还有，记载这里寺院的建筑的华丽壮观，也极尽豪侈靡丽之能事：“庭序别开，中分八院，宝台星列，琼楼岳峙，……诸院僧室皆有四重重阁，蚪栋虹梁，绿栌朱柱，雕楹镂槛，玉础文棍，甍接瑶晖，榱连绳彩……”这一寺里连常住的僧人（约四千人）、临时的僧人以及其他来学者共有万人。这些僧人之中，据记载，通晓经论的学者不少：

① 《慈恩三藏法师传》卷三。

"凡解经论二十部者一千余人，三十部者五百余人，五十部者，并法师(按：即玄奘)十人。"

这一大寺主要经济来源是靠租税剥削的：

"建立已来，七百余载……国王钦重，舍百余邑充其供养，邑二百户，日进秔米酥乳数百石。"①

有一百多个乡镇，每一乡镇二百户的农民要负担数百担的秔米酥乳的供应，在当时的印度不能不算极重的剥削。正是靠了这种剥削，才使得这上万的僧众：

"端拱无求，而四事自足。艺业成就，斯其力焉。"②

这时寺院已采取封建地主阶级的剥削方式，供养了一大批寄生的僧众。这些人们是否真正那末精通经论，学有根柢呢？当然，也有像戒贤那样个别的有学问僧人，而更多的是不学无术，只吃饭，不研究学问的人。玄奘在那烂陀寺留学期间曾遇到两件事。有一次，一个"顺世外道"(不信佛教的一个唯物主义学派的学者)来到那烂陀寺，向这一群和尚挑起理论的争辩，

"书四十条义，悬于寺曰：若有谁破一条者，我则斩首相谢。

① 以上引文均见《慈恩三藏法师传》卷三。

② 《慈恩三藏法师传》卷四。

经数日，无人出应。”①

后来，玄奘为了维护佛教唯心主义，出来应战，才驳倒了这个挑战的人。从这件事可见玄奘对唯物主义是坚决敌视的，但也说明了这许多吃“大人米”的高僧，并没有什么本领，别人骂到大门口来了，他们居然躲起来，“数日无人出应”，多亏了玄奘这个外国留学生，才给这一万多人解了围。

还有一次，也是玄奘留学那烂陀寺期间，有一个叫般若毱多的老婆罗门，用正量部②的哲学观点向大乘佛教的学说挑战。并把挑战的论文送到一向支持那烂陀寺的戒日王那里。戒日王命令那烂陀寺派出四名代表，向小乘佛教进行辩论。戒贤从中挑选了四名学问最好的③“应王之命”。但是“海慧等咸忧”，不敢去参加论战。玄奘给他们打气，说：

“小乘诸部三藏，玄奘在本国及入迦湿弥罗已来遍学皆讫，具悉其宗。……奘虽学浅智微，当之必了，愿诸德不烦忧也。若其有负，自是支那国僧，无关此（按‘此’即指那烂陀寺）事。诸人咸喜。”④

这是说，辩论胜了，是全寺的光荣；败了，由玄奘一个人负责。这也

① 《慈恩三藏法师传》卷四。

② 正量部，是佛教小乘一切有部分化出来的一个学派。他们的学说中，有些唯物主义因素。大乘佛教认为他们的唯心主义不够彻底。

③ 四名中，三名印度和尚是海慧、智光、师子光，一名是玄奘。

④ 《慈恩三藏法师传》卷四。

看出他们尽管号称通二十部、三十部、五十部经论，其实只是死记了一些经论的条文，也许有些僧人连条文也未必能记得。这并不是说那烂陀寺不是当时的佛教中心，也不是说当时那烂陀寺的僧人全是不学无术，而是说，从以上的这些事实，可以看出当时印度佛教的经院哲学已走向严重的形式主义，外强中干，同时又有思想包袱，放不下架子，不论向佛教以外的唯物主义斗争还是和佛教内部的不同学派的斗争，都没有胆量，显得暮气沉沉。

玄奘怀着宗教徒的虔诚，在印度十几年求师访友，学了不少书本上知识，看到了佛国的一些遗迹，是有收获的。玄奘在出国前也曾遍谒名师。玄奘在国内已偏重大乘有宗一派，对大乘空宗不大感兴趣。他问学授业的十三位最有名的大师①，其中学《摄论》的有六人，当时虽有般若学的专家，如明旷法师②，玄奘就没有向他问学。玄奘自己屡次提到他西行求法的动机是为了解决佛性的问题，也就是“成佛”是在累世修行之后，还是在当世死后就能“成佛”的问题。玄奘在那烂陀寺学习的重点是法相无着、世亲派的学说。这恰恰是他在国内长期不能解决的问题。因为宗教总是追求另外幻想的“天国”，也就是佛教的“成佛”；在佛教看来成佛对每一个人是否可能、需要时期的久暂，是头等重要的问题。

玄奘最后怀着满意的心情回国了。他认为多年的疑问，在印度所取来的以及听来的佛教教义中得到了解决。他在回国途中，在《于阗上唐太宗表》中说：

---

① 参看《唐高僧传》卷四、《慈恩三藏法师传》卷一。

② 《唐高僧传》卷十五。

“见不见迹，闻未闻经。穷宇宙之灵奇，尽阴阳之化育。”①

玄奘自以为他的疑难问题，到了印度后，最后得到了解决。他的理论根据就是法相宗所宣扬的那一套完整的、忠实于印度后期佛教大乘有宗无着、世亲的哲学体系。

二

佛教不论大乘或小乘，有一共同的信念，就是不承认物质世界的真实性。他们在这一共同出发点指导下，分别建立起自己的宗教世界观和神学唯心主义体系。

世界本来是物质的，它客观地存在着。要否认它的存在，本来是办不到的事。而佛教，为了宣传他们的出世主义，为了引导人们到另外的世界去寻找现实世界里找不到的安慰，他们必须否认现实世界是真正存在的，并进一步证明现实世界不值得留恋。这样就在理论上打开通向天国(不论那些不同的宗教把他们幻想的天国叫做什么。实质上都是超现实的天国)的大门。这样就可以更有效地使人们屈服于地上王国的奴役，而不会起来造反。正如马克思所指出的：

“基督教的社会原则曾为古代奴隶制进行过辩护，也曾把中世纪的农奴制吹得天花乱坠。必要的时候，虽然装出几分怜悯的表情，也还可以为无产阶级遭受压迫进行辩解。

基督教的社会原则宣扬阶级(统治阶级和被压迫阶级)存在的必要性，它们对被压迫阶级只有一个虔诚的愿望，希望他们能得

① 《慈恩三藏法师传》卷五。

到统治阶级的恩典。

基督教的社会原则把国教顾问答应对一切已使人受害的弊端的补偿搬到天上，从而为这些弊端的继续在地上存在进行辩护。”①

马克思讲的是基督教在欧洲历代的反动的社会作用，但是其他宗教的反动的社会本质也在这些尖锐、深刻的批判中揭露出来了。唐代中国的佛教何尝不是这样？只是他们用的是另外的一套手法和词句，活动的地区主要在古代东方的亚洲罢了。

佛教对于现实物质世界否定和对神学世界的建立，本来是一件事情的两个方面。现实世界不是闭上眼睛装作看不见就能否认得掉的；神学世界(“天堂”)也不是一下子就能把本来不存在的东西从理论上说得完整无缺。我们从大乘佛教法相宗的宗教理论中很可以看出他们是如何把宗教唯心主义更彻底化，他们如何掏空客观物质世界的物质性。他们用过的这些手法和论证，有些到今天还被有些唯心主义哲学流派反复地重复着。

早期佛教(小乘佛教)叫人们脱离现实生活的世界，寻求解脱的世界，把世界说成苦难的海洋，只有信奉佛教的道理，才可免于苦海的沉沦。但是在理论上，他们还没有把物质世界的客观存在性完全否定掉。他们有些人相信世界是由许多“极微”(原子性质的)构成的。关于极微，本来是一种直观的揣测的唯物主义学说，不能用科学实践来证明给人看，不能从理论上驳倒唯心主义者的进攻。关于极微的问题，佛教中有不少记载的材料，大乘佛教反对这种学说。他们认为这种学

① 《(莱茵观察家)的共产主义》，《马克思恩格斯全集》第4卷，第218页。

说有唯物主义的嫌疑，至少有承认心之外还有一个物的世界存在着。①

法相宗还用类似西方哲学史唯心主义经验论的方法，来论证现实世界的一切事物不过是众多感觉经验的复合体，它(客观世界的事物)本身是不存在的，眼感觉它有颜色，耳听到它有声音，触觉得到他的质碍性，冷、热，等等。而这些，都是感觉通过人们不同的主观感觉器官得到的表象，可知外物并不真实。他们这种分析，在小乘佛教的后期，已渐趋于精密，到了大乘法相宗才比较彻底。法相宗提出了"唯识"的基本原理。玄奘的大弟子窥基说：

> "唯谓简别。遮无外境；识谓能了，诠有内心。识体即唯，持业释也。识性识相。皆不离心。心所心王，以识为主。归心泯相，总言唯识。唯遮境有，执有者丧其真；识简心空，滞空者乖其实。所以晦斯空有，长溺二边；悟彼有空，高履中道。"②

这里，法相宗的根本观点在于论证世界只是"识"的作用，而没有什么离开识的客观物质世界存在。法相宗比佛教其他学说不同的地方，在于它更彻底地全盘否定了有所谓物质世界存在，它把一切现象都归结为识的作用，"识"决定现实世界的一切；只有进入真如世界后，"识"才失去它的作用。他们这种说法不过是骗人的。进入真如世界，只能说它是用更高级的精神境界代替了低级的识的活动，而不能说精神活动不起作用。相反，倒是把精神活动抬到超越一切、至高无

① 法相宗的反对物质客观存在的某些观点，可参看《唯识二十论》。

② 《成唯识论述记》卷一。

上的地位。

小乘佛教的主要错误，法相宗看来，在于承认有认识者和被认识者两个方面，至少从被认识的这一方面来说，容易引起承认外界的可能。其中也确有一些带有唯物主义倾向的学派。大乘空宗的般若学派为了防止这种“不良倾向”，他们就把“空”的观念进一步强调，即所谓“我法二空”；一方面把主观方面认识者(人)作了种种分析，最后把它说成是“空”的；同时又把客观世界及其规律也说成是“空”的。这种“我法二空”比小乘佛教还有些承认现实世界的习惯看法，承认有所谓主观与客观的对立存在，在唯心主义的道路上前进了一步。在佛教唯心主义看来是更“正确”了。像空宗的根本性的经典《大般若经》中说七空。[①] 或二十空[②]。他们不但空外境，而且认为连最高原理也不宜执为实有，如果看的过死，将会导致人们对现实世界产生客观实体的感觉。

> “时诸天子问善现言：岂可涅槃，亦复如幻？善现答言：设有法胜涅槃者，亦复如幻，何况涅槃？”[③]

“涅槃”即佛教认为修行所祈求达到的最善、最完美、最幸福、最高的精神境界，而大乘空宗却教人们认为它是幻的，甚至说如果有比涅槃境界更高的，也是幻的。空宗把话“说绝了”，他们企图彻底堵死通向承认客观实体的一切道路。不难看出，佛教越是到

---

① 详《大般若经》第二分。

② 详《大般若经》初分第一会。

③ 《大般若经》卷五五六。

了后期，越是粗暴地对待物质世界的客观存在。他们全力防止唯物主义倾向的滋长，不惜用尽一切手法。但是这种防止的办法，从更全面的佛教立场来看，也有不利于佛教的地方。法相宗继大乘空宗之后，提出了新的补充，目的在于防止大乘空宗所造成可能发生的新偏差。

> “余修多罗①中，皆说一切空，此中②何故说，有真如佛性？”

又问：

> “处处经中说，内外一切空。有为法③如雪，及如梦幻等。此中④何故说，一切诸众生，皆有真如性，而不说空寂？”

法相宗回答说：

> “以有怯弱心，轻慢诸众生，执着虚妄法，谤真如佛性，计身有神我。为令如是等，远离五种过。”⑤

法相宗为佛教长远利益着想，他们认为“空”得太过分，把真如、佛性

---

① 修多罗(Sūtra)即“经”，修多罗是梵文“经”的音译。

② “此中”的此，即法相宗的经典。

③ “有为法”，指一切现实世界的东西。佛教认为现实世界的东西，有成就有坏，最后归于空幻。

④ “此中”的此，即法相宗的经典。

⑤ 《宝性论·本为何义说品》第七。

也给掏空了，显然对佛教有害。所以在与唯物主义观点为敌，不承认有客观世界的存在这一根本立场上，法相宗与大乘空宗没有两样。但是法相宗不满意的是大乘空宗把“空”的原则说过了头，对佛教信仰带来不利的后果，所以说它有“五种过”。第一种过，动摇信徒们成佛的信心，使他产生畏难思想(以有怯弱心)；第二种过，对众生(一切动物)的成佛决心估计不足(轻慢诸众生)；第三种过，夸大了一切皆虚妄的原理(执着虚妄法)；第四种过，也是在佛教立场看来最严重的错误，一切皆空，连“佛性”、“真如”也给掏空了，简直是对真如佛性的诽谤(谤真如佛性)；第五种过，是由第四种过引起的后果。意思是说，不承认真如佛性为实有，势必导致脱离佛教的根本立场，放弃了“真如”、“佛性”，而走向相信有一个不生不灭，永恒存在的“神我”的邪门外道的宗教中去。

法相宗，是在大乘空宗用全力破除现实世界非真正存在这一基础上建立起的佛教哲学体系。所以法相宗的大师玄奘，用了毕生最后的精力，译成了六百卷的《大般若经》。他并不是真正相信大乘般若空宗是最高的真理；而是认为，只有在般若空宗的理论基础上建立唯心主义体系才是有利于佛教的、彻底的唯心主义。法相宗认为大乘空宗，尽管有它的缺点，但比小乘佛教承认世界有主客观对立的说法要好一些。认为法相宗不反对大乘般若空宗的说法，在这一意义上说是正确的；但是如果认为法相宗相信般若空宗和相信法相宗自己的宗派那样真诚，说玄奘不专守一家，他对各家各派都相信，这是错的。法相宗的根本经典之一，如《解深密经》以三时判别佛教各宗高下深浅：

初时，为小乘说有教，明人空、五蕴空，未显法空，很不

> 彻底；
>
> 第二时，大乘空宗所依之《般若经》，然是有上①，有容②，未为了义；
>
> 第三时，有宗，说非有非空，中道教③。

这就是说，般若空宗的学说，是法相宗的学说的低级阶段，最高的真理还是大乘有宗的理论。玄奘在印度曾作过《会宗论》④，今已不存，据《解深密经》判教原则推知他必以法相宗作为最高原则，般若学说是法相学说的低级阶段，调和大乘空宗和有宗的对立。

> “法师又以《中论》、《百论》论旨唯破遍计⑤，不言依他起性及圆成实性。师子光不能善悟，见论⑥称一切无所得，谓《瑜伽》⑦所立圆成实⑧等亦皆须遣。所以每形于言。法师为和会二宗，言不相违背，乃著《会宗论》三千颂。”

法相宗并不是不讲空（现实世界是虚幻不实的），因为不讲空即不能否

① “有上”，上面还有更高的，意思是说，《般若经》的道理不是最高的，还有待进一步提高它。

② “有容”，里面还有待补充的，意思是说，《般若经》的道理还不全面，辽有补充的余地。

③ 《解深密经·无自性相品》大意。

④ 见《慈恩三藏法师传》卷四。

⑤ “遍计所执性”，是大乘法相宗“三性”学说中的一性，后面要讲到。

⑥ 这里的“论”，是指《中论》、《百论》等。

⑦ 《瑜伽师地论》，法相宗的根本典籍之一。

⑧ “圆成实性”，即真如佛性，“三性”学说中的一性，后面要讲到。

认客观物质世界的实在性，就不能建立他的虚构的“真如”、“佛性”的体系。如《解深密经》、《瑜伽师地论》[①]。都说有十七空。《显扬圣教论》[②]说十六空；《辨中边论》也有相类似的说法。在玄奘以前的真谛译有《十八空论》，也是从法相唯识的立场宣扬“空”现实世界的物质性的宗教学说的。他们不同于大乘空宗的是他们否认物质世界的同时，小心地保护着“真如佛性”的“有”，更加明确地肯定了“真如”、“佛性”的实在而不是“空”的。

现在且看法相宗是如何对待物质世界的存在，并如何歪曲它，把它说成精神存在的。

三

法相宗继承小乘的传统，把一切现象（法）分为两大类，一方面是精神方面的，叫做心法；一方面是自然现象方面的，叫做色法。不论是属于精神方面或自然现象方面，都不承认有客观实在的物质作为基础，都是识所变现出来的。这种现象，他们在印度小乘《俱舍论》七十五法的基础上分为一百法（如再细分还可更多），其中又分为五大类。

（1）八识：眼识、耳识、鼻识、舌识、身识、意识、末那识、阿赖耶识。这八识中，前面五种是属感觉方面的，第六意识管思维，也管感觉。第八识是总管一切。第七识联系第八识与前六识。这八种法，他们叫做“心法”。

（2）从“心法”（八识）派生的有许多心理活动，包括感情、意志、思想倾向（显著的和不显著的），等等，法相宗分为六组：

---

① 参看《瑜伽师地论》卷七七。

② 参看《显扬圣教论》卷十五。

第一组，有触（感触）作意（具有取境的倾向的意愿）、受（感觉）、思（思想）、想（观念）。这些，他们叫做“遍行”，带有普遍性，人人都有。

第二组，有欲（欲望）、胜解（认为）、念（记忆）、定（一心专注）、慧（佛教带有神秘直观意义的智慧），这些，他们叫做“别境”，因为这些心理活动，是对各个人的特殊的境而起的，不是普遍随时都起的。

第三组，有信（信念）、惭（对自己的惭愧）、愧（对于别人的惭愧）、无贪（不贪求）、无瞋（不仇恨）、无痴（不愚昧）、精进（努力）、轻安（心情舒适）、不放逸（不断努力）、舍（心情放松，但不忘记）、不害（不伤害别人）。这些，都是属于“善”的心理活动，叫做善。

第四组，有贪（贪求）、瞋（仇恨）、痴（愚昧）、慢（自高自大）、疑（犹豫不决）、恶见（错误见解）。这些，特别是前三种佛教叫做“三毒”，是众恶之首，都叫做烦恼，也叫做“本惑”，因为他们认为这些都是人类所具有的根本性的迷惑。

第五组，有忿（怒）、恨（仇恨）、复（掩饰错误）、恼（狠戾）、嫉（忌妒）、悭、诳、谄、害（伤害）、憍（骄傲）、无惭（对自己的不知惭愧）、无愧（对别人的不知惭愧）、掉举（心不平静）、惛沈（懵懂）、不信（不相信）、懈怠、放逸、失念（不记忆）、散乱（放逸的加重）、不正知（荒谬知解）。这些，叫做“随烦恼”，是从根本烦恼（本惑）派生的。

第六组，有悔（懊悔）、随眠（追逐外界的一种不由自主的精神状态）、寻（寻求）、伺（深度的寻求）。这些，叫做“不定”。

以上六组都是心的作用，统称为“心所有法”，简称为“心所”，就是心所具有的东西（法）。

(3)色法，是属于自然现象方面的。有：

眼、耳、鼻、舌、身、色、声、香、味、触等。

(4)不相应行法，“不相应”，即“不相似”，不同于前面所说的心法、心所有法、色法等，又不同于后面的“无为法”，这一类的法，不相似于其他四类的法。它们是：得(获得或成就)、无想定(坚持不去思想外界，使心不动，这是佛教以外的一种宗教的修养方法，佛教借用来说明人类有这种心理活动)、灭尽定(用力克制使思想不活动的一种心理状态)、无想天(无想定所追求的精神境界)、命根(即众生在一生全部活动过程)、众同分(众生各各自类相似的一些活动)、生(出生)、老(年龄衰老)、住(暂时停止，假说为住)、无常(现象的刹那生灭)、名身(两个以上的音节合集而形成的概念)、句身(两个以上的句子的合集)、文身(两个以上的字母合集)、异生法(或异生性，形成众生不同种类本性)、流转(变化)、定异(区别)、相应(因果现象的联系)、势速(速度)、次第(继续)、时(时间)、方(空间)、数(数目)、和合(全部、总体)、不和合(分解)等。不相应行，也称为“心不相应行”，意思是说，这一类的法，特别和心的活动现象有区别(不相应)。其实，它和色法也有区别(不相应)。

(5)无为法，是属于不产生也不消灭的法。有虚空无为(认识真理犹如虚空的精神境界)、择灭无为(得到至善的智慧的精神境界)、非择灭无为(通过神秘的直观而得到的精神境界)、不动灭无为(深思静虑，不为苦乐所动的精神境界)、想受灭无为(断灭一切观念、感觉，以直观显现真理的精神境界)、真如无为(得到真理的精神境界)。

法相宗这些法共一百个①，绝大部分有生灭，只有第(5)类无为法才是无生灭的实体。他们认为世界一切现象都是假相，是第八识的

① 参看《百法明门论》、《五蕴论》和《广五蕴论》等。计心法 8，心所有法 51，色法 11，不相应行法 24，无为法 6，合计为 100 个法。

产物。分析诸法的目的，是为了证明给人们看：世界上现象虽然复杂，千差万别，但它们只不过是由识所变现出来的假相。只有破除了这些假相的物质基础，才会给“真如”(他们所谓本体)留出地盘。许多研究法相宗的人，被他们那些繁复的名词，琐碎的论证唬住了，只看到他们千门万户，搞得眼花缭乱，反而忘了他们分析这些法是为了什么。这就容易在敌人的烟幕下，放走了敌人。

哲学上的根本问题，就是思维和存在哪是第一性的问题，和两者的关系的问题。经典作家的指示，是颠扑不破的真理。从法相宗的哲学思想体系，也充分证明这派学说是怎样向唯物主义进攻，并如何抹煞客观物质世界的存在的。

法相宗在佛逝世后约一千一百年才最后完成了它的体系，因此，它有更多的机会吸取佛教前辈唯心主义的成果，加以发挥。为了更彻底的反对唯物主义，法相宗从哲学的根本问题入手，构造它的唯心主义哲学体系。法相宗的基本办法是企图取消主观和客观对立的关系，他们把客观世界完全说成主观世界的作用。他们还主张，就是主观方面，能起认识、了别作用的，也不是由于人的身体的物质结构(如眼、耳、心等)，而是纯精神。也就是说，他们把哲学的根本问题，说成不是主观对客观的关系的问题，而说成纯主观的作用；在主观方面，起作用的也不是由于生理、心理的条件，而是纯精神的作用。

法相宗为了扩大主观世界无限辖区，他们开始不满足于以前的佛教哲学把人的主观认识能力、作用只限于六种识：眼、耳、鼻、舌、身、意，他们开始建立八种识。除了前面所讲的六种识以外，他们还说有第七识叫做“末那”(Manas)，第八识叫做“阿赖耶”(Ālaya)。法相宗认为六个识，还是不能解决彻底否定外界存在的困难。因为，“识”总是具有了解、认识的作用的，人们的传统的理解，总是认为

“识”是属于主观方面的。大乘空宗在打破外界的物质实体这一方面做了不少努力，单纯打破(佛教所谓“遮诠”)的方法，就是用消极的、取消、否定的方法，还不能使人们建立起对真如佛性永恒存在的宗教信仰。法相宗创造八识的学说，就是为了满足这种宗教要求。

“准诸识皆名心意识，随义胜说，第八名心，第七名意，余识名识。”①

窥基又对第八识作了补充解释：

“第八以集起义胜，故独名为心。”②

在《入楞伽经》中也说：

“藏识③说名心，思量性名意，能了诸境相，是说名为识。”④

法相宗的意思是说，八个识根据它们的主要特点分为三类。前六识(眼识、耳识、鼻识、舌识、身识、意识)是一类，其主要特点是起了别、认识的作用，通过它可以区别色、声、香(气味)、味(味觉)、触和思想想到的一切东西，包括有形的事物和无形的法则等。前六识的

① 《成唯识论》卷五之三。

② 《成唯识论述记》卷三。

③ “藏识”即第八识的另一个名称。因为它是构成世界的基本精神单子(种子)含藏的地方，所以又称为“藏识”。

④ 参看《成唯识论》卷五。

活动比较具体，也比较强烈，主要任务是向它所要认识的对象起追求作用。前六识（眼、耳、鼻、舌、身、意）中，前五识（意识除外）“唯外门转”，只向外追求它所要认识的东西。第六意识能“内外门转”，能向外追求，认识外境，也能向内思考，自己进行思维活动。前五识，向外追求，不会无因而起，总要有所依据，它们依据的是色、声、香等境界。第六识也不能无因而起，它所依据，据法相宗的说法，是以“染污末那为依止等”。①

重要的是第八识，阿赖耶识。第八识是前七识的最根本的共同的依据，所以又叫做“根本依”。有了第八识，其他七个识才能分别起它们应起的作用。第八识有发号施令、主持一切的作用，所以称它为心，它的特点是“动而无为”。

第七识是联系前六识和第八识的桥梁，它

> “执有相故，是先我执所生引故，令六识相缚不脱。”②

第七识虽然是桥梁，它也要依靠第八识才能起作用，“由有本识③，故有末那”。第七识的主要任务是永远、经常地维持前六识与第八识的联系。它是为第八识服务的，所以说“由有本识，故有末那”。它坚持：第八识是它的依据，它的存在以第八识的存在为前提。

法相宗虚构的八识学说是一系列的主观作用的描画，在这些主观作用的八个识中，他们把感觉经验方面五个识放在极不重要的地位，

---

① 《显扬圣教论》卷十七。

② 《成唯识论述记》卷二三。

③ “本识”，第八识是前七识的根本依，所以也称为“本识”。

把“动而无为”，不与外界直接关系的第八识放在发号施令的地位。前五识起作用时，要受第六识、意识的管束，意识可以单独活动，也可以与前五识一起活动，这种情况叫做“五俱意识”，前五识活动时，意识一定和它们一起，起指导和辅助前五识的作用。这里，法相宗也接触到感性与思维的关系的问题，但是实际上是贬抑感性的作用。而且他们连“感觉经验”也给改造成脱离客观对象的“感觉经验”。[①]

法相宗还在佛教唯心主义世界观的基础上，进一步加工，不允许有离开识有实在的境(对象)。法相宗认为八个识都是先分别由它们自己变现出它们所认识的对象(境)，然后才起认识的作用。认识不是主观与客观在发生关系，只是各个识的自己认识自己的过程[②]。这种彻底唯心主义的观点是从陈那[③]开始的。陈那在认识论问题上创立了“三分”的学说，他的目的在于反对唯物主义认识论(和有唯物主义倾向的)认为心外有客观对象的观点。法相宗认为一般人所谓“境”(外界、对象)，不是主观(识)去认识外界(境)，其实是自己的识所变现的“相分”；就是说，人们之所以能有外境的感觉，不是由于真正有离开主观独立存在的外境，而是由于人们自己的思想中现出来的外境的形相。“相分”就是心的属于被认识的形相的部分；与相分相对待的心的能够认识的部分，叫做“见分”，它是认识者的心中属于具有认识能力的部分。心的具有能认识的作用的部分(“见分”)和心中属于被认识的形相的部分(“相分”)都要依据心自己的“自证分”(也就是心的具有

---

① 这些观点，参看《成唯识论述记》卷一。

② 这些观点，参看《唯识三十颂》。

③ 陈那 Dignāga(第六世纪)是印度法相学说的创始人之一，也是著名的因明学家，对因明的改造有贡献。他的著作《观所缘缘论》有玄奘译本。

认识作用的第三部分)。这一部分("自证分")是相分和见分共同所依的①。他们不允许有离开心独立存在的"物","物"在法相宗的体系中不过是心的相分。

以玄奘为代表的法相宗与旧的以真谛为代表的一派,对于识的"能变"作用有不同的解释。真谛等也认为认识中的影相是识所"变"的,而不是外界事物自己所固有的,但真谛的说法,只承认第八识具有"能变"的作用,其余前七识只起能认识的作用,不能变现出它们(前七识)所认识的形相。他们说:

> "三界但唯有识,何者是耶?三界有二种识:一者显识②,二者分别识。"③

三界唯识已经是唯心主义的观点,但玄奘、窥基等人对于真谛等人的旧说法还不满足。他们不满足于真谛所主张的只有第八识具有能变的作用。窥基曾说:"真谛法师似朋一意识师意。"④这是说,真谛倾向于同情"一意识"学派的意见,窥基认为他们的看法是错的。玄奘、窥基要求更彻底地取消认识论中主客观的分别。因为,前七识如果只起能认识的作用而不能变现它们所认识的对象的形相,那还是有认识论的主观与客观对立的嫌疑。有主有客,在法相宗的立场看来,总不如只有主观而无客观更能保证唯心主义的彻底性。因此,他们就把八个识的认识对象,都分别地归为它们自己"见分"所认识它们自己变现出

① 大意参看《成唯识论》卷三之六,《成唯识论述记》卷十五。

② "显识"即第八阿赖耶识。

③ "分别识",即前七识。见真谛译《显识论》。

④ 《辨中边论述记》。

来的“相分”。他们认为，只有这样，才能把物质世界的客观存在消灭干净。

只“消灭”了客观对象还不算。法相宗更进一步对于主观认识方面的能力的物质基础也一概否定。佛教小乘认为认识要通过一定的身体部分的机构，他们叫做“根”。如通过眼的感觉器官（眼根）可以认识色；通过耳的感觉器官（耳根）可以认识声音；等等。法相宗认为这种说法还不免有精神作用依赖物质结构的嫌疑，岂不是会引申出没有物质结构的“眼根”，就没有精神作用的眼识？佛教小乘所讲的净色“根”，有些像今天所谓“神经系”，是细致的物质性的结构。意识（第六识）的根是“胸中色物”，意思是指的心脏。世亲早期著作，曾指出各个根的部位和形状，显然是物质性的。比如他说：

> “眼根极微，在眼星上，傍布而住，如香荽花。……耳根极微，居耳穴内，旋环而住，如卷桦皮；鼻根极微，居鼻额内，背上面下，如双爪甲；舌根极微，布在舌上，形如半月；……身根极微，遍住身分，如身形量。”①

从无着开始，对根的解释有所改变。他们认为只靠根，如前五识的根，不能起作用，必须通过意识（第六识）与前五识俱，同时在起作用（俱起）。这里，他们剥夺了通过物质性的根可以起认识作用的能力。法相唯识一派，十师之一的难陀（即欢喜的音译）认为五识的功能叫做根，不承认还有非物质性的净色根，并因此引起十师中另一派安慧的

① 《俱舍论》卷二。

反对①法相宗中，如护法、玄奘等彻底的唯心主义的一派，对小乘佛教的净色根加以改造，认为净色根：

> “以有发生五识用故，比知有根。由果推因故。”②

这就是说，能起认识作用的不是由于物质性的生理组织，生理组织他们叫做“扶根尘”，对认识只能起一点扶助作用，而主要的非物质性的“净色根”在起作用。

在法相宗的体系里，从认识论方面讲，他们取消了认识中的主客观对立的关系，把认识的作用仅仅归结为主观精神（心）的自我认识。在认识的主观能力方面，又改造了小乘佛教相沿已久的“根”的说法，取消了根的物质性，使生理结构在认识过程中只占极不重要的从属地位。总之，法相宗在促进佛教哲学彻底唯心主义化方面，尽了一切力量，可谓无所不用其极了。他们建立了八识的学说，以阿赖耶为主宰。别的识可以消灭，比如说，人死了，识就消灭了，不起作用了，只有第八识是永存的。这就为佛教的因果报应的宗教迷信制造了条件。如果没有一个永恒的不消灭的阿赖耶识，“人死如灯灭”，宗教宣传也就失去它诱骗人们进入佛国的作用了。

在认识论方面，可以玄奘在印度提出的“真唯识量”作为代表。玄奘在回国前的五印度僧俗无遮大会③上用生命来维护这一唯心主义观

① 参看《成唯识论》卷四、《成唯识论述记》卷二六。

② 《成唯识论述记》卷二六。

③ “无遮大会”，不论什么人，都可以参加的大会。

点的一组命题[1]。他的立论是这样的：

> “真故极成色不离于眼识——宗；
> 自许初三摄，眼所不摄故——因；
> 犹如眼识——喻。”[2]

单就三支因明推论的形式，和玄奘所使用的概念的明确性来说，这个推论是没有问题的。但是命题的真假，和逻辑推理形式的是否正确毕竟不是一回事。因此，只要不承认他的唯心主义的观点，不承认他们的因和喻，自然也就得不出有所谓“定不离眼识”的色，他这个自命为颠扑不破的“真唯识量”不过是概念上的玩弄。这“真唯识量”并不难破。如果承认了他的前提，接受了法相宗一贯坚持的“根”不能有认识作用，只有“识”才有认识作用，那就等于陷入了玄奘给论敌预先设下的圈套，就难以自拔了。实践是认识的出发点，也是检验真理的尺度。法相宗这一套，在实践的考验下，可以完全被粉碎。

经法相宗改造过的“根”的学说，就成了否认根的物质性的学说，他们只承认识能认识，而所认识的不过它自己变现出来的“相分”。前六识进行活动时，变现出所认识或所思维的“相分”，再用它们的“见分”去认识它的“相分”。世界上当然没有这样的事。第七识的活动，所认识的只是变现出一个似我的“相分”。第八识(阿赖耶)的“见分”、“相分”的关系的解释就更加支离了。法相宗说，第八识的“相分”可分

① 玄奘立“真唯识量”，自称“若其间有一字无理，能难破者，斩首相谢。”见《慈恩三藏法师传》卷五。

② 《因明入正理论疏》卷五。

为三部分：一是种子，二是根身，三是器界。“种子”是第八识所藏，不是第八识所变。照他们的逻辑，如果种子也说成八识所变，它(八识)的永恒性就会动摇。所以只能说八识是包藏种子的地方，第八识也叫做“藏识”。只是由于第八识的“见分”以种子为认识的对象，所以“种子”从它的认识中地位来说，逻辑上只好勉强叫它做八识的“相分”。根身，法相宗说，它有自己的种子，也有的说它是第八识的“见分”所变。它在第八识的性质他们自己也说不清楚。法相宗认为它是更带有神秘性，难以理解的。器界，相当于一般人所谓物质界，但也是八识所变。第八识“见分”的认识对象(相分)是上述的“种子”、“根身”，“器界”，而八识的“见分”据说“极深细，不可知”，只有佛才能认识八识的“见分”。

以上可见，法相宗反反复复，用了许多力气，无非论证他们的外在客观世界不存在，一切都是“识”(心)，没有物(境)而已。他们所依靠的、起决定作用的第八识，又是这样神秘的、难以理解的，因为它是臆造的，所以它是无法证实的。阿赖耶识这种精神性的实体，他们说是每一动物都有的，并且不随着动物的生命的结束而消灭，它会转移到另一个生物中去。实际上，第八识就是变相的不死的灵魂，不过他们不肯这样承认罢了。单就认识的作用和过程来说，法相宗的认识学说是主观唯心主义的，但是就他们建立的第八识永远存在，不因个人的死亡而消灭，它又是“客观”的、多元的精神性的微粒，又是客观唯心主义的。

四

法相宗，在认识论方面，取消外境，只留下心的活动和功能。在世界的构成、发展的问题上，也同样发挥了它的彻底的唯心主义特点。

法相宗建立了精神性的单子——“种子”说，认为种子是构成世界的原因。据说种子有六种或七种特性：

(1)种子是各各独立的、最小单位的实体。

(2)种子不是不生不灭，而是刹那生灭，前者随灭，后者随生，即灭即生，不是前者灭了之后，后者方生。

(3)种子是诸识的对立面，种子是能生，诸识(也叫做现行)是所生。一能一所，互相依赖。

(4)种子生自己同类的种子，各不相乱(如眼识的种子亲生自己的眼识)。

(5)种子分本有种子和始起种子。①

(6)种子分为相分见分。②

(7)一切种子有染、净的分别。他们也叫做有漏种子(染污的、恶的)和无漏种子(至善的。一般的善仍是有漏种子)。③

法相宗建立的“种子”观念，可能看到谷种、稻种能产生新的谷和稻，由此主观地推论出世界万物的产生也应当有它的种子。又由于他们否认有物质的客观世界，他们认为一切都是人的“识”产生的，从而认为种子离不开人的主观的精神，它不是物质性的，只能是精神性的。他们又认为人的主观精神(心)最根本的是第八识，种子藏住的地

---

① “本有种”又称“法尔种”，是本来就有的，不是从别的东西引发出来的；“始起种”又称“新熏种”，是由于后来的外在原因，引发出来的，因为它有开始，所以叫做始起种。

② 无着开始建立种子说，只是讲八类心和心所有法各各有种。世亲、护法发展了无着的学说，都分为相分和见分。

③ 种子六义是：刹那灭，果俱有，恒随转，性决定，待众缘，引自果。并参看《成唯识论》卷二。

方在第八识的里面。种子和第八识是虚构的互相依存的精神实体。

无着认为种子是本来就有的，《瑜伽》说种子有七义，世亲的《摄大乘论释》中说种子有六义。① 不论种子有六义或七义，它的根本意义在于说明种子是一切法（东西）的根本原因，所以又称为“第一缘起”。无着认为种子是本来就存在的。世亲以下，有不同的说法。有一派遵循无着的成说，认为种子“本有”，还有一种说法，认为种子是由现行熏习才有的。“现行”（前七识）在生灭的过程中留有余势，这种余势不会立刻消灭，投入第八识中，即形成了种子，这一类的种子是新熏种。种子作为因缘（因果关系的因），产生后一刹那（后一念）的种子。护法、玄奘、窥基等综合了本有和新熏（即始有）两种说法。照法相宗的理论，如果只有新熏种，不立本有种，开始时即无因而起，理论上有困难。如果只讲本有，不讲新熏，也不容易说人类的前念对后念，前一事物对后一事物的影响的关系②。

法相宗建立了种子学说，为了便于他们解释世界上一切心理现象和自然现象的起源、变化的原因。当然，他们的原因，只不过是精神的原因。

法相宗在种子学说的基础上创制了他们的“缘生”的理论。缘生，本来是小乘佛教中早已有的观点，但在法相宗的体系中，完全改造了小乘的缘生说法，从而形成了他们的唯心主义的世界起源的学说体系。他们认为精神现象的产生，要具有四种“缘”；自然现象的产生，要具备四种缘中的两种就行了。“四缘”是：

---

① 种子的性质参看《瑜伽师地论》卷五二，《成唯识论》卷六，卷二，世亲的《摄大乘论释》卷二。

② 关于种子本有，新熏的问题参看《成唯识论述记》。

> “一因缘，二等无间缘，三所缘缘，四增上缘。因缘者，谓种子。等无间缘者，谓若此识无间，诸识决定生，此是彼等无间缘。所缘缘者，谓诸心所所缘境界。增上缘者，谓除种子，余所依。……由种子故，建立因缘；由自性故，立等无间缘；由所缘故，立所缘缘；由所依及助伴故，立增上缘。”①

法相宗认为自然现象的产生，只要因缘和增上缘即可。无论精神方面的活动和自然现象，因缘是最基本的。因缘是有生灭的，它的特点是“亲办自果”，它自己的“因”产生它自己的“果”。种子引发前七识的活动，而前七识的活动又引发新的种子；种子又可以引发它自己的种子。关于因缘的详细的解说，见《成唯识论》卷七，《瑜伽师地论》卷五一及卷八五，《显扬论》卷六，《成唯识论》卷二，《集论》卷三等著作都有类似的论述。

因缘，是法相宗的关于万物起源的重要观点。它是种子和前七识（现行）交互影响的产物。种子生种子，种子生现行（前七识），现行生种子。法相宗的因缘说，认为事物的成因不是由于外界物质原因（他们不承认有所谓物质），而是由于精神。物界、心界，都是种子的产物。

法相宗的因缘说，已涉及因果关系的问题。法相宗反对无因论，认为一切事物的生灭都受它的因果关系的制约。我们必须指出，他们所讲的因果，不是指的现实物质世界的客观规律。他们说：

---

① 《瑜伽师地论》卷二。参看《瑜伽师地论》卷八五、五一《成唯识论》卷七。在这些不同的著作里，对于四缘都有大同小异的论述。

“此识(按：即第八识)无始因果，非断常义。谓此性识无始时来，刹那刹那，果生因灭。果生故非断；因灭故非常。非断非常，是缘起理。故说此识恒转如流。”①

从科学的观点来说，因果不是抽象地存在着，而是事物的规律所表现的现象间在一定条件下所具有的本质的、普遍的、必然的联系。这种联系是在一定的条件下，一定的时间里出现的。正因为如此，所以它体现了物质运动的规律性，也就是事物的本质的关系。列宁说：规律就是“本质的关系或本质之间的关系”②。因果关系，正是事物间的一种本质联系。唯物主义者的因果观，认为一定是前因后果，体现事物在时间中的发展过程。而一切唯心主义者都在因果关系上进行歪曲。法相宗的因果观，首先指的不是物质性的事物，不是客观的实在，他们只是指的在心中前一观念与后一观念的刹那生灭的因果关系。因果范畴，在他们的哲学体系里被歪曲为“识的流转相续”，抽掉了物质基础，他就可以大胆地乱说：

“前因灭位，后果即生，如称两头，低昂时等。如是因果相续如流，何假去来，方成非断？因现有位，后果未生，因是谁因？果现有时，前因已灭，果是谁果？既无因果，谁离断常？若有因时，已有后果，果既本有，何待前因？因义既无，果义宁有？无因无果，岂离断常？……应信大乘缘起正理，谓此正理深

① 《成唯识论》卷三。

② 《黑格尔〈逻辑学〉一书摘要》，《列宁全集》第38卷，161页。

妙离言，因果等言皆假施设。”①

法相宗在这里极力反对小乘佛教把因果关系说得过死的观点，反对符合常识的因果观，而建立它的超因果的观点。抹煞科学的因果规律。第一，他所谓因果不是指的事物的发展的过程；第二，因果不是在一定的时间里进行的；第三，取消了因果的关系和时间先后的相继续的特点，而把因果说成不在时间里的同时出现的思想活动，如果抽掉了时间的制约，因果就失去它的基本意义，“因”也可以说成“果”，“果”也可以说成“因”，等于否认因果。事实上，法相宗正是要抹煞现实世界的、科学的因果关系。

在“等无间缘”的问题上，法相宗也把现象界的发生变化的关系先肯定，随后歪曲，终于抹煞。他们说：

“等无间缘，谓八识及彼心所前聚于后，自类无间，等而开导，令彼定生。多同类种俱时转故。”②

从字面上看，是说，识从前念或识不断地让位给后起的念或识，永不停止。它是按次序的先后产生的，所以又叫做“次第缘”。但是我们考查一下，法相宗是如何认识时间范畴的，就可看出他们的所谓先后，并不是在时间里真正有先后。他们说：

“时者，谓于因果相续流转，假立为时。何以故？由有因果

① 《成唯识论》卷三。

② 《成唯识论》卷七。并参看《瑜伽师地论》卷五二、八五。

相续转故。若此果已生，已灭，立过去时；此若未生，立未来时；已生未灭，立现在时。”①

又说：

“依一念生灭，假说过、现、未，而实无有时分可得。”②

法相宗所谓“三世”，其实只是一识的变现。既然讲先后识的过渡、延续的关系，却又否认时间是客观事物存在的形式。还有什么先后的必然关系可说？

同时，他们对空间的看法也是采取了取消的手法：

“依何分位建立方？此复几种？答：依所摄受诸色分位建立方。此复三种，谓上、下、傍。”③

法相宗虽然讲到所谓空间(方)，这种方位并不认为是真实的，而是“假立为方”。④ 列宁指出：

“世界上除了运动着的物质，什么也没有，而运动着的物质

① 《杂集论》卷二。
② 《成唯识论述记》卷八。
③ 《瑜伽师地论》卷五六。
④ 《杂集论》卷二。

只有在空间和时间之内才能运动。”①列宁又说：

“唯物主义既然承认客观实在即运动着的物质不依赖于我们的意识而存在，也就必然要承认时间和空间的客观实在性。”②

和唯物主义者恰恰相反，法相宗的时间空间的观念，是为他们的宗教唯心主义服务的。否认外界，取消外界，当然也要否认时、空的客观实在性，只有把它说成“假设”的东西。他们又把这“假立”的时空观念反转来帮助论证现实世界的是识的变化的结果。

“所缘缘，谓若有法，是带己相心或相应所虑所托。此体有二；一亲，二疏。”③

所缘缘，以所缘境为仗托，这也是法相宗的唯心主义突出的一个观点。法相宗认为一种外境和认识的主体不可分开，“能缘（主体）入所缘（对相）宛若一体”，主客不分，才能产生认识作用。玄奘在印度曾与印度小乘佛教正量部的般若毱多进行辩论，玄奘用“挟带义”（主观吞没客观的挟带作用）攻击般若毱多。④ 法相宗反对认识作用是反映外物的过程。

---

① 《唯物主义和经验批判主义》，《列宁选集》第2卷，177页，北京，人民出版社，1972。

② 同上，176页。

③ 《成唯识论》卷七、卷一，并参看《瑜伽师地论》卷五二、八五，《杂集论》卷五。

④ 《成唯识论述记》卷四。

> “增上缘，谓若有法，有胜作用，能于余法或顺或违。虽前三缘，亦是增上。”①

增上缘就是增加的条件或关系，增上有扶助的意思。有的增加的条件是对于某种事物起积极作用，使它便于发展的，叫做“顺”的增上缘，也有的增加的条件对于某种事物起消极、限制作用，使它不能顺利发展的叫做“违”的增上缘。法相宗认为增上缘对于促进或延缓事物的发展是很重要的。

以上这四缘，共同的特点，都可表明法相宗对于世界万物的起源、发生和发展，都看做是种子、或识的作用的结果。他们在宇宙论方面也贯彻了他们的唯心主义原则。法相宗把产生万物的最根本的“缘”，因缘的种子，安放在阿赖耶识中。因此心或精神成了万化之源。又由于种子是多，不是一，是永恒存在，不是随生物的躯体的消灭而消灭。所以在宇宙生成的学说上，法相宗又有些像莱布尼兹的单子说，它具有多元的客观唯心主义的特点。

法相宗之所以建立他的缘生学说，目的不在说明世界，而是在于通过对世界歪曲的说明，以建立他们的宗教世界观。

世界是种子在生生灭灭中进行着的。种子又是经常处在染污的情况下，每一众生的第八识中包含着有漏种子和无漏种子。实际上，在现实世界里，起作用的指导着人们的生活的是有漏种子；无漏种子不得显发。佛教法相宗认为，有漏种子是使人类陷于苦海的根本原因，只有根本切断有漏种子，才能使人免于轮回之苦。那就要彻底消灭有漏种子，使阿赖耶识不再起作用。为了开辟一条通向天国(真如世界)

① 《成唯识论》卷七《瑜伽师地论》卷五二、八五《杂集论》卷五。

的道路，在人生问题方面，他们提出了“三性”、“三无性”的学说。

“三性”是一遍计所执性、二依他起性、三圆成实性。法相宗把人类的正常认识叫做迷妄，他们说，人们之所以有“迷妄”，就在于人们相信外界事物是真实的。

> “遍计所执自性者，谓依名言，假立自性。为欲随顺世间言说故。”①

法相宗认为只要接受他们的“相无性”的原则，就可以对治遍计所执自性的“迷妄”。他们叫人第一步就否认外界的客观真实性，接受他们的一切事物没有实体的“相无性”的观点。

依他起自性，是法相宗缘生说的另一个提法。他们认为依他起性是

> “心心所及所变现，众缘生故，如幻事等，非有似有，诳惑愚夫。一切皆名依他起性。②

既然一切心和物的现象是由众缘而起，所以法相宗认为只要接受了缘生这一唯心主义的关系学说，就不致以幻为真，就可以接受他们的“生无性”的观点。生无性，是说事物的产生由于四缘，因而取消了事物产生的物质基础。

---

① 《显扬圣教论》卷六。并参看《瑜伽师地论》卷七三、《摄大乘论》卷二、《成唯识论》卷八。“三性”，或译作“三自性”，义同。

② 《成唯识论》卷八。

“圆成实自性”，是真如佛性的另一个说法：

> “云何圆成实自性？谓诸法真如。圣智所行，圣智境界，圣智所缘。”①

法相宗破除物质世界，反对唯物主义的观点，目的无非教人接受他的真如佛性的出世哲学。他们认为，如果认识了并且接受了他们的圆成实性的学说，就达到了“胜义无性”的最高境界。“三无性”的学说，是针对“三性”学说来说的。

> “依此初遍计所执，立相无性。由此体相毕竟非有，如空华故。
>
> 依次依他，立生无性。此如幻事，托众缘生。无如妄执自然性故，假说无性，非性全无。
>
> 依后圆成实性，立胜义无性。谓即胜义，由远离前遍计所执我法性故，假说无性，非性全无。”②

法相宗真正空的只有遍计所执性。依他起性，他们认为是相对的真实，比如作为因缘的种子就不是空无的。至于圆成实性，是实有，并非空无，是绝对真实的。

可是，问题恰恰出在这三性和三无性的关系上。圆成实性或真如

① 《瑜伽师地论》卷七三，并参看《显扬圣教论》卷六《摄大乘论》卷二，《成唯识论》卷八。

② 《成唯识论》卷九。

佛性，法相宗认为是万法(一切事物)的实体，但佛教认为真如是“无为法”，就是说它对于世界不具有加工、改造、推动的作用，它是不造作、不生灭、永世长存的。它是绝对清净，不杂有染污的精神实体。法相宗抬出这样一个虚构的超现实的本体，作为人们向往的目标。

同时，在现实世界里经常起主导作用的是阿赖耶识中所藏的种子，而种子和阿赖耶识又是互为因果的。如果照法相宗的指点，舍染归净，就必须割断阿赖耶识和众生活动的内在联系。真如界是永远不生不灭的，现实世界是永远生生灭灭的；真如界是绝对清净的，现实世界是染污的。真如佛性是无漏的、圆满的；现实世界中，人们的意识(包括八个识)是有漏的、不圆满的。如何才能沟通现实世界和真如世界隔阂呢?

法相宗企图从理论上打通人间和佛国两个世界，使人们逃避现实，进入佛国。他们说阿赖耶识包括有漏种子和无漏种子。有漏种子不断经过善行的熏习，可以从有漏转到无漏。阿赖耶识即转成“无垢识”，阿赖耶识就不存在了。但佛教大乘法相宗的体系，本有种是“法尔故有”的，不是由真如产生的。熏习种也不是真如熏成的，它是前七识所熏的。真如对于本有种或熏习种都无能为力。真如是无为无作，不能产生万物。真如既不能产生万物，又如何使人舍染归净呢?① 且不说叫人“成佛”本身是个骗局，单就理论上说，法相宗认为只有佛能断尽有漏种子；有漏种子断尽才是佛。这一循环论证的窘境，他们无法摆脱!

法相宗宣扬离开每个具体的人还有所谓独立永恒存在的精神的实

① 法相宗变有漏为无漏的学说，可参看《成唯识论》卷三。

体阿赖耶识，和它含藏的精神的种子；认为人类的认识不过是自己的“见分”认识自己的“相分”；只承认主观世界而抹煞了客观世界。这种错误，正如马克思所指出的：

> “……无人身的理性在自身之外既没有可以安置自己的地盘，又没有可与自己对置的客体，也没有自己可与之结合的主体，所以它只得把自己颠来倒去：安置自己，把自己跟自己对置起来，自相结合——安置、对置、结合。”①

马克思刺中了近代客观唯心主义的心脏。法相宗的阿赖耶识虽不就是近代资产阶级哲学家们所谓“理性”，但是这些指示的基本精神和原则对于我们剖析古代法相宗的唯心主义体系也是完全适用的。

五

法相宗在中国佛教史上可谓最忠实于印度大乘有宗的哲学体系的。玄奘本人和他的弟子们都严守从印度搬回来的经典的教义。他们介绍印度学说的谨严的治学态度也是为佛教学者及资产阶级学者所称道的。在唐太宗和唐高宗时期，也曾风靡过一时，但前后不过四十年，即衰落，并从此一蹶不振。直到辛亥革命后的十几年间，军阀统治时期又曾呈现过一度表面的热闹。一些资产阶级学者们说，中国人民喜欢概括，不喜欢烦琐，所以这一派衰落了。我们认为这是一种不能自圆其说的唯心史观的说法。既然中国人喜欢概括，不喜欢烦琐，

---

① 《政治经济学的形而上学》，《马克思恩格斯选集》第 1 卷，105 页，北京，人民出版社，1972

就应当根本不能流行，何以有三四十年的兴盛时期？既然中国人不喜欢烦琐，为什么辛亥革命后的十几年间，中国人忽然又喜欢烦琐了？如果说喜欢概括是中国人的天性，那末禅宗总算够概括了，何以禅宗盛行了一阵子也衰败下去了？我们还是应当牢记着马克思的教导：

> “我们不把世俗问题化为神学问题，我们要把神学问题化为世俗问题。”①

法相宗之所以暂时得到发展和传播，和唐太宗的政治要求有直接的联系，也和唐初的宗教政策有关系，同时，和玄奘个人为建立他的宗派的政治积极活动也有关系。

唐太宗本人是不信佛教的。他有几次下诏书明白宣示他对佛教的态度。② 但是他为了利用宗教作为工具，他的确也曾下诏建寺，度僧。在他取天下时，他和他父亲李渊都利用僧人的力量，帮他打天下。③ 唐代统治者为了加强对人民的思想统治，对佛教曾充分利用。尽管唐太宗不喜欢佛教，但是为了他自己王朝的长远利益，制定一些推广佛教的政策，这是可以理解的。唐太宗也正是这样做的。

玄奘是一个学者、翻译家，这是人所公认的。但是，作为一个宗派的开创者，没有一定的政治活动能力，是不可能的。玄奘对当时唐太宗关系处得很好，他也善于迎合统治者的心意。有一次唐太宗问

---

① 《论犹太人问题》，《马克思恩格斯全集》第1卷，425页。

② 唐太宗的手诏：“朕今所好，惟在尧舜之道，周孔之教。”（《贞观政要》卷六）又说：“至于佛教，非意所遵。”（《旧唐书》卷六三）

③ “武德七年，任僧法雅发京寺骁悍千僧，充军位。”（《唐高僧传》卷三一）又李世民曾借少林寺僧，平王世充。（见《金石萃编》卷四一）

他，到印度求法，“山川阻远，方俗异心”，你怎么能到达的呢？玄奘回答说，由于皇帝的威德所致。这种回答，近于阿谀奉承，显然不像由衷之言。玄奘为了扩大他所译经的影响，曾经几次恳求皇帝给他译的经作序，唐太宗不愿为他作序，而对他的《西域记》很感兴趣。在玄奘的坚决请求下，皇帝终于写了一篇序文。这对于玄奘的学说的推广，应当是起了积极作用的。玄奘还利用皇太子为他的译经作序以扩大他的影响。果然：

> “自二圣序文出后，王公百辟，法俗黎庶，手舞足蹈，叹咏德音，内外揄扬。未及浃辰，而周六合，……归依之徒，波回雾委。所谓上之化下，犹风靡草，其斯之谓乎！如来所以法付国王，良为此也。”①

《慈恩三藏法师传》的著者彦悰，对于皇帝给玄奘的支持和它产生的效果说得很清楚了。玄奘还经常与皇帝谈论，有一个时期，成了太宗每天不可少的侍从人员。这固然影响了他的翻译工作的进行，但也有利于他出入宫廷，结交皇族、达官贵人。而且玄奘绝不是不问外事的书呆子，就连宫廷里皇后怀孕将诞生太子，他都事先打听清楚，并为皇后“乞平安”②。太子出生后，他又要收太子作徒弟，上尊号奉为“佛光王”，这些行动，都不是一般不懂政治的僧人能做得到的。道宣《唐高僧传》曾讲到大慈恩寺梵僧那提，由于相信空宗，与玄奘的法相宗

---

① 《慈恩三藏法师传》卷七，这里说的“二圣序文”就是指的唐太宗和唐高宗先后给玄奘的译经写的序。

② 《慈恩三藏法师传》卷九：“皇后在孕，未遂分诞，玄奘深忧惧，愿乞平安。”

理论不合，携来的经籍没有机会翻译。[1] 可见打击别人，抬高自己，扩充地盘，这些手法，玄奘也是惯于使用的。道宣与玄奘无利害关系的矛盾，不必无中生有。后来法藏一派的华严宗排斥玄奘的法相宗，已成为公认的事实。

宗教和其他上层建筑一样，它能不能起作用，主要看它能不能很好地为它的基础服务。马克思说过："理论在一个国家的实现程度，决定于理论满足这个国家的需要的程度。"[2]法相宗不是从中国土生土长的，不是为了适应中国当时唐帝国的基础而建立的，是佛逝世后一千年到一千二百年间纯粹印度的佛教理论。这一派理论，在印度已开始没落，已成为典型的中世纪烦琐的形式主义的佛教经院哲学。而当时，中国的各宗派，针对着中国社会内部的矛盾，纷纷提出如何解决成佛的问题和佛性有无的问题，玄奘也是带着这个问题上西方求经的。可是他到了印度时，学到的是一些书本的知识，而对于如何转变有漏种子为无漏种子，如何割断阿赖耶识在生命中的作用，玄奘在理论上没有获得解决。玄奘法相宗全力以赴，做得最多的是"取消"客观世界物质性的工作。对于当时中国，具有丰富的阶级斗争经验的统治阶级来说，他们要求的是如何向人民大众散发廉价的进入天堂的门票，而不是反反复复地从理论上论证客观世界和阿赖耶识的问题。

玄奘的建立法相宗及其不久即遭失败这一事实，说明上层建筑，即使与经济基础离得较远的，像宗教，它毕竟要适合它的经济基础。外来的上层建筑搬了来，不加改装，只能暂时靠某些外因，起一时的

---

① 《唐高僧传》卷四。

② 《〈黑格尔法哲学批判〉导言》，《马克思恩格斯选集》第1卷，10页，北京，人民出版社，1972。

作用，到底它生不了根，更不能发展。我们从隋唐的几个重要宗派的建立和发展的过程中不难看出，凡是对经济基础适合的，就得到发展；不适合的，就停滞；生硬移植的就会枯萎。这一事实也说明了历史唯物主义关于经济基础和上层建筑的关系的原理。正如恩格斯所指出过的：

> "……每一时代的社会经济结构形成现实基础，每一个历史时期由法律设施和政治设施以及宗教的、哲学的和其他的观点所构成的全部上层建筑，归根到底都是应由这个基础来说明的。"①

由此可见，法相宗的哲学思想的兴衰，不能从人民的"性格"中去找寻原因，应该，也只能从它和当时的经济基础和阶级斗争中去寻找原因。辛亥革命后十几年间，旧中国曾有过一度抬头的法相唯识之学，也不是由于法相宗本身有什么真理，而是在当时学术界复古主义的逆流影响下，有中国考据，也有洋考据。有汉学家的章句之学，也有洋章句之学。那时的法相唯识之学曾热闹过一阵，正是当时复古主义用烦琐的唯心主义对抗新思潮而出现的一股逆流。他们以佛教烦琐哲学向当时的唯物主义进攻。

今天我们还要研究法相宗的学问，但是今天我们不是打算在这里面去寻求"真如境界"，去找什么"精神的寄托"，而是要经过批判，来总结过去唯心主义如何向唯物主义进攻的经验教训，找出它的规律。和几十年前以"振兴佛法，济世救国"为借口，坚持唯心主义，对抗唯物主义，引导人们脱离现实斗争的人士们的想法和做法，是根本不同的。

---

① 《反杜林论》，《马克思恩格斯选集》第1卷，66页，北京，人民出版社，1972。

隋唐时期的佛教文化

一、佛教经学的建立

汉代佛教传入内地，与中国传统宗教相结合，表现为祠祀，成为黄老、神仙信仰的附庸。魏晋时期，《老》、《庄》学说流行，佛教般若学依附玄学，遂有般若学的“六家七宗”。“六家七宗”是佛教理论中国化的开始，也是中国僧人系统地发挥佛教理论的开始。此后，中国佛教界有越来越多的理论家由中国僧人充当，西方来的译经大师逐渐退居第二位。中国僧人经历了自己长期的创作和研究，形成了佛教经学与儒家经学争衡。

经典注疏。南北朝译经，由主译者随译随讲。经典译出后，随着流布地区不断扩大，讲解者根据自己的理论水平，理论修养进行注解。南北朝时期，南方学术风气尚文采，重思辨，注疏较多。北方社会风气尚质朴，重宗教实践，石窟造像较多，注疏较少。

佛教经学传授方法深受两汉儒家经学传授方法影响，两者采用方式大致相同。中国知识僧人出家前多受儒教熏陶，出家后为了传教，为了扩大佛教影响，为了与佛教以外的“异教”辩论，佛教徒不得不学习佛教以外的典籍，僧传所载著名学僧“学通内外”。中国社会环境培养出来的佛教知识分子，大都先接受儒家经学的基本训练。汉儒的章句训诂之学，魏晋玄学的“得意忘言”之教，都给魏晋隋唐佛教经学的建立提供了现成的模式。东晋道安在《安般注序》中说：

> 魏初康会为之注义，义或隐而专显者，安窃不自量，敢因前人为解其下。

《道地经序》说：

> 寻章察句，造此训传。

《人本欲生经序》说：

> 为之撮注，其义同而文别者，无所加训焉。

早期佛经注，大致如道安所说，逐文释义，不作发挥，这对于佛经初学者有辅导作用。南北朝时期，长江南北有许多成实论师。他们一生讲解《成实论》若干遍，受到朝廷和社会的重视。《成实论》为小乘学的一派，出现时期较迟，佛教的基本概念，这部书里讲得比较清楚，是当时流行的一种“佛教哲学手册”，学了《成实论》对佛教的一些基本概念有了一个大致了解，再读其他佛经就容易了。许多成实论师自己没有什么体系，他们所从事的是佛教的章句之学。

有了章句之学为基础，更进一步研究，他们要系统钻研基本思想，玄学方法被广泛采用，用“经序”来概括一部佛教的宗旨，用“目品”来概括经中某一章节的宗旨①南北朝后期，佛经著述逐渐增多，学派林立，讲经的章句、口义(讲义)渐多，日趋详备，注疏日趋繁复，到隋唐时，佛经注疏及讲说著作比南北朝又有所发展，有似汉儒解经、广博、繁琐，兼而有之。

注疏不能离开经典原文，论著则可以离开原著，尽量发挥作者的见解，曾涌现过多种“经序”。经序本来是经的提要，但有的经序却不一定能代表原著宗旨。如鸠摩罗什译出《大智度论》后，请慧远作序，慧远的“序”，有的地方并不符合《大智度论》的看法。此外，还有专题论文的“论”②。此外有译著纂集，有全集节略本，有汇编本，有的具有辞书性质。此外尚有佛教史传的编辑，佛教经典目录学。

经过南北朝几百年的发展，佛教经学到了隋唐已有很大规模。

开皇元年(公元 581)，高祖普诏天下，任听出家，仍令计口出钱，营造经像。而京师及并州、相州、洛州等诸大都邑之处并官写一切经，置于寺内；而又别写藏于秘阁。天下之人，从风而靡，竞相景慕，民间佛经，多于六经数十百倍(《隋书·经籍志》)。

---

① 僧叡：《中论序》称“予玩之味之，不能释手，遂复忘其鄙拙，托悟怀于一序，并目品义，题之于首”。道生在法华经疏中对《药草喻品》说“圣教沾神则烦恼病愈，故寄药草以目品焉。”

② 佛经的论文，保存在《弘明集》及《广弘明集》中，不具引。

二、佛教的普及与提高

任何宗教的传播都要注意吸收广大群众，有了群众基础，宗教才能扩大势力范围。根据群众的水平、社会地位，采取不同的传教内容。对上层知识阶层，用佛教哲学打动他们，并利用中国的儒家传统经籍知识，融通发挥，佛教理论已成为中国哲学的一部分，充实了中国哲学的内容。佛教的心性论，经过了南北朝近四百年的长期发掘，形成许多流派，构造了许多哲学体系。如影响较大的摄论学派和地论学派，把哲学心性论推向一个高峰。隋唐时期，由于国家的统一，经济、政治、文化的高度发达，佛教哲学理论也较南北朝时有所前进，佛教哲学与民族传统文化结合得更紧密。是理论的需要，也是社会的需要，它更加中国化，更具有中华民族的特色。表示佛性本有、始有的基本概念，已不再围绕着“阿赖耶识”转圈子，而是明确使用了“心性”等中国哲学范畴，经过了佛教理论洗礼的范畴，它不同于先秦两汉时期的“心性”的涵义，而是有了更丰富的内容。

理论的阐发，只限于上层知识分子；更广大的信徒，则靠佛教的通俗宣传。各大寺院都有成系列的佛教故事画，壁画多出自名家手笔，如吴道子的作品中，有很多属于佛教故事，唐人记载，吴道子画佛教轮回的故事，屠宰场的生意大量减少。唐代各大寺设有“俗讲”讲座。用佛教经典中的劝人为善的故事吸引听众，除了一般市民以外，宫廷贵妇也前往听讲。善于讲故事的僧人，用趣味性吸引群众，有时连续讲一两个月，听众听得入迷。还有用幻灯或图画吸引听众的。这种文娱方式，后来成为中国说书、说唱、皮影戏、评书的开端。

隋唐佛教的发达，不是孤立的现象，佛教已成为隋唐社会的上层建筑，它的政治作用不下于儒教，影响的广泛甚至在儒教之上。佛教经历了魏晋南北朝的长期传播，积累了大量资料，并不断地修改得与中国封建宗法制度相适应。佛教信仰在中国，已不止是个人的事，它是协和王化的一种工具，不但不违背忠孝，而且成了维护忠孝的必要手段。①

在唐代，释迦、孔子、老子并列为圣人，都被看作人类的导航者，中国广大佛教徒已不把释迦当外国人看待。佛教寺庙与孔庙同受尊重。孔庙，一个城市只有一所，而佛寺在大小城市数目无法统计。佛教经典与儒教经典同样不可亵渎。佛教经学与儒教经学平分天下。道教也力图凭借皇家的支持，建立自己的经学体系，但根基不及儒佛两家深厚，也有广大信徒，三家之中，道家势力最小。

三、佛教与儒道两教的融合

中国封建社会的特点为封建宗法制，是以父系家长为本位构成的封建制度。这种制度用家族血缘关系为纽带，以保证自天子以至于平民的多等级的统治秩序。周民族统治中原后，即建立了奴隶宗法制。春秋战国时期，奴隶制转变为封建制，宗法血缘为纽带的统治经验被保持下来。这个特点在世界范围内也是很特殊的。

从周公相传下来的典章制度为孔孟所继承，孔孟建立了儒家。儒家的理论成为后来维持封建宗法制的指导思想。董仲舒开始把儒家思想与阴阳家思想相结合，造成神学体系，天子是人又是神，为君权神授建立了理论基础。经历了东汉白虎观会议，形成书面记录，《白虎通》神学经学正式建立。神学经学以儒家标榜的“三纲”为骨干，“君

① 反对佛教的大臣贵族，为了给死后的父母修福，也开凿佛窟，表达孝思。姚崇在洛阳龙门极南洞有为父母造佛像的题记。

臣”关系又是“三纲”中的核心。治天下、为人、处世，都要服从“君臣”大义。君臣关系成为一对永恒的原则。推衍到极端，甚至认为天地日月所以能按规律运行、不出差错，就在于它符合、体现了“三纲”的原则。

只要有封建制，就离不开儒家的说教来维持其统治秩序。南北朝时期，中国处于分裂状态，儒家定于一尊的独霸地位受到削弱，玄学思想一度上升，以后又有了佛教和道教，于是出现了四种思想体系，儒家、玄学、佛教、道教。这四种体系中，玄学势力不久即衰，南北朝时期只剩下三种思想体系，即儒、佛、道。只要有封建制度存在，必然离不开儒家的思想。儒家在南北朝时期，失去独尊地位(与汉代比)但朝廷离不了它，它是稳定封建等级制的最有效的思想工具，门阀士族地主阶级为了更好地巩固其政治特权，儒家经典中的礼制，尤以与继承权有关的丧服制受到更大重视。甚至有一部分有名望的僧人，也研究起丧服经来。

道教作为一种中国本土的宗教，在汉末已形成一股强大势力。道教的传播得到两股社会力量的支持。道教讲长生、黄白术，宣传兴国广嗣之术，对上层贵族、宫廷有吸引力，为帝王、贵族所信奉。道教同时用符水治病，它的某些互助互救的制度，为下层劳苦群众所欢迎。这样，上下结合，东汉末年发展得很快。在民生困苦、政治黑暗的东汉末年，造成了道教滋生蔓延的条件。黄巾起义以道教组织为号召，动摇了汉王朝的统治，从此国家无力进行中央集权，陷于地方军阀割据混战的局面。

南北朝时期，道教有了发展。道教作为一种宗教形态，更加完备。为了取得政府当权者的信任，南方和北方的道教领袖人物，对道教进行了改造，使道教更符合上层门阀士族及帝王的需要，切断了与下层农民的密切联系。南方有葛洪、陆修静、陶弘景，北方有寇谦之，他们编辑有关道教著作，形成系统①。他们的主要任务在于把道教贵族化，使它符合上层贵族们的要求，讲长生不死、成仙得道的理论多了，炼丹服食成了风尚。这种主张颇能满足贵族及帝王纵欲享乐的要求。道教还有一个理论上的重大变化：它力图与儒教思想融合，吸收“三纲”说，为封建宗法制服务。道教虽号称出世，实际上与政治十分接近。南朝的陶弘景，北朝的寇谦之都是政治道士，为朝廷所倚重。

唐朝李渊父子，是北方少数民族与汉族混血儿，社会地位不及门阀士族高贵，他们自称老子李耳之后，以抬高自己的社会地位。道教经过了南北朝的大力改造，已被改造得适合隋唐封建宗法制的要求，既讲长生，又讲忠孝。道教受到唐朝的支持、保护，因而发展得比较快。成为当时的中国三大宗教(儒、佛、道)之一。

佛教经历了南北朝的长期传播，进一步适应儒家封建宗法制度，佛教教义中尽力吸收中国传统的“三纲”思想，辅助政教。

> 《魏书·释老志》载：“太宗践位，……亦好黄老，又崇佛法，京邑四方建立图像，仍令沙门敷导民俗。”

唐朝时期，佛教经历了比南北朝更充分的发展，佛教已成为三大教中的重要势力，它配合儒教，维护封建社会秩序的功能表现得更加

① 按流派建立了“三洞”、“四辅”的道藏分类法，至今尚被沿用。

充分，国家重大庆典帝王诞辰，召三教（儒、佛、道）辩论于殿廷[①]。佛教寺院除了用宗教教义教人守清净、安贫富、遵循君臣大义等思想外，还利用寺院的雄厚财力培养知识分子，教育儿童。有不少家贫无力读书的青年人，在寺院中利用其图书设备，攻读科举考试的科目，后来做了大官的很多，直到宋代[②]，此风未衰。佛教经典中有一部分“伪经”，假托佛说，实际是中国僧人编造的，有一部分的主要内容是宣传忠孝的。这类伪经，从南北朝到隋唐不断出现。它调和佛教与儒教，为了取信于人，抬高经典的威信，于是假托佛说。把伪经当作佛所说的经典，可以认为是伪的，如果把它看作当时中国佛教适应儒教的社会思潮的反映，它不但不“伪”，而且是极可信的原始资料。

道教徒的知识结构，一般比佛教徒差一些，人数也远不如佛教信徒众多，道教寺院数目，也比佛教少，道教经典有不少抄袭佛经，如轮回报应思想，本来不是道教思想，可是道教不少劝善经典中宣扬轮回报应，其判断行为善恶的标准，完全靠儒家“三纲”封建宗法原则。

总之，三教的融合，是隋唐佛教的总趋势。融合的目的在于互相配合，更好地为当时封建宗法制度服务。三教既存在着分立，又有融合，构成了隋唐文化的一个特点。

四、佛教文化的国际化

隋唐时期中国佛教已完全独立，创造了适应中国本土的佛教系统。虽有著名僧人去印度求法（如玄奘、义净等），但印度佛教已处在

① 通常在麟德殿。这是唐朝朝会大臣，接见外国使节的正殿，举行比较隆重典礼的场所。

② 宋代名臣范仲淹、吕端少年时在寺院读书。

衰落的边沿，缺少生气，他们的名僧、大寺，安享供养，治学方法陷于繁琐，经不起外道的冲击。① 相反，中国佛教创立了不少宗派，这些宗派都是根据创始人的宗教哲学思想构成独特的体系的。由于当时中国在亚洲是政治、经济、文化的中心。中国佛教也凭借其政治、经济的优势，向外传播，影响到一些邻近地区。

天台宗大师智者，其弟子有波若，是高丽人。法相宗玄奘的弟子有两派，一派为窥基，是于阗人；另一派为圆测，其弟子为新罗人。华严宗法藏，为华严宗的实际创始人(他以前的杜顺、智俨是华严宗蔚为大宗以后，才跟着显赫起来的)，华严宗传到朝鲜的有义湘，号称海东华严初祖。

东邻诸国求法僧人，并不一定去印度，而是来中国。西域各地佛教著作，在汉末到两晋，曾经是印度传入中国的中转站，中国早期佛经，胡本(西域本)多于梵本(印度本)，唐代由于国力强大，对西域有统治权或有决定性的政治影响，西域佛教所用经典不少是中国内地反馈回去的。西藏地区的佛教一部分出自本土，也有一部分由汉地传入，由汉文转译为藏文的。

朝鲜新罗的佛教体系，几乎是从中国搬去的，其中有天台、华严、法相、禅宗等。日本所谓“古京六宗”，也是中国传去的唐代的佛教宗派。日本来华留学的最著名的僧人，传法大师最澄、弘法大师海空所传授的都是中国佛教宗派。据圆珍撰《诸家教相同异集》：

① 印度佛教中心那烂陀寺，遇有外道挑战要求辩论，寺中僧众近万人，无人敢出应战。多亏了中国留学僧人玄奘出来应战，才给这个寺院解脱困境(见《慈恩传》)。

常途所云，我大日本国总有八宗，其八宗者何？答：南京有六宗，上都有二宗，是为八宗也。南京六宗者，一华严宗，二律宗，三法相宗，四三论宗，五成实宗，六俱舍宗也。

上都二宗者，一天台宗，二真言宗。(《大正藏》第 74 卷)

空海、最澄约于公元 805 年来华。空海(公元 774～835 年)为日本密宗开创者，最澄(公元 767～822 年)为日本天台宗的开创者。上都二宗的创立，是海空、最澄的贡献。九世纪，安然(公元 841 生)作《教时诤》(《大正藏》第 75 卷)，加上禅宗，日本九宗都是中国佛教的学说流派。

佛教除向日本、朝鲜传播外，越南佛教也受中国佛教影响。中国藏传佛教与汉地佛教也曾发生影响，但主要为国内民族间的思想交流，与国际文化交流有所区别，这里不多说。

佛教的国际交流，不限于宗教教义、宗教思想，事实上，随着宗教的交往，沟通了文化，如唐朝鉴真(公元 688～763 年)带到日本的，不止是他的戒律、仪式，还带去中国的医药知识、建筑技术、造像技术。日本的黄檗宗，还带去了中国佛教汉语读音的诵经方法，在语言学方面也起了文化交流的作用。

从佛教经典的翻译看上层建筑与基础的关系

佛教开始传布于尼泊尔、印度、巴基斯坦一带，以后南到锡兰，北到中亚细亚。随着中国与中亚各国经济、文化的交流，佛教于东汉初年传入中国，在中国的社会历史条件下，开始有所发展，形成中国封建社会上层建筑的组成部分。

佛教经典绝大部分是在东汉到唐中期(约 800 年)的时间内逐渐译成汉文的。唐以后虽有些零星译述(约 500 卷左右)，但其内容多为旧译佛经的补充，译出的也只是一些零星小品，在社会上没有起过什么影响，可以略而不论。隋唐时期在翻译的同时已开始了中国僧人自己撰述的新阶段，用中国僧人的著作代替了翻译。

从公元 67 年(汉明帝永平十年)到公元 220 年(东汉末)，佛经译本，据记载有 292 部(包括 395 卷)①，翻译者有 12 人②。这些译出的佛经到了唐朝，只残存 97 部(264

① 见唐智升《开元释教录》卷一。

② 译经人数，只算主要译者，助手不在内。

卷)，到了今天，已残存无几。东汉的重要翻译家，有来自天竺、安息、康居、月氏等国的摄摩腾(亦称竺摩腾或迦叶摩腾)、安世高、支娄迦谶(简称支谶)[①]等。摄摩腾译的《四十二章经》保存下来了，可能是《阿含经》中的若干章节的节译或编译，今天已难以确指现存的《四十二章经》究竟属于《阿含经》中哪些章节。“译所不解，则阙不传，故有脱失，多不出者”。[②] 译者不懂的，就不译，当然会有阙失。事实上即使译者自以为懂得的，其译文也未必就是真正的原来的意思，经常是用当时当地的中国人的理解去理解佛教的。

汉代译经，都不是有计划地选定的。晋朝著名和尚道安说：

> “此土众经，出不一时，自孝灵光和[③]以来，迄今晋宁康[④]二年，近二百载，值残出残，遇全出全，非是一人，难卒综理。”[⑤]

这是说，遇到什么就翻什么，所译经典有全译的，也有删节本；给后来整理佛经目录的道安留下不少困难。还有一些佛经原文虽然携来中国，由于没有译出，后来连原本也散失的：“洎章和[⑥]以降，经出盖阙。良由梵文虽至，缘运或殊，有译乃出，无译则隐。”[⑦]

东汉的佛经翻译家，除了摄摩腾以外，还有两个比较重要的僧

---

① 摄摩腾、安世高、支娄迦谶的事迹均见《高僧传》卷一。

② 《法句经序》，《出三藏记集》卷七。

③ 光和是东汉灵帝的年号，为公元178～183年。

④ 原作康宁，误。宁康是东晋孝武帝的年号，为公元373～375年。

⑤ 《出三藏记集》卷五。

⑥ 章和是东汉章帝的年号，为公元87～88年。

⑦ 《出三藏记集》卷二。

人，一个是安息国的安世高①，一个是月支国的支娄迦谶②。安世高所介绍的以流行于安息一带小乘禅法为主；支娄迦谶所介绍的以流行于月支一带的大乘般若空宗为主。安、支的翻译虽然把西域的佛教学说介绍到中国，译述也算比较多的，但他们在汉代社会上起的作用，却仍不如《四十二章经》；他们的介绍，直到魏晋以后才引起人们的注意。

汉代的佛教始终没有脱离当时在中国流行的神仙方术宗教迷信，据《后汉书·楚王英传》中说：

"……楚王英……晚节更喜黄老，学为浮屠斋戒祭祀。"

当时皇帝(明帝)说他"诵黄老之微言，尚浮屠之仁祠"。这里都是把黄老和浮屠看做一回事。据《后汉书·孝桓帝纪》，讲到汉桓帝，"饰芳林而考濯龙之宫，设华盖以祠浮图老子"。

从楚王英直到后来的桓帝、襄楷，百年来，社会上信奉佛教的，都把佛教(浮屠)和黄老并称。襄疏中说：

"浮屠不三宿桑下，不欲久生恩爱，精之至也。天神遗以好女，浮屠曰，此但革囊盛血，遂不盼之。其守一如此。"

《四十二章经》也说：

---

① 安世高的译经中，主要有《安般守意经》、《阴持入经》、《人本欲生经》、《大十二门经》、《小十二门经》、《道地经》等。

② 支娄迦谶的译经中，重要的有《道行般若波罗蜜多经》、《无量清净平等经》、即《大阿弥陀经》、《般舟三昧经》等。

“日中一食，树下一宿，慎不再矣。使人愚蔽者，爱与欲也。”

“天神献玉女于佛，欲以试佛意，观佛道。佛言，革囊众秽，尔来何为？……去，吾不用汝。”

襄楷疏，讲到黄老浮屠之道时，说，“此道清虚，贵尚无为。好生恶杀，省欲去奢”。

《四十二章经》也说：“人怀爱欲，不见道。”“心中本有三毒，踊沸在内，五盖覆外，终不见道。”“佛道守大仁慈，以恶来，以善往。”

又据袁宏《后汉纪》，讲到佛教时，说：

“沙门者，汉言息也。盖息意去欲，而归于无为也。”

旧译“涅槃”为无为。“守一”出于《老子》的“守雌”、“抱一”，这都说明，汉代人所理解的佛道即是黄老之道。

东汉末年，牟子《理惑论》说：

“昔孝明皇帝梦见神人，身有日光，飞在殿前。欣然悦之。明日博问群臣，此为何神？有通人傅毅曰：臣闻天竺有得道者，号之曰‘佛’，飞行虚空，身有日光，殆将其神也。”

能“飞行虚空”、“身有日光”，这是神仙。

汉代神仙方术，往往通过符咒、治病、占星，制造宗教迷信的预言以俘虏信徒。汉代佛教的传教徒也往往迎合当时社会上的神仙方术之士的传教手法。他们都要兼用一些占验、预卜吉凶、看病等小手法以欺骗拉拢群众。汉代的外国僧人几乎都会一些宗教欺骗伎俩。如摄摩腾，《高僧传》说他“善风仪，解大小乘”。安世高“博学多识，综贯神模，七正盈缩，风气吉凶，山崩地动，针脉诸术，观色知病，鸟兽鸣啼，无音不照”①。《高僧传》也说安世高通晓“外国典籍及七曜五行，医方异术”。汉末，三国时，康僧会“明解三藏，博览六经，天文图纬，多所综涉”②。昙柯迦罗“善学四韦陀，风云星宿，图谶运变，莫不该综”③。此外，如外国僧人求那跋陀罗“天文书算，医方咒术，靡不该博”④，求那毗地“明阴阳，占时验事，征兆非一”⑤。

《后汉书·乌桓传》：“……使[犬]护死者神灵归赤山，……如中国死者魂归岱山也。”《水经注·汶水注》引《开山图》曰：“泰山在左，亢父在右，亢父主生，梁父主死。”三国时汉译佛经，有把“地狱”译为“泰山”的。

可见汉代人对佛教的看法，不论在理论方面及传教僧人的行动方面，都是从对待中国神仙方术的眼光去迎接这一外来宗教的。神仙方士的宗教迷信，是适应中国封建贵族要求长生不死、永远过着他们的剥削享乐生活的一种迷信思想。佛教也被赋予这种中国土生土长的宗教迷信思想的内容，才得到传布的。

东汉末年时爆发了全国规模的黄巾起义⑥，起义军遭到武装的镇

---

① 《安般守意经序》，《出三藏记集》卷六。

② 《高僧传》卷一。

③ 同上。

④ 《高僧传》卷三。

⑤ 同上。

⑥ 黄巾起义发生于公元 184 年。

压，虽失败了，但从此动摇了东汉王朝的统治基础。以后就开始了地方势力的武装割据。经过长期的地主阶级武装混战，形成魏、蜀、吴三国。经过西晋短暂的统一，中国进入南北朝对峙的局面。这一段时期包括公元220～589年。

魏晋南北朝的政治特点是门阀士族地主阶级专政。门阀士族地主阶级占有大量土地，甚至跨州连县，拥有大批的依附农民。门阀士族地主阶级的社会地位随着他们的经济地位的巩固而日渐巩固，他们享有一切特权。因而表现在思想意识和生活态度方面，特别具有“超脱”、“高傲”的虚伪态度。他们口里说“不为物累”，正是因为他们已占有了充足的财富。他们崇尚虚无，“以无为本”，正是由于他们用行政和法律的形式把农民束缚在固定的土地上，坐享剥削成果，用不着费一点心思。他们口里说看不起富贵、名位，正因为他们已经充分据有了这些特权，他们不必担心贫贱的命运会降临到他们的头上。南北朝的皇帝尽管可以更换，但门阀士族的经济地位、政治地位却是牢固不可动摇的。魏晋南北朝时期门阀士族的哲学家，就是从各方面给当时的剥削制度和生活方式制造理论根据的。

魏晋玄学唯心主义，利用古代哲学家老子、庄子的一些词句，给以符合门阀士族地主阶级利益的新解释。有一派主张“贵无”，以无为本，认为“无”是世界万物的根源，世界上形形色色的事物，都被认为是从“无”派生的。他们把这个虚构的、精神性的本体，叫做“无”，由于它是世界最后的根源，他们又叫做“本”；与此相对的，客观世界的万物，叫做“有”，又由于它是从“本”产生的，又叫做“末”。有、末是第二性的，只是事物的现象，而不是本质。

例如王弼把他的唯心主义本体论用以说明社会问题，在于宣称精神性的“无”、“本”是最主要的。王弼曾说过，“夫少者多之所贵也；

寡者众之所宗也”[①]。他在《论语释疑》中解释“一以贯之”，说“贯犹统也。……譬犹以君御民，执一统众之道也”。他以为以寡治众，以少统多，少数特权贵族骑在人民头上，是一种普遍原则。王弼在论证一与多的关系时，曾说“万物万形，其归一也。……由无乃一，一可谓无”[②]。王弼就是从以寡治众，以一统多的观点论证他的以无为本的唯心主义谬论的。他宣称，只要认识了“本”，“末”是无足轻重的。佛教理论在魏晋南北朝的流行，主要是它适应了当时中国玄学唯心主义的潮流，符合门阀士族地主阶级的利益。

魏晋南北朝时期，佛教在门阀士族的大力扶持下，得到广泛的传播[③]，佛经翻译有了显著的增加。佛经翻译者在汉代才 12 人，魏晋南北朝增加到 118 人。在 369 年中，共译出佛经 1621 部，包括 4180 卷[④]。外国传入中国的佛经，一般是“随天竺沙门所持来经，遇而便出”。虽然“遇而便出”，而译出的以大乘空宗的经典最多，原因是“以斯邦人老庄教行，与方等经兼忘相似，故因风易行也”[⑤]。据佛经目录记载，译出的多数是大乘佛经[⑥]。魏晋南北朝的佛教徒是用当时人们所理解的老庄学说的标准去理解佛教的。这种情况恰恰像汉代以中国的神仙方术的观点去理解佛教一样。比如在魏晋广泛流行的般若学

---

① 《周易略例·明象》。

② 《老子注》。

③ 北朝的佛教传播，据《洛阳伽蓝记》，北魏首都洛阳人口有 10 万 9 千户，有寺 1367 所；南朝与北魏同时的梁朝，首都建业有佛寺 500 余所，僧尼 10 余万，梁朝地郡县僧及依附于寺院的人口，使“天下户口，几亡其半”(《北史》卷七十《郭祖深传》)。

④ 据唐智升《开元释教录》卷一至卷七。

⑤ 道安《鼻奈耶序》。

⑥ 见《开元释教录》。

说，在印度，是用“否定一切”的思辨方法以论证现实世界的虚幻不实的。它不但认为一切物质现象和精神现象是虚幻不实的，连关于物质现象或精神现象的原理也认为是虚幻的。这一派学说并没有按照印度原来的观点介绍过来。当时重要佛教领袖道安是般若学说的大力提倡者，他就认为佛教般若学说阐明魏晋玄学“本无”原则的。他说：“无在万化之先，空为众形之始。”①道安对于佛教般若原理描述有：

“其为象也，含弘静泊，绵绵若存。寂寥无言，辨之者几矣。恍忽无形，求矣漭乎其难测。圣人有以见因华可以成实，睹末可以达本，乃为布不言之教，陈无辙之轨。”

又说：

“寄息，故有六阶之差；寓骸，故有四级之别。阶差者，损之又损之，以至于无为；级别者，忘之又忘之，以至于无欲也。”②

从道安的经序中可以看出，无论所用的名词和对于佛经作出的解释，都是在发挥魏晋玄学唯心主义思想。像“寂寥无言”，“恍忽无形”，“睹末可以达本”，“损之又损之，以至于无为”，“忘之又忘之，以至于无欲”，都是直接来自老子的。道安是个操行谨严，志向虔诚的佛教徒，他并不是故意与佛教哲学的本来意义相违背，但是他只能用玄

① 《名僧传抄》引《昙济传》。

② 《道地经序》，《出三藏记集》卷一〇。

学唯心主义的观点去理解佛教，并用他所理解的佛教的基本思想来指导佛经的翻译。道安和当时的一些佛教徒，主观上也认为不能用中国固有的概念和范畴去套佛教的概念、范畴。他认为“先旧格义，于理多违”，但是他理解的佛教并未超出魏晋玄学家对于老庄的理解，①所谓“格义”，是用中国旧有的哲学名词、概念去比附和解释佛教的哲学名词、概念，格义，就是生搬硬套。道安反对格义，他自己还是用的格义的方法。这种情况，也表现在翻译中。

汉魏译经中的“意”字，原当梵文的两个字，一指心意，一指忆念。所谓“安般守意”者，乃禅法的十念之一，并不是指守护心意。言其守护心意，不使放逸，是中国道家的修养方法，如“损之又损”，“忘之又忘”，都与佛教原意不合。例如吴支谦译的《大明度经》中的第一品，就是从中国玄学唯心主义的立场去理解佛经的：

> “善业②言，如世尊教，乐说菩萨明度无极。欲行大道，当自此始。夫体道为菩萨，是虚空也，斯道为菩萨，亦虚空也。”

“般若”被译为“大明”，“波罗蜜多”被译为“度无极”。以“道”与般若波罗蜜多相比附。魏晋玄学以无为本，译经时，则云“道亦虚空”。汉代支娄迦谶、吴支谦、秦竺佛念所译不同的《般若经》，都把经中的“真如品”（tathātā parivarta）译为“本无品”。到了鸠摩罗什，才改译为“大如品”，刘宋时代把“佛母般若”译为“真如品”。“真如”与“本无”意义是不同的，由于当时中国没有与“真如”相当的概念，于是译为“本

① 魏晋玄学的老庄之学，与老庄本来的思想是有区别的。

② 善业，即须菩提的意译。

无”。既译真如为本无，于是与本无相对待的即“末有”。很自然地完全与魏晋玄学唯心主义的本体论和“崇本息末”的思想体系合流了。如支谦所译的《本无品》说：

> “一切皆本无，亦复无本无，等无异于真法中本无，诸法本无，无过去当来今现在，如来亦尔，是为真本无。”

与“真如”这一佛教基本概念相关的，魏晋玄学唯心主义把“无”，理解为佛教的“实相”，以本末与佛教的真谛（本）、俗谛（末）相比附。基本概念既然与魏晋玄学混淆不分，结果必然导致佛教玄学化。

也应当指出，魏晋佛教的翻译，到了后期，有些名词改变了初期那种“格义”的办法，翻译得比较严格，“真如”不再译为“本无”。如鸠摩罗什就曾在建立佛教专用名词方面做出不少努力。名词得到订正，可以使译文对原著更为忠实，但是它不能代替社会上对于佛教哲学的基本理解。有了比较可靠译本是一回事，当时社会上人们如何理解这些译著，又是一回事。

汉魏时期的翻译是：“梵客①华僧，听言揣意。方圆共凿，金石难和，……咫尺千里，觌面难通。”②鸠摩罗什虽称“转能汉言，音译流便”③，但实际上他们的汉语的笔译能力是很差的。据《高僧传》卷六《僧叡传》说：

---

① 这里的“梵客”，是泛指西域人、印度人。

② 《宋高僧传》卷三。

③ 《高僧传》卷二。

“昔竺法护出《正法华经·受决品》云：‘天见人，人见天。’什译经至此，乃言曰：‘此语与西域义同，但在言过质’。叡曰：‘将非人天交接，两得相见’？什喜曰：‘实然’。”

这两句话并不难翻译，而鸠摩罗什对此感到束手，他的弟子，也是得力助手，也不懂得原文，所以说“将非……”。在翻译《大智度论》时，僧叡还讲到鸠摩罗什由于语言不通，在翻译中遇到的困难情形：

“法师①于秦言大格。……苟言不相喻，则情无由比。……进欲停笔争是，则校竟终日，卒无所成；退欲简而便之，则负伤手穿凿之讥。”②

鸠摩罗什读了他的弟子僧肇的《般若无知论》，对僧肇说：“吾解不谢子，辞当相挹。”③《般若无知论》这篇宣扬佛教唯心主义的文章还在，它所讲的佛教仍然没有完全摆脱魏晋玄学的影响。鸠摩罗什自己承认，他的汉文不如僧肇。鸠摩罗什的翻译，都是通过他的得力助手僧融、僧叡、僧肇等协助进行的。译成汉文后，也要由他们作序，介绍所译经的大意。他们的序文，几乎和道安的经序一样，都是用魏晋玄学唯心主义的观点去阐明佛教经典，向读者推荐的。

当时佛经翻译的内容可分为以下四类：

1. 关于佛教基本知识的入门书，佛教名词、概念的解释。这是

① 这里指鸠摩罗什。

② 《大智释论序》，《出三藏记集》卷一〇。

③ 《僧肇传》，《高僧传》卷七。

佛教徒每个人都要学习的，不论大乘和小乘，如《成实论》、《俱舍论》等，属于“佛教知识手册”之类的。

2. 关于佛教戒律的，这是用来维持僧众的集体生活的纪律的。

3. 关于佛的传记、故事的。

4. 关于佛教宗教基本理论的。

前三类多属于佛教徒内部学习的经典，社会影响不大，唯有最后一类(关于宗教基本理论的)影响所及，不限于佛教徒内部，它是面向广大社会的，与当时社会思潮有极密切的关系。

魏晋南北朝翻译出的几千部经典中，只有少数经典得到广泛流布。当时经常讲授的有《成实论》，上面已经说过，属于“佛教知识手册”性质的，为僧众所必读。《般若经》很受重视，当时流行的有若干译本，① 《维摩诘经》《涅槃经》《法华经》都有两种到七种的译本，在社会上有着广泛的影响②，如殷浩：“被废徒东阳，大读佛经，皆精解。”殷浩“始看佛经，初视《维摩诘经》，疑‘般若波罗蜜’太多，后见《小品》，恨此语(按：‘此语’即‘般若波罗蜜’这个词)太少”③。这都说明当时《维摩诘经》和《小品般若经》是十分流行的。《般若经》讲空，与本无学说相呼应，它得到流行是容易理解的。《维摩诘经》在南北朝也引起社会上广泛的兴趣：

---

① 朱士行译《放光般若》、支娄迦谶的《道行般若》、竺法护《光赞般若》、支谦的《大明度经》、鸠摩罗什译的《大品般若》(即《放光般若》之异译)、《小品般若》(即《道行般若》之异译)等。

② 南朝皇帝，几乎没有一个不信佛教的，其中梁武帝达到了迷信的程度。当时门阀士族贵族，如王洽、刘惔、孙绰、郗超、许询、殷浩、王濛、王修、袁弘、王羲之、谢安、谢朗、谢长遐、曹石兴、卫协、顾恺之等都与佛教有关系。

③ 《世说新语·文学篇》。

《京师寺记》云："兴宁[1]瓦棺寺初置，僧众设会，请朝贤鸣刹注疏。其时士大夫莫有过十万者。既至长康[2]，直打刹，注百万。长康素贫，众以为大言。后寺众请勾疏。长康曰：'宜备一壁'。遂闭户，往来一月余日，所画维摩诘一躯，工毕，将欲点眸子。乃谓寺僧曰：'第一日观者请施十万，第二日可五万，第三日可任例责施。'及开户，光照一寺，施者填咽，俄而得百万钱。"[3]

这里是说，当时首都南京新建成一座庙。和尚们借机会捐一笔钱。当时官僚贵族们在捐款的簿子上认捐的数目没有超过十万的。捐款簿子送到顾恺之时，顾恺之写上他将捐钱百万。顾恺之是个有名的穷画家，别人以为他在吹牛，劝他勾掉他认捐的钱数，免得到时拿不出。顾恺之只要求和尚们给他准备一面墙壁，他用了一个多月的工夫，画了一幅关于维摩诘的故事的壁画，并告诉寺里的和尚们，凡是来参观壁画的，第一天向每一个人收钱十万，第二天来参观的，每人收钱五万，第三天以后由参观者任意捐助。壁画开放后，前来参观的人拥挤不堪，不一会儿就收得钱百万。

上述这个故事，固然说明顾恺之画得好，也说明由于维摩诘这个人物是南北朝门阀士族地主阶级认为最值得学习的理想人格。所以从后来发现的壁画和文学著作中涉及维摩的很多，甚至到了唐朝的诗人

---

① 晋哀帝年号，公元363～365年。

② 长康，即名画家顾恺之。

③ 《历代名画记》卷五。

王维，字摩诘，显然也是受了《维摩诘经》的影响①。

南北朝的门阀士族地主阶级垄断当时政治上、经济上一切特权，他们有条件口头上讲清高，宣扬不关心富贵，不羡慕荣利，甚至连直接统治人民的皇帝，也口谈玄理，想当起隐士来了。如：

> “简文帝②入华林园，顾谓左右曰：‘会心处不必在远，翳然林水，便有濠濮间想也。’”③

这种假装清高的生活态度，是有其思想渊源的。在西晋时，郭象④早已给当权的统治者的脸上涂上一层光艳的油彩。他在《庄子·逍遥游》注中说：

> “夫神人即今所谓圣人也。夫圣人虽在庙堂之上，然其心无异于山林之中，世岂识之哉？徒见其戴黄屋，佩玉玺，便谓足以缨绂其心矣；见其历山川，同民事，便谓足以憔悴其神矣。岂知至至者之不亏哉？”

“神人”、“圣人”即政治上最高的统治者。他宣称，圣人虽然形式上过着世俗的、看来十分忙碌的生活，但是圣人在精神上是十分“清高”、

① 《维摩诘经》，旧译为《净名经》或《无垢称经》，“净”即“无垢”的同义词，“名”即“称”的同义词。“维”即“无”，王维，字摩诘，名字取得很没有道理，这里只是说《维摩诘经》影响之广泛。

② 司马昱，他在位时为公元371～372年。

③ 《世说新语·言语篇》。

④ 郭象（公元252～312年）见《晋书》卷五〇。

"飘逸"的，"虽在庙堂之上，然其心无异于山林之中"！郭象把这批利欲熏心、脑满肠肥、热衷于腐化享乐生活的统治者，描绘成萧然物外、一尘不染的神仙。这样，统治者们的卑鄙龌龊的现实生活中却被描写为蕴藏着高洁超俗的灵魂！他们理想中的"圣人"，"虽终日挥形，而神气无变；俯仰万机而淡然自若"①。经过这样一装扮，贵族统治者既有清高之名，又有享乐之实。他们越是参加污浊的政治活动，反而越能表现贵族统治者的清高。

《维摩诘经》中所描绘的一个中心人物即维摩诘居士。这个居士，有广大的田园财产，有妻子儿女，又有神通，又有学问，连佛也要让他三分。佛的弟子们的知识、理论与这个不出家的居士相比，只有感到自惭形秽。以致当维摩诘居士生病，佛派他的得力弟子去问疾，那些弟子们，一个一个地都推托，不敢去。维摩居士是个什么样的人物呢？《维摩诘经》中有一段描写：

> "尔时毗耶离大城中有长者名维摩诘……资财无量，摄诸贫民；奉戒清净，摄诸毁禁；以忍调行，摄诸恚怒；以大精进，摄诸懈怠；一心禅寂，摄诸乱意；以决定慧，摄诸无智。"

以上是说维摩洁这个脑满肠肥的大地主，生活富有而道德高尚，他有比佛弟子更全面的宗教道德修养。又说：

> "虽为白衣，奉行沙门清净律行；虽处居家，不著三界；示有妻子，常修梵行；现有眷属，常乐远离；虽服宝饰，而以相好

① 郭象《庄子·大宗师》注。

严身；虽复饮食，而以禅悦为味。”

这是说他过着世俗贵族的生活，但能经常保持超世俗的比出家人还要纯洁的精神状态。又说：

“若至博奕戏处，辄以度人；受诸异道，不毁正信；虽明世典，常乐佛法；执持正法，摄诸长幼。一切治生谐偶，虽获俗利，不以喜悦。入治正法，救护一切；入讲论处，导以大乘；入诸学堂，诱开童蒙；入诸淫舍，示欲之过；入诸酒肆，能立其志。”

这是说维摩诘尽管在吃喝嫖赌，他的精神境界却是与众不同的。一般人吃喝嫖赌，是精神堕落，维摩诘去做这些坏事，就别有境界。这正是中国门阀士族地主阶级所欣赏的“虽居庙堂之上，然其心无异于山林之中”的谎话的印度版。维摩诘这种人物的思想境界和生活方式，正是南北朝门阀士族地主阶级所追求向往的。

据《世说新语·言语篇》：“竺法深在简文坐，刘尹问，‘道人何以游朱门?’答曰：‘君自见其朱门，贫道如游蓬户’。”一个出入宫廷，结交官府的势利和尚，还要大言不惭地说，“游朱门”“如游蓬户”！简直是自欺欺人。用旷达掩盖其奔竞趋走的丑态，这就是当时社会上的“风流”和“清高”。

当时《法华经》与《涅槃经》得到广泛流行，主要是这些佛经中提出人人都能成佛的口号。人人都有佛性，在佛教大乘经典中如《维摩诘经》、《法华经》都已透露了这类思想。人是否能成佛，这本来是个虚构的问题，没有必要去认真考虑它是否可能。但是宗教问题是现实世界的反映，只是“人间的力量采取了超人间的力量的形式”①广大人民要求摆脱现实世界的苦难，向往幸福，它表达了门阀士族地主阶级严重压迫下，人民的愿望。列宁说：

> 被剥削阶级由于没有力量同剥削者进行斗争，必然会产生对死后的幸福生活的憧憬，正如野蛮人由于没有力量同大自然搏斗而产生对上帝、魔鬼、奇迹等的信仰一样。对于工作一生而贫困一生的人，宗教教导他们在人间要顺从和忍耐，劝他们把希望寄托在天国的恩赐上。对于依靠他人劳动而过活的人，宗教教导他们要在人间行善，廉价地为他们的整个剥削生活辩护，廉价地售给他们享受天国幸福的门票。②

在南北朝时期门阀士族地主阶级统治下，剥削者利用宗教宣传，论证他们今生的富贵是过去“修福”的结果，并告诉人们对于现实的苦难不必计较，在将来的极乐世界里可以得到补偿。他们大力“保证”在另一个世界里得到平等，正是为了在现实世界里保持着不平等：如《法华经》宣称人人“悉皆与授记，未来当成佛”③。还一再保证“我不敢轻于汝等，汝等皆当成佛”④。在封建社会中女子比男子还多受一重夫权的压迫，在《法华经》中也讲到“龙女成佛”的故事。

《涅槃经》和《法华经》都宣传人人都有佛性，只是人们自己不去认

---

① 《反杜林论》，《马克思恩格斯选集》第3卷，354页，北京，人民出版社，1972。

② 《列宁全集》第10卷，第62页。

③ 《授学无学人记品》第九。

④ 《常不轻菩萨品》卷二〇。

识它，就像贫女藏有黄金，忘记了收藏的地方，才遭受贫困，一旦找到，立刻变成富足。这些思想，都起了巩固当时门阀士族地主阶级政权的作用。因为它教人面向虚无缥缈的西方乐土，就可以放弃了对现实社会的斗争。后来，《涅槃经》的四十卷本还进一步宣称“犯四重罪，谤方等经，作五逆罪，及一阐提悉有佛性”①。他们慷慨地打开进入天国的大门，给每个人都颁发一张永不兑现支票。宗教对于另一个精神世界的大量恩赐，正是对现实世界统治的严酷。

可见上述这些佛经译本得到重视，主要是符合了当时封建地主阶级的利益。我们不是用宗教去说明历史，而是用历史的实际去说明宗教。

佛教在隋唐时期，由南北朝的讲学的学派，进而建立了佛教的宗派。佛教徒中有了更多的精通梵文的翻译人才，如玄奘就是其中最有名气的一个。道宣论及玄奘的翻译时，说：

> “自前代以来，所译经教，初从梵语倒写本文，次乃回之，顺同此俗，然后笔人观理文句。中间增损，多坠全言。今所翻传，都由奘旨，意思独断，出语成章。词人随写，即可披玩。”②

以前文字语言对翻译的障碍，到了隋唐时代总算清除了。翻译的准确性也大胜于前。在隋唐时期，从隋初(公元581年)到唐贞元五年(公元789年)，共208年，这二百年间，共有译人54人，译出佛经492部，2713卷。其中只玄奘一人即译出佛经和有关佛教以外的其他宗

① 《大般涅槃经》卷二二，《光明遍照高贵德王菩萨品》。

② 《唐高僧传》卷五。

教著作 74 部，1335 卷。从翻译的数量和翻译的质量看，都达到佛经翻译前所未有的水平。

隋唐的佛教翻译和过去比较，有以下的特点。

魏晋以前，佛经原本主要是依据西域胡本，而只有少数是梵文本。译经也多为节译、选译。隋唐时期，多译全集，如《大般若经》一部书即达 600 卷之多，它是佛教大乘空宗的一部从书。魏晋以前主译者多为外国僧人，必须通过中国助手才可译成中文。隋唐时期主译者多是本国僧人，主译者既精通佛教教义，也通晓梵汉语言。隋唐时期佛经翻译的目的性也较从前更为明确，系统性也显著地加强。魏晋以前，基本上是遇着什么经，就译什么，只有特殊情况下，有目的地到西方求法，如朱士行求《般若经》，法显求戒律。南北朝，鸠摩罗什开始系统地介绍大乘空宗的经典。唐代玄奘所译的一千余卷，除了他自己所信奉的法相宗经典外，还译了法相宗以前的大乘空宗的经典，如《大般若经》等。他还译了早期的小乘佛教、佛教以外其他流派的著作，以及有关思辨工具，“因明”之学，等等。

玄奘以后，另一个唐代译经大师义净重点介绍律藏，也是对佛经翻译有成绩的。唐代还翻译了大部分密教的经典。隋唐以后，读者足以从翻译为汉语的佛经中，了解印度佛教的基本面貌。

佛教在隋唐时期，比魏晋南北朝有了更大的发展。寺院经济比从前更为巩固，并形成了许多独立的宗派①。佛教发展了，翻译的佛经也相应地得到重视。但历史表明，隋唐时期，佛教翻译的质量和数量是尽管超过了前代，像玄奘的翻译虽有一千余卷，可是在社会上得到流行的，只是极少数。绝大部分译出后，就搁置起来，没有人理睬它

① 主要的有天台宗、华严宗、禅宗、法相宗等。

了。它的社会影响不及前代。赵宋以后，又继续译了几百卷的佛经，译出的经典虽然好好地保存在那里，但是这些书的内容和译者，都逐渐被人们忘记了。

这里不得不提出一个问题：当翻译佛教经典十分困难的时期，译本却引起了广泛的社会影响。隋唐和以后的佛经翻译质量提高了，影响反而差了，甚至没有什么影响，这是什么原因？

我们认为，一种思想所起的影响，不能只从思想本身去找寻它的原因。宗教也是上层建筑中的一种，它必须为它的基础服务，佛经的翻译也不例外。它给它的基础服务得好，它就得到发展、传播，到处蔓延。它为它的基础服务得不好，就吃不开。汉末到魏晋初期，佛教的翻译多用“格义”，不免生搬硬套，译文对原文来说，不能算是忠实的。但是当时佛经翻译力求为它当时的基础服务，符合当时统治阶级的需要，尽管译文有些蹩脚，还是起了不小的影响。隋唐时期佛经翻译只做到了忠实于印度佛教的介绍，而没有做到密切配合当时中国政治的需要。汉魏佛经的翻译虽然不及后来的精确，但是它密切结合了当时的政治需要。汉代的《四十二章经》的内容，就是汉代的神仙方术的宗教迷信。它所以流布，和黄老思想得以流布，有着同样的社会基础，也起了同样的政治作用。

魏晋时期，介绍过来的佛教哲学理论被认为是玄学唯心主义的一个流派。玄学唯心主义是为当时门阀士族地主阶级的政治服务的，佛教的理论也起了密切配合作用。

魏晋时期译成中文的佛经有几千卷之多，而起作用、引起社会广泛重视的只有少数的几部，如上面我们已经讲过的。正是由于上面讲到的那些佛经(如《般若经》、《涅槃经》、《法华经》、《维摩诘经》等)的内容更能符合中国门阀士族地主阶级的政治利益。也可以说，当时中国门阀士族按照他们的实际需要，去认识并宣扬这些佛经的。因此，这些少数佛经，不胫而走。它们得到传播和被重视，和魏晋玄学唯心主义得到传播和重视有着同样的社会基础。

隋唐时期，中国封建社会进入了新的阶段，门阀士族地主阶级专政的政治局面不存在了，地主阶级的社会地位进行了重新编组。因而，在思想意识方面，也有它特殊要求。隋唐佛教各宗派都在大力制造更加密切配合为当时地主阶级的政治服务的思想体系。如天台宗、华严宗、禅宗等宗派的主要思想家，都是用注解佛经的方式为政治服务的。有的甚至撇开翻译，独立发挥佛教的宗教理论。因为翻译，是介绍外来的思想，不能完全符合本国的需要。宗教，即使它看来和当时的现实政治距离较远，讲的都是另一个世界的事，实际上它归根到底不能不为它的基础服务。隋唐佛教宗派中如法相宗，它的创始人即玄奘，确是一位杰出的翻译家，恰恰就是这个宗派的寿命最短。只经历了短短的三四十年，即衰落了，倒是那些用著述为主的另外的几个宗派得到了发展。

从隋唐时期几个主要的佛教宗派兴衰过程，我们不难看出，凡是密切配合当前的基础需要的那些宗派就得到发展；配合不密切的就停滞；生硬移植，不问自己的土壤气候的，就枯萎。正如恩格斯所说的：

“……每一时代的社会经济结构形成现实基础，每一个历史时期由法律设施和政治设施以及宗教的、哲学的和其他的观点所构成的全部上层建筑，归根到底都是应由这个基础来说明的。”①

中国佛教经典的翻译，又一次说明了一切文化、连看来超世俗的宗教在内，都必须为一定的基础服务。宗教好像是超现实的，实际上它又是现实的反映。佛经的翻译，在最初虽然没有什么选择，遇到什么就翻译什么，看来带有偶然性；但是翻译过来之后，它能不能流行，起不起影响，就不再是偶然的而是必然的了。佛经翻译者能力、水平有高有低，这种差别只能决定翻译的质量，却不能决定译本是否能够传播。对翻译的佛经的理解，有深有浅，有的甚至误解了原文，它反映了注释者的程度。但是，一种外来的宗教思想真正在社会上造成影响的未必就是那些对原著理解正确的，倒是那些用当时流行的思潮来说明它的常常占了上风。这都说明，宗教是为基础服务的，从来就不是超政治的，离开了具体的基础，就无法理解宗教的活动。

买办学者胡适为论证他的实用主义，对中国古代佛经翻译事业发表了一些荒谬的论点。他说：

“佛教徒要人传教，不能没有翻译的经典；中国人也都想看看这个外来宗教讲的是些什么东西，所以有翻译的事业兴起来。”②

他把佛教翻译的兴起，说成由于中国人的好奇心，“都想看看这

① 《反杜林论》，《马克思恩格斯选集》第3卷，66页，北京，人民出版社，1972。

② 《白话文学史》，第158页。

个外来宗教讲的是些什么东西”。这简直是把历史事件当作了儿戏。翻译事业何以在中国长期继续，胡适也作了荒谬的解释：

“却不料不翻也罢了，一动手翻译便越翻越多，越译越不了，那些印度和尚真有点奇怪，摇头一背书，就是两三万偈；摇笔一写，就是几十卷。……所以这翻译的事业足足经过一千年之久。”①

他认为只是由于印度和尚能写作，数量大，所以中国人的翻译不得不继续了一千年之久！这真是海外奇谈。

近人梁启超把佛教经典的翻译的流行或不流行，取决于译文优美或译文的拙劣。他说：

“绝对主张直译之道安，其所监译之《增一阿含》、《鞞婆沙》、《三法度》诸书，虽备极矜慎，而千年来鲜人过问。而(罗)什译之《大品》、《法华》、《维摩》以及四《论》(中、百、十二门、大智度)不特为我思想界辟一新天地，即文学界之影响亦至巨焉，文之不可以已，如是也。”②

如果把佛经的流布不广说成译笔拙劣，影响广泛，则认为是由于译笔流畅，精美，也是错误的。唐玄奘的译笔不能说不精美，却仍然长久以来被束之高阁。可见，脱离了社会和阶级的原因，从译文技术去说

① 《白话文学史》，第158页。

② 《翻译文学与佛典》，《梁任公近著》第一辑，第113页。

明思想，只能越讲越支离，不可能找到佛经翻译兴废的真正原因。

法国学者沙畹，讲到何以中国大乘佛教流行，完全归之于外来的影响，认为中国最早求法的和尚所去的区域是大乘教流行，所以携回的和传布的也都是大乘佛教。这种说法也是毫无根据的。[①] 这是脱离了社会内部的具体条件，专从外面来找原因。他就无法说明何以后来中国僧人也曾接触了小乘，仍不能使小乘在中国得到流行，也还不能说明中国有了大乘，何以只有大乘的般若空宗在魏晋南北朝得到流行，同样都是大乘佛教，而大乘的法相宗并未流行。

我们认为只有历史唯物主义才是认识历史的真正钥匙。历史唯物主义是一种伟大的科学武器，它可以帮助我们扫清长期笼罩在历史领域的各种迷雾，使我们能够比前人更接近历史的真实。历史唯物主义告诉我们，社会的精神生活所有形成的来源，社会观念，并不是要到观念、理论、观点本身中去找，而是要到社会的物质生活条件、阶级斗争中去找。因为理论、观点等，是社会存在的反映。离开了基础，空谈上层建筑，是讲不清楚的。通过佛经翻译的剖析，使我们从中进一步理解历史唯物主义的基本原理，对于加深学习马列主义著作是有帮助的。

① 沙畹：《宋云行记笺注》，冯承钧译《西域南海史地考证译丛》第6编。

《中国佛性论》·序*

一个时代有一个时代共同关心的问题。哲学史最能集中反映时代思潮。哲学史上重要作家和流派，其贡献就在于他们善于提出该时代的重要哲学问题，对有些问题做出了答案。他们的答案对不对，不是主要的(因为他们的答案多半不对，在历史唯物主义出现以前，关于社会历史现象的认识都很肤浅)，关键看提出的问题的重要性。其重要性则看它反映该时代共同关心的问题大小、深浅。

佛性论，作为人性论来看，它是中国哲学史上继玄学本体论之后必然出现的一个高潮。它是接着玄学本体论讲的，具有时代特征，它反映了南北朝到隋唐的时代思潮。当时佛教各宗各派，都从自己的立场阐明自己的理论体系。各家的佛性论也成了辨识不同学说流派的一个重要标志。如果把佛性论看作人性论，那就不止是佛教界的事，它实际上具有中国哲学史的普遍意义。也应指出，思想发展的断限，不像刀切斧砍那样齐整。佛性论的提出，不是从南

* 《中国佛性论》，上海人民出版社。

北朝开始的，唐以后，问题的讨论还未结束。只是说，南北朝(东晋也在内)到隋唐这一时期，佛性论在中国确实引起广泛的关注。

中国封建社会几千年，号称盛世的应属汉唐。汉唐不只是中国的盛世，在当时国际行列中，与世界各大国相比，也都是先进的。盛世的汉王朝有着与它的政治地位相称的宏大思想体系，如董仲舒的哲学可以代表。唐朝的国势及当时的国际形象超过汉朝，而思想家似乎不及汉朝，与强大的政治、经济地位不大相称，不免使人困惑。所以造成这种困惑，在于没有把佛教经学看成中国哲学史的组成部分，没有把佛教经学与儒家经学同等看待，都看成中国传统文化的嫡派真传。隋唐时期的中国哲学史是十分丰富的，不仅有柳宗元、刘禹锡等几个唯物主义者支撑局面，在更大的范围内所探讨的心性论，反映着隋唐的时代思潮。那个时代的理论水平相当高，超过了魏晋玄学的造诣。

赖永海同志的《中国佛性论》，从中国哲学发展史的全局着眼，把佛性论这个题目放在广阔的历史范围内去考察，他阅读了大量原始资料，也尽量参考国外学者成果(虽然可资借鉴的不多)，系统地、全面地给以阐述。在中国佛教史的范围内作了第一步有意义的探索。当然，中国佛教的重要范畴不止一个“佛性论”，如“缘起论”、“解脱论”、“因果观”……佛性论无疑是其中重要的一个。

当然这部书也不能说已经十全十美。有些看法属于百家争鸣范围，有人未必赞同，还值得进一步讨论；也有些更复杂的问题，要与相邻学科配合，才可以得到满意的结论，不是一部书可以解决得了的。深信随着学术界佛教思想研究的深入，作者的学力与见解的提高，这部书也会得到补充，修订，使之更加完善，活到老，学到老，就是这个道理。

从目前学术界关于中国佛教研究情况看，这部书有首创的功绩。

赖永海同志思深而好学，他有中国哲学史的基础，短短三四年间又在佛教思想研究中取得这样的成果，很不容易。眼看着新中国培养的学者纷纷成材，心里十分高兴。赖永海同志要我为这本书写个序，义不容辞，我愿向读者推荐这本书。

辽藏[①]笔谈*

山西应县木塔发现辽代刻印佛经，震动了学术界。

许多佛教典籍、文物、法器和轴卷佛像被装在大佛塑像内，秘藏了八百多年，现在重见天日，污损残破的文物又得恢复旧观，这是一件大好事。

装修佛像或佛塔，照例都是把最能代表当时“价值”的东西作为填充内容。这些填充物一则用以镇压邪恶，二则把宝物珍秘收藏，以垂永久。应县木塔中佛像胸腹部填充的佛经、印绢佛像、七宝与佛牙舍利等都是理所当然的当时佛教的法宝。

辽代文化与北宋文化有密切关系，辽代对十一世纪北方中国文化有过很大的贡献。但是有些学术界人士往往受大汉族思想或正统史学偏见的支配，有意无意地贬低了辽代文化的成就和它对中华民族文化的贡献。这一点从辽代

---

① 《辽藏》学术界也称为“契丹藏”，该藏成于辽代，又是汉文刊印，未用契丹文，应称为“辽藏”为是。

* 原载《中国历史博物馆馆刊》1983 年第 5 期

木塔发现的文物可以再一次得到说明。

佛教是中国文化的一部分，佛教经历了隋唐的发展，已与中国封建宗法传统文化相融合，形成中国的佛教。中唐以后，河北藩镇长期割据，政治、经济自成系统，北方文化也与中原及南方有所差异。宋代佛教继承了唐代的传统，没有根本的改变。从总体看，辽文化落后于北宋，但契丹贵族努力封建化，把从事游牧生活的奴隶制带进了定居的牧业农业相结合的封建制，建立了大城市，并使城市成为经济、政治、文化的中心。契丹民族把自然发展也许要若干世纪才能完成的社会发展进程，竟能在一二百年之内就把它完成了。辽代佛经雕镌的精美可以充分说明当时燕京的文化生活、经济发展已经达到相当高的水平。

过去学者认为华严宗盛行于唐代中期，天台宗、禅宗盛行于中原和江南。这次发现的经典中，可以推知华严宗虽未盛行于江南，而五台山是该宗的圣地，《大方广佛华严经随疏演义钞》为华严第四祖澄观的经典著作，若不是华严派流行，当不会把一般著作作为宝物填充佛像。再结合《上生经》、《成唯识论述记应新抄科文》、《法华经玄赞会古通今新抄》、《高王观世音经》、《佛名集》、《八师经报应记》等著作，可知除华严宗外，尚有净土念佛宗、天台宗、唯识宗等许多宗派也在辽统治的地区流行。佛像胸腹部填充的经像，也正好表明它是当时流行于辽统治地区的缩影。唐末五代时期河北三镇禅宗流行，这次应县文物没有反映，可能与禅宗不立文字、不重经典诵习的宗风有关。

辽代文献保存下来的不多，经过近百年来学者的不断荟集，仅得十三卷，二十余万言。这可能由于辽代禁止典籍流出境外，“传入中国者，法皆死”(《梦溪笔谈》)。这也限制了辽代文化的向内地扩散。佛经雕印，旨在流布，似不应珍秘，何以《辽藏》流布不广，或许由于印数极少所致，后来《金藏》利用了一部分《辽藏》的雕版，《辽藏》被看作《金藏》的一部分而保存下来也未可知。人们只知赵城金藏的可贵，但尚未有人从头到尾看过全部《金藏》。如果把金藏与《房山石经》对勘，再上溯到北宋《开宝藏》，也许能找出更多值得推敲的线索。我们将在深入研究金藏的基础上希望对辽藏获得更多的知识。

《汉唐佛教思想论集》日译本序

中日两国由沧海相接，结为紧邻，两国人民之间有悠久的传统友谊。中日两国的文化交流的历史源远流长，自汉唐到今天，从未间断过。在双方交往中，隋唐以来佛教成为两国文化交流的一个重要内容和渠道。唐朝鉴真和尚六次东渡日本终于成功的事迹，传为中日友谊史上的佳话。佛教自西方传入中国后，适应于新的历史条件，内容和形式都有极大的变化，逐渐形成了具有中国特色的佛教流派。这些重要流派，随着中日文化交流的发展对日本佛教的兴起曾有相当影响，这种影响的程度甚至远远超过和中国土地相连的亚洲诸邻国。佛教在日本的发展也具有日本民族的特色，其中天台宗、真言宗、禅宗(临济、曹洞、黄檗)虽来自中国，但已与中国的这些宗派的原有面貌不尽相同。其他如净土真宗、日莲宗等则具有日本的独创性。尽管如此，中日两国佛教的亲缘关系还是十分密切的。有些中国佛教宗派的著作曾在国内一度失传，由于得到日本学者的帮助又回到了中国。日本近代出版的佛教典籍比较齐全，给中国以及世界佛教文化研究者以很大方便。

佛教文化是中国传统文化的一个组成部分，同样，它也是日本传统文化的一部分。要想全面地理解中国和日本的历史与文化，都不能不研究佛教。在这方面中日两国之间有许多重要的共同研究课题。研究的立场、观点和方法可以各不相同，研究的角度和侧重点也必然互有所异。这是正常的现象，它可以使两国学者有比较，有借鉴，开阔眼界，相互促进，这样，对两国的学术发展都有好处。

日本研究中国佛教的著作很多，有些学者早已为中国学者所熟悉，他们的著作深受中国研究者的重视，从日文译为汉文的研究著作也正在增多。今后，随着两国外交关系在中日和平友好条约基础上的新发展，中日学术界的友谊也将与日俱增，双方相互学习，取长补短，以期对亚洲和人类文化的进步作出较多的贡献。这是我们两国学者共同瞩望的前景，也是我们两国人民共同的责任。

《汉唐佛教思想论集》初版于 1963 年。1973 年再版时著者正患眼病，卧床经年，引文未能进一步核对，第一版的错误也未及全部改正，只写了一百多字的再版附言。再版后，得到国内外读者关心，并提出过宝贵意见，使我在病中受到极大鼓舞。有些需要改正的地方，准备第三版时修改。

僧肇的重要哲学论著共有三篇，本书附录中已有《物不迁论》和《不真空论》今译二篇。《般若无知论》今译，发表于 1979 年《世界宗教研究》第一期，打算本书第三版时收入附录。现在本书第三版尚未付印，我愿在日译本上先把它发表。这也算是打破惯例的一个做法。为中日两国人民的友谊，为两国文化的广泛交流，我们就先开创这样一个先例吧。

日本花园大学友人古贺英彦、冲本克己、西尾贤隆、盐见敦郎四位先生，致力于日中两国文化的交流，三年前开始翻译《汉唐佛教思想论集》，现在日译稿已完成。① 著者对他们的劳动深为敬佩，对他们几位加强两大民族的相互了解作出的贡献表示感谢。

1979 年 7 月

① 本书日译本名为《中国佛教思想论集》，日本东方书店 1980 年出版。

关于影印汉文大藏经的设想[①]

佛教传入我国后，即与我国古代传统文化结合，形成了独具特色的中国佛教，成为我国古代文化的一个重要组成部分。李一氓[②]同志说，对于佛典、道经，“我们把它们当成中国哲学的古籍来整理，不能仅仅意味为宗教。”我十分同意这个意见。整理佛教典籍，本应是我国义不容辞的责任。多年来，由于种种原因，我们一直没有一部完整的、有权威性的佛教全集。迄今世界上还以日本《大正大藏经》为权威版本。我国学者每当在使用《大正藏》时，心中总有说不出的沉重。其实，《大正藏》中不仅错误很多，即就所用参校版本也并不完善。我国现存的《赵城金藏》、《房山石经》等均为稀世珍本，为日本修《大正藏》时所未得见。为了维护民族荣誉，为了促进学术繁荣，更好地利用我们的文

---

① 这一建议，得到国务院古籍整理出版规划小组的同意，于 1982 年组成《中华大藏经》编辑局，由任继愈负责，到 1988 年，已出版《中华大藏经》27 册。原载《文献》1982 年第 13 辑

② 李一氓同志担任国务院、古籍整理出版小组负责人，他对中国古典文献学有很深的造诣。

化遗产，有必要编纂一部完善的汉文大藏经。

现将我所了解的我国现存汉文藏经的情况，和编纂一部新编中华大藏经的设想报告如下：

根据现有资料，汉文佛教大藏经大约有下述的三种情况：

一、唐代以前入藏的写本，虽然在不同的历史时期曾编纂过二十余种经录，但所收经籍数目颇不一致，基本上可以用《开元释教录》。作为代表，共入藏 1076 种，5048 卷，千字文编次由天字至英字 480 帙。

二、宋代以后的木版雕印本共有十九种不同版本；其中散失殆尽，基本不存者两种——《开宝藏》和《辽藏》；仅有目录可能未刻者一种——元代的《弘法藏》。现存的十六种中，国内版本十二种，国外版本四种，兹略述如下：

1.《崇宁藏》 1080～1104 年刻造，全藏 580 函，千字文编次天字至虢字，1140 部，6108 卷。国内已无全藏。

2.《毗卢藏》 1112～1151 年刻造，全藏 595 函，千字文编次天字至颇字，入经 1451 部，6132 卷。国内已无全藏。

3.《圆觉藏》 北宋末年(1132 年)刻造，全藏 548 函，千字文编次天字至合字，入经 1435 部，5480 卷。国内已无全藏。

4.《资福藏》 ？～1175 年刻造，全藏 599 函，千字文编次天字至最字，入经 1459 部，5940 卷。北京图书馆藏 5300 余卷。

5.《赵城金藏》 1149～1173 年刻造，全藏 682 帙，千字文编次天字至几字，入经约 1600 余部，现存 5600 余卷。北京图书馆及民族文化宫图书馆藏，但其中杂有明代万历二十年(1592)及清代雍正九至十一年(1731～1733)根据明永乐南藏本抄补的在内。(共 200 余卷)

6.《碛砂藏》 约 1225～1322 年刻造，全藏 591 函，千字文编次天字至烦字，1532 部，6362 卷。陕西及山西均存，但都略有残缺，1931～1933 年时，曾据陕西所藏本影印过 500 部，缺佚者以资福、普宁、永乐南藏及陆道源本、亦黑迷失本等补入。影印本共 60 函，593 册(经文 59 函，591 册，目录 1 函 2 册)，约较原大缩小二分之一；但仍阙 11 卷(字字函第 4、9、10 卷，更字函第 1～3 卷，横字函第 7～8 卷，何字函第 8～9 卷)。

7.《普宁藏》 1277～1279 年刻造，全藏 558 函，千字文编次天字至感字，1430 部，6004 卷，此后又补入约字函 7 部 6 卷，加上武字至遵字号遗失目录的秘密部经轨 28 函，共 587 函，近 1500 部，6000 余卷。云南、山西、陕西等省均存。

8.《洪武南藏》 1372～1398 年刻造，全藏 678 函，千字文编次天字至鱼字，1600 部，7000 余卷。此藏在 1408 年版片被焚，印本仅存一部，略有残缺，并杂有部分坊刻本及抄补本在内。现藏四川省图书馆。

9.《永乐南藏》 约 1408 年后至 1419 年刻造，全藏 636 函，1610 部，6331 卷。全国现存者很多，仅北京地区估计即在五部以上。

10.《永乐北藏》 1421～1440 年刻造，全藏 693 函，千字文编次天字至史字，1662 部，6930 卷。全国各图书馆及所存者较多，北京地区估计在 10 部以上。

11.《径山藏》 又称《嘉兴藏》1589～1676 年刻造，全藏分为正藏 210 函，用千字文编次，系永乐北藏的复刻本，续藏 90 函，收入藏外典籍 248 种，约 3800 卷，又续藏 43 函，续收藏外典籍 318 种，约 1800 卷，总计为 343 函，2090 部，12600 余卷。北京、云南、浙江存有全藏近八部。

12.《清藏》 1735～1738 年刻造，全藏 724 函，千字文编次天字至机字，入经 1669 部，7168 卷。经版现存，全藏印本所存者亦多，1935 年还印刷过 22 部，北京地区大约有 5～10 部。

国外雕版本：

1.《高丽藏》 共刻造过三次，前两次板片均被焚毁，第三次系 1256～1251 年刻造的，根据底本为北宋开宝本，板片现存。全藏 639 函，千字文编次天字至洞字，入经 1624 部，6558 卷。国内可能存有伪满时期印刷的一部。1977 年日本曾缩印为精装 40 余卷，发行 100 部。

2.《弘安藏》 日本最早的雕印本汉文大藏经，1287 年刻造，入经内容不详，现仅存少数印本。

3.《天海藏》 1637～1648 年刻造的活字版，据元代普宁藏而有所增减。全藏 665 函，千字文编次天字至税字，入经 1453 部，6323 卷。

4.《黄檗藏》 1669～1678 年刻造，系以嘉兴藏正藏为底本而有所增补。全藏 734 函，入经 1618 部，7334 卷。板片现存。

三、汉文大藏经的排印版本，共有六种，国内两种，国外四种。国内版本为：

1.《频伽藏》 1909～1913 年排印，全藏 40 函，千字文编次天字至霜字，入经 1916 部，8416 卷，414 册(目录一册)。系以日本《弘教藏》为底本而略有变动的一部藏经。

2.《普慧藏》 1943 年编印未完的一部汉文大藏经，原计划是以汇集南传北传诸经论，校正前代印本之漏误，改订翻译名义之异同，广事搜集各藏以前之遗佚为目的；但经过数年经营，只印出 100 册，内容有部分其他各藏未曾收入的经、论、疏释及日译本转译的南传大藏经中部分典籍。这是一部未曾编纂完毕的大藏经，发行面不广。印出的存书在60～70年代毁弃。

国外排印本：

1.《弘教藏》 1880～1885年编印，全藏40函，千字文编次天字至霜字，共418册，入经1916部，8538卷。

2.《卍字藏》 1902～1905年编印，据《黄檗藏》校排，共37函(目录及索引各一函)，357册，入经1622部，6990卷，印就后不久，即失火被焚，流传甚少。

3.《卍续藏》 1905～1912年编印，为《卍字藏》的续编，内容系广泛收罗中国及日本所存历代未曾入藏的佛教典籍汇编成书，曾受到金陵刻经处杨仁山及国内各大寺院和其他佛教居士们的大力支援。全藏1659部，7143卷，共151函，751册(目录1函1册)，印就之后，存书和《卍字藏》所存者一同被焚。民国初年商务印书馆曾影印过500部发行。

4.《大正藏》 1924～1934年编印。全藏共100卷，正藏55卷，续藏30卷，别卷15卷(图像12卷，总目录3卷)。正藏入经2236部，9006卷，除传统入藏诸经、律、论、法之外，包括部分遗佚经论在内，续藏第56～84卷，系日本佛教徒有关经疏、论疏及各宗派的著述；第85卷收入南北朝及唐代古逸和疑伪经及疏释等189种。

根据以上的三种情况来看，历来入藏的基本经籍最少为千种左右(包括房山石经的960余种在内)，最多者为2200余种，平均数约在1600种左右。这个数字也是宋元明清各藏入经的基本数目，加上各藏特有的经籍，计《房山石经》约70余种，《嘉兴藏》500余种，《频伽藏》300余种，《大正藏》600余种(包括第85卷的古逸疑伪诸经在内)，《续藏》1600余种，以及其他各藏特有的少数经卷等，共约3000余种，其中内容重复的不少，除去重复的，约为2500种左右，加上传统入藏的基本数目1600余种，现存汉文佛教经籍总数约是4100余种(二十二种大藏经通检稿总数为4175号)。

如果我们考虑为了保存和中国文化有着较为密切联系的这些佛教典籍，而计划编印一部新的汉文佛教大藏经时，所收佛典似应概括全面，以此数据为准，最好采用影印办法。既可避免校核造成新的差错(日本《大正藏》即是前车之鉴)，又可以保存古籍原貌。省去了繁重的校印排字的过程，还能大大缩短印刷时间。底本采用现存最有文物价值的《赵城藏》。所缺佚者以《资福》本、《普宁》本或《碛砂》本等补入。其他各藏的特有经籍及语录等，如《房山石经》和《嘉兴藏续藏》的藏外典籍则可用原刻本摄印。《大正藏》中的一些特有经籍大都来源于敦煌经卷，则可据敦煌写本复制。至于《卍续藏》所收的阙佚诸经论，恐原来底本已不易寻获，可另行排印，或据续藏本影印。这样编印的一部汉文大藏经，不但保留了古代佛教典籍的原貌，而且还具有中华民族文化的特点。经过千余年来的历史进程，各版汉文佛教大藏经在流传甚少或成为海内孤本或仅存零散印本的情况下，编印一部汉文大藏经是有着一定的历史意义和价值的，它将对哲学、文学、历史、考古、雕塑、建筑以及佛教本身等方面有关的研究工作提供丰富的资料。

当前随着我国国际交往的日益扩大，宗教文献的出版，对加强国际学术交流，增进人民之间友好往来，宣传我国古代丰富文化遗产成就，提高我国的国际学术地位，都有积极意义。

建国三十多年，我国在各方面取得了卓越成就，但对整理文化遗产和积累资料方面做得很不够，还没超过解放前商务印书馆所作出的成绩。这一薄弱环节现在应尽快补上。

关于编辑《中华大藏经》(汉文部分)的意义*

佛教经典最初靠口头传播，后来，在长时期内，口头传播与文字传播并行。由于印度造纸术兴起较晚，直到四世纪时，法显到印度求法，还深感写本不易得。佛教典籍增多，总称为"三藏"，即经、律、论三大部类。

佛教传入中国内地，结合中华民族及各地区文化的特点，逐渐形成具有中国特色的中国佛教文化。中国佛教在中国生根、开花、结果，前后差不多有一千多年的历史。南北朝时期中国建立了"佛教经学"，佛教经学与中国本土的儒家经学占有同等地位，就它的社会覆盖面看，还超过了儒家经学的影响。隋唐时期，佛教与道教两教并列为三教，释迦、孔子、老子同样被尊为"圣人"。人们早已忘了佛教为外来宗教，释迦牟尼也不被看作外国人。诽谤"圣人"有罪，谤佛与谤孔子都为社会所不容，佛教社会的影响广泛而深远，研究中国文化、中国历史都离不开佛教。

1982年国务院的古籍整理出版规划小组，把"中国佛教

---

* 原载《书品》1988年总10期

全集"《中华大藏经》(汉文部分)列入规划。我们没有把佛经整理看作是宗教界的少数佛教徒的事，而是看作中华民族共同的文化遗产事业之一。这正如中国文化界、学术界把敦煌莫高窟佛教艺术当作全民族的文化宝库而不把它仅仅看作佛教徒的宗教遗迹的道理一样。凡是有价值的文化遗产，理应为全人类所共同享有，共同关心，共同爱护，共同研究，而不能视为少数信奉者的私事。中国的佛教典籍，内容浩繁，它不只是佛教的经典，既是佛书、也涉及哲学、历史、语言、文学、艺术、天文、历算、医药、建筑以及保健气功等领域的包罗宏富的古籍，对中国和世界文化都曾产生过深远的影响。

中国历代刊印佛教大藏经，都不外为国家祈福、为国君增寿、为刊印者祈求带来好运气。唯独《中华大藏经》(汉文部分)的编辑宗旨与过去不一样，它是作为中国古籍整理工作的一部分而上马的。编辑者是为了建设中华民族的社会主义新文化，才下决心彻底整理中国古老的传统文化遗产的。

不同于历代刊印的大藏经

汉译佛教典籍，绝大部分是东汉、魏晋南北朝、唐朝时期译出的。从两晋南北朝开始，中国僧人及佛教信奉者写下不少著作，有经序、注疏、论文、工具书、史料编辑，还有一些假托译出的佛经，正统佛教徒称为"伪经"。这些大量的中土著述，丰富和发展了佛教传统的"三藏"(经、律、论)的内容，使大藏经成为一部具有中国特色的佛教百科全书。

随着汉译佛经和华人著述大量涌现，约在公元2世纪后半期即有人从事目录整理，隋以后，手抄佛经盛行，经录之学发展起来，出现了各种体例的经录，它体现了当时编辑者对佛经分类标准的分歧。对后来影响最大的是唐代僧人智昇的《开元释教录》①，它正式承认中国学者的佛教著述的地位，列入目录，并分类排定次序。

汉文大藏经的编辑，雕印，以它的鸿篇巨制，版本众多、历时久远闻名于世，雕版印刷发明以前，佛经主要靠手写流传。北朝已有石刻佛经，雕凿在岩石上与造像都以祈福为目的。隋以后，佛教徒中为了保存佛教文书，以防兵火战争的破坏，系统地雕造石版佛经。公元十世纪，北宋开宝年间始以木版雕印佛经，世界上第一部大藏经问世。后来历辽、金、元、明、清都投入了大量人力物力雕印藏经。现存公家私家刊印的大藏经达十七种之多。② 民国以后还出版过两种铅字排印本《频伽藏》和《普慧藏》。在国外，汉文版藏经有《高丽藏》③、《弘教藏》、《卍续藏》、《大正藏》。综观国内外刊印的各种版本大藏经，都有收录不全、排印错漏等缺点，都不是理想的版本。

为避免过去刊印的许多种大藏经的缺失，《中华大藏经》(汉文部分)力求做到版本要“精”、内容要“全”。编辑《中华大藏经》(汉文部分)共用了八种版本④与《赵城金藏》对校。《赵城金藏》30 年代初被发现后，引起国内外学术界的重视。它是《开宝藏》的复刻本、装帧、版式保留着《开宝藏》的基本特点，在《开宝藏》几乎散佚殆尽的情况下，

---

① 据新发现资料，《开元释教录》最初的形式与今天的分类法不尽相同。

② 宋有《开宝藏》、《崇宁藏》、《毗卢藏》、《圆觉藏》、《资福藏》，辽有《辽藏》、金有《赵城金藏》、金元之际有《碛砂藏》、元有《普宁藏》、《官版藏经》，明代有《洪武南藏》、《永乐南藏》、《永乐北藏》、《武林藏》、《万历藏》、《径山藏》，清有《龙藏》。

③ 《高丽藏》据北宋《开宝藏》翻刻，经版两次毁于火，今本《高丽藏》已非原貌。

④ 八种版本是：《房山云居寺石经》、《资福藏》、《影宋碛砂藏》、《普宁藏》、《永乐南藏》、《径山藏》、《清藏》及《高丽藏》。

它不论在版本方面，或在校勘方面都有无可比拟的价值。在我国现存藏经中，未经传世的孤本还有《房山云居寺石经》、《辽藏》、《元官版藏经》、《洪武南藏》、《武林藏》和《万历藏》六种。这几种大藏经，除残缺严重者外，多为《碛砂藏》和《永乐南藏》的复刻本，所收经籍少于《赵城金藏》不宜作底本使用。《赵城金藏》收录经籍近7000卷，现存5380余卷，虽有缺佚，可用《高丽藏》补入。《高丽藏》和《赵城金藏》同属《开宝藏》系统的复刻本，版式完全一致，用《高丽藏》补《赵城金藏》，可谓"天衣无缝"。

不同于过去的校勘方式

《中华大藏经》(汉文部分)以《赵城金藏》为底本，与上述八种版本的大藏经对勘，逐句校对，只勘出各种版本的文字异同，不加案断。我们采取这种方法，有以下几方面的原因：

校勘版本学界，习惯于崇信古本，我们经过实际勘察，发现任何版本都不是十全十美，都有差错。善本中(包括《赵城金藏》在内)各有优缺点，因此，我们要求集诸版本之长，不主张"定于一尊"。

《赵城金藏》以外的八种版本都有它的特点，有的属于海内珍本，有的是世界孤本，都可称为善本。众多善本不但专家学者个人无力备齐，即是国家大图书馆也不能八种善本具备。我们借这次编辑整理《中华大藏经》(汉文部分)的机会，集诸善本于一编，有了这一部《中华大藏经》等于同时拥有九种版本的大藏，为庋藏者和使用者、研究者提供了方便。

我们校勘的目的，不在于勘误而在于会同。经过检查，这些不同版本出现的文句异同，多半不涉及义理，往往各有道理，(当然也有明显错误的)如果一定由编辑者决定取舍，难免失之武断，徒耗人力，并不科学。还应指出，每一种善本的特殊价值并不是由于它的至美至善，而在于它体现了各自时代的某些特征，这类特征是别的版本不能取代的。如《房山云居寺石经》可谓善本，其中有些石刻佛经体现了《辽藏》的面貌，但其中也有刻工贪图省工，出现许多上下文不相连属的"一"字，从一般校勘原理看这与字形、字音、字义或上下的错简毫无关系，只是由于刻工按版计酬，为了省力，又能占满版面，才出现了不应出现的许多"一"字，汉字中只有一字笔画最少，刻起来又省力，用来充字数最方便。像这类缺点，并不能动摇《房山云居寺石经》的历史地位，瑕不掩瑜。这里只是说明中国过去雕印的众多版本的"大藏经"，没有一种是尽善尽美的，《中华大藏经》(汉文部分)的出版，博取众本之长，避免众本之短，会同诸本合校，标出异同，不下案断，正是极端负责的客观精神。

《中华大藏经》(汉文部分)编定《赵城金藏》为底本的第一辑以后，还将编辑过去未入藏的许多佛教典籍为第二辑。为此，我们一开始就从最大数量的手写卷子本中进行了普查。敦煌卷子写本中佛经所占比重极大，比俗书的经史文书多得多。半个世纪以来，敦煌学者集中注意于搜求写本中关于社会、经济、民族文化等方面的资料，研究者利用的多为世俗文书，而对其中占绝大多数的佛教典籍注意得不够。手抄卷子一则数量大，二则内容专业性比较强，其中断裂的，残缺的，要找到它的归属；有的卷子分裂成几段，有的上段在英国，下段在法国，也有头尾不全，不易判断归类，这都是很艰巨而又必须做的工作。我们几年来已经一篇一篇地逐件审查，现已初步有了眉目，确实可以从中找出应当收入大藏经的佛教典籍。我们还可以从佛教手抄卷子中推断出佛教在河西走廊传播的基本状况和唐代佛教经典大体流行的状况。我们在编辑中务期不发生遗漏，使《中华大藏经》成为名副其实的“佛教全书”，成为超过前人编辑的任何版本。

我们编辑大藏经，既为僧众讽诵供奉之用，同时也供学术界研究者使用。校勘原则，力求准确、客观。为了使读者便于阅读和检索，开始印行的前几卷中，为保持《赵城金藏》的古籍文物面貌，把每卷之后漶漫不清的部分，作为附录，置于各卷之末尾，以保存文物的原貌，经文正文所缺部分，则用其他版本补足。因此，读者所看到的经文原文都是清楚的，经文也是衔接的。有些读者对这种安排的办法未曾细看，也未读原书的说明，只看到每卷后面附有漶漫不清的片断，认为妨碍阅读和讽诵，这是出于误解。附页不与正文相连，不是供阅读的。为了避免这种不必要的误解，后来印行的各卷，即不再附印《赵城金藏》的模糊部分。这也节省了人力、物力。这一改进曾得到海内外读者的支持。

为了使我们的编辑工作做到心中有数，我们花了两年的时间，在国内外开展了一次版本普查。南到苍梧，北极紫塞，西渡流沙，东泛辽海，对国外几处东方藏书丰富的图书馆，也都进行了考查。从而对海内外所收藏的值得注意参考的版本，做到心中有数。在初步探索的基础上，我们有了初步计算，《中华大藏经》(汉文部分)种类总数可达4200余种，卷数可达23000余卷。这可以说是从古以来，收罗最全的一部佛教全集。工作中还会有新的发现，也可能进行一些调整，但大体规模已经定下来了，不会有大的增减。

整理的目的为了研究

佛教文化不是孤立的，它是中华民族传统文化的一部分，佛教文化不限于汉族。佛教大藏经，除了汉文部分已开始工作了六年，藏文部分也于去年着手编辑，这也是《中华大藏经》，由于中华民族包括多种民族成分，不同的文种的大藏经将会给中华民族的文化建设带来新的繁荣昌盛新局面。比如佛教汉译本中，有关因明的部分比较薄弱，而藏文大藏经则保留得较多，因明在藏传佛教中有所发展。将来随着研究工作的开展，汉藏两种大藏经得以互相补充，必将使中国的因明有所突破。

又如，《中华大藏经》体现了中华民族对外来文化的高度融化吸收能力。华人著述在《中华大藏经》中所占比例越到后期越大。汉地佛教如此，藏传佛教也有同样现象，如宗喀巴的著作在原有的佛教理论基础上有所建树，有所创造，不但丰富了佛教文献，也丰富了中华民族的文化宝库。以上只是举几个例子说明各种《中华大藏经》可以互补，相得益彰的好处。

人们习惯地认为，佛教来自古印度，从地下发掘资料和文献记载来看，中国的佛教最初来源不在印度，而在中亚(古称西域)。新疆地下发掘文物中，有不少残存佛经，文字也多为当地语文。晋朝名僧、翻译家道安指出“译胡为秦”的种种困难。胡语非梵语，当时译经僧人都明白这一点。他们多自西域来华，用口诵记忆来提供译文，后来中印交通条件有所改善，才有较多的梵夹携来，供中国僧人笔译。如果我们资料工作做得好，即在充分占有资料的前提下，开展科学研究，我们新中国的文化史将会比过去充实得多。它不但对中国文化有贡献，也将对世界人类文化有贡献。

《印度佛教史》汉译本序

英国学者 A·K·渥德尔[①]著《印度佛教史》，1970 年出版。关于印度佛教史，印度学者和西方学者著述甚多。这本著作的汉文译本，值得向读者介绍。

佛教在印度，曾盛极一时，但它没有能够成为印度社会的统治思想，它不像中国的佛教那样据有至高无上的地位，也没有更广泛地影响人民群众的社会生活。说到它的势力，如果勉强与中国的思想比较，倒是有点像中国的道教的地位：它有源远流长的传统势力，但不是正统；它有一定的信仰群众，但不占多数；它统称为佛教，但又有许多分支流派。

佛教产生在印度。国际学术界人士多认为印度是个重视神话传说而不重视历史的民族。这种看法是否十分科学，还可以研究。治印度古代史的人确实感到关于古印度历史上的事件和人物，真真假假，虚虚实实，很难确切地指明它的年代。古代著作也是注重口耳相传、师徒授受，不重

① 英文原名 A. K. Warder，在加拿大任教。

文字。造纸术的应用也比中国晚得多，很多著作写在贝叶上。五世纪初法显到印度寻求律藏写本，在北天竺诸国，皆师师口传，无本可写。据《付法因缘传》载：

阿难游行，至一竹林，闻有比丘诵法句偈："若人生百岁，不见水老鹤，不如生一日，而得睹见之。"

阿难语比丘，此非佛语，汝今当听我演："若人生百岁，不解生灭法，不如生一日，而得了解之。"

尔时比丘即向其师说阿难语。师告之曰："阿难老朽，言多错谬，不可信矣。汝今但当如前而诵。"

原始资料写定时间较迟，多为若干年后的追记，史料的真伪辨别，是研究印度古代史的一大难关。《佛国记》、《大唐西域记》给研究印度历史的学者们提供了极为珍贵的原始记录。它填补了公元四、五世纪到七世纪的一段空白。可惜法显以前一千年间，还是说不完全，而这一段，正是佛教发展史上极关重要的历史时期：

渥德尔的《印度佛教史》，虽然篇幅不大，是一种教科书式的著作，但它运用的材料相当广泛，作者的态度也比较客观。他没有笃信者的框框，对佛经中的记载，不轻信。作者也有较好的语文修养，利用印度的多种语言，从中找出可信资料。作者还利用近代考古学、民族学、人类学的成果，并利用了汉译佛典中保存的一些资料，因而书中的记载平实、可信。

作者不只是一位史学家，也熟悉佛教哲学。他对佛教思想，特别对因明部分给以较多的篇幅。这固然表明作者的兴趣所在，也反映了作者的学术造诣。

渥德尔教授对古代印度社会历史现象予以适当注意，这种努力也是值得肯定的。作者还从发展的角度说明佛教从小乘到大乘的过程。这种观点也是可贵的。

《印度佛教史》这一著作是一本较好的书，原因是多方面的。原因之一即作者不受宗教迷信、佛教神话的干扰，所以叙述的历史较有说服力。

这本书也有不足的地方。由于作者缺乏唯物史观，有些现象，只能停留在表面描述上，比如本书讲到佛教的起源时，叙述显得比较一般化。又如汉译本中保存的古印度佛教史的资料十分丰富，比汉文以外其他来源的资料都多，而且时代较早，却没有很好利用。藏文资料也很丰富，作者也未利用。书中还有一些论述失之武断，这都是本书不足的地方。总之，金无足赤，书无完书。这本书瑕不掩瑜，是本较好的大学参考书，在国外已有定评，值得向读者推荐。

本书的译文也值得向读者推荐。

翻译一种专业书，译者要具备一些必要的条件。译者要通晓译出和被翻译的两种文字，这是人们都明白的道理。但是还有更重要的一条，即译者通晓这门学问的基本内容，而不是望文生义。佛教有它的特殊的范畴，同样一个名词，佛教经典中有特定的涵义；不了解它的思想体系的大致规模，光靠抠字典是译不好的。也就是说，译者一方面要知道原著的意思，还要力求译文所包涵的意思是原来的，而不是附加的。如果译者对所译著作涉及的专业比较熟悉，在翻译中还能随时发现原著中的失误和不妥的地方。本书的译文中加入了不少“译者注”，不要小看这字数不多的小注，它如实地向读者指出了原著的问题和缺失，也表现出译者的学识和造诣。细心的读者将会从中得到必要的知识，这些知识恰恰又是读原著所得不到的。

译文要忠于原著又要明白畅达。这一点许多汉译本早已做到了，但是也有不少译著没有做到，读起来显得别扭。从事翻译工作的都深知此中的甘苦。道安有"五失三不易"的体会，确是经验之谈。王世安先生的译文的优点是文字简明。简是要言不繁，明是晓畅通顺。只要和原文对照，不难发现译文简明不下于原文，其清晰条畅，举重若轻，或为原文所不及。

王世安先生，湖北黄梅人。黄梅为禅宗五祖弘忍传法旧地。王先生早年受业于北京大学汤用彤、熊十力诸先生，好学深思，卓然有所立。毕业后，遭际坎坷，漂泊汨罗、洞庭间，从事教育工作数十年，桃李遍湖湘。晚年息影林泉，借住香山之麓，为《佛教大辞典》搜集词条工作。这部译文是他利用余暇的作品。每译成一章，我有缘得以先睹，值此书即将出版之际，愿写一短序向读者推荐。

（1987 年）

(三)

关于中国封建主义的问题[①]

从战国到鸦片战争两千多年，中国是封建社会。与欧洲的封建社会相比较，为什么中国封建社会的历史这么长呢？这个问题牵扯到中国社会发展的各种构成因素，但主要的原因是经济原因，封建的经济结构决定了封建社会的社会性质。

封建经济是一种自然经济，它的经济体系以家庭为单位，一家一户的男耕女织是它基本的生产方式，也是生活方式。产品自己消费，吃、穿、用基本上自给自足。中国历史上，凡是天下比较太平，人民日子比较安宁的时候，往往是小农经济得到发展的时候。秦朝经过商鞅变法后，鼓励小家庭，儿子长大必须分居。汉初、隋初、唐初都是贯彻这一种方式。一家一户便于国家直接控制有生产力的人服徭役、交地租。但是小农经济不能经久，过一段时期就会产生土地兼并、两极分化，并由此引起社会动乱。小

① 1980年9月18日在陕西省哲学学会的讲话。原载《人文杂志》1980年第6期

农经济的特点是不能够大规模高速度地发展生产，产品基本上消费掉了。这种情况一直持续到鸦片战争，中国由此进入半封建半殖民地社会。这个半封建半殖民地社会的封建的经济势力、政治势力、文化传统非常强大，资本主义势力十分薄弱。也可以说，中国的社会主义是在更多的封建主义、较少的资本主义的基础上建立起来的。这样的历史残迹，不能不表现在社会主义制度下的各个方面。“文化大革命”中“四人帮”的篡党夺权，正是这个封建历史残余势力的大暴露。

在“文化大革命”前我们并没有重视这个问题，我们在完成了所有制的改造后就心满意足了，对于统治中国几千年的封建主义的危害性认识不足，这不是哪一个人认识不足，而是我们整个民族、广大群众，包括我们党内干部都对封建主义势力之大认识不足。这样就导致了极其严重的灾难性的后果。

自给自足的小农经济落后于资本主义，当然更落后于社会主义。社会发展史的规律表明：落后的自然经济必然为先进的资本主义所代替，资本主义又必然为更先进的社会主义所代替。而中国的社会主义是在资本主义没有得到充分发展的情况下建立起来的，包袱就背得很重，问题也就更为复杂。落后的封建经济有没有带来好处？也有。比如我们的新民主主义革命采取的农村包围城市的战略方针，它的根据就是旧中国封建经济和封建势力是独立的、分散的这么一个落后的状况。如果是一个现代化的、商品经济发达、交通设施完备的社会，我们就很难设想能通过这样的道路取得革命胜利。中国革命成功，沾了封建主义的光，进入社会主义社会，则吃了封建主义的亏。

我们是研究哲学史的，现在仅从这个侧面来考察一下中国的封建社会为什么能够维持这么长？

封建社会是一个有机结构，有它的生长、发展、衰落和死亡的过程。汉唐时代是中国封建社会的上升时期，不仅在中国封建史上值得大书特书，在全世界比较起来也是先进的。唐以后开始走下坡路，一直走到鸦片战争。秦汉以后中国就是在大一统局面下的封建制。这种全国大一统的局面，与欧洲诸侯小国分散割据的封建社会有很大区别。中国的历代封建统治者不断加强中央集权的统治力量，采取一系列措施，从政治制度、思想体系方面，来巩固封建体制，维系大一统的局面。

从历史上看，中国封建统治的不断增强是通过集中中央权力和加大皇权来实现的。汉初刘邦分封了一些子弟，分封后发现他们闹独立性，以后就停止了分封，直接由中央控制全国各地，把地方官的任免权都收归中央。皇权也是在不断加强，从汉到唐，中央的权力形式上集中到宰相，宰相的权力相当大。宋朝开始削弱了宰相的权力，加强了皇帝的权力。到了明清，封建的皇权制进一步加强，废除了宰相制，实行内阁制。内阁实际上是皇帝的一个秘书班子，权力集中在皇帝一人手上。汉唐时君臣坐而论道，宰相还有个座位。宋朝开始，宰相没有了座位了，只能站着和皇帝讨论问题。明清以后，连站着也不行了，只能跪着接受皇帝的指示。宋朝的军队经常打败仗，不是他的兵不勇敢、武器不行，而是中央政府怕地方有权，出兵打仗时皇帝把事先规定的阵图交给带兵的将领，必须照颁发的阵图行动，否则打胜了也没功。那时没有现代的交通和电讯设备，指挥系统离阵地几千里，而战事是千变万化的，如果将军连机变的特权都没有，怎么能打主动仗，怎么能不打败仗呢！后来岳飞之所以能打胜仗，是因为皇帝逃难顾不上颁发阵图了，部队有了发挥主动权的机会。皇帝的权力越来越大，依附于皇帝的宦官、宠臣就可以窃权、弄权。由于皇帝庸劣而无力运用这个过大的权力，于是出现了宦官专权的黑暗统治。

为封建制度服务的各种思想体系，也与这个制度密切配合，形成了具有中国特点的封建社会的意识形态。比如为了给中央集权的封建专制服务，宋元以后把《大学》这本书定为国家的教科书，这本书讲的是修身、齐家、治国、平天下，把封建社会一家一户的小生产思想体系哲学化、理论化，向全国灌输。维护封建制度的"三纲"说，就是从伦理、道德方面来巩固封建制度的。先秦时期思想家如荀子和韩非已经指出了"三纲"说(即君为臣纲、父为子纲、夫为妻纲)，但在那时只是一种主张，并没有一种有力的措施来保证它的实现。到汉朝，地主阶级利用它掌握的政权和行政手段来推行"三纲"准则，如提拔那些贯彻"三纲"准则彻底的人，给他官做，从一家一户到全国，都推行"家长制"，这就使得"三纲"思想的贯彻有了制度保证，比先秦时期空讲道理有效多了。

封建社会产生家长制是有其道理的，因为以男性为中心的家长，他有生产经验，而且他是这个家庭的主要劳动力，他有绝对的经济支配权和发言权。所以说，家长制是封建社会小农经济的产物。

封建社会的家长制是合法的，是被人所承认的，同时也是巩固封建秩序的一个力量。在一个家庭里边也需要这么一个家长。封建社会在"三纲"思想统治下，根本没有个人的自由，也就不会产生个人主义。一个人，他是社会的一个成员，也一定是国君的臣民。不管是做官的还是没有做官的普通老百姓，都是皇帝的"臣"；臣对君，民对君，都只能绝对服从，没有平等的关系。只有君选择臣、民的权利，而臣、民没有选择君的权利。春秋战国时候国家很多，这个国家的人可以跑到那个国家去，臣可以择君而仕，老百姓也可以从这国跑到那一国去。而在封建的大一统的国家里，"溥天之下，莫非王土"，你走到天边也是皇帝的土地，跑不出去。所以臣对于君，只有绝对的义务，绝对的服从，君对于臣却没有任何的责任。父子的关系，夫妻的关系，也是这样，只能服从而没有反抗的权利。臣民是属于君的，子女是属于父的，妇女比男子又多了一层束缚——夫权。这就是说，封建社会里没有个人的自由和权利，君主既是人，又是神，具有至高无上的权威。老百姓就不一样，他不是臣就是子、或者是妻，独立人格的人不存在。这样就形成了绝对服从关系，上下级的关系也就固定化了，僵化了。到了社会主义社会，人们还没有养成运用民主权利的习惯，也不善于区别封建社会的上下级关系与社会主义制度下的上下级关系，所以家长制与一言堂能够通行无阻，这是一个客观的原因。

“四人帮”是封建法西斯的产物，他们提出的“三忠于”、“四无限”等，都是封建社会里臣对于君的那么一种关系。如果真的是人民当家做主，人民有民主的权利，那么领导应该忠于人民，忠于群众，关系应该倒过来。“四人帮”却片面地要求下对于上绝对的忠，上对于下则不负任何责任，不受什么约束。由此可以看到，中国的社会主义没有经过完整的资本主义阶段，是从半殖民地半封建主义一下子跳到了社会主义的，这就不免把封建社会的很多东西不知不觉地带到社会主义来，当做社会主义的好东西，给我们的社会主义事业带来了很多麻烦。比如说封建社会的统治者教育人民要安贫乐道，就是说它把贫困看成是很高的道德，而把富足视为使人道德败坏的东西，要人们安于贫困。有一个叫做颜回的，是孔子的大弟子，他没有著作留下来，他的言论也不多，可是他却成了几千年来封建社会教育学生的榜样。理由在哪里呢？向他学习什么呢？就在于他穷，他能心安理得地来受穷，不要改善他的经济生活——根据封建社会的道德标准，这就是他的美德。试看在我们的社会主义社会里，有没有不把穷困当做敌人而当做美德的现象呢？我看是有的，前若干年不是一直在讲穷过渡吗！

似乎穷了就好，富了就变修了！因而一直在把青年、干部送到农村最艰苦的地方去锻炼，好像城市这个花花世界是个罪恶的渊薮，只有农村才能培养完善的人格。其实，在工人阶级当家做主的社会里，工人阶级的城市，哪能是产生罪恶的地方?《共产党宣言》里就说过，资本主义发展以后，把田园诗的情调破坏了。中国社会也有这种田园诗，歌颂自然的美；当然诗是美的一个方面，如果把这跟人的道德要求，跟人的生活改善的要求联系起来看的话，歌颂穷困，歌颂安于贫困，这只能是对于封建社会的君主有利，因为安于穷困就不会造反、不提任何要求，所以这是封建统治者为统治人民制造出来的一种道德标准——以穷为荣，而不是以穷为耻。

再比如绝对服从，盲目崇拜，这也是中外封建社会共同尊奉的一种道德。像这些绝对的忠，绝对的服从，盲目崇拜，对现社会的人有没有影响呢？我看是有影响的。就拿中国来说，经过宋朝以后，为了巩固封建秩序，巩固中央集权的统治，就把经过宫廷政变取得政权视为大逆不道。比如曹操，在唐的时候还没有被看成为一个反面人物，杜甫送曹霸的诗就称道他是魏武的后代，① 可见唐时曹操还被看作好人。但经过宋以后的批判，曹操就被看成历史上的一个坏人了。五四时代，北京大学的标语中有一条是打倒曹汝霖，曹汝霖卖国是应该打倒的，但公布曹汝霖的罪状，说他是曹操的后代，这就不对了，它说明近代革命的舆论也不自觉地接受封建的标准。再如文化大革命里打派仗，用大字报攻击对方不怀好意，说“司马昭之心，路人皆知”，司马昭犯了什么罪过呢？他就是篡夺了曹魏的政权。本来这是他们两家封建贵族的政权争夺，我们是革命群众，有什么必要站到曹家来声讨

① 原诗有“将军魏武之子孙”之句。

司马家呢？这是封建的影响不知不觉地深入人心的结果。宋朝以后的改朝换代有好几次，但通过宫廷政变来篡夺政权的一个也没有。秦桧是个奸臣，虽然他权力很大，但也不敢篡位，不敢当曹操、司马昭。社会舆论已经造成对君绝对的忠，不能够有丝毫的怀疑，这正是用宣传、教育的方式，加强封建主义的教育，收到了效果。封建社会到了后期，产生资本主义的萌芽，会逐渐出现新的生产方式来代替旧的生产方式，新的生产关系可以冒出来；可是我们中国的资本主义老是成长不起来，即使有过几次出现了萌芽，却又被压下去。从思想史方面看，因为有一套思想体系，不让新的生产方式和资本主义的萌芽发展。中国封建社会历来重本抑末，“本”是农业，即小农经济，“末”是工商业，被看作是起坏作用，要人为地加以抑制。我们背上的封建主义包袱太重，中毒也太深，钻进党内的野心家、阴谋家就有意识地把封建主义当作社会主义来宣传提倡，把社会主义的东西当作资本主义来加以批判和反对。我们的干部和群众，对封建社会的影响认识不够，就容易上当。封建家长制的统治，一个人说了算，没有民主，没有平等讨论的权力，这在封建社会个体农民的家庭里，不但是允许的，也是需要的。可是我们往往把封建的一言堂，家长制统治，跟社会主义民主集中制混淆起来。再如，关心每一个人的物质利益，不断改善人民群众的物质生活和精神生活，这是我们社会主义的一个原则。但由于我们分不清封建主义、资本主义和社会主义，不善于区别它们的差别，曾一度大力批判物质刺激，反对改善人民群众的物质生活，宣扬穷了是社会主义，富会出现修正主义。

再从经济生产方面来看，封建社会一家一户的小农经济，它的产品不是商品，不是为交换，它不存在成本的问题，也不搞成本核算，可是我们搞社会主义建设，不知不觉地也把不计成本，不要成本核算，当作社会主义优越性来坚持，使我们的经济建设吃了大亏。封建社会是不计成本的，像秦始皇陵墓的成本该怎么算呢？几十万人拼死拼活干了若干年，它的成本就无法算，也不需要算。我们管理经济的人，没有经过资本主义进行经营管理的那种训练，认为成本核算是资本主义的，不计成本是社会主义的；把封建社会的经营管理当作社会主义的经济原则去贯彻；这种教训是很深刻的。过去流行过一句话：要算政治账，不要算经济账。搞经济建设不算经济账，这本身就是很荒谬的逻辑。

再比如说就业问题，在封建社会不存在失业问题，当然也不存在就业问题，有一块土地就一切都有了。现在我们国家的人口每年要净增一千万。这一千万人，如果不给他们安排个适当的岗位，他们就要找别的出路，要影响社会秩序的安定。一大批年富力强的劳动力需要有工作做。当然对他们进行教育是需要的，但是光教育不安排，不行，不能解决他们的问题。在封建社会就不存在什么失业问题，这是社会进入资本主义以后才发生的问题。社会主义与封建主义之间隔着一个资本主义，如果不对它们加以清楚地区别，就很容易把社会主义的东西当作资本主义乃至封建主义的东西来对待。过去大寨就有一个很响亮的口号："堵不住资本主义的路，迈不开社会主义的步"。这些年的经验告诉我们，如果资本主义与社会主义分不清，堵的可能是社会主义的路，迈的可能是资本主义的步，也可能是封建主义的步，这样就可能乱了套。所以对封建主义的影响，千万不能小视。

封建社会都是一家一户的小生产，日出而作，日入而息，家庭成员一天到晚在一起，家庭对每一个成员世界观的形成，对他们的思想影响，是起决定作用的。可是在社会主义社会，家庭结构就起了变化。我们的农村是集体所有制，家庭成员活动的范围就比封建社会广阔的多，绝不是家庭这个围墙所能限制得了的。比如说一家有三个儿子，有的在工厂做工，有的在学校教书，有的在生产队劳动，他们的经济收入来源不一样，有的是靠工资，有的是靠工分吃饭，他们三个都是自食其力，不靠家长吃饭，这样，他们的世界观、思想的形成，就主要是来自社会，而不是主要来自家庭和家长。这就是说，家长对其家庭成员的影响与以前不一样了，对他们的约束也不一样了。家庭结构变了，家长的地位，他的发言权和作用也就有了变化。在封建社会里，家长有财产支配权，子女对家长要孝，有求于他嘛！讨父母喜欢是希望能分到一点遗产。进入资本主义社会就不一样了，如欧美，小孩到了十八岁就完全独立了，离开了家自己找工作。家庭的结构变了，家庭的形式也得有个变化。我们社会主义社会，家庭结构也在起着很深刻的变化。每个人的收入来源，生活资料的来源，不是从家长那儿来的，这就是一个变化。所以我们要真正解决老年人的晚年问题，光靠宣传教育、法律，是不够的，还要有社会保险能够跟上去。如提倡只生一个子女，那么将来一对青年要养活四个老人，那怎么行呢？这就要求社会保险能跟上去。社会要看到并承认家庭的结构有了变化。可是过去我们对这个变化认识不足，比方说选拔人才方面，我们自己给自己划了许多框框，限制自己。如选拔干部，就把家庭出身看得非常重要。一个人各方面都不错，吸收他入党也够条件，就是他父亲有点问题，这就不行；要不就是他舅舅有点问题，那也不行；甚至追到他的祖父的家庭成分，本来可以使用、提拔的干部，就因为这些不敢使用和提拔。美国前国务卿基辛格，是个德国犹太人，如果用我们的标准看，这样来历不明的一个外国人，社会关系这么复杂，要当一个相当于外交部长的国务卿，那肯定是不行的。我们用封建社会的标准来看新事物，远远落后于形势，就使应该使用的人被遗漏了，这是很大的浪费。埋没了人才，也害了社会。文化革命期间反动的血统论之所以能够得逞，就是因为我们这个社会承认血统论。要不是社会上有这样的基础，光靠几个人高唱血统论也推行不开，推行了，大家也不信。

封建社会把家庭单位看得很重要，是因为家庭既是个生产单位，也是生活单位和教育单位。社会主义社会不是这样的，还用旧眼光旧标准来看待家庭就不对了。如在过去的政治运动中就因此造成了一些无端的株连，一个人被打成反革命，一家子就跟着都倒霉了。反过来，有些搞特权的少数人，他一个人上去了，就一家子也跟着上去了，所谓“一人得道，鸡犬升天”。农村生产队选干部，也往往受一家一姓一族的影响，不能够选出真正符合人民利益的人来。小到一个家庭，大到一个国家，如果沾染上封建主义的流毒、家长制的流毒，所造成的损失是不可估量的。

我们再举一个例子。封建社会的学习是读经，学习方法是背书，对四书五经要读、要背、要体会它的意义，但不能发挥个人的观点。封建社会的八股考试，代圣贤立言，就是把圣贤的话拿来发挥发挥，注释注释，经书上讲的道理只能照办，不准怀疑。于是就造了一种八股。毛主席不是反对党八股嘛，旧八股要反对，新的党八股也要反对。就是说，对圣贤的话，有多少是可靠的，也要研究研究。其实，封建社会的进步思想家也反对那种八股式的文章，《红楼梦》的作者就通过林黛玉的口，反对考试，反对八股，攻击代圣贤立言。资本主义社会的学习方式，同封建社会相比就不大一样了，他们就敢于怀疑，哪怕是出自孔子之口，不对的也可以怀疑，不肯轻信四书五经上的话。比如五四时代，这是一个思想解放的时代，胡适写过一本《中国哲学史大纲》(上册)，就评价了圣贤，在当时起了积极的作用。当然，他的观点我们不是都同意的，但他当时的认识比封建学者的认识有了很大的变化，他把孔子作为一个思想家，跟其他的思想家——孟、荀、老、庄等人，放在同样的位置上加以衡量，把孔子这个圣人降到一般思想家的地位加以论述。这一点是反封建的表现。可惜中国资产阶级比较软弱，反封建很不彻底，打了几个回合就停下来，跟封建主义妥协了。建国以后，各个领域在马克思主义的引导下，走向了社会主义建设，这是一件很不平凡的事情。我们学习马列主义有成绩，这是可以肯定的。但必须指出，建国三十年来，我们发表的学习马克思、恩格斯、列宁以及毛主席的文章，题目往往是研究这个、研究那个，可是仔细看看内容，讲个人认识体会的多，至于把马列主义真正作为一个研究对象，恐怕没有认真讲过。马克思主义有没有一个成长过程呢？从不成熟到成熟，从唯心主义到唯物主义，从早期到晚期，有没有一个变化，一个进步呢？否定进步就是否定了马列主义的科学性，我们很多研究者不是这么研究的，只是认为马克思绝对正确。写辩论、批判性的文章，总是按照一个程式，上面引一些马恩列斯的话，下面加上你是怎么说的，然后得出结论说，如果与经典著作上写的不合，显然是错误的，这样一批判就把对方驳倒了。多年来，我们大家都认为经典作家的每一句话、每一个结论都是对的。三千年来我们一直用的是这种学习方法。所以有人就归纳出这么一条，说毛主席的话句句是真理，一句顶一万句。我们的群众虽然没有归纳出这么高度概括的话，可是我们也是这样做的。就是用封建主义十三经注疏的那个方法来学马列主义。好像马列主义、毛泽东思想没有一个发展过程，任何时候，每一句话都是正确的，甚至发展到连鲁迅这样的思想家都不能评论了，以至高尔基的话都是绝对真理。这样学术研究怎么能有科学性呢？经书上没有讲过的不敢讲，经书上没有写过的不敢想，这种学习方法，就是封建主义的学习方法。把革命家或革命领袖当作不是一般的人，超乎常人，绝对正确，处处正确，这就扼杀了研究的道路，关闭了人们的思路，不会研究，谈不上创造，也谈不上发展马克思主义。三十年来出现了好几个号称理论家的假马克思主义者，领导我们的理论阵地的偏偏是些假马克思主义的理论骗子，如陈伯达、康生等，而我们大多数人没有发现，没有防备。原因当然是多种多样的，其中有一个原因就是我们用封建主义的学习四书五经的方法来学习马克思主义，我们所写的一些马克思主义的文章，名为研究，实为注解，甚至作了曲解，以迎合当时的某种政治需要。所以很多政治教员多年来感到很苦闷，政治课威信不高，而这是自食其果。这不是埋怨哪一个，也包括我自己在内，这是我们自己没有具体地用科学的态度来对待马克思主义，放弃了科学研究的权利，没有大胆地进行研究，大量的文章以至著作还是为了迎合某种需要而使自己吃了苦果。当然我不是说经典作家不需要注解，一些不懂或难懂的地方仍需要注解；也不是不需要谈体会，但是不能用谈体会讲认识代替科学研究。所以，我们对待马克思主义的研究，还要从头开始，要真正用科学的态度来对待，不然的话，理论界会仍然没有生气，没有前途，也丧失了群众的信赖。理论教员的苦闷也就是在这些地方。比如我们多年来讲党史，好多人连第一次代表大会有多少人，都叫不出名字，说不全。为什么呢？就是他回避了，不敢讲。马克思主义本身就是一种科学，不用科学的方法来对待它，不敢正视客观事实，科学研究是无从谈起的。可是我们过去就是这样做的。这样就带来一个结果，就是凡是上面规定的底下就必须跟着跑。如果都盲目跟起来的话，这个力量也大得很，走歪了的话，也危险得很。八个“样板戏”，只能跟着学，跟着听，不准评论；农业盲目地学大寨，大寨也成了那么一个神圣的标准，不能评不能议的；大庆也是只能学，不能评论，只能谈感想，不能评论，稍微不慎，就是砍红旗，就是修正主义。用封建主义的方法来学习马克思主义，长期以来的后果就是我们目前所面临的这么一个荒凉的情景，付出的代价是很高的。封建主义在欧洲被彻底摧垮，用了好几个世纪的时间。我们经过土地改革，工商业改造，很快地进入社会主义，一些人认为走了所谓捷径，占了个便宜。但是，回头看看，这个便宜是个酸果。你不付出代价，就想取得成果，那是不可能的，你想一个早晨就把封建主义消灭干净，那是不现实的，只有踏踏实实地工作，才能够把社会主义的基础打得牢固。三十年的革命实践已经说明了封建主义问题的严重，它渗透到各个方面，社会上、机关里、学术团体、党员、干部都有。现在还有一些人对这个东西不大认识，不太重视，甚至还有人不认为封建主义是当前的大敌，还在大力批资本主义。我不是说资本主义是个好东西，而是不能把封建主义这个头号敌人漏掉。

社会主义讲民主，我们今天有了民主，就是大家做主。可是许多人不习惯使用这个民主，参政了，还不大习惯于议政。中国的民主集中制，共产党领导的多党合作制度与西方近代民主有本质的不同。政府的措施，财政收支希望得到人民的监督。在人民的监督和评议下，可以避免决策失误，纠正施政不当。如果所有措施都正确，政府财政开支都合理，就用不着人民代表参政议政了。要使我们大家都能充分地当家做主，作社会主义的主人，就要抛弃封建主义对我们的影响，真的站起来，勇敢地为社会主义建设出一把力，为“四化”出一把力，要对旧的封建主义的东西，敢于斗争，彻底决裂。这样我们中国才有希望，我们的“四化”才有希望。

发扬中华民族优良传统 建设社会主义精神文明*

我们中华民族，已经有了近四千年有文字可考的历史。我国各族人民世世代代在这块美丽富饶的土地上克服了无数艰难险阻，不断发展壮大。进入近代，西方殖民势力打进我们的国土。为着中华民族的生存和发展，我们进行了一百多年的奋斗、革命，流血牺牲。我们的目的，是要摆脱半殖民地、半封建的社会制度，建立繁荣富强的新中国。经过辛亥革命，后来又经过中国共产党的领导，我们终于走上了正路，建立了人民共和国。我国的建设，正在披荆斩棘地向前进。建设社会主义，有两个方面的内容，一个是建设社会主义的物质文明，一个是建设社会主义的精神文明。物质文明属于经济的建设。在这方面，我们走过一些弯路，耽误了时间，也付出了极大的代价。现在，我们终于找到了门路。党的十一届三中全会以后，农业方面有了办法，工业也在转变中。下面就谈谈精神文明的建设，谈谈如何发扬中华民族的优良传统，来建设我们的社会主

* 原载《云南社会科学》1982 年第 15 期

义精神文明。

我们所说的“精神文明”，其范围到底有多大？包括什么内容呢？据我的理解，它的范围宽广得很，包括了社会主义全部的上层建筑在内。有几个大的方面，如法律。宪法，是法律中的根本大法，我们现在正在修改，关于国体、政体、政权体制、基层公社等等，正在研究讨论。宪法下面一些具体的、分门别类的法如民法、刑法、企业管理法等等，也都在建立、完善中，这是社会主义精神文明建设的一个方面。又如道德，包括人与人之间的各种关系：家庭关系、夫妻关系、父母、兄弟、子女、师生、上下级等等好多关系，应当怎样建设起来，这也是精神文明方面的问题，还有文艺、电影、戏剧、音乐、舞蹈、绘画等等，它对社会有什么责任，这也是一个方面。教育、教育的内容、教育制度、培养的目标等等，都属于精神文明。离基础比较远的一部分，哲学，也是精神文明。在旧社会，在资本主义国家，哲学有很多流派。我们现在所讲的哲学，就是马克思主义的哲学，具体地说就是辩证唯物主义、历史唯物主义。马克思主义的哲学，是为人民大众服务的，为改造主观世界、改造客观世界这个任务服务，是我们认识世界、改造世界的工具。宗教在旧社会属于上层建筑，封建社会里依靠它来维护封建制度，资本主义社会依靠它来维护资本主义制度。在新中国，宗教是旧社会遗留下来的意识形态，我们今天不能说它是社会主义的上层建筑，因为社会主义巩固社会秩序、改变社会风气、稳定人的思想等等，不需要靠上帝来帮忙。但宗教活动是历史上遗留下来的，有的还与民族习俗结合起来。如欧洲，基督教过圣诞节，一些社会主义国家把这一天叫“枞树节”，就像中国人过春节一样。又像小乘佛教有浴佛节，今天的泼水节，不一定是佛教徒才参加，已经成了一种民族习俗。广义地说，这些都属于精神文明方面的内容。精神文明搞得好，可以加快社会主义建设，搞不好则可以推迟社会主义发展的步伐。这个问题今天已提到全民的议事日程上来了，大家都很关心，特别是党的文化教育和社会科学工作者更觉得这个问题十分重要。

我是研究哲学史的，试图从哲学史方面看，我们中华民族有哪些优良传统值得发扬。粗略地说，有这么四个方面：第一，我们中华民族对于外来文化有着融合、交流的优良传统。中国的文化是在不断地融合、不断地交流的过程中发展起来的。第二，中华民族有唯物主义、无神论的优良传统。第三，中华民族有丰富的辩证法思想的优良传统。第四，中华民族有爱国主义的优良传统。当然还有其他的，今天主要讲这四个方面。

要了解中华民族的这几个方面的优良传统，还需要首先了解中国传统文化发展的内容有什么特点。第一个特点就是中国丰富的哲学思想，丰富的文化，基本上是在封建社会时代发展起来的。第二，我国的封建社会，从时间上来说，持续得最长。第三，封建的上层建筑，包括哲学在内：影响比较深远。开始是巩固新生的封建制，对封建制度的发展起促进的作用，后来是维持封建制度，使之停留在原来的水平上，不让它前进一步。第四，我国古代社会中，农民起义规模大，次数多，是世界上少有的。第五，封建宗法制度巩固，维护宗法制度的儒教思想深入人心。第六，中国的资本主义不占优势，没有建立民族资本主义的国家政权，而是很快地进入了社会主义。以上这些都是旧中国文化发展的背景，是西方和东方其他一些国家所没有的。

中华民族优良传统中的第一点，是我们中华民族善于吸收外来文化、消化外来文化，我们从来不去照抄照搬。外来文化如果不改变它的面貌，就无法在中国站得住脚。比如说佛教，在佛教的起源地印度，一个人要是出了家，地位就要比一般人高出一等。出家人是“佛的弟子”，父母见了他要礼拜，君主见了他也要表示十分的敬意。可是在中国就不行。佛教传入中国后发生了好几次争论，结果还是要拜父母、拜君王。佛家的僧规戒律中规定了祝愿的时候首先要祝愿皇帝万岁，其次才是祝愿佛祖。这说明中国的传统宗法文化根基十分深固，外来文化必须被迫改变自己的面目。

由于善于吸收各种文化，我国远在古代、春秋战国以前就形成了华夏文化。华夏文化是当时各民族文化交流、融合互相学习而发展起来的。汉朝有丝绸之路，开始沟通了西方的文化。唐朝，东西方文化交流有了更进一步的发展，宗教也更系统了，这从敦煌壁画可以反映出来。中华民族的兴旺发达，是对外来文化采取开放的、选择吸收的态度，而不是封闭的、拒绝的态度。

国内各民族之间也有这个好传统。各兄弟民族之间不断交往，共同前进。以汉族为例，汉族今天在各民族中是人数最多的，但细考察起来，没有一个地区的汉族能称得起纯汉族，它是多种民族因素长期融合形成起来的，汉族也可能转化成别的民族。1980 年我们在新疆曾经访问过一个维族家庭，往上追几代，他的祖先也是姓张姓王的，籍贯是湖南人，是汉族。

从哲学史上来看，哲学思想也是一个不断融合的过程。秦汉以后，政治上统一了，思想上也要求统一。起初各种思想都在那里争鸣，到汉朝的董仲舒以后，独尊儒术，儒家占了统治地位。可是董仲舒与先秦的孔孟大不一样，他的理论实际上包括了道家、燕齐方术，这是最初的儒道结合。董仲舒是现在的河北省人，河北即燕齐一带是方术、阴阳五行说的流行的地方。董仲舒在此影响下，把儒家与方术、阴阳五行结合起来。隋唐时期，佛教流行。开始是儒、道、佛三教各自宣讲自己的道理，每逢国家重大的节日就展开辩论。三教起初是各讲自己有什么好处，随着时间的发展，三教的讲论逐步发生了变化，开始趋向融合。著名诗人白居易就曾代表儒教讲了好几回，从现在留下来的讲稿来看，他认为三教并不互相矛盾，而是互相补充，谁也离不开谁。马学良先生[①]发现了云南一个彝文碑，碑上说修桥有功德，积德有好报应。这就不像是彝族的宗教思想了，应当认为是受了佛教的影响。可见思想这东西不是凝固的，它具有流动性，经常活动着，随着人们社会生活的变化而变化。

文化、思想的吸收、融合是有规律的，不是随便的拼凑。规律就在于往往是由当时的最先进的思想、最先进的制度来吸收外来文化中有益的东西。

中国的文化，中国的哲学思想，是各民族共同创造的精神财富，华夏文化就是各民族共同创造出来的。考古上发现的仰韶文化、龙山文化，很难说是哪一个民族的，不能肯定就是汉族的祖先创造了这些文化。再比如说楚文化，到底是哪个民族的，也很难说。老子是楚人，屈原也是楚人。楚是一个地区，不过并没有一个明显的证据说他们是汉族。屈原是楚之贵族，楚之贵族肯定不是汉族的前身。但中哲史上都把他们写上去，因为他们都是中华民族的思想家。

各族人民共同创造的中国历代的哲学思想，是中华民族精神文明的重要镜子，是从哲学方面来反映精神文明的。哲学史上某一阶段的哲学思想，某一个哲学家的思想，如果说它有贡献，那就在于它曾经站在当时人类认识的最前列，体现了那一时代的思想高度，把人类认识推进到一个新水平。这样，它才能无愧于它的时代。历史上有贡献

---

① 马学良，中央民族学院教授，少数民族语文专家。

的哲学家，他所提出的一些思想，不应该仅仅看作是他个人的见解，而是代表了当时先进的思想、先进的政治集团的世界观。哲学家个人当然属于一定的民族，但不应该认为他仅仅属于某一民族地区，因为他同时又具有更广泛的代表性。看一个哲学思想代表了什么，主要是看它的主张对哪个阶级有利，维护哪个阶级的阶级利益，而不是看提出这个思想的哲学家个人的出身、家族和民族。在一些少数民族掌握政权的时代，有一些哲学家是汉族的，如元朝的许衡等，他们代表的就是当时的如元朝的统治者的利益。再举一个大家熟悉的例子，毛泽东思想是全党智慧的结晶，并不属于毛泽东个人，作为一种思想体系，它代表了中国工人阶级和各族人民的根本利益。

文化上的不断融合、交流，互相学习，取长补短的结果，促进了中华民族大家庭的团结和繁荣。南北朝时期，北方有好几个民族，它们的互相融合，推动了生产的发展和文化的进步。与南朝文化比较起来，北朝的文化发展步子更快一些，生产水平更高一些。文艺上，云岗造像，北朝敦煌石窟，世界少有；农业上有《齐民要术》，这是北朝农业生产经验的总结，南朝就没有这些贡献。因此，隋朝完成了南北统一，以北方作为统一的基础。再比如说明朝末年，老百姓受不了朱姓王朝的残酷剥削，于是发生了张献忠、李自成的起义，推翻了明朝的政治。而清朝是少数民族政权，在其初期，也使中国的国力、生产力达到了一个很可观的水平，取得了各民族包括汉族的共同的支持。回顾这一段历史，我们总没有理由说当年的皇帝非姓朱不可，姓爱新觉罗就不行。清朝末年，由于殖民主义的侵略，清朝皇帝、掌权者的卖国投降，才激起了人民的反抗。辛亥革命的口号是“推翻满清”，这是因为慈禧太后这些人搞卖国投降。中华民族的国土，是属于全民族的，清朝割让了祖国的领土，东北、台湾等等，中国的老百姓，无论是在西南还是西北，都有权利提出抗议，提出反对。蒋介石压迫人民，出卖国家利益，也遭到了全国人民的反对，汉族人民并没有因为他是汉族的就容忍他。这都说明，中华民族是一个整体，是在不断地互相学习、取长补短中发展起来的。各民族无论大小，都是大家庭中的成员，都有共同的权益和历史责任。解放以后，我们各个民族的共同的指导思想，就是马克思列宁主义、毛泽东思想；共同的建设目标，就是社会主义；共同的领导核心，就是中国共产党。今天的融合、交流，是在新的基础上、在党的领导下进行的，是沿着正确的道路发展的，这就与过去那种不自觉的融合交流大不一样了。

中华民族的第二个优良传统，就是有唯物主义和无神论的思想。中国的封建社会发展比较完备，相对说来，中国封建社会的生产力得到了比较充分的发展。而无神论是和生产发展、科学思想的进步相辅相成的。与西欧封建社会相比，中国的无神论思想就比较发达，中国哲学中唯物主义就比较丰富。

当然，我们也要看到，中国没有进入完全的资本主义社会。封建社会长期延续，资本主义突不破封建主义外壳，虽有资本主义萌芽，但最后都给封建保守力量压下去了，没有得到进一步的发展。这就是说，中国还没有现代化。资本主义意味着现代科学、现代技术、现代生产力，中国没有达到这个水平。这就决定了中国哲学史上的唯物主义仅仅达到朴素唯物主义的阶段，绝大部分内容属于朴素的唯物主义范畴。封建社会后期，王船山的唯物主义是很高明的，达到了朴素唯物主义的高峰，但没有达到机械唯物主义的水平，还不能跟费尔巴哈的唯物论相比。

由于封建社会时间长，中国的儒教从宋明理学开始，也限制了科学的发展。不管是程朱还是陆王，都是限制科学的，他们站在唯物论的对立面。王阳明的“格物”，就不是教人认识外界，而是教人认识内心、反省。朱熹也讲“格物”，通过“格物”达到“一旦豁然贯通”的最高境界，这也不是真正的认识世界的道路，而是把人们引向神秘主义。这些都限制了认识的继续提高。

中国还有辩证法思想的优良传统。中国的辩证法思想也达到了封建社会制度下所能达到的最高水平，外国的封建社会中没有像我们这么充足的辩证法思想。

中国的辩证法大致有两个体系，一个是以老子为代表的“贵柔”的体系，以柔弱作为辩证法的基本方面，以弱胜强，以柔克刚，以退为进，以不争为争，等等；另一派也是讲变化，发展的，以刚健进取为主导思想，这可以以《易传》为代表。

我国的辩证法思想，曾经运用到各个方面。运用在医学上，形成了医学辩证法；运用在军事上，形成了军事辩证法；运用在农业上，形成了农业辩证法。还可以运用在体育上，如太极拳，就是体现了以柔克刚的保健运动。辩证法思想促进了医学、军事学、农业生产的发展。直到今天，中医还是用阴阳五行、相生相克等等来说明各种病理现象。有些观念虽表达得不够明确，但它有丰富的辩证法作为指导，是不容怀疑的。

但是，我们同样要看到，这种辩证法思想也是封建时代的、前资本主义的，带有直观性、朴素性和臆测性，缺乏近代科学的基础。所以，中国古代的辩证法，包括王船山那样的辩证法、老子的辩证法、孙子兵法等等在内，跟黑格尔的辩证法比起来，也是差了一个时代，落后了一个发展阶段。

第四，爱国主义传统，在我国历史上表现也是十分突出的。中国社会的特点之一，就是农民起义次数多、规模大。通过农民革命，也发展了爱国主义的传统。当然，站在今天的高度，现在的爱国主义与过去的爱国主义应该有本质的区别。今天的爱国主义反对的是霸权主义、殖民主义、帝国主义，这和过去的屈原，文天祥这些人忠于一家一姓王朝的爱国主义是不一样的。

封建社会中的爱国主义，从实质上来分析，有两个基本内容。一个是保卫先进的封建制度，反对落后的奴隶制度；一个是反对种族压迫，争取民族的和种族的平等。对于前一个内容过去的爱国主义做得比较成功。历史上，经过封建社会的改朝换代，经过民族间的战争，使得一些民族从奴隶制甚至是早期奴隶制很快地进入了封建社会，促进了社会的发展。这种促进是带来了新的生命力的促进。如元朝的统治就给当时宋朝末年的社会带来了一种新的生命力，打破了宋朝那种保守、腐败的沉闷空气。云南的开发，元朝的功绩是不可磨灭的。又如清朝，也和元朝一样，一种充满生气的民族力量的加入，使中国封建社会增添了朝气。对新疆、西藏的统一，清朝也有很大贡献。

但对于爱国主义的后一个目的，就表现得不那么圆满。这是因为过去人民没有当家做主，剥削阶级占着统治地位，剥削者对于本族外族的人民群众，都是不平等的。他们所谓“仁义”，不过是个招牌。讲“仁义”的老祖宗是孔子，孔府是仁义世家，最讲究宗法制度，最讲究尊尊、亲亲，长辈受尊敬。可是孔府里有一些家奴，本是孔子的后代，如果当了家奴，辈分又比主人大，孔府就强迫他改姓，不让他姓孔。

过去的爱国主义，在阶级剥削制度下，不可避免地有它的局限性。但在民族融合的过程中还是起了一定的作用，给后人以反抗压迫的一种传统教材，各民族都有自己的民族英雄。各族的民族英雄都对中华民族的爱国主义有过贡献。

从鸦片战争开始，给爱国主义注入了新的内容。帝国主义打进来了，爱国主义的价值和作用就发生了变化。我们今天讲爱国主义，用过去封建社会的爱国主义故事来教育人民，锋芒是面对那些今天还在侵略我们的帝国主义，而不是算旧账，讲谁反对过谁。今天的爱国主义，是全中华民族同心合力地反对帝国主义、反对殖民主义、反对霸权主义，这个内容与过去的爱国主义相比，其境界高度与思想深度就完全不同了。以鸦片战争作为爱国主义的分水岭，过去的爱国主义处理的是中华民族中一些兄弟之间的分歧，而今天反对帝国主义的爱国主义是中华民族全力反抗外来的侵略势力。有这样一种认识，爱国主义才能提高到一个新的水平。跟过去屈原、文天祥的爱国主义境界大不一样，而是具有无产阶级思想的爱国主义。

今天讲爱国主义，还有这样的一个问题，这就是我们正在执行开放政策，这是个长远大计，它给我们中华民族带来了经济的利益，但也带来了西方资本主义社会的一些弊端。这就要求我们的爱国主义既要抵抗帝国主义的武装侵略，又要抵抗西方资本主义腐朽文化的侵蚀。对于那些颓废、落后、丑恶的东西，我们要用新生的、刚健的、健康的无产阶级思想来抵制。帝国主义的武力侵略是有形的，看得见的，而那种无形的、腐蚀性的破坏，从思想上毁坏我们的社会，我们要更加警惕，要从爱国主义的角度来拒绝西方腐朽的文化，腐朽的思想，腐朽的世界观。

我们中华民族有这样一些优良传统，它在今天的社会主义精神文明建设中起什么作用呢？十年动乱以后，国家的经济方面的创伤、残破的局面正在恢复，而精神文明方面的建设任务却更加艰巨。社会上特别是青年人当中有一种倾向，缺少精神上的寄托，对前途信心不足，甚至有个别的投奔宗教，到“上帝”那里去找出路。对此，我们要有一个清醒的估计，清醒的认识。

现在西方资本主义世界正面临着一种不可解脱的社会危机，社会问题成了堆，他们无力解决。他发动了所有的思想家、哲学家，包括他们的“上帝”在内，但谁也没有办法。于是他们转过头来向东方文化找出路。东方的学问，儒教、道教、佛教，甚至喇嘛教，目前在西方很有市场。这种东方热，也不是第一次出现的。记得第一次欧战结束后，梁启超到西欧去游历，写了一本《欧游心影录》，就谈到当时欧洲一些思想家认为欧洲大战打得一塌糊涂，民不聊生，还是东方好，要向中国学，梁启超也鼓吹，“人家还要向中国学，我们更应该好好保存传统文化”，那时正是五四前后新思潮大传播的时候。历史好像喜欢开玩笑，今天又重演了一遍。西方的危机无法解决，石油危机，产业萧条，核战争的威胁等等，一波未平一波又起。西方人士转过头要向东方找治病的偏方。面对这种情况，我们要有清醒的认识，不要以为我们的一切传统文化都是什么灵丹妙药，包医百病，比西方高明万倍。我们要正确地看待我们的传统，给予适当的地位，既要看到我们封建文化的优良传统，又不能停留在封建文化优良传统的水平上自满自足，以为人家还要学我们的封建文化，到底是我们比人家高明，那是很危险的。

因为，上面所说的中华民族在长期封建社会中所形成的那些优良传统，在今天对我们有影响有作用，可是封建主义、儒教的残余、旧包袱干扰着我们，也还在起很大的消极作用。中国封建社会的特点之一是封建宗法势力。宗法制度的势力很大，我们今天还受到它的影响，比如我们用人，选拔人才，常常更多地看他的家庭、他的出身而忽略了他的现实表现。这种失误使我们耽误了许多人才。又比如封建地主阶级讲究“光宗耀祖”，我在报纸上就看到我们有些干部回家去上坟、祭祖、放鞭炮、吹喇叭，搞得乌烟瘴气，就是封建主义的一些残余还在我们的党的一些干部中起作用。还有，封建地主阶级的男女婚姻，讲究“门当户对”，我们也有些干部，也用“门当户对”来干涉儿女的正当婚姻，这就破坏了国家的婚姻法。执行国家政策的人却破坏婚姻法，封建主义思想在这里头起作用，又怎能建立社会主义的法制呢？不建立社会主义的法制，又怎能建立我们的精神文明？由于我国工业还不发达，半殖民地半封建社会的思想残余在人们头脑中还有影响。有的人热衷于送子女到外国去念书，以为外国大学一定就比中国的大学强。一种商品，要是标上出口转内销，购买的人就踊跃一些。这说明什么？说明半殖民地意识的残余在我们头脑中有，在我们的党员、干部中也有，反正外国的强一点，中国的就差一点。所以，讲优良传统是一方面，但也一定要注意到，旧中国半殖民地半封建社会的思想包袱还沉重地压在我们背上，千万不能听外国人说我们有多么好的传统就忘乎所以了。要一分为二，既要发扬优良传统，又要避免那些封建残余、半殖民地残余等等糟粕，不能把过去的文化传统一古脑儿接受下来。

精神文明与物质文明是密切不可分的，不是各归各的。一家工厂，它是生产物质产品的，但工厂的管理制度，各项规章，又是属于精神文明的。精神文明出了故障，如制度不健全，生产就上不去，成本就降不下来，物质文明也搞不好。现在讲精神文明，容易使人只想到道德、哲学这些理论方面的东西，但还要看到精神文明的范围比这个还要广，法律的制定、规章制度的制定、政府机构的改革，这都是精神文明的一个方面，不能忽视。管理机构不改革，制度不健全，管理混乱，机构臃肿，就会给贪污浪费制造机会。

上面说过，精神文明包括整个上层建筑，哲学是一个重要方面。

当前马克思主义哲学面临着一种新的挑战，面临着一种新形势。马克思主义到现在已经是一百多年了，一百多年来世界上出现了许多新情况新问题。这些新情况新问题在马克思主义创立时，有的已有萌芽，但矛盾没有充分暴露，有的在当时还不存在。因此当前出现的有些问题我们就答复不了、答复不好，从而影响了马克思主义哲学的威信。恩格斯的《自然辩证法》到现在一百年了，列宁的《唯物论与经验批判论》到现在也七十多年了。自然科学的发展日新月异，而我们的哲学教科书却没有吸收、消化科学的新成果。基本上还是五十年代苏联专家给我们搭起的架子，没有大的突破。而有些新成果新成就被一些唯心主义哲学家用来论证唯心主义。如果唯物主义解释不了，唯心主义就提出他们的解释，这就是唯物主义面临的挑战。我们中国的哲学家不大懂得自然科学，离自然科学很远，这是个很大的弱点，是个薄弱环节。我们虽然有“自然辩证法”这门学科，但队伍比较小，自然辩证法的理论还没有深入到哲学教科书里去。马克思有时工作累了，演算演算数学，休息一下脑子。咱们的哲学家累了恐怕很少有人喜欢以演算数学来休息脑子的。不懂得自然科学，不利于马克思主义的发展壮大。我们要研究新情况，对新问题作出新解答。“四人帮”横行时，说什么问题都可以到“语录”里找答案，那是骗人，因为马克思主义只向人们提供基本的立场、观点、方法，即基本原理，而不负责提供现成的答案，用书本上现成的答案来解决新问题，等于在神庙里求签，是糟踏马克思主义。

我们搞了文明礼貌月的活动，解决脏、乱、差的问题，这当然是精神文明的一部分，但这只是起码的要求，社会主义精神文明，还应该体现社会主义的特点。这就要求我们要把马克思主义的基本原理，同每个人的岗位工作和任务结合起来，只有这样产生出来的物质成果和精神成果，才称得上是社会主义的物质文明和精神文明。缺少了这个核心、这个灵魂，那还不能叫社会主义的精神文明。

对于从国外渗透进来的那些腐朽的思想和习气，我们用什么来抵制呢？用我们过去的那些封建传统来抵制吗？我看是抵不住的。从社会发展阶段来看，封建主义比资本主义差了一个社会发展历史阶段，所以用封建主义不可能抵制住资本主义。我们只有加强社会主义、加强共产主义教育，用社会主义道德、共产主义世界观来教育全党，教育青年，教育各族人民，才能有效地抵制那些资本主义文明带来的不健康的东西。如果回过头来求救于孔、孟、老、庄、程、朱、陆、王、或谭嗣同、孙中山，那是注定不行的。早在六十多年前，封建主义和资本主义就曾较量过。五四时期，新旧两派势力发生了激烈的斗争。在北京大学，有陈独秀、胡适、李大钊、鲁迅这些以《新青年》为首的一派，还有那些留长辫子的老教授的一派。旧派写文章用文言文，还组织孔教会来抵制新思潮，用孔孟之道来抵制西方资产阶级文化。结果，败下阵来。用封建主义作武器，非败不可。旧的东西对我们也有作用。它是一面镜子，可以照一照我们现在是不是连那个封建主义的精神文明都达不到，那就更要引起警惕、认真对待，那就要赶快提高社会主义的觉悟，建立无产阶级世界观。抗日战争前后，艾思奇同志在上海写了《大众哲学》，当时他不过是一个二十多岁的青年，可是这本书却印了三十三版之多。一些青年看了他的书，就投奔了延安，参加了革命。这部书之所以畅销，能打动人心，主要是它讲的道理，代表了真理，所以就有影响。国民党那时也想抵制，要唱对台戏，他们当时大力推销西方的康德、黑格尔、尼采、叔本华。国民党人推销西方资产阶级哲学的同时，又抬出程、朱、陆、王，号召回到古典去。给程朱的唯心主义哲学以新的解释，注入一些新生命。可是对抗下来，他们失败了，新的马克思主义取得了胜利。我们今天拨乱反正，继往开来，要靠什么？我们建设社会主义精神文明，必须依靠马克思主义思想的指导。在这里，我们指的是基本的原理，不是说每件事情、每项工作，查查书上怎么讲我就照着办。要在马克思主义的书上找现成的答案，那是愚蠢的。

我们中华民族，在几千年的历史发展中，形成了自己的优良传统。到了现代，又接受了马克思主义，在中国共产党领导下，全民族共同奋斗，才推翻旧制度，建立了新中国，使中国的历史发生了翻天覆地的变化。没有中华民族优秀传统为背景，新中国的出现；社会主义的建立和巩固是难以想象的。云南有二十几个兄弟民族聚居在一起，各民族互相学习、取长补短的机会比别的地区更具有优越的条件。在党的民族政策指引下，云南的同志们应该对社会主义的精神文明的建设作出更大的贡献。

最后，我们的社会主义精神文明建设，还要有三个方面的条件。首先，是物质生产要跟上来，生产力要大大地发展。精神文明不能脱离物质文明而单独发展。其次，我们在行动上要跟上来。宣传精神文明的人，每一个党员，每一个干部、每一个教育工作者，说的话和做的事情要一致。言行不一致，你说的话等于零，甚至比零还坏。等于零就是等于没有说，比零还坏，就是你说了以后人家对你那一套有反感，对建设精神文明有反感。第三，是理论研究工作要跟上来。搞历史的，搞哲学的，搞宗教研究的，都要在自己的专业范围内，以马克思主义为指导，把理论研究推向深入、发展、前进，这要下硬工夫，笨工夫，不能要求“立竿见影”，要投入长年累月甚至一辈子的精力。这三个条件，少了一个也不行。

清除小农经济思想的影响*

思想、意识形态方面的变革有时候并不是与政治上的变革相一致的。如果说政治上的变革是短时期的、跳跃性的过程，那么，思想、意识形态方面的变革就是一个长时期的，不间断的连续过程。因此，政治上的变革是不能代替思想、意识形态方面的变革的。我们只有了解这一点，并且按照这种观点去观察和研究历史，才可能真正地把握住历史。以上就是我首先所要说的一个根本的看法。

在这一根本的看法之下，我想着重谈一下我国经济、社会发展为什么长期徘徊不前的问题。我认为，我国经济、社会发展之所以长期停滞，其中一个最主要的原因就是小农经济的意识支配着我们思想的各个方面。中国革命走的是以农村包围城市的道路。在一定的意义上，这不能不说是占了小农经济的便宜。没有粮食，自己种；没有布匹，自己织；没有枪炮自己造。然而，占了便宜的我们却也因此而吃了小农经济的大亏。革命胜利以后，我们在很多方

* 原载《自然辩证法》报，1988年第20期，第2版

面并没有抛弃小农经济的做法。

所谓小农经济，主要有如下几个方面的特征：

家长制。在小农经济中，必须有一个有经验的家长领导进行生产。家长制是与小农经济分不开的。

不计成本，没有经济核算观念。在小农经济中，生产是为了自己消费，不是为了交换，因而不可能有成本、核算等观念。

自给自足。小农经济是在一个狭小范围里进行自给自足的生产和再生产。五八年的大炼钢铁，就是这种自给自足的反映。

血统论。“文化大革命”中，很多干部子女由于父母而受牵连，而落实政策后，这些干部子女似乎又沾了父母的光。

小农经济与宗教是联系在一起的，所谓宗教，都有这样一个共同的特征，这就是把解放力量寄托在外部的、异己的东西上面。有人说中国没有宗教，我认为中国是有宗教的。这种宗教就是从朱熹开始的儒教。儒教一开始就是为小农经济服务的。拜天祭地、三纲五常、重男轻女等等，无一不反映小农经济的要求。

小农经济的上述种种特征，至今还对我们的思想有很大的影响。长期以来，我们把注意力集中在批判资产阶级思想和修正主义上，而放过了危害极大的小农经济思想。我们应该特别注意这一问题，对小农经济思想进行深入的分析和彻底的批判。

当然我们要彻底抛弃小农经济的思想，重建一种新的思想体系决非易事。从历史上看，要建立一种代表时代特征的新思想体系，首先得具备三个条件：

第一，政治相对稳定，经济相对繁荣。

第二，思想资料的大量积累。

第三，在前面两个条件的基础上，还要有伟大的思想家来建立这种新的思想体系。

尽管从目前的情况来看，我们还不具备这三个条件，因而也不可能很快创立新的思想体系。但是，我们要为新思想体系的出现准备和创造条件，而这正是我们的历史使命。

文化发展的势差规律*

文化是人类社会生活中一种综合性的实体，它具有民族特征、地区特征及时代特征。

本文试以中华民族文化发展过程为例，说明文化发展的势差问题。探讨这个问题，既有理论意义，也有现实意义。

中华民族有文字记载的历史有四千年。它发展经历的道路漫长而曲折，但总的进程是进步、提高，而不是停滞和倒退。

遥远的三皇五帝时期，且不说。从殷周算起，有文字记载可以考查的历史①，一直到当前的二十世纪末期，我们可以看出中华民族文化的发展，经历了五个重要阶段。

春秋战国是中华民族文化奠基时期，对后世影响很大的主要思想流派，都在这一时期形成。春秋战国时期对中华民族所起的重要作用有点像古代希腊文化对欧洲的作用。

---

* 原载《群言》1987 年 12 期

① 《尚书》保留了殷周之际的重要史实。

没有古希腊文化，就没有后来的欧洲文化；没有春秋战国文化，中华民族后来形成的文化面貌可能不是今天这个样子。

秦汉统一，又是一个重要时期。秦汉统一，奠定了后来中华民族团结、和谐、共同抵御外来侵略的民族意识，此后二千年，人们认为统一是正常现象，分裂是不正常现象。车同轨、书同文、行同伦，这种文化心理状态牢固地树立起来，迄今仍是维护民族统一的向心力。

宋、辽、金、元、明、清近一千年的历史表明中华民族在发展，在壮大。中华民族内部各族互相学习，共同提高，共同主宰天下，从而使中国的封建制度高度完善化。中国的封建社会制度，在人类历史上具有典型性。①

五四以后，西方近代文化涌进中国，中华民族传统文化受到强力挑战，它的优缺点受到严峻考验，也从此打开了眼界。中华民族文化中在纲常、名教之外，增加了科学与民主的新内容。

新中国成立，进入社会主义时期，中华民族文化中又增加了马克思主义。马克思主义的基本原理与中华民族传统文化相结合，孕育着中华民族的社会主义新文化，从此中华民族文化汇入世界文化的总潮流，中华民族也将为全世界作出贡献。

中华民族文化的发展、进步，是在我们生息繁衍的这块9600万平方公里的土地上进行的。中华民族的文化是不断融合、吸收各个兄弟民族的先进文化才发展壮大起来的。春秋战国以前，华夏文化与其他民族的文化不断接触，齐、鲁、燕、晋、秦、楚、吴、越各有自己的文化。经过列国竞争，战国后期剩下七个大国，按地区来分，其文化类型大致可分为邹鲁文化、燕齐文化、三晋文化、荆楚文化四种。

---

① 奴隶制及资本主义制的典型在欧洲，封建制的典型在中国。

在四个文化区域内，有些生产关系比较落后的少数民族不断被具有先进的文化的民族所影响。他们由无阶级社会进入阶级社会，从早期奴隶制进入封建制。以先进的生产关系，促进落后的生产关系，在中国历史上已成为通例。宋、辽、金、元、明、清历代历史都证明这一通例。

由宋、辽上溯到公元四五世纪，也可以看出南北朝各族由部落联盟制进入封建化的过程。

判断进步与落后的标准是历史唯物主义指出的社会发展原则。社会发展要经历五种生产方式，即原始公社、奴隶制、封建制、资本主义制及社会主义共产主义制。人类社会沿着这五种生产方式的顺序前进着①，后一个超过前一个。除了共产主义社会②尚未出现外，其余四种生产方式，世界上并存着。

历史已经表明，不同的文化接触后，高层次的文化必能影响低层次的文化，相同层次的文化接触后，谁也支配不了谁，往往相持一个相当长的时期③，最后融合成一种新的文化。

中国文化在封建社会里，它长期处在高度发达的状态，它的生产力发展到封建社会可能达到的最佳效益，中国传统文化长期在世界领先，就是指封建制度下说的。世界进入资本主义阶段，中国的封建文

① 马克思主义历史学界有人提出，在五种生产方式以外，在东方还有“亚细亚生产方式”。马克思讲的亚细亚生产方式，实际上指的印度次大陆这一地区的奴隶制向封建制过渡的一种社会形态，不是有五种生产方式之外的第六种生产方式。中国社会没有存在过亚细亚生产方式。

② 社会主义是共产主义的预备阶段、还不是共产主义。

③ 中国文化与古代印度文化接触后（佛教传入中国，经过了好几百年），由于中印文化在古代，处在同一个层次，势力相当，双方经历了相持阶段，才融合成为中国佛教文化。

化才显得落后。中国从明万历(十六世纪)年间，其颓势已经开始。由于西方资本主义尚不够强大，双方没有正面发生冲突，还可以自我陶醉，不感觉落后，一旦面对面地较量，鸦片战争以后，屡战屡败，才不得不服输。

中华民族文化发展的经验表明，不同的文化相接触后，先进的一方必然影响落后的一方，落后的一方必然受先进的一方的影响。先进一方是施者，落后的一方为受者，这种现象，好像水之趋下，不可逆转，故称之为“文化势差”(Cultural Potential difference)。

当前中国面临对外开放的新形势，这是促使中国现代化的国策，一旦开放，再也封闭不住，它将永远开放下去。随着开放，国外的腐朽的病态的文化势必随着潮流涌进来，给我们社会主义国家带来不少新的麻烦。

我国是社会主义的民主国家，但封建主义残余势力还相当顽固，从社会意识到生活方式，处处可以看到封建主义残余势力的影响。中国本来就有资本主义影响，随着开放的潮流，资本主义影响势必大量涌进。中国立国之道是四项基本原则，它是社会主义文化的基础。当前现实生活中，并存着三种文化体系：封建的、资本主义的、社会主义的。

为了加速四化建设，各方面都在努力。同时不得不看到社会上经常受到非社会主义文化的干扰。比如损公肥私、世袭制、特权思想、一言堂、关系网、虐待老人、压迫子女，等等。许多弊端，有的属于封建文化中的糟粕，有的属于资本主义文化的腐朽部分。有些好心人，看到那些败坏社会风气的现象，很着急，有人提出要利用传统的封建文化来抵制腐朽的资产阶级文化。从文化势差的道理来看，用封建传统文化抵挡不住资产阶级文化的侵蚀，用封建文化更无法消灭封建文化糟粕的影响。唯一的出路是利用文化势差，用方兴未艾、朝气蓬勃的社会主义文化才可以战胜一切不正之风，为四化建设打好基础。

谈学术文章的写作*

写学术文章，可以说没有共同的程式，却不能说没有共同的要求。

朱谦之先生治学兴趣广泛，对中西文化交流史、中国哲学史、日本哲学史、朝鲜哲学史、音乐史、戏剧史、宗教史、目录学都有专门著作问世，曾得到国内外学术界的重视。他写文章的特点是快。每天早晨四、五点钟开始写作，到八、九点钟停止。他写作时，手不停挥，文不加点，一两万字的文章，一挥而就。有时连引文也懒得查对。汉代文学家枚乘，文思敏捷，草拟紧急文书“倚马可待”。枚乘写文章快是快，但不是学术著作，总数量也不多，比朱谦之先生差远了。

冯友兰先生晚年目力不佳，他写文章由自己口授，助手记录，冯先生在记录稿上做些修改，最后整理成书。解放后出版的几部《中国哲学史新编》，都是以这种方式写成的。古人中有下笔成文、出口成章的作家，多半指的诗、

* 原载《光明日报》1986 年 12 月 1 日第 3 版

赋或即席应酬之作。口授几十万字的学术文章的却不多见。冯先生善于化繁为简，逻辑性强，使人读后印象明确。他的观点别人不一定赞同，但不会由于表达不清楚而使读者误解。这是他的功力之所在。

朱光潜先生写文章，先把必要的材料收集齐备，把文章的大端、纲目列出来，摆在手边。然后按拟定的纲目，逐章逐段地写下去。朱先生的文章条理分明，不蔓不枝，如潺湲山泉，有曲折，有起伏，而说理明畅，沁人心脾，有理论文的清新，又有诗的韵味。

熊十力先生写文章，富有批判、论战风格。有时急于下笔，随手抓几张纸(多半用别人来信的信纸背面起草)，奋笔疾书，字如狂草。写到会心处，口里不断讽诵。文章写完，他认为最重要的段落，加上浓密圈点。有时高兴了，圈点的地方占了一半以上，重点反而不明显了。他为文气势磅礴，如长江大河，字句不加雕饰，看似漫不经心，而用字遣词，又十分准确，不可更动。

汤用彤先生写文章，慢条斯理，不以敏捷擅长。中年以后，患高血压，手颤，用毛笔写字很吃力，几千字的文章要断断续续写好几天。写作过程中不断修改，一稿往往修改多次。他的文章虽非一次写成，并没给人以不连贯的感觉。使人读后觉得清通简要，文质得中，寓典丽于高古，深得魏晋风格，却没有魏晋文风虚诞浮华的弊病。

上述几位老先生中，除朱谦之先生属于才子气的写作方式，别人不容易学以外，其他如冯、朱、熊、汤几位先生都有特长。他们的文章，不论长篇巨著，还是札记短笺，讲的都是他们熟悉的东西，不讲他们不熟悉的东西。因而讲起来总是头头是道，如数家珍。鲁迅先生曾说过，章太炎先生晚年社会上尊奉为国学大师，他不讲他熟悉的文字学，却喜欢讲文字学以外的东西。出了范围，他的言论往往不大正确。鲁迅对此，很为章太炎惋惜。这里讲的几位先生文章写得好，受到内行人的尊重，原因是在学术问题上从不“越位”。这一点，值得学习。专家，所专的只不过一个小范围，小范围以外，专家未必专，也许很外行。

现代人写学术文章，不同于古代人。评论学术，分析概念，要求清晰、准确。《庄子·天下篇》是学术论文，用庄子《天下》的写作方式，表达不了当前的百家争鸣局面。写学术文章，要有系统的现代科学方法的训练。上面所举的这几位先生超过乾嘉学者，也超过同光时代新学派的学者的地方，就在于他们接受了现代思想方法。

所谓“现代”，并没有一个固定的疆界，现代中最根本的一条标志，即看作者是否熟悉现代的科学的思想方法。有了科学的思想方法，才可以保证我们的学术论文水平不断提高。科学的发展无止境，学术研究的深度、广度也无止境。

学术文章风格因人而异，好比人的性格不能强求一律。所谓“文如其人”，即指文章风格，也指人的品格。写文章离不开技巧，要有基本训练。这是每一个学者在青少年应当学会的本领，这里不去说它。我只说学术论文最要紧的是文章的科学性。如果内容缺乏科学性，就等于人患了软骨病，站不起来，成为不治之症。学术文章，先有“学术”，再谈“文章”，因为文章的支柱是它的学术内容，而不是词藻、结构、章法。旧社会所谓“桐城义法”，写不出学术论文，用“马列义法”装点的文章多短命，有的文章连一两年的寿命也没有维持下来，一点也不奇怪，理应如此，因为文章缺少科学性。

如何看待哲学史上的唯心主义*

在马列主义为指导的新中国，对唯物主义给予应有的重视，是理所当然的，而对唯心主义就不予重视。重视，并不等于赞成。

这些年来的实际现象表明，我们对唯物主义虽说重视，但也有些糊涂认识。例如，把唯物主义与农民的哲学画等号，认为农民是直接从事生产的，从不脱离实际，农民的哲学必然是唯物主义的。也有人把唯物主义与政治上的进步、革命等同起来，政治上的进步集团、阶级、阶层一定是唯物主义的。最明显的例子，如对洪秀全的哲学思想，有人认为是唯物主义的，洪氏讲的上帝不过是个形式，实质是唯物主义。也有人把唯物主义的命题看成一成不变的。比如希腊古代哲学家第一次提出水为万物之原，中国古代哲学家提出“五行”、“气”为万物之原，这种主张都是唯物主义的。如果今天还有人反对近代科学所证实的世界物质性，还主张“水”、“五行”、“气”为万物之原，这种主张是

---

* 原载《中国哲学史方法论讨论集》，中国社会科学出版社 1980 年 7 月

唯心论，是荒诞的。

以上这些看法都不利于识别唯物主义。唯物主义不能识别，对唯心主义也不能正确对待。

由于长期以来，哲学史界经常把哲学观点与政治混同起来，给人们造成一种印象：政治进步，哲学唯物；政治反动，哲学唯心。这个毫无根据的主观框框不打破，既不能认识唯物主义，也无法识别唯心主义。

人类是从动物变来的。饮食、男女这些本能活动，动物和人都有。等到进入人类社会，才有了灵魂观念。周口店山顶洞人的随葬物品中有生活用具，也有生产用具。死者周围还撒上赤铁矿粉。赤铁矿不出产在周口店附近，是从较远的地方运来的，可见，不是无意义地随便撒下的，可能表示把死者安放在篝火包围中，保护死者的灵魂不受侵害。西安半坡村小孩的墓葬用瓮棺，留有小孔，可能为了让死去的儿童的灵魂能够出入。灵魂观念不等于有神论，但已可说明当时人类对精神活动的理解水平，这是原始宗教迷信的开始。宗教思想当然属于唯心主义这一范畴，即使拜物教，也属唯心主义的。

人类从没有宗教到有了宗教，表明人类已经有了一个自己异化的精神世界。这个异化的精神世界，动物就没有。从不知道有宗教，到产生了宗教，这应当看作人类的一大进步。动物没有宗教不必说，就连知识发育不成熟的儿童也没有宗教、迷信、鬼神观念。

宗教是如此，与宗教相伴而生的唯心主义也标志着人类的进步。进步不等于正确、合理，进步甚至带来新的灾难和罪恶。原始社会，不独亲其亲，不独子其子，共同劳动，共同分配劳动成果，没有剥削，没有压迫。但是这种局面不得不被新的生产关系所代替。终于由原始公社进入奴隶制。奴隶制带来了压迫、剥削、罪恶和阶级的苦难。

随着生产斗争、阶级斗争的开展，社会前进了，人们对客观世界有了比较符合实际的认识，有了自觉地认识世界的行动。这时出现了唯物主义。唯物主义是从古代的宗教神学中摆脱出来的。在唯物主义指导下，人类更有效地、更符合实际地推动了生产力的发展，推动了科学的发展。历史上的唯物主义哲学都能代表它们所处各个时代当时认识世界的先进水平。凡是不符合客观实际的认识，外加的主观的东西，对正确认识世界起干扰作用，像天命观，主张天有意志，能赏罚，那是把人类的阶级意志强加给天的，即宗教唯心主义。

人类的认识，不是一帆风顺的，会遇到主观、客观上各种障碍。即使是正确的认识，如果把它不适当地夸大，也会变成谬误。

以古代的哲学史为例。老庄学派提出天道自然，自然界都是早已安排定了的，人类只能顺应自然界，而不能改变自然界。古代生产力低下，生产工具简陋，在自然面前无能为力，出现这样的思想是可以理解的。这种学说对古代上帝决定一切的有神论也有冲决作用，老庄哲学也涉及哲学上的必然性与偶然性问题。一切都是自然决定的，结果导致宿命论。为了纠正这一倾向，突破宿命论的限制，又有人提出发挥人的主观能动作用，承认人的主观能动性，是符合人类认识的实际的，强调过了头，就成了唯心主义。当人类第一次发现自己的思维活动的范围是那样无限广阔，活动的领域没有边界，不禁赞叹人的思维活动“出入无时，莫知其乡”，发出“万物皆备于我”。[①] 的欢呼。孟子强调了人的主观能动作用，他比老庄教人屈服于自然，听自然摆布

① “万物皆备于我”，是一个唯心主义的命题，哲学史工作者多误解为万物品类皆备于一身，《孟子》原义应为万物之理皆备于我。

的思想高明，他把人的认识水平提高了一步。这种情况下的唯心主义应当被认为起了进步作用。

又如《庄子·养生主》说："吾生也有涯而知也无涯，以有涯随无涯，殆矣。"这里已接触到有限无限这一对范畴。前半句是说生命是有限的，知识是无限的，这句话不算错。后半句说以有限的生命追求无限的知识，将会给人类带来灾难，这就错了。范畴的发现和发展，标志着人类认识事物及其规律不断深化的过程。这个不断深化过程，也是不断抽象化的过程，汉代重要唯物主义者王充，有力地驳斥了当时流行的各种宗教迷信思想，发挥了战斗的无神论的作用。但王充的弱点是就事论事的多，抽象概括工夫较差。比如王充提出元气自然论以反对神学目的论，卓有成绩，把中国哲学史的朴素唯物主义推进了一大步。但是元气自然变化有没有一个更根本的规律？世界上的万事万物自然存在着，自然发展着，哲学家们不免要追问，为什么世界上的万事万物是以这样方式来变化发展而不是以那种方式发展变化呢？现象之后、之上有没有更高一层的规律？一些玄学唯心主义者王弼等人，提出了本末、体用、有无等一系列的重要范畴，本末、体用、有无等范畴的出现，标志着中国哲学的前进，说明人类对世界的认识更进步深化了。他给当时的唯物主义出了难题，唯物主义如果不能解答，就无法继续前进。唯心主义对此作出了解答，而这种解答是错误的。在中国哲学史上的唯心主义的功劳，在于善于提出问题，甚至是一些刁钻古怪的问题，这些问题，他们自己也无力做出正确地解答。

有些唯心主义(而不是所有的)提出的问题，是当时人类无力解答的。但能够提出这些疑难问题，标志着人类认识的前进，人类认识达到了新的水平。提问题，向唯物主义出难题，这种事实本身也反映出人类认识世界的水平的高低深浅。人类正是从生产及社会生活实践中不断发生问题，解决问题，提出问题，解答问题中不断前进着发展着。这是人类认识史上无尽头链条。唯心主义(严肃的而不是任意的)的出现，不能简单地看做故意和唯物主义捣乱，它有时是人类前进道路上必须经历的中转站。

唯物主义力图纠正唯心主义本体论的错误并回答他们(唯心主义本体论)提出的难题，中国哲学史上出现了唯物主义本体论。如张载提出万物以元气为本体的哲学体系就是与唯心主义本体论斗争形成的，到了王夫之又进一步得到完善。

唯心主义在历史上起的作用，有三种情况，第一种是以不符合实际的虚假的认识代替符合实际的认识，把认识引向谬误，造成倒退。这情况在哲学史上是大量存在的。第二种情况是发展了人类认识中的片面性。第三种情况是反映了先进的认识水平，提出了促使认识深化的问题，迫使唯物主义进行解答，这后一种情况，在哲学史上确实是存在的。不论哪一种情况出现的唯心主义，都不能正确地对待认识问题，他们的答案都是错误的。

唯物主义也有与此相类似的三种情况。第一种是正确地揭示人类认识的规律，反映了当时人类认识的水平。第二种是片面强调了本来是人类认识正确的方面，但走向了邪路，陷入唯心主义。第三种情况是重复过去唯物主义的哲学命题，不解决任何问题，对人类认识不起促进作用，这种情况也是有的，如魏晋时杨泉的《物理论》，是唯物主义命题，但落后于他们那个时代哲学发展的形势，没有提出新东西，对哲学史的发展没有积极意义。

也有人认为唯心主义应重视，因为唯心主义中有唯物主义因素，目的在于发掘唯心主义体系中的唯物主义因素；也有人认为唯心主义的体系中有辩证法因素，应取其辩证法，抛弃其唯心主义。以上这种看法，都认为唯心主义一无可取，应当抛弃。这种看法虽有道理，但不全面。我们要看到唯心主义出现的不可避免的必然性，更要看到唯心主义产生的客观性。我们哲学史工作者的任务，是面对一切哲学史上出现的千奇百怪的现象，分析它，解剖它，剔除其糟粕，吸取其精华。这是一个加工场，要付出创造性的劳动。我们不能把辩证唯物主义的基本原理当作驱神赶鬼的符咒，把唯心主义的鬼怪赶跑就算完成使命。何况辩证唯物主义并不是符咒，唯心主义也是赶不跑的。

克服两个缺点*

解放后，这些年来，哲学史工作者纠正从前不着边际的空谈，贯彻历史唯物主义观点，找出一切思想产生的阶级根源和社会根源。这是哲学史研究的一大进步，必须肯定。

我们研究中国哲学史也还注意到批判地继承，对古代贤圣哲人不是盲目崇信，而是用马克思主义的立场，评价古人的是非得失。这也是一大进步，必须肯定。

有了以上两条，就是我们的哲学史研究有了崭新的面貌，从而不同于封建主义和资本主义的哲学史，而是马克思主义的哲学史。

随着这两点成绩的取得，也给我们提出了更高的要求，如果满足于目前的成绩而止步不前，我们哲学史的研究还是不能很好地前进。

先说第一点。

许多研究者的文章，只要找出某家某派哲学产生的根

* 原载《中国哲学史研究》1980 年第 1 期

源，指出它是为什么人服务的，就认为任务已经完成了。其实这只是研究的第一步而不是全部。作为科学研究，还有很多工作要做。中国哲学史有几千年的发展过程。其中绝大部分是在封建社会进行的。而哲学家中，几乎都是封建地主阶级的代言人。因此，我们的哲学史，力求避免千人一面，要写出他们中间的差别来。这样，阶级分析要深入而具体，只用一个“地主阶级”不能真正说明问题。同一个地主阶级，北宋有濂、洛、关学，还有王安石的新学，邵雍的象数学。甚至同一家庭，亲兄弟俩，如程颢与程颐，出身、教育、师承都同，两人年龄只差一岁，他们的哲学思想却不尽相同，这也应有所解释。

光找出哲学家的阶级出身是不够的。哲学史所关心的是哲学家的思想体系。从阶级、家庭出身是不能直接引出哲学体系的。还得进行更细致的工作才行。这一步工作就是思想剖析，或剖析得不够，就没有完成任务。这些年来，我们的工作做得很不够。很长一个时期，人们怕思想分析，好像重视思想分析就背离了阶级分析，犯了从思想到思想的大错误。哲学史讲的是思想，哲学史的发展只能是思想的发展，如果没有把思想的脉络讲清楚，这个“阶级分析”就成了一个空架子，它没有真正贯彻了阶级分析，只有装潢的用处。

现在谈第二点。

有了马克思主义，我们才有了最锐利的工具，中国哲学史的研究，从此进入划时代的新时期。这是大家都看得到的，用不着多说。通过解放三十年的实践，也暴露了一些问题。问题在于混同了马克思主义的词句和马克思主义提供的观点和方法。不懂得马克思主义的词句，不知道词句的确切涵义，就无从了解马克思主义的精神实质；但是也要指出，光靠记诵马克思主义的词句，也不能正确理解马克思主义的实质。十年动乱时期，双方打派仗，搞流血武斗，都抬出“语录”

作为武斗的依据，后来想想，双方引用的马克思主义符合马克思主义的立场、观点、方法的地方有多少呢?

所以出现这样的问题，和我们三十年来学习的方法不对头有关。几千年来的封建主义的学习方法束缚了我们。封建主义的学习经典著作，只能允许学习者把《五经》、《四书》、圣经贤传死记硬背，照本宣科。如果需要讲解，只允许谈个人对经书的体会和认识，而不能发表与经典不同的意见。经典(《五经》、《四书》)是供人们拜读的、奉行的、照办的，它不是供研究，供讨论的，更不能对其中的一言半句提出怀疑，理解的要执行，不理解的也要执行，在执行中加深理解。马克思主义所以无往而不胜，不是有什么法力，而是由于它是科学。科学的一个特点是提倡理性，反对盲从；科学允许怀疑，也经得起怀疑。考验科学结论的真假，不是靠某一个圣哲的指点，而是靠实践。实践是检验真理的唯一标准。

不幸的是学习马克思主义的理论，背离了马克思主义的观点、方法，而是习惯于几千年来封建主义的读经的方法，用记诵代替思考，用引文(黑体字)代替分析，从马克思主义的原话中寻找解决今天面临的新问题的答案。

时代变了，情况变了，还得照搬马克思主义的原话作为行动的准则。三十年来，学术界发表了不少研究马克思主义的文章，名为研究，实为注疏，有的甚至曲解以迎合当时的某种需要。有那么一些人公然宣传世界上的一切事物都有一个发展成长的过程，唯独马克思主义生来是成熟的，不需要由不成熟到成熟的发展过程。马克思主义者只能一贯正确，永远不犯错误。他们用封建主义的学习《五经》、《四书》的方法来学习马克思主义，只能背熟了词句，忘掉了精神。三十年来，曾经领导过这一阵地的几位“理论家”，后来都被发现是理论骗子。他们长期骗人而不被发觉，居然指挥着广大理论界的行动。这足以证明我们学习马克思主义的行动不对头。马克思主义是指导革命的望远镜、显微镜，能否把它运用得好，直接影响每个行业，每一个部门，也影响到中国哲学史。我们再也不能用封建主义的读经的方法来学习马克思主义经典著作了。

总之，我们中国哲学史工作取得了很大的成绩，为了在现有的基础上大步前进，还要进一步克服这两个缺点，这缺点是前进中发现的，也必然在前进中被克服。

老子研究的方法问题*

一

《老子》一书，虽只五千多字，由于它的时代较古，是用诗的形式写成的哲学著作，有的地方意思表达得不够清楚，容易引起歧异的理解。因而历来学者们对于这部书以及老子其人聚讼纷纭。

解放后，哲学史工作者开始学习用马克思主义的观点、方法研究哲学史，认为全部哲学史是唯物主义与唯心主义的斗争。为了阐明哲学的发展状况及其规律，就必须把每一派哲学家的性质搞清楚，不属于唯心主义，即属于唯物主义，没有一个中立地带。研究哲学史，并不仅限于把哲学家分类，而分类则是研究哲学史的第一道工序。解放后老子的研究也脱不出这一窠臼。应该说，解放后关于老子的研究是有成绩的，并通过研究而引起比过去更为广泛和深刻的争论，这也是十分有益的。正常情况下，争论可以

* 原载《中国哲学史研究》1981 年第 1 期

把问题弄清楚，至少可以把问题深化，为后来的研究准备条件。也有学阀式的人物，借讨论之名，行讨伐之实，这只是一股逆流，可以不在这里评论。①

解放后关于《老子》的争论，我也是参加者之一，当时集中于探讨老子的哲学是唯心主义还是唯物主义。学术界曾一致认为这是个十分重要的问题，这个问题不解决，先秦哲学史就写不下去。各方面参加者争论是热烈的，态度也是认真的。主张老子属于唯心主义的，和主张老子属于唯物主义的，都写了不少文章，结果没有争出个分晓来，任何一方都没有把对方说服。十年动乱以后，学术界又提出了这个问题，第二次开展了关于老子哲学的讨论，由于十年动乱，人们还来不及深入钻研，从发表的文章看，还没有看到有什么重大的突破，只是双方的主张者，从人数方面看，似乎主张老子属于唯物主义的人，比五十年代第一次讨论时略为增加。

我一向认为老子哲学思想比孔子、孟子都丰富，对后来的许多哲学流派影响也深远。总期望把它弄清楚。1963 年出版的《中国哲学史》教科书认为老子是中国第一个唯物主义者；1973 年出版的《中国哲学史简编》(是四卷本的缩写本)，则认为老子属于唯心主义。主张前说时，没有充分的证据把主张老子属于唯心主义者的观点驳倒；主张后说时(《简编》的观点)，也没有充分证据把主张老子属于唯物主义者的观点驳倒。好像攻一个坚城，从正面攻，背面攻，都没有攻下来。这就迫使我停下来考虑这个方法对不对。正面和背面两方面都试验过，都没有做出令人信服的结论来，如果说方法不对，问题出在哪里？我重新检查了关于老子辩论的文章，实际上是检查自己，如果双

① 详见《老子哲学讨论集》，中华书局 1959 年版，1～12 页。

方的论点都错了，首先是我自己的方法错了。

二

对老子的哲学体系没有讲清楚．或者说从主观方面认为讲得很清楚，但没有很好地解决反对者提出的质难，等于没有讲清楚。我不得不从头考虑从何处入手。

既然研究历史，必须进行历史的考查，要用历史唯物主义的观点、方法。这一点，我过去注意得不够，运用这一方法也有偏差，欠准确。根据历史唯物主义的观点，实事求是地回顾我过去的两种主张（老子属于唯物主义或唯心主义），看来都有问题。

老子的哲学，时代较早，老子哲学用的是诗的形式。诗是一种形象思维的表达方式。形象思维并不是不深刻[①]，而是区别于抽象思维的逻辑分析方式，和抽象思维可以具备同样的洞察事物的深度和广度。如果《老子》只是诗，那就简单了，问题它不仅是诗，而且是“哲理诗”。说老子的哲学是“哲理诗”，我已指出过，但未深究它的特点。

坚持历史唯物主义，还要“知人论世”，这一点我也曾指出过，但对老子所处的时代的社会历史特点认识一般化，虽然也指出过老子思想和他的阶级地位有关系，但没有拿出十分充足的根据来。还有一个更大的疏忽，就是没有注意文化发展的地域差别。我国地域辽阔，民族众多，在他们生活聚居的传统中心所产生的文化，必然带有地区的特点，近代意大利、法国、德国、近在比邻，尚且由于民族的、地区的不同而形成各自的文化和哲学。在古代，经济、文化交流的机会远

---

① 有人误以为形象思维偏重表象、印象，而不具备高度概括抽象思维深度，这是不对的，这里不深论。

不及近代各民族国家频繁，由地域带给哲学家的烙印是深刻的。以春秋战国为例，当时在中国范围内，至少有四个地区的文化各具特色。有邹鲁文化（孔孟学派），它保持周代的传统最多；有三晋文化（申韩），是法家思想的策源地；有燕齐文化（管子、稷下，五行学说），成为后来黄老、方士的故乡；有荆楚文化（老子、庄子、屈原等思想家），通过形象思维表达深邃的哲理。

倘不具体分析，只笼统地讲奴隶主阶级与地主阶级，则不足以说明各家各派的个性。荆楚文化长于以文艺手法讲哲学。老子的著作中不少这种表达方式。如借用水的品质说明柔弱胜刚强的道理；用星辰运行讲天道，等等。诗的语言，文约义丰，也是《老子》的特色。这就给后来的研究者带来一种特殊困难，不易掌握解释的分寸。回顾二十年来关于老子的研究文章、著作，没有讲透的地方固然不少，但更多的失误，不是没有讲透，而是讲得太"透"，以至超出了《老子》本书及其时代所可能达到的认识水平。因而讲得越清楚，离开《老子》本来面目越远。例如，主张老子是唯物主义的人们，把"道"解释为"物质实体"，就不对，至少不确切。春秋时期，不可能有近代哲学的"物质实体"的观念。《老子》不可能有这样明确的唯物主义观点。例如，主张老子是唯心主义的人们，把"道"说成"绝对观念"或"超时空"的观念。"物质实体"或"绝对观念"不仅老子本人没有，先秦任何一个哲学家都没有。我们哲学史工作者的任务在于把古代哲学思想用现代语言讲清楚，既不增加也不减少。我们替古人讲了他们还没有认识到的一些观念，这就造成了方法上的失误。历史唯物主义者要把古人所不大清楚的观念、范畴，如实地、准确地把他们的"不太清楚"的地方讲出来就对了。我们过去，往往失去了分寸，替古人讲清楚，反而造成了混乱，主观上要求有科学性，客观上造成不科学的结果。这个毛病不止表现在老子的研究方面，而在老子研究中所暴露的问题则最明显。

三

用全局观点来看局部的问题，就比较容易公平地对待古人。寻章摘句，深入分析，容易讲得很有条理，给人的印象也深刻，这是今人胜过古人的地方。讲哲学史必须牢牢抓住发展观，缺少发展观，往往只看见个别哲学家的言论，而忽略了哲学家所起的作用。三十年来，我们牢记着必须用唯物主义与唯心主义的斗争作为哲学史发展的主要线索，贯串古今。我们取得了巨大成绩。但是没有真正理解马克思主义的哲学史的精神实质。唯心主义与唯物主义清清楚楚地分成两大阵营。应当是近代哲学的特点。在古代，有唯物主义与唯心主义的阵营，但不像近代哲学这样壁垒森严。这两大阵营各有各的体系，如自然观、认识论、方法论、逻辑学，在各自的体系内占有一定的位置，它们之间基本上是协调的，不协调的是例外。而在古代，更多的情况是不协调，比如认识论和自然观有时不一致，这方面是唯物主义的，另外方面则是唯心主义的。同一个哲学家的思想体系里，自己和自己矛盾的情形也是有的，这就是我们常说的“不彻底”性。不彻底的唯心主义哲学家，随处都是，这就要求哲学史工作者慎重地来划分阵营，“一刀切”的办法，不但不能搞好当前的生产管理，处理古代的哲学家也不能这么办。

老子研究也容易犯“一刀切”的毛病，一刀切在唯物主义一边，往往给唯心主义那一边造成困难；反过来也是一样。这也是长期双方争论不得很好解决的一个原因。有的句子，老子自己没有讲清楚，更多的情况下，连老子自己没有想到过，我们一定要把它分类、归档，就难免生硬处理。老子书中有些话，一望就知是唯心主义或唯物主义的，这个好办；但是确有一些话，可以这样理解，也可以那样理解，而这一类的话在《老子》中占有相当数量，远不止一句两句。如果这类的话恰恰是关键性的、结论性的，那就更增加了研究中的麻烦。过去我的处理办法是看它的基本倾向性来定它的唯物主义或唯心主义。这么办，自己运用时不失为一个办法，也能言之成理，但用来说服对方，往往无效。因为基本倾向性毕竟不能代替确凿的结论。

如果把哲学史看做人类认识发展史，按照马克思主义的研究哲学史的指导原则，我们就有了较多的主动权。衡量某哲学家或某学派的作用、地位，主要看它在认识发展中所起的作用，提出了什么新的范畴，解决了什么新问题，在人类认识世界的过程中有没有贡献，贡献是大是小。那么，即使遇到像老子这样难以划分唯物主义或唯心主义的哲学家，也不难给他安排一个适当的历史地位。在认识史上有贡献，该肯定就大胆肯定，不必因为他有唯心主义的观点，就缩手缩脚。没有贡献，只是重复前人的结论，又不能推动认识的前进，即使是唯物主义者，也不能在哲学史上把他摆在重要的地位。

从哲学史的发展来衡量老子，看他提出的命题，如无神论的天道观，如强调自然规律必然性，第一次提出“无”作为万物之本的负概念——无的范畴，都是人类认识前进的重要里程碑，这就用不着被唯物主义和唯心主义的长期纷争所困扰而不能前进。

当然，对老子的哲学是唯心或唯物，还可继续探讨，可以在不同部门中(如自然观、认识论、……)分别定性；也可以根据它的总倾向概括定性。只要不再像过去那样，替古人说他还没有可能想到的话，不拔高古人来为今人论证，老子研究还大有潜力可挖。

成功的经验固然是知识的财富；亲身走过的弯路，只要认真总结，往往可以更有利于指导人们迅猛前进。①

① 上述几个方面都有许多具体的例证，为了行文精简，只把个人的基本的看法提纲式地提出来，供指正。

《周易》研究小议

《易》为卜筮之书，已有定论。古代巫史不分，通过占卜，问岁时丰歉，个人行止，占军国大事吉凶，继历长期积累，遂汇集成书。

秦汉以前的《易》经与后来流传的《易》经六十四卦的顺序不同，可以推知，先秦时易卦顺序仍为占卜方便而设，经过汉人的推衍，讲习，受天人感应阴阳五行思潮的影响，汉易成为天人感应阴阳五行的一个分支学科。汉人说《易》，义理与象数未曾截然分流。

魏晋时期，汉儒师承家法的说经传统被打破，出现了新兴的学派（如荆州学派），学术界尚清通，重玄谈，轻象数。《易》学自王弼始，形成一大变革。此后，象数与义理截然分途。义理易学与玄学伴生，得到朝野重视，蔚为大观。象数之学由于汉儒传统衰落而趋于萧条。

但人类社会生活中，命运不能自己掌握，人生不如意事十常八九，预卜吉凶、祸福的客观要求并未减弱。象数玄学与阴阳五行、八卦、星相、卜筮、堪舆相纠结，流行于民间，并未歇绝。

汉魏以后，《易》向两个方向发展，作为六经之首的官方易学，其义理发挥，无不受封建宗法制的制约，为治国平天下服务。其在下层社会则发展了象数易学，其传播者或浪迹江湖。或韬晦市肆，借象术以糊口。有时与民间信仰相结合，在社会动荡时期，有时制造一些宗教预言。与农民起义相呼应。

《周易》作为一种独立的分支学科，并引起国内外学者的普遍兴趣，不过是近年的事。

我们现在有了比较好的研究环境，学术研究没有过去那些过多禁忌，我们以历史唯物主义为思想工具，可以摆脱牵强附会的干扰，我们有其他比较成熟的学科作为背景，如历史学、哲学、社会学、人类学、考古学及近代数学，可以避免不必要迂回探索，这都是有利的因素。

诸多有利因素，只能作为外缘，却不能代替我们自己的亲身钻研。因为千余年间《易》学在社会流传中，难免与封建迷信等文化糟粕相混杂。如何剔除糟粕，发现其中的精华，不很容易。现代科学知识给我们提供了作为剖析古人思想的工具，这是好事；但容易把古人现代化，今人对《墨子》中的关于古代科学知识的解释，失于偏高，即是一例。有些《周易》研究文章和著作，也有过根据不足而轻率比附的现象。即使研究者出于爱护中华民族传统文化好心，违反了科学原则，也是不可取的，我们的科学成果要经得起历史的考验，要能取信于天下后世。

研究刚刚开始，在前人已有的成就的基础上，我们继续前进。随着工作的深入，将发现更多的困难有待于克服，做过研究工作的都有同样的经验。我愿和大家共同努力，从自己从事的工作领域，推动周易研究。

1987年11月27日

《中国哲学与自然科学》序

最近几年，中国哲学史这一学科呈现出一派兴旺的兆头。

前些年，同行们忙于编写中国哲学通史，出版了分量不同，深浅不同、大大小小的各种通史教科书，仅就我所见到的已不下十来种。为了教学的需要，是必要的，现在编写通史似接近尾声。

通过编写通史，人们发现许多通史大同小异，没有较大的突破。学术要求不断前进，中国哲学史的研究范围也不断扩大，涌现了专著研究、专人研究、断代史研究、专题研究、范畴史研究等。著作质量也有显著提高。这是我认为中国哲学呈现兴旺的根据。

在兴旺发达的总形势下，李申同志完成了他的《中国哲学与自然科学》的专著。李申同志要我为此书写一篇序。我很乐意，并负责向读者推荐这部书. 因为学术界需要这样一部专著。

自然科学对唯物主义的作用，学术界人士已引起注意，而哲学对自然科学是什么关系，学术界研究得很不够。国内外有不少自然科学史的专著，如天文、数学、医学、化学……都作出了可观的成绩。但各种自然科学之间又是什么关系，各科学与哲学有无共同的关系，则缺少研究。自然科学中使用的一些具体的方法，如测试、观察、运算、推导等等，各学科根据自己学科的特点有所论述，而各学科的“学科观”(各学科的方法论)则很少涉及。哲学史和自然科学史各自为战，不相为谋。像这种梗阻现象已经妨碍了哲学史的前进。

我们认为哲学史是人类的认识史，中国哲学史是中华民族的认识史。人类认识世界、认识社会、认识思维发展的规律，必然要求把各个时代的哲学与自然科学的关系弄清楚。比如汉代的天人感应思潮，哲学史研究者已经给予注意和论述，而天人感应对当时自然科学起过什么作用，往往被忽略。天人感应既然是时代思潮，它必然弥漫于各个领域，在各个领域又是如何表现的，这种思潮又是如何以科学姿态出现、指导科学的，一向也缺乏研究。这些问题探索得不够，必然影响对汉代哲学史的认识。那么，中华民族的认识史关于汉代这一段，就讲不深、讲不透。这只是用汉代天人感应思潮作为一个例子，指出哲学与科学都离不开各自的时代思潮。

随着科学研究的深入，要求学科之间加强横向联系。交叉学科、边缘学科越来越引起重视。哲学与自然科学的关系的研究已提上日程。这种横向联系的研究既是一个新方面，又是一种新方法，难度较大。难是难，总得有人去干。

李申同志在大学学工科，后来参军，因救火负重伤，身体受到严重损害，离开部队。从1978年起，专攻中国哲学史，先读硕士学位，又读博士学位，他是中国社会科学院研究生院第一批毕业的博士生，这本是他的博士论文。这篇论文在论文答辩时得到好评，认为它填补了我国学术界一项空白。

实事求是，有一分材料说一分话，这是对每一个科学家的要求，也是一个历史唯物者应有的态度。李申同志认真地钻研了古代的自然科学史、天文、历法、化学……对他来说，都是生荒地，学科门类又多，要钻进去、弄懂，所付出的劳动可以想见。

自然科学史中有些学科还在发展中，尚未得出一致的结论，只能在现有的成果中择善而从，等到有了更新的成果时，再来补正。

考察各种学科之间的关系，自然科学与哲学世界观又是如何交互影响的，这比前一种困难更大，也是本书耗费心力最大的所在。书中不少创见，正因为是创见，值得进一步商量的地方还不少。我认为这部书的可贵，正是在这些不甚完备的创见上。开辟一个新领域，不能要求面面俱到，“四平八稳”。如果本书的出版能引起不同学术观点的争辩，这将是一件好事，我希望如此。

1987 年 1 月 10 日

阶级分析方法一例*

——如何看待中国古代哲学的民族哲学家

研究中国哲学史，不可避免地要遇到民族问题。近年来学术界提出要大力开展我国少数民族哲学史的研究，北方和南方都已先后有了群众性的学术团体。这是十分必要的，我也全力支持这一工作。因为中国是一个多民族的大国，虽说汉族人数众多，而少数民族是中华民族大家庭中的成员，少数民族的哲学应当成为中华民族的哲学的组成部分。

现在的问题不是要不要开展这一工作，而是如何开展这一工作。

中华民族历数千年之久，克服无数艰难险阻，融合了多种民族的优秀文化，如百川汇归大海，最后形成中华民族的文化，中国哲学史是中华民族的认识史。中国哲学是中华民族优良精神文明的集中表现。中华民族中汉族占多数，实际上，汉族是许多兄弟民族长期融合的结果，历史

* 原载《南京大学学报》1982 年第 4 期。

上并不存在“纯汉族”。

中国哲学史上的优秀哲学家、思想家，不应当只看作汉族的，他们也属于所有兄弟民族的哲学家和思想家。比如，春秋战国时期的荆楚文化对中华民族的文化有过重大的贡献，荆楚文化的代表人物屈原、宋玉，哲学家的老子，是什么民族，现在还查不清楚，但可以断定，楚国贵族(屈氏、熊氏)不是汉族的前身。但是中国文学史、中国哲学史都把屈原、宋玉、老子写上去。因为他们都是中华民族的文学家、思想家。由此上溯，仰韶文化、龙山文化、大汶口文化、南方的河姆渡文化已被公认是中华民族文化的基础，但这些文化的创造者是什么民族？至少可以断言这些古老的文化属于中华民族，而不仅属于汉族。

从春秋战国以后的历史也表明，社会在前进，历史在进步，而推动历史前进的力量绝不止是汉族，而是中华民族的全体。秦汉时期四、五百年间，六国贵族及边区牧主贵族的大迁徙、大融合，才形成了今天的汉族。南北朝时期北方的汉族地主阶级与北方少数民族贵族共同组成封建政权，史称北朝。南迁汉族与当地土著大姓相结合，共同组成封建政权，史称南朝。南北朝统治时间约三百年。这是一次更大规模的民族融合，无论南朝或北朝，都不存在有所谓纯汉族政权或纯拓跋氏、鲜卑等政权。

隋唐皇室是汉族与北方少数民族混血的后裔。唐王朝实际上是我国多民族地主阶级共同专政的封建政权。李氏王朝自称为老聃的后裔，是受了门阀士族的社会习惯势力的影响，攀援老子以抬高身价。其实老子是什么族，出身如何，还难于找到历史凭据。

宋元明清四朝的哲学史，也是多民族不断融合，共同进步的历史。北宋时期，同时存在的还有辽与西夏。南宋时与金朝对峙。元代最高统治者为蒙古贵族，但共同统治中国的是广大汉族地主阶级。统治中国的思想工具是孔、孟为代表的儒教宗法制度。元代的哲学家不一定出身于蒙古贵族。许衡、吴澄、苏天爵、姚枢、孙安、郝经都是汉族儒者，但他们代表了蒙古贵族地主阶级的利益，耶律楚材，非蒙古族，他是元代的开国功臣，可以而且必须列入蒙古哲学史。清代的哲学家，如李光地、张伯行、陆陇其，陆稼书也都是汉族，但他们代表了满洲贵族地主阶级的利益，可以列入满族哲学史。同样的道理，元朝的诗人萨都拉《金陵怀古》表达的是当时知识分子的发思古之幽情，并不特别代表蒙古民族的特点，其性质在思想感情上和刘禹锡《西塞山怀古》差不多。纳兰容若的《饮水词》在中国文学史上有一定的地位，但不能说他的作品体现了满族的特色。

看一个哲学家代表什么阶级、什么民族，最基本的标志是看他的作品反映哪个阶级的利益，对哪个民族有利。而不是看这个哲学家个人的出身和民族血统。马克思是德国犹太人，他的哲学并不是德国犹太民族的利益的反映。恩格斯出身资本家，并经管过工厂，但他的哲学不代表日耳曼民族，也不代表英国曼彻斯特资本家的利益，马、恩的哲学代表全世界无产阶级的利益，也是全世界被压迫民族的代言人。中国工人阶级经历了几十年的革命实践。逐渐形成具有中国特色的马克思主义、毛泽东思想。毛泽东同志是湖南人，他的革命战友多为湘、鄂、赣等地区农民、工人、知识分子，但毛泽东思想已成为中华民族的共同精神财富，决不能把毛泽东思想看作湖南汉族的哲学体系，这也是不言而喻的。

再以欧洲哲学史为例，欧洲大陆有荷兰的斯宾诺莎、法国的笛卡儿、德国的莱布尼茨，人们研究欧洲哲学史，并不因为他们分属于不同的民族就否认他们各自代表的时代精神和当时欧洲各族人民共同达到的先进认识水平。

中国哲学史，实际上是历史上中华民族精神文明的一面镜子，它以逻辑范畴的形式记录了中华民族认识世界的经历。哲学史上重要人物和学派的贡献，就在于他们曾经站在当时人类认识世界的最前列，体现了当时思想高度，他们把当时人类认识推进到了一个新水平，无愧于他们各自的时代。有贡献的哲学家们建立的哲学体系，不应仅仅看作他们个人的见解，他们是阶级的代言人，集体的代言人。他们代表着当时先进的阶级、先进的政治集团的集体智慧。每个具体的哲学家虽然属于一定的民族，但我们研究哲学史，却不应把他看做仅仅属于某一民族的哲学家，同时也要看到它代表着全人类的先进思想。上面我们所列举的马克思、恩格斯、毛泽东、斯宾诺莎、笛卡儿、莱布尼茨等哲学家，都足以说明凡是有贡献的哲学思想家都代表着他们的时代精神，而不只限于他们自己的一个民族。

后人看前人的理论，不难发现他们有这样那样的缺点和错误，但更应当去发现他们比前人提出了哪些新的命题，进行了哪些有意义的探索，揭示了哪些范畴。这样，哲学史就不是一系列的错误观念的积累。而是人类认识世界、解释世界前进道路上连绵不断的里程碑。先进的哲学家或哲学流派所以称为先进，就在于他们站在当时人类认识的尖端，给后人提供了精神财富。

这里并不是说不要注意各民族的哲学家。不论兄弟民族的哲学家或汉族的哲学家，只要是有贡献的，都要重视。我们要指出的是哲学是阶级社会里的产物。哲学家的民族性与阶级性要结合考虑。民族性不能混同于血统论，不能光看哲学家的民族出身，还要看他代表哪个阶级、哪个集团，及其文化传统源流。哲学史不是从古到今的流水账，有闻必录，而是讲明人类认识前进的轨迹，中国哲学史即中华民族的认识史，只要是反映当时先进的认识水平的，不论是出身于哪个民族的哲学家，都要把他写上。他们都是中华民族的代表人物。正是由于这个理由，我们的中国哲学史，不去追究屈原、老子是否属于汉族，那是没有意义的。如果不是这样。我们五十五个民族，每一个民族专立一个户头，从古到今往下写。其结果，势将出现许多空白，或者雷同的思想，对于中华民族的融合、团结、前进的光荣历程反而看不清楚，找不到规律性的东西，失去研究中国哲学史的意义。

《中国少数民族哲学思想史论集》序*

1949年全国解放后，全国各族人民都得到了新生，我们的中国哲学史这门学科也出现了前所未有的新气象，可以说是十分兴旺发达。美中不足的是对少数民族的哲学史研究得很不够，它不能如实地反映我国各民族的哲学史现状，显得中国哲学史的内容不够充实。

中国哲学史，是中华各民族共同创造的认识史，民族有大小，各族人口有多有少，但各民族都对中华民族的文化建设做出了各自的贡献。过去的华夏族，是中原地区众多兄弟民族不断融合的结果。汉民族也是秦汉以后，经历了若干世代众多兄弟民族不断融合的结果。我国民族在历史上有多次大的融合。殷周时期为第一次大融合，当时主要是东方、西方各民族的大融合。秦汉时期为第二次大融合，隋唐时期为第三次大融合，宋元明清为第四次大融合。由殷周上溯，龙山文化，仰韶文化，已经说不出是汉族的前身还是其他兄弟民族的前身，应当是黄河流域各族共同

* 原载《哲学研究》1983年第6期。

创造的，我国古代习惯地列为汉族的一些哲学家、文学家，实际上他是否属于汉族，大成问题，比如屈原，他是楚贵族，至少他不是汉族的前身。楚人老子，虽说当过周朝的史官，他是不是汉族的前身，也难说，从他的思想表现看，他更富有荆楚文化的特征，与当时的中原文化格格不入。

总之，中华民族的形成是多民族融合的结果，它还在不断发展中。中华民族的文化，也是多民族共同的创造，它也在不断发展中。历唐宋元明清，千余年间，各民族都直在互相学习，取长补短，继续前进，都有贡献。

在阶级存在的社会里，掌权的是剥削阶级贵族，人民群众不能当家做主，过去的历史上，民族之间也有矛盾，也有过暂时的不和。但民族之间的关系，正像大家庭中兄弟之间的关系，虽有矛盾，不难解决。人民群众的愿望代表着“天心”。民族间，融合、和解、经济交换、文化交流，是客观需要，是历史的潮流，任何力量也阻挡不住。中国的音乐史、舞蹈史、建筑史，都表明民族之间的互相吸收，取长补短是它的总趋势。仅以乐器论，胡琴、琵琶、箜篌、七弦琴、羯鼓、唢呐，又有谁可以说只属某一个民族专有、专用的乐器，别的民族不许染指呢？本民族的音乐、艺术又有多少不是为众多民族共同欣赏赞美的呢？

今天是中国共产党领导下的新中国，各民族之间处在完全平等的地位。现在没有剥削阶级从中制造不和，大家在马列主义、毛泽东思想指导下，呈现了民族大团结。过去各民族间互相学习的好传统在继续发扬，过去的剥削阶级制造的不和的因素已不复存在。在党的正确民族政策指引下，各民族的文化繁荣昌盛，学术兴旺发达，为前所未有。

这一本文集的出版，就是中华民族团结、进步，互相学习，取长补短的具体证明。

作为一个中国哲学史工作者，看到少数民族哲学论文集的出版，心中的高兴自不待言。我相信只要我们从各民族发掘有价值的文化遗产，无疑地会丰富中国哲学史的内容。各兄弟民族的社会历史发展情况不尽相同，前进的步伐也不尽一致，这是社会发展史上正常的现象。这些不同的哲学思想反映了各民族的时代思潮。对各民族的哲学思想研究得越彻底，思想资料掌握得越丰富，将来我们写出的中国哲学史的内容就越充实，从而做到名副其实的“中国哲学史”。各民族、不论大小，都对中国哲学史添砖加瓦，也就是对中华民族的认识史作出了贡献。

由于我们的科研工作进行得不平衡，这次的论文集搜集的文章还不能说很周全，论文的写作水平也不平衡。“物之不齐，物之情也”，这也是很自然的，何况我们这一工作还是开天辟地第一回呢！万事开头难。我们的工作经验还有待于积累，我们写作队伍，特别是少数民族的写作队伍正在发展、成长中。瞻望前途，光明无限。愿与同志们共勉。

1983 年 5 月

评马学良等彝文《劝善经》译注*

彝族是我国古老的民族之一。有传统的文字和丰富的彝文古籍，记载历史、历法、谱牒、哲学思想、诗歌文学，以及原始宗教等经典，是研究彝族历史文化的重要文献资料。

这些经典主要是手抄本，刻本很少，这本彝文《劝善经》算是仅存的最早彝文刻本。书中以道家《太上感应篇》的章句为母题，于每章之后用彝文加释义与解说，全文约22,900字，为今存彝文古籍中内容丰富、字数最多的一部著作。

现存的手抄本彝文古籍，多为记述原始宗教的祭经，而这部《劝善经》的内容多为宣教说理，传授知识。通篇以《太上感应篇》为题，结合彝族哲学思想、风俗习惯作释，可谓借题发挥。名为劝善，实际是按奴隶社会和封建社会所谓善的标准说教，即宣扬忠君(奴隶主)思想，因果报应等宗教观念。该书作者尽管有他的阶级烙印，但其中也有

* 原载《世界宗教研究》1986年第3期。

不少破除迷信、发展生产、改革陋习，移风易俗的篇章。如旧时代彝族有病就延巫祭神、禳除。该书则劝人不要信巫师的话，有病要吃药，传染病要隔离，并且指责巫师以鬼神欺骗病人。提倡保护牲畜，向汉民学习先进思想和技术，发展生产等等，这在当时条件下是十分可贵的进步思想。

彝文《劝善经》真实地记录了彝汉兄弟民族的思想文化的交流源远流长，它从另一个侧面说明中华民族的文化是各兄弟民族共同创造的，汉族离不开少数兄弟民族，少数兄弟民族离不开汉族。

彝文古经书，多为五言诗歌体，该书打破五言体，而以浅近流畅的文笔，宣教说理，遣词造句，井然有序。因此该书也是研究彝族语言文字的重要资料。

该书是马学良教授在四十年代初，在云南省彝区调查研究彝族语言文字时请彝族经师讲解，随文加以译注，但译稿迄未付印，十年动乱中译稿荡然无存。1981 年马学良教授和他的助手范慧娟又与云南禄劝县彝族经师张兴、唐承宗重译此书，历时年余，全书完成。

回顾四十年代时，我曾应马君之邀，去云南寻甸、禄劝彝区小住，考察云南少数民族民俗。当时马君深入彝区，与彝族同胞结下深厚友谊。寒夜荒村，一灯如豆，与几位彝文经师逐字逐句翻译此书。此情此景历历在目，回首往事，已过了四十余年。全国解放后，党的民族政策得到贯彻，对兄弟民族文化、民族文献的整理工作，也与国运更始，彝族文化的发展已成为中华民族文化发展的组成部分。喜见此书的问世，因记其始末，以志老一辈学者开创研究彝族文献的艰苦，又为今后青年学者研究彝族文献得一指导性的著作而庆幸。

彝文《劝善经》译注，中央民族学院出版社 1986 年 1 月出版。

整理古籍也要走现代化的道路*

整理古籍，我国自乾嘉以来就有优良传统，当时大量有关古籍整理的成果，有的已被国内外学者所公认，有些结论已可视为定论。

乾嘉学者，处在封建专制主义占绝对统治的时期，客观上不允许他们有对君父不敬的言行，著作中当然要有所顾忌。当时学者们主观上也不能不带有几千年长期封建传统教育的烙印，思想还不解放。从整理经史子集的成绩来看，关于史、子、集方面的成绩较多，而对“经”的整理成绩，相对来说少些。其中原因之一，就是对圣贤经传不敢怀疑，从思想上就不敢放言高论。

就取材印证方面说，古人的眼界也还不够开阔，眼光多盯着古代典籍。典籍以外，如地下考古实物，如民间社会习惯，中原地区以外的兄弟民族文化（包括民族学、原始宗教、民族语言学、人类学、社会学等）没有涉及。当时的学者精通本国语文，而不通晓外国语文，或精通汉语，而

* 原载《古籍整理研究》1986年第1期

不通晓其他兄弟民族语言。这也给他们的成就带来了局限。近代西方汉学者如高本汉、伯希和等人，整理中国古籍有所创获，不是他们读古书比乾嘉学者多，而在于他们有比乾嘉学者多一些的工具，当然，他们也只是在某一方面有所前进。

语言工具只是工具的一种。此外，还有整理古籍现代工具，像近十几年被普遍重视的计算机，西方已经用到古籍整理方面，编制索引分类，已取得可观的成效。

此外，乾嘉学者以及西方资产阶级学者所不具备的，那就是历史唯物主义。有了历史唯物主义，才能使人们心开目明，取得高屋建瓴之势，进退自如。这一方面，理论界、史学界早已注意，在整理古籍方面似当须更多地引起重视。历史唯物主义的原理不难懂，难的是把他运用到古籍整理的具体工作中去，而不是生搬硬套。不以历史唯物主义作为指导，就谈不到现代化。这要靠大家共同努力才行。

学问的发展趋势，今天大家看到的，有两个方向，一是向深度发展，一个部门学科的一个分支的一个局部的专题，在很狭窄的范围内越挖越深；二是学科之间要求开展横向的联系，一门学科解决不了，要众多学科的配合。比如整理古籍中的天文志、地理志，光靠古人的研究成果已不够，还要结合现代的天文学的推算，来加以验证；讲古代的地理，四夷的交往，要结合现代的地理研究成果，结合世界史，就更能说明问题。利用地下的发掘的古文物可以充实古籍中记载的不足。如秦始皇陵的车马坑的实物，可以明确无误地说明古书上的车制。参考我国少数民族流行的对歌及春游习俗，有助于对《诗经·国风》的理解等等。

再如整理古籍，古人受正统儒教的影响，对经史子集以外的佛、道两教，没有给以应有的重视。佛、道两教遗留下来的古籍很多，却没有人对此很好地整理，更说不上很好地利用其中的有用资料了。其实，佛教及道教典籍今天已不能用过去的旧眼光对待，把他们排斥在中华民族正统文化之外，它也是中国传统文化的一部分，而且是重要的一个部门。搞不清楚佛、道两教的文化，也就无法全面认识中国的传统文化。随着《中华大藏经》(汉文部分)的整理出版，我们将逐步建立起"佛典文献学"，这将成为一个新的分支学科。世界宗教研究所今年将在这一方面招收硕士研究生和博士研究生。这也是古籍整理工作中待开辟的一块生荒地。道教古籍的研究也刚开始，因为道教内容比佛教更芜杂，有了文、史、哲的知识还不够，还得运用化学、生物、医学等现代自然学的知识和测试手段。这方面的工作，我们也开始注意，并已起步。

总之，整理古籍，也要开创社会主义建设的新局面。乾嘉学者的好传统，我们要继承，同时要提高、前进，超过他们。既然要现代化，整理古籍除了文、史、哲等传统文化知识外，还要吸收其他学科的知识，如上述的考古学、人类学、地理学、自然科学等等。表达方式也要相应地作些改变。乾嘉以来相延已久的整理古籍的术语已感不够，需要增加新的术语和表达方法。有时要有百分比符号(%)、现代数学公式、化学方程式，有的需要用图表、图片、或绘图来表示。光靠语言文字，已不能满足需要。这是后话，暂时可以不讲。

(四)

人才问题杂议*

一、人才涌现的条件

我国历史长，人才多。遍考人才辈出的时代，往往在历史的转折时期。殷周之际，以武王、周公为代表的西周贵族集团打败了商王朝，建立了周王朝，这一批人才和他们制定的管理奴隶制国家的典章制度维系了八百年之久。

春秋战国之际，列国纷争，百家争鸣，出现了群星灿烂的局面，一大批思想家、政治家、军事家、科学家、诸子百家不但对中国，而且对世界、对人类的精神财富作出了贡献。

秦汉之际，结束了战国纷争，开创了大一统的封建王朝，奠定了此后两千年的政治格局。

两汉之际，三国时期，隋唐之际，五代宋初，宋元之际，元明之际，明清之际，以及新旧中国的交替之际，都出现了大批优异的人才。

---

* 原载《群言》1986 年第 12 期

在新旧制度交替之际，容易出人才，也必然出人才。古代历史家把国家的兴起归于“天命”。我们不信“天命”，却相信人才的成长，靠天赋，也靠锻炼。否认“天赋”，等于不承认人的差别，这不对。歌唱家要有好声带，运动员要有好体质。同时也要承认歌唱家要练声，运动员要训练技术。天赋与锻炼，不可或缺。

为什么人才多涌现于改朝换代之际？

凡是人才都不同于庸众，它比普通人有些“出格”。太平年月，一切按常规办事，“出格”人才不但没有脱颖而出的机会，甚至遭到庸众的排斥、压制。鲁迅曾说过，从前猴群中，有猴子试着用两只脚走路，群猴认为它大逆不道，把它咬死，从此，猴群中只有四只脚走路的被保存下来。汉朝李广是个将才，如果生活在秦汉之际刘邦打天下的时代，他的才干决不在开国功臣绛、灌之下，早已封侯。偏偏生在汉代太平盛世，用俗吏考勤的规章制度来要求李广，尽管他战绩卓著，只落得被迫自杀的结局。汉武帝对匈奴也打了不少胜仗，主要靠汉朝积累了半个多世纪的雄厚的物力制胜。汉武帝用的大将多是靠裙带关系录用的，像卫青、霍去病、李广利等，都不能算作头等人才。

五四以后，中国出现了工人阶级，进入了规模更大世界范围的新旧交替时代。这是前所未有的大变革。几千年相因袭的旧习惯、旧制度受到前所未有的冲击。如果说，以前人才辈出多在改朝换代之际，从旧中国到新中国的这一变革，可以说是亘古未有最大的新旧交替“之际”。

新中国诞生前，面临中国革命的实际，要求用武力夺取政权，农村包围城市，最后夺取大城市，建立全国政权。革命的现实，要求中国出现推翻旧中国、建立新中国的人才。时代的要求加上革命的锻炼，果然一大批革命领导人涌现出来。他们差不多都是能文能武的全才。革命要求打仗，不会打仗的成不了人才。革命要求组织群众，不会做群众工作的成不了人才。长期的锻炼、培养，我们国家以毛泽东为首的第一代革命家，人才都集中到党政军这三个方面。这三方面的人才又是互相融通的。我军队的政委也能打仗，军事首长也往往能兼任地方行政干部。这种人才的优势一直维持到新中国成立之后若干年。长期的革命战争，使得新中国的人才绝大部分集中到党、政、军三大部门，建国后，工业建设、文教建设、现代科学建设、商业流通网络的建设，需要大量的人才，可惜没有引起注意，或者可以说，人才培养的重心没有从打天下的格局转变到治天下的轨道上来。选拔、任用、培养人才的着眼点仍然放在党、政、军这三大部门。建国后，若干年来，文教、财贸、工交、科技各部门的干部的配备，相对来说，都较弱于党、政、军三大部门。我国面临向全世界开放的新局面，我们从事企业、农业的干部显得无能为力。成千上万企业长期亏损，难于扭转，农牧业遇到低水平的丰收，就造成卖粮难，卖猪难；小的天灾，就无力抗拒。有百万人口以上的大城市，没有很好地发挥大城市的综合功能，甚至有人把大城市当成包袱，连吃菜、乘车、运垃圾、住房子，都被看成额外的负担。有时中央领导过问某一项工作，这项工作会有起色；未过问的，依然无能处理。可是中央领导又怎能从冬贮大白菜、做豆腐、运垃圾都一一管起来？古人说“百年树人”，这并不等于说培养人才非整整一百年不可，但人才的成长，发挥社会效益，短期突击是不行的。

人才出于时代的需要，人才必须经过实践锻炼。革命战争时期靠打仗，发动群众来锻炼人才。今天的人才的成长，靠打新的战争——工业仗，农业仗，商业仗，全世界是战场。长期形成的习惯，党政军干部要第一流人才，而工业、农业、商业(广义的)好像用不着第一流人才。这种旧眼光不改变，就难以跟上时代的步伐。

试与西方先进国家比一比，可以发现他们的第一流人才都集中到企业(工商界)当总经理，当董事长，而在政界(包括他们的总统、总理)基本上没有第一流人才，甚至是些第二、三流的人才。除去东西方社会制度不同这个差别外，双方也有共同的规律，比如说，要使生产力不断发展，这是社会赖以存在的根本依据。今后人才的培养、选拔，除了党、政、军三大门类外，还有三大门类，即工、农、商。工、农、商的人才得不到应有发展，或发展得不够快，说不定就要受制于人。这是关系到国家安危的大事，千万不能大意。

二、"德"与"才"

人才的德与才，一向被政治家所重视。汉武帝曾说过：

"盖有非常之功，必待非常之人。故马或奔踶而致千里，士或有负俗之累而立功名。夫泛驾之马，跅弛之士，亦在御之而已。其令州郡察吏民有茂材异等可为将相及使绝国者。"(《汉书·武帝纪》)

汉末三国时期，曹操就看到这二者不一定具备于一身。他的《求贤令》中说：

"夫有行之士，未必能进取，进取之士，未必能有行也。陈平岂笃行，苏秦岂守信邪？而陈平定汉业，苏秦济弱燕。由此言之，士有偏短，庸可废乎？有司明此义，则士无遗滞，官无废业矣。"

从《求贤令》提出的要求看，他求的“贤”即今日所谓“能人”，而不是传统所谓“圣贤”。他认为人才长于此或短于彼。与曹操同时的刘劭，著有《人物志》，是专门评论人才的著作。他的观点与曹操基本相同，他说：

> “夫人材不同，能各有异，有自任之能，有立法使人从之之能，有消息辨护之能，有德教师人之能，有行事使人谴让之能，有司察纠摘之能，有权奇之能，有威猛之能。夫能出于材，材不同量。材能既殊，任政亦异。”（《材能》）

刘邵的人才观比前人有所发展，他没有把才和德对立起来，而是把“德”也看成是材能的一个方面。他还论证人才长处伴生着它的短处：

> “厉直刚毅，材在矫正，失在激讦；
> 柔顺安恕，每在宽容，失在少决；
> 雄悍杰健，任在胆烈，失在多忌；
> 精良畏慎，善在恭谨，失在多疑。”（《体别》）

刘邵这些分析，有科学根据，不是泛泛议论。

魏晋之际，曹魏与司马氏政治斗争激烈，双方都注意延揽人才，一方面要求发现人才、重用人才，同时又要求人才对自己忠诚可靠，不能“反水”。于是出现了从理论上集中论证才与德的关系的学说。当时关于才德关系的论述有四派不同的主张，即所谓“才性四本”之论。

“四本者：言才性同，才性异，才性合，才性离也。尚书傅嘏论同，中书李丰论异，侍郎钟会论合，屯骑校尉王广论离。”（《世说新语·文学》刘孝标注，引《魏志》）

才指办事才干，性指德性①，才性四本的讨论，在当时的实际意义就是讨论识别人才、判断才与德的关系和任用人才的原则。

才德兼备，是用人者所期望的，而事实上才与德颇难兼备于一人，更多的情况下，有的人有才无德，有的人有德无才，也有的人才德俱缺。才德俱缺，不属于选任人才的范围，用不着考虑。

“才性同”说，认为才能与德性完全一致，才能大的，德性也高；才能小的，德性也低下。傅嘏持此说。

“才性异”说，认为才能大小与德性高下相背异。有才的无德，有德的无才。李丰持此说。

“才性离”说，认为才能与德性两相分离，才能归才能，德性归德性，完全是两回事。两者可以相结合而不必相结合。用人时，要么用他的才能，要么用他的德性。

“才性合”说，认为才能与德性两者应当结合，也可以结合。

“四本之论”是曹魏与司马氏两大政治集团政治斗争的产物。主张“才性同”与“才性合”的两派，傅嘏与钟会都是司马懿父子的死党，为司马氏夺取政权立过大功。主张“才性异”与“才性离”这两派的代表人物为李丰与王广。王广为王凌之子，王凌被司马氏杀死，李丰对司马氏采取观望立场，至少被司马氏认为不可靠，这两人后来都被司马氏杀害。钟会平蜀后也被司马氏杀死，那是鸟尽弓藏，另当别论。有德

① 性当时指德性，“王安丰遭艰，至性过人。”（《世说·德行》）

无才，成不了气候，也干不了大的坏事；有才无德，可能干出更大的坏事。当时曹魏政权在台上，是既得利益集团，他们要求保住现有的利益不想有更大的作为，他们这一派的人，主张在才与德不一致的情况下，宁可用有德无才的人，也不用有才无德的人。

司马懿父子，当时正积蓄力量，采进取势态，他们这一派的人才理论家主张，放手用人，有才干的人才也是最忠实的人才（“才性同”、“才性合”）。这是在魏晋之际新形势下“用人唯才”的一种理论。等到曹魏政权覆灭，司马氏篡权成功，“才性四本理论”开始失去了政治斗争的实际意义。到了南北朝时期，流为贵族子弟附庸风雅、作为清谈的资料。①

才与德的关系，古人虽然发表了不少议论，有的偏重于用才，有的偏重了任德。从汉末历宋、元、明、清，直到现在，仍然成为用人机构所关注的课题。这种争论，带有中世纪的封建主义的人才观的特点。封建社会所谓“德”，基本内容即对君主或王朝的“忠诚”。至于为人民，为社会，为群众谋福利，维护民族根本利益的道德品质，并不是经常被提到最重要地位。有时国家、民族的利益与君主个人利益不一致时，只好为了君主利益，牺牲国家、民族的利益。宋代名将岳飞的“德”与“才”都很突出，当爱国与忠君不得兼顾时，他只能顾忠君这一头。封建主义的德与才标准必然带着封建主义的狭隘性。“文化大革命”中有多少忠于社会主义事业的干部被“四人帮”迫害致死，临终

① 南齐王僧虔《诫子书》：“汝开《老子》卷头五尺许，未知辅嗣何所道，平叔何所说。马郑何所异，《指》、《例》何所明，而便盛于麈尾，自呼谈士，此最险事。……且论注百氏，荆州八帙，又才性四本，声无哀乐，皆言家口实。……汝皆未经拂耳瞥目，……而终日欺人，人亦不受汝欺也。”（《全齐文·王僧虔诫子书》）

前，怀揣着“红宝书”含冤离开了人世。封建主义的“德”，所谓“孤臣孽子之心”，“臣罪当诛兮，天王圣明”，带给社会主义的灾难，绝不可低估。

才德的关系，用现代化的标准看，关键不在于用人唯才或唯德，而在于用人唯民主，唯法制。唯有民主可以真正从群众中选拔真才，靠一两个“伯乐”是不够的，何况伯乐不常有，有时伯乐也有失误；唯有法制，可以制裁贪污渎职以及无能之辈。

还应看到，人是会变的。肯上进的人，给以机会，可由中材进为上乘；不求上进的人，随时会掉队。一个人的道德品质也是随着人的社会地位、环境而改变着。古代关于德才的许多议论可供借鉴，其共同缺点是把“才”与“德”看死了，认为生性如此，终生不变，这不符合事实。林彪叛国摔死后，有些批判文章说林彪当年上井冈山时就存心搞阴谋，连仗也不会打。我认为林彪不是一贯无才无德，只是晚节不终，后来变坏了的。

在社会主义体制下，人才的成长与阶级社会的人才成长有相同处，也有不同处。社会主义的一个特点是有整体性、计划性。生产有计划，流通有计划，人才培养和使用也有计划。与计划性相联系的是组织性。有组织，有集中领导，我们就能把千万人的力量融合成整体力量，因而我国能在十几年内办成外国人要几十年才能办到的事。

如果能发挥社会主义的优越性，有计划、有组织，集中领导，人才成长得就快。我们迅速取得的原子能科学的成就，航天技术的成就，既出了成果，又培养了人才。

同时，运用得不好，也有不利的一面。西方资本主义世界，提倡自由竞争，人自为战，优胜劣汰，才智之士，奋勉上进，容易出头。社会主义不鼓励个人奋斗、自由竞争。人才流动受到限制，缺少像战国时期人才流动的机会。有的人才归部门支配。楚汉相争时期，发生过“萧何追韩信”的故事，韩信不见用于楚，弃楚归汉，汉王不用，他又要另寻去处。我国现在的用人制度统得太死，“韩信”想跑也跑不了，用不着萧何去追。韩信不被追回，不被重用，终于成不了“韩信”。

经济体制统得过死，不利于流通，造成经济损失，这个积弊已被发现，正在纠正中。人才体制统得过死，造成的损失不易用币值计量，也不是一眼就看得出的，似乎还未引起重视。正因为不能用币值计量，又不易看得见，我们就更要给以足够的重视。

三、创业人才与守成人才

以大家熟知的三国历史人物为例，江东孙氏集团中，孙策为创业人才，其弟孙权为守成人才；北方曹操为创业人才，其子曹丕为守成人才；西蜀刘禅低能庸劣，创业、守成都不够格。三国分立并存的局面，当然是当时的政治、经济等各方面力量相互制约决定的。但是也应看到三方处在关键地位的领导人才素质，也是维持鼎立的一个条件。

有的人，虽干了创业的事，但不算创业人才，像隋文帝杨坚即是。杨坚充当了唐王朝的铺垫。

唐太宗有一次和大臣们谈论创业与守成哪一个艰难。房玄龄说创业难，魏征说守成难。两人争辩，相持不下。唐太宗说，房玄龄参加过唐朝创业的全过程，故深知创业之艰难；魏征于唐太宗即位后，参加中央政府，故认为守成难。他认为两人都有道理，创业艰难，守成也不易。古人关于创业与守成的争辩，对我们今天的人才讨论不无启发。

古代，封建社会的改朝换代，从旧王朝的覆灭到新王朝的建成，这一段时间叫做创业过程。这段时间一般不太长。（至于通过宫廷政变，夺取政权，情况各异，与现在我们讨论的创业无关，另当别论。）秦汉以后到清朝建国，二十多个朝代，少的不到十年，多的十几年。中国共产党从成立到中华人民共和国的创建，历史上算是最长的，也只有二十多年。

创业有风险，打天下要死人，此中艰难是人所共见的。取得天下之后，任务在守成，不至于非流血死人不可，人们往往忽略了它的艰巨性。

创业以后，国家要安定，生产要恢复和发展，这个过程一般总要五十年左右，差不多要经过两代人不断努力才能办到。历史上盛夸的汉、唐盛业，这两个王朝从开国到人民丰衣足食，差不多都用了五十年左右的时间。汉初，“天子不能具纯驷，将相或乘牛车”。唐太宗几次要到泰山封禅，由于河南到山东数千里，田地荒芜，人烟稀少，沿途地方供应困难而作罢。

小农经济社会，由于生产规模的狭小，使得人们视野狭隘，看到仓里的粮食多了，容易自满。小农经济的特点是经不起贫困，耐不得富有。创业时可以兢兢业业，成功后有时忘乎所以。李自成和他的将士们经得住血和火的考验，一进北京，被纸醉金迷轻歌曼舞打垮了。

创业要创业人才，守成要守成人才。这两种人才各有特点，很难兼备于一身。最明显的例子莫过于五代时期的后唐庄宗李存勖。他亲手创业，取得成功，可以说他按规划完成了预定的任务。由于他不能守成，亲手创建的事业又亲手把它断送掉。史书记载：

“庄宗以雄图而起河、汾，以力战而平汴、洛，家仇既雪，国祚中兴，虽少康之嗣夏配天，光武之膺图受命，亦无以加也。然得之孔劳，失之何速？岂不骄于骤胜，逸于居安，忘栉沐之艰难，狥色禽之荒乐。外则伶人乱政，内则牝鸡司晨。……大臣无罪以获诛，众口吞声而避祸。夫有一于此，未或不亡，矧咸有之，不亡何待！”(《旧五代史》中华书局版。卷 34)

宋代欧阳修在《新五代史·伶官传序》中也议论李存勖的成败，说：

“方其盛也，举天下之豪杰莫能与之争；及其衰也，数十伶人困之，而身死国灭，为天下笑。”(《新五代史》中华书局版·卷 37)

假使这位李存勖创业之后，立即去世，他将不失为英主而载入史册，当不至于“为天下笑”。

创业与守成的难易，可以从两个方面来分析：

第一，国家政权的创业时间比较短，守成则需要的时间较长。恢复生产，起码要半个世纪，不能再少。这就要求守成者要比创业时期付出更大的毅力，半个世纪决不是咬咬牙可以熬过来的。

第二，创业时的敌人是看得见的，它就站在自己阵营的对面。守成时，要克服的敌人既有看得见的(外在的)，也有看不见的(内在的)。像“狥色禽之荒乐”、“伶人乱政”、“牝鸡司晨”这类败坏事业的敌人，不都是来自外部，更多的情况下来自创业者的身边的亲信，来自思想上生活上的弱点。

还要看到“守成”不同于仓库保管员，只要攥紧钥匙，就算尽到职责。守成是在相对安定的政治环境下，发展生产力，开创新局面。看起来，守成人才不像创业人才有轰轰烈烈的壮举，也看不到血与火的考验，但守成搞不好也要死人，有时要付出血的代价。有时一个大的决策的失误，造成的损失不下于一次大的战役的伤亡。历史上的长平之役，赵卒被坑四十万人，我国的历史上，由于措施失当，造成赤地千里、灾民遍野，广大人民遭受的伤亡要比四十万人多得多。

封建社会的小农经济模式，所谓创业与守成，都带有小农社会的特点。创业者要敢冒风险，守成者要勤俭持家。皇帝是全国小农经济的总管，皇帝身上也必然体现小农经济的一些特点。如刘邦、李世民、朱元璋、李自成等，都属于这一类型：成则为王，败则为寇。成功了，则贵为天子，富有天下；不成功，则身家难保，要有几分冒险精神，带有政治赌博的气质。“兴仁义之师”、“吊民伐罪”，那是事后追加的理由。

守成人才，也有小农经济的特点，省吃、俭用，积粮备荒，控制大规模的兴建。发展生产、扩大再生产的观念，古人不曾有过。守成失败，天下大乱，于是重新整顿封建社会秩序。一治一乱的历史现象交替出现。这是小农经济模式与封建大一统的政治模式长期共存的矛盾。

今天所谈的“创业”与“守成”与历史上的创业、守成有本质的不同。历史上的创业，是小农经济封闭型的社会。今天要创的业，是社会主义的大业，不再是小生产而是现代化大生产。创业，不是一家一姓取得政权，而在于推进全社会生产力的大发展，使物质生活极大地丰富，精神境界极大地提高。守成本身就包含着创业的因素。这是现代化的社会的创业观与守成观与封建社会的创业观与守成观的极大的差异。没有开创精神就不能守成，不进则退，停滞即死亡。

今天对创业人才与守成人才的要求，显然与封建社会对这两种人才的要求有本质的不同。用旧标准培养不出新人才，如果连旧标准还达不到，那就谈不上创业和守成了。小农经济、小生产的眼界狭小，往往只看到眼前微小的近利，而不见全局。不克服小农经济的局限性，谈不上创业，更难以守成。

女皇的苦闷

——皇帝权力大，还是社会传统势力大

武则天算得上一位杰出的政治家。这里不提她是女政治家，因为，抛开性别不论，把秦汉以后的帝王排一排队，她也应当排在中间靠前一些的位置上。她在唐朝的地位应在唐玄宗之上。封建正统派史学家不喜欢女人当政，也还得承认她的“明察善断，当时英贤亦兢为之用”。相形之下，她的丈夫李治（高宗）却相当昏庸，多亏了这位内当家的协助，才使得唐太宗开创的基业得以继续开展。高宗与武后共治时期，当时社会上称他们夫妇为“二圣”，不无道理。

除了她与李治共掌天下的时期外，武则天独自掌权时间共23年。这期间，她统治着3000万人口的大帝国，高据在权力的顶峰，富有天下，贵极人寰，但她也有权力达不到的领域，给她带来了极大的苦闷困惑，一直到逝世。

秦汉以后，中国即形成大一统的封建王朝，为了适应这封建大国的需要，经历了若干世代的努力，建成了一套越来越完整的“三纲”体系，它构成封建社会的核心。从天地万物，社会结构，政治秩序，家庭生活，人际关系、无

不被纳入"三纲"体系。从董仲舒开始构造了天人感应，阴阳五行学说，创立"天尊地卑"，"阳贵阴贱"，天为阳，地为阴；君为阳，臣为阴；君为臣纲，父为子纲，夫为妻纲，男主外，女主内，这一系列的规范成了理所当然，不容怀疑的真理。

社会风气、社会舆论，形成了一堵无形的墙，像武则天这样有才略的皇帝，也难冲破它的包围。

据李商隐《宜都内人传》记载：

武后篡既久，颇放纵，耽内习，不敬宗庙，四方日有叛逆，防御不暇，时宜都内人以唾壶进，思有以谏者，后坐帷下，依檀几与语，问四方事。宜都内人曰："大家知女卑于男邪?"

后曰："知"。

内人曰："古有女娲，亦不正是天子，佐伏牺理九州耳。后世孃姥有越出房阁断天下事者，皆不得其正，多是辅昏主，不然抱小儿。独大家革夫姓，改去钗钏，袭服冕，符瑞日至，大臣不敢动，真天子也。然今内之弄臣狎人，朝夕进御者，久未屏去。妾疑此未当天意。"

后曰："何"?

内人曰："女阴也，男阳也。阳尊而阴卑，虽大家以阴事主天，然宜体取刚亢明烈以销群阳。阳销，然后阴得志也。今狎弄日至，处大家夫宫尊位，其势阴求阳也。阳胜而阴亦微，不可久也。大家始今日能屏去男妾，独立天下，则阳之刚亢明烈可有矣。如是过万万世，男子益削，女子益专，妾之愿在此"。

这位宜都内人的劝诫议论有多少真实性且不论，她在逻辑上确实陷于矛盾。武则天作为女人，就应属“阴”类；作为皇帝，她身居阳位应属“阳”类。她宠幸的狎人弄臣们分明是男人应属“阳”类，宜都内人把他们归于“阴”类。

面对这些矛盾，一时说不清楚，够武则天头痛的，武则天用她坚强的个性总算顶住了。比如武则天最早想当皇帝，有人劝阻她，认为从服装到行礼的仪式都有困难。妇女行礼，须敛衽，低眉、俛首，行女儿拜还是行男儿拜，曾引起争论。武则天用极大的勇气，抛弃钗钏，执大圭，袭胞服，祭天地宗庙时，自己为主献，儿子为亚献，完全采用男性天子的仪注。

最使她困惑为难的是皇位继承权的归属问题。武则天是李家的主妇，先当皇后，后当皇太后。亲生的儿子不姓武只能姓李。武则天当了皇帝，为武后先祖立七庙，硬把武氏的祖先追封为皇帝，她用行政命令办到了。企图把以男性为中心改成女性为中心的封建宗法制，社会不认可，就办不成。下一代皇帝姓武还是姓李，武则天对此无能为力。

大臣们(如狄仁杰)向她提出武氏子孙只能奉祀武氏的祖先，不可能给出嫁的姑奶奶立庙奉祀。这就是说，武则天如果一意孤行，背离了社会传统，她死后，她的灵魂将无立锥之地。深受封建传统文化教养，又有浓厚宗教迷信思想的武则天自然不甘心死了以后断了香火——不血食。

武则天在位期间，更换宰相人数最多，任用酷吏残杀亲生儿子，残害大批宗室，贵族，大臣数百家，杀戮宣布的罪名都是“谋反”，可见她虽在高位心里并不踏实。中国历代皇帝改元次数多的也是武则天。从光宅元年(684)废太子为庐陵王起，她掌权期间二十多年间改元十七次，① 从年号命名不难看出这位老年妇女心虚胆怯的一个侧面。她祈求天下不出乱子(如长寿、如意)，求神佛保佑。

武则天雄才大略，有权势，但在男子为中心的封建社会，却无法解除妇女的孤立处境。本领再大，也拗不过社会的大趋势。她有权决定天下百姓生死富贵，却无力实现其传位的意图；② 贵为天子，富有四海，而无法克服其内心自卑和精神空虚。19 世纪英国女王维多利亚也享有高寿，她统治时间也很长，在位期间也遇到不少麻烦事，但未曾遇到女人当国王不合法的指摘，这一点，她比武则天幸运得多。

说到底，英雄人物的本领再大也没有时代潮流的势力大。能善于顺应时代潮流。干一番力所能及的事业，就算英雄了。

① 武则天用过的年号有：光宅(684)、垂拱(685)、永昌(689)(十月为载初元年正月)天授(690)、长寿(692)、如意(692)、延载(694)、天册万岁(695)、正月为证圣元年、万岁通天(696)、(腊月改万岁登封)、神功(697)、圣历(698)、久视(700)、长安(701)、大足(704)。

② “太后春秋高，虑身后与诸武不相容，壬寅(702)命太子、相王、太平公主与武攸暨等为誓文，告天地于明堂，铭之铁券，藏于史馆。”(《资治通鉴》圣历元年)

中国古代宰相的职能*

秦汉以来，中国已形成大一统的封建专制国家，它的主要职能是组织全国的农业生产，安定社会秩序。这样一个大国，统一政权要求政治上的高度集中。封建小农自然经济，它的特性则为极端分散。集中与分散的一对基本矛盾，贯串着中国秦汉以后两千年的历史。如何有效地协调其矛盾，也成了历代统治者的重大课题。主要负责人当然是处在统治最高层的皇帝和他的助手们(宰相)。

雄才大略的皇帝秦始皇，喜欢大权独揽，每天批阅定量文书("以衡石量书"。阅读文件用秤称过，不到一定数量不休息)，(见《史记》秦本记)虽设有宰相(秦称丞相)，权力有限。这个办法并不太成功。秦亡，刘邦当皇帝，他注意选拔文武统帅人才，给他们实权，经他选用的大臣宰相都很称职。刘邦在用人方面比秦始皇高明，他与秦始皇比，更像个皇帝的样子。

汉初第一位宰相萧何，主要致力于建立规章制度。萧

* 原载 1989 年 1 月《群言》第 1 期

何不愧为汉代第一名相，他抓住了国家政治建设的重点，建立法制。设有一套规章制度，光靠打天下时积累的那些经验，用打天下的办法来治天下，没有不偾事的①。秦朝用武力来征服六国，统一全国后，继续用武力震慑天下，很快失败，就是因为不懂得“逆取顺守”的道理。萧何等人制定的规章制度，今已不可详考，他的继任者曹参完全照他的规章去办，取得安定社会的效果，百姓歌之曰：

“萧何为法，顜若画一，曹参代之，守而勿失，载其清静，民以宁一。”

“萧规曹随”后世传为美谈。汉初天下初定，百姓需要休养生息，不好大喜功，不生事扰民，是当时唯一可行的治国方针。宰相抓住这个总政策，抓到了点子上，所以取得成功。人们称赞曹参不是称赞他“不干工作”，而是称赞他用少生事、少扰民作为施政方针，不干事就是干了最好的事，它符合社会发展的需要。

汉文帝平定诸吕，任用周勃、陈平为宰相。周勃为第一首相(右相)，陈平为第二首相(左相)。有一天文帝问右丞相周勃：

“天下一岁决狱几何?”

勃谢曰：“不知”。

问“天下一岁钱谷出几何?”

勃又谢曰：“不知”。汗出沾背，愧不能对。

---

① 高帝刘邦骂之曰：“乃公居马上而得之，安事诗书?”陆贾曰：“君马上得之，宁可以马上治之乎?”(《史记》卷九七)

文帝又问左相陈平。

平曰："有主者。"

上曰："主者谁？"

平曰："陛下即问决狱，责廷尉，问钱谷，责治粟内史。"

上曰："苟各有主者，而君所主何事也？"

平谢曰："主臣。陛下不知其驽下，使待罪宰相。宰相者，上佐天子理阴阳，顺四时，下育万物之宜，外镇抚四夷诸侯，内亲附百姓，使卿大夫各得任其职焉。"

孝文帝乃称善。(《史记》卷56，中华书局版)

所谓"理阴阳，顺四时"，即关心天时。因为小农经济社会生产只能靠天吃饭。皇帝和宰相的头等大事即农业生产，要关心自然灾害的发生和补救办法；对外要处理好邻国关系；对内要安抚百姓；选用各级官吏的适当人选。

从高帝建国，萧何、曹参为宰相到汉文帝，中间又过了几十年，国家仍然贯彻与民休息的政策，但随着社会的发展，需要积累更多一些的管理经验。因为当时的社会情况与汉初大乱之后，疮痍满目，社会残破的状况有所改善。陈平这些人，根据当时的情况，明确宰相与百官的职责，有见地，很高明。

古人这种认识，颇有岗位责任制的味道。中央到地方，分层管理，分层负责，人各有事，人各有责。这一领导方式，得到中央的认可，也应用到地方政府。后来汉武帝命汲黯为东海太守，"黯多病，卧闺阁不出，岁余，东海大治。"(《史记》卷120)汲黯为治，"弘大体不拘文法"。作为太守，可以不管那些细小的事，只要掌握大原则(弘大体)就行了，不可能设想，该郡大小官吏都"卧闺阁不出"，如果那样，就不能达到“大治”的目的。

东汉末，天下大乱，朝廷名存实亡，宰相也不能起什么作用。于是出现了三国鼎立的局面。

三国最有名的贤相，首推诸葛亮。他有才干，道德品行受人尊敬，西蜀在他管理下，很有起色。他事必躬亲，不辞劳苦。“鞠躬尽瘁，死而后已”的作风，传为千古美谈。

史传记载，诸葛亮治蜀，管的事情太具体，太琐碎，应当交给下级人员办的事，他总感到不放心，大小事要亲自过问。作为一个国家的宰相，不敢放手用人，不敢分层放权，永远把自己摆在工作第一线。国家大事小事，一日万机。怎能照顾得周全？亲细务多了，顾大局就少了，将有害于国家的宏观管理；工作时间过长，休息时间就少了，必有害于身体健康。司马懿看透了诸葛亮的这个弱点，专和他打时间消耗战，坐待他劳悴以死。

中国是个小农经济的大国，个体农民的意识渗透到每一个阶层，小农意识的一般特点是眼光短浅，事必躬亲才放心。陈平的地位远不能和诸葛亮相提并论。陈平个人的历史比起诸葛亮来，也显得不怎么高贵，他曾遭到“受金、盗嫂”的指责。诸葛亮世代贵族，隆中高卧，一生清正廉洁，生活作风无可指责。但用宰相的职能和办事作风来衡量两人的高下，陈平管大事不管小事，诸葛亮大小事一齐抓，陈平更像个大国的宰相，诸葛亮的管理方法低了一个层次。陈平的时代人才辈出，宏大而不琐细，体现了汉代大一统的开国气象，给后代留下几百年活动的余地。诸葛亮逝世不久，蜀国后继无人，旋即灭亡。西汉的兴起，西蜀的灭亡，有多种因素，不是陈平、诸葛亮的责任。诸葛亮其人可敬，其志可嘉，其情可悯，其遭遇可悲，是个悲剧性的英雄人物。“出师未捷身先死，长使英雄泪满襟。”有的诗人把他比作萧

(何)、曹(参)，实际上他比不上萧、曹。后人崇敬他，怀念他，偏重同情他的悲壮遭遇，失败的英雄更能引起人们的关注。

封建社会后期，中央集权的势头越来越大，政府权力集中到皇帝一个人手上，宰相的权力、政府权力集中到皇帝一个人手上，宰相的制度也取消了。明清两代的内阁大臣成了皇帝身边起草文件的秘书班子。不再具有“佐天子理阴阳、顺四时”的职能。明中叶，有个张居正，主持中央政府十几年，很有成绩，明代名将戚继光是在他的全力支持下，才得以成功，全国吏治整顿也有成效，真做到令行、禁止。这是在皇帝年幼、太后委托信任的特殊条件下有所成就的。太后死了，小皇帝长大了，发泄了对这位“张先生”积压了多年的宿怨，张居正死后遭到抄家问罪的报复。明清内阁大臣，不都是低能，而是内阁大臣不具有汉唐宰相的职能，因而无所作为。如明朝内阁首辅严嵩，多年当政，势力显赫，但每次皇帝召见他进宫，见到宫中的小太监，连忙打躬作揖，奴颜婢膝不像个宰相的样子。

清朝末年，曾国藩、左宗棠、李鸿章，拥有内阁头衔，打太平天国、打捻军，平定新疆内乱，有职有权，那是因为朝廷自顾不暇，只好放手让他们干，等到天下粗定，大权又收回到皇帝手中。曾国藩按照朝廷的指示，屈辱地处理了天津教案；李鸿章奉命签定卖国条约。封建社会后期，朝廷统治力量越脆弱，越不敢放权，结果皇帝真成了孤家寡人。孤零零地在宝座上发号施令。

辛亥革命，才结束了高度集中统治的局面。

皇帝个人统治的不断加强，说到底，是中国大一统的封建小农经济的产物。因为要维持一统，就要高度集中。尽管社会内部孕育着新的生产关系的萌芽，必然遭到政治扼杀。中国在明中叶，在世界大国行列中开始落后，主要原因是政治上君主高度集权，思想上是儒教统治，禁锢科学思想、民主思想的结果。

明以后的内阁大臣，当然没有萧何、曹参、陈平那样的揽大纲，佐理阴阳的作为，连亲细务，忙忙碌碌的诸葛亮型的作风也几乎绝迹。其中绝大多数利用他们便于接近皇帝的特殊地位，为父祖三代谋封赠，封妻荫子，为子孙置田产，身为大官，实为市侩，更不值一提。

汤用彤先生和他的治学方法*

《汉魏两晋南北朝佛教史》出版到现在快半个世纪，这部著作得到国内外专家学者的重视。汤先生除佛教史外，还有不少其他方面的著作，这里不想多说什么评赞的话，可由读者自己去判断。中外学者公认的汤先生的成就还是在中国佛教史这个领域。古人说“鸳鸯绣出凭君看，不把金针度与人”。相处多年的师友都知道，汤先生一辈子从事研究工作，留下了传世之作，但他生前从未讲过他研究佛教史用的是什么方法。现在试图通过汤先生的佛教史著作成果，谈一谈汤先生的治学方法。虽说和汤先生在一起，朝夕相处达三十年之久，先是跟他当学生，后来跟他当助手，对他的治学方法有一些初步感受，但个人的看法难免片面，未必符合实际。汤先生去世近二十年，墓木已拱，无所取正，现在写出来，供参考。

汤先生病逝于 1964 年，当时痛惜他死得早，不料两年后，即发生了“文化大革命”，以他多病的身体，在北大那个环境，怕也难渡过这一劫难。汤先生去世已 19 年。这 19 年中，

* 原载《中国史研究》1983 年第 2 期。

我国经历了极大灾难，又从极大的灾难中得到重生，全国人民满怀信心地向前迈进，文化事业将有一个高潮。这一新时代，可惜汤先生不及见！

一、传略及著述

汤用彤先生，字锡予，湖北黄梅县人。1893 年农历六月二十三日(公元 1893 年 8 月 4 日)，生于甘肃省渭南县。他的父亲曾在甘肃省任地方官多年，幼年随父亲读五经、四书、古代历史，受过比较严格的封建家庭教育。

1911 年春由北京顺天高等学堂考入清华学堂。顺天高等学堂是一个水平比较高的中学，该校在北京抗战前称为河北高中，地址在地安门东大街，即现在的北京市东城区教师进修学院。当年汤用彤先生在戊班，梁漱溟先生(当时名梁焕鼎)在丙班，张申府先生在丁班，李继侗与郑天挺先生在庚班，一个年级为一班。1916 年毕业于清华学校，同年考取留美官费。因患沙眼，留校工作，教国文，并治沙眼。在清华读书时，与吴宓先生交谊颇深。

1918 年赴美国留学，读大学课程，当时清华学校与美国的大学的课程基本衔接。1920 年入哈佛大学研究院，1922 年取得硕士学位。在哈佛期间，学梵文、巴利文。梵文课程一般要三四年方可卒业，汤先生勤奋过人，提前完成应学习的课程。于 1922 年回国。回国后于 1922 年到 1926 年在南京东南大学任哲学系教授、系主任，陈康先生是那时的学生。陈康后来在德国十余年，通晓古希腊文，成了我国有数的古希腊哲学专家。1926 年夏至 1927 年夏在天津南开大学哲学系任教授，郑昕先生是汤先生那时的学生，后来成为我国研究康德哲学的专家。1927 年夏至 1930 年夏，在南京中央大学(当时称东南大学)任哲学系教授、系主任。1930 年夏至 1937 年，在北京大学任教授，

1935年起兼系主任。

抗战期间，任昆明西南联合大学哲学系教授兼系主任，并兼任北京大学文科研究所主任。

1946年到解放前，任北京大学哲学系教授、系主任、兼文学院院长。1947年夏到1948年，休假期间曾赴美国加里福尼亚大学讲学一年，1948年秋返国，仍任北大哲学系教授、系主任、文学院院长。

1949年北平解放到1951年，任北京大学校务委员会主席、文学院长。

1951年夏到1964年逝世，一直任北京大学副校长。

解放后，曾任中国科学院历史考古组专门委员、《哲学研究》编委、《历史研究》编委、中国科学院哲学社会科学学部委员。

1949年任全国人民政治协商会议委员。历任全国人民代表大会第一、二、三届代表，第三届全国政协常务委员。

著作有：《汉魏两晋南北朝佛教史》、《魏晋玄学论稿》、《印度哲学史略》、《往日杂稿》、《魏晋玄学中的社会政治思想》等。未完成的有《梁高僧传校注》。尚有关于佛教史、道教史的论文多篇分别发表于国内各杂志①。

---

① 《康复札记》(《新建设》1961年6月号)。
《针灸·印度古医书》(《新建设》1961年7月号)。
《谈一点佛书的〈著义〉》(《光明日报》1961年10月19日)。
《论中国佛教无"十宗"》(《哲学研究》1962年3期)。
《关于慧琛》(《文汇报》1962年10月14日)。
《从〈一切道经〉谈到武则天》(《光明日报》1962年11月21日)。
《给巨赞的信〈关于东汉佛教的几个问题〉》(《现代佛学》1963年2期)。
《中国佛教宗派补论》(《北大学报》1963年5期)。
《寇谦之的著作与思想》(《历史研究》1961年5期)。
《读〈道藏〉札记》(《历史研究》1964年3期)。

1954年冬，汤先生患脑溢血，先是几个月神志不清，以后逐渐恢复了记忆，在医生的多方抢救下，最后使失去活动的右半边肢体恢复了机能。医生告诉他每天只能上午工作一小时，下午工作一小时。这时汤先生双目患白内障，一只眼睛已失去视力，他还是艰难地找资料、翻书，有些重要的发现，就叫助手帮他记下来，有时自己也动手摘录，病中作了不少札记，其中有关于佛教史的，有关于印度哲学史的，还有一部分是翻阅《道藏》时摘录的。在病中《高僧传校注》工作还在进行。在床头为哲学系青年教师讲授“印度哲学”课程。每逢和研究生谈过一次话，当天下午甚至第二天，健康状况立刻下降，有时发低烧。汤用彤先生为青年教师讲课，帮助他们掌握基本知识，从不觉得疲倦。记得朱熹晚年“虽疾病支离，至诸生问辨则若沉疴之去体。一日不讲学则惕然常以为忧”。汤先生只要谈起学问来，什么医生的嘱咐、家人的劝告全都忘了。

二、汤用彤先生与北大哲学系

旧中国有哲学系的大学不多，北京(当时称北平)一个城市，倒有三个大学有哲学系。清华大学、北京大学和燕京大学。燕京大学归美国教会领导，自成体系，这里且不说。旧中国一切大学的哲学都讲唯心论，轻视唯物论。当时人们称清华哲学系是“逻辑实在论”学派。清华大学哲学系重视形式逻辑思维的风气，在于培养独立思考，构造体系的“哲学家”。有一位教授戏称，清华哲学系出来的学生是“成则为王，败则为寇”。意思是只要学成了，就是了不起的哲学家(“为王”)，为王的确实有不少。清华大学的哲学系，金岳霖先生任系主任多年，形成了清华大学哲学系的学风和学派。

北大哲学系不大注重逻辑学，甚至没有一个专职讲授逻辑学的教授。张申府、金岳霖诸先生都曾在北大兼任过逻辑学的课程。1934年起，由郑昕先生讲授一年级的形式逻辑。郑先生兴趣在康德哲学，逻辑学在北大一直鼓不起同学们的兴趣。北大强调哲学史和佛教思想的研究。哲学史又分为欧洲哲学史、中国哲学史和印度哲学史。研究佛教哲学在北大哲学系也沿习成风。除汤用彤先生外，还有周叔迦、熊十力几位先生，马叙伦先生讲授庄子哲学也是用佛教法相唯识学说来解释庄子。旧北大的哲学系，其特点是重视佛教史的研究和哲学史的研究。汤用彤先生从1935年起，到全国解放(1949年)，一直主持北大哲学系，因而哲学系的教学及研究方向，受他的学术领导影响至深。

当时北大哲学系人数很少，不分专业。每年毕业不过四、五人。那时同学中间，多半研究欧洲古典哲学，美国的实用主义在教育界影响颇大，但在北大哲学系没有市场。西方的现代哲学，像怀特海、罗素的哲学，北大哲学系很少引起注意。哲学系师生有兴趣的还是斯宾诺莎、笛卡尔、洛克、休谟、贝克莱、康德、黑格尔。有关佛教方面的有关课程开得比较多。有佛教选读，有因明，还有个别宗派的研究，如天台宗、华严宗、隋唐佛学、佛教概论、新唯识论等。中国哲学史也是着眼断代研究和专题或专著研究，如老庄哲学、周程哲学、王阳明哲学等。

抗日战争时期，北大、清华等校合并为西南联合大学，汤先生任西南联合大学哲学系主任，两校特点在哲学系尚各有一定的影响。

全国解放后，经过1952年的全国院系调整，全国只保留了北大一个哲学系。哲学系的主要课程是马列主义哲学课程，即辩证唯物主义与历史唯物主义，也还有一系列的马列主义专题和专著研究。北大哲学系从此进入了一个新的阶段。专业课程中，在历史唯物主义观点的指导下，重视中、外哲学史和佛教史的研究的风气还相当浓厚。

解放后到“文化大革命”前的十多年间，北大哲学系的毕业生，大都分配到各大专院校担任中、外哲学史课程的教师。一个有学术特色的大学，建立自己的学术重点很不容易，这种学术重点一旦形成学术传统，它产生的影响也是十分深远的。

全国解放后，北京大学的哲学系师生也和全国人民一道，沐浴在党的阳光下，汤先生肩负的行政领导工作比过去更重了。新任北大的校长是马寅初先生，副校长是江隆基同志和汤用彤先生。当时正处在教学改革，全面向苏联学习的时期。江隆基副校长主管教学改革及思想政治教育，汤用彤先生分管基建和财务。这方面的业务对汤先生这样一位老教授来说，不能说没有困难，只要是党的安排，汤先生愉快地承担了这一任务，还学会看施工蓝图，管理得很好。

时间和精力已不允许汤先生战斗在教学第一线，但他仍然是哲学系中国哲学史教研室的成员，有些学术讨论会，政治学习会，他也分在这个小组。院系调整对哲学系来说，是大事，全国所有大学的哲学系教授、副教授都集中到北大来。哲学系教授、副教授达 28 位之多，这种盛况在全世界也是仅有的。学术上互相讨论的空气十分活跃，汤先生也是其中的积极分子。北大哲学系在 1957 年以后，才变得沉寂起来，1959 年又有点小的活跃，也只限于讨论讨论曹操、老子等问题。在一年一度的五四科学讨论会上，汤先生也和大家一起提出论文，参加讨论。1954 年大病之后，已不能写长篇文章，他还挤时间一点一滴地积资料，对佛教、道教方面不断提出新的见解，在《北大学报》上发表的几篇文章，虽是时断时续病中之作，仍然保持他当年精密严谨的学风。这时期他的文章命名为《康复札记》，他自己说，不是为了纪念自己的健康恢复，而是要记住党和人民对他的健康的挽救。1963年五一节的晚上，在天安门上看焰火，周总理见到汤用彤先生，关心地问起他身体恢复的情况，并把他领到毛泽东同志身边。毛主席对他说，你的病好了？你的文章我都看了，身体不大好，就写那种短文吧！那天回来汤先生十分兴奋，表示要更好地把他的知识贡献给人民。总是每天读书、学习、接待哲学系来问问题的青年师生，直到他逝世。

三、治学的基本功

从事社会科学研究，要有起码的基本训练，要求从幼年、少年就要打下基础。好像唱京剧，不论生旦净末丑哪一个行当，都要自幼喊嗓子、练腰腿工夫一样，有些工夫须要从小培养、锻炼。也好像一切单项的运动员都要求一定的田径运动训练为基础一样。我国上一代的文化人，差不多不自觉地承受了一种传统，文史哲三方面不要求过早地分科，几乎是综合训练的。老一代的学者如范文澜、郭沫若、王国维、陈寅恪等，都在少年时期经受了严格的训练。古文作为一种工具，运用得比较纯熟。涉猎的范围也比较广泛。在过去分科不细，“国学”一门，经、史、子、集无所不包，在前人未必自觉地认识到这种学习方法有其合理性，但从实践中培养了不少基础扎实的专家、人才。今天看来，老一辈学者的培养训练方法不免有它的浪费时间和精力的地方，但无可讳言，其中有它的合理的内核。他们不同于乾嘉学者，又超过了乾嘉学者。乾嘉学者如戴、段、钱、王诸人，缺少近代科学的训练，缺少外国语文的知识，接受的是纯经院式的训练，因而局限了自己的视野。汤先生自幼学习英语，后来又学习梵文、巴利文，还通晓法文、日文。他是我国第一代经过近代科学训练的学者，具有广泛世界文化历史知识，对古代圣贤经传不那末迷信，敢于推敲、怀疑，因此，具有超过前人的条件，对中国古典文献的自由阅读、正确理解，也不是很容易的事。前一代学者从家庭教育、社会上耳濡目染，无形中得到学习的机会，正如汤用彤先生在他的《汉魏两晋南北朝佛教史》绪言中自己说过的，“幼秉庭训，早览乙部”，打下的基础。

今天的青年人已不可能具备那样的环境和条件，今天的青年人有更多的新知识、新工作要做，接触古典文献的机会比几十年前的人要少得多，应用文言文的机会更少。在今天如何克服时代给带来的不利条件，利用时代的有利条件，以最经济的手段，最节约的时间，把古典文献中必要的文史哲知识学到手，这是提到今天青年学者面前的一项新任务，这一点通过现代手段、科学方法并不是不可以学到，而且可以学得很好。像西欧某些卓有成绩的汉学家，如高本汉、伯希和等人，他们生长在异域，比中国现代青年更加缺少实践汉语的机会，但是他们通过科学方法，不但学得很好，而且还对汉学有所贡献。今天有了电子计算机，有了更完备的索引工具，检阅、查考可以免于记诵之劳，而且比记忆又快又准确，这都是有利的条件。但是我们必须承认对古文献资料要掌握它，消化它，还要触类旁通，这一关非打通不可。这样，我们的新一代必定能够胜过前一代，这不是大话，而是规律。

前人的经验，比如说，文史哲的基础知识都要具备，而不是过早地分专业，专业分得越细，越使人陷于断港绝河，视野受到限制，没有回旋的余地，当然更谈不上左右逢源了。

汤先生落脚在中国佛教史，他们写佛教史以前，他在东南大学、南开大学任教时几乎教过哲学系所有的课程，包括伦理学、逻辑学等，向达先生翻译过亚里士多德的《伦理学》一书，就是在汤先生的指导鼓励下完成的。他在北大哲学系，除了教他的佛教方面的课程外，还讲授《哲学概论》，这是为一年级学生打基础的入门课。解放前，旧中国各大学没有统一教材，而是根据教师的专长任意讲授。汤先生的《哲学概论》介绍西方当代主要流派，也讲授哲学界争论的若干主要问题。他讲授欧洲大陆理性主义，英国经验主义。他讲授佛教方面的课程并不限于佛教内部，也涉及古代印度哲学(佛教斥为外道的那些流派)。佛教课程中，既讲授过佛教的历史，也讲授早期佛教的一些主要经典原著。还开设过《魏晋玄学》，这是断代思想史，也是断代的中国哲学范畴研究。

佛教与道教，有密切关系，两家不断交互影响。社会上只知道汤先生致力于佛教史，而不大了解他对道教的研究功力甚深。《读太平经书所见》一文中已奠定了基础。抗战期间，他指导的研究生王明，论文题目为《太平经合校》。经过整理后的《太平经》，现已成为国际国内学术界公认的定本。

这些课程的开设和讲授都为汤先生的中国佛教史奠定了极为广泛的基础。有了中外文、史、哲广泛探索的基础，又具备丰富的背景材料，所以汤先生的佛教史的研究，讲的虽是一个方面，但读者从中得到的感受如饮醇醪，值得回味。

四、尊重史实的态度

汤先生的佛教史著作已足以说明他是一位史学家，佛教史也是历史的一部分。汤先生的史学成就受到同行的尊重，有人惊叹其渊博，有人心折其谨严，有人欣赏其考证精审，不论从哪一个方面的对汤先生著作感兴趣的人，有一个共同的印象，即认为他的著作使人信得过。好像和一个淳朴忠厚的人交朋友，使人感到他值得信赖，听了他的话不会使人上当。我接触到不少中外治中国佛教史的学者，这些学者来自不同的社会，有不同的国籍，不同的世界观，好像不约而同地对汤先生的著作有类似的感受和评价，这不是偶然的巧合。原因是汤先生的研究著作贯串着尊重历史事实的精神。

研究历史，首先要尊重历史，不能歪曲，不能恣意扯挦自己所需要的资料，故意忽略对自己观点不合的资料，更不能任作者的偏好，混淆客观是非。汤先生曾说过，研究历史不能没有自己的看法和想法（看法和想法包括作者对某些历史事件，历史现象的解释、说明、介绍等）。当历史事实与自己的看法和想法不一致的时候，要毫不顾惜地修正自己的看法和想法，而不能修正历史事实，因为历史事实客观地摆在那里是不能修正的。汤先生解放前没有接触过历史唯物主义，也没学过辩证唯物主义哲学，他在哲学体系上是个典型的唯心主义者。但他尊重历史，明确地提出史实与想法不一致时，则修正自己的想法，不修正史实。这一点却是科学的实事求是的态度。

研究历史要客观，不杂主观成见好恶，这是西方资产阶级学者一贯标榜的一条原则。甚至有一些西方学者用这一条攻击马克思主义者的治史方法，他们说要有了立场观点就是主观主义。这样的攻击，早已被许多研究者所驳斥，这里不再申述。现在要说的是同一件事实，确实有由于立场的不同才得出不同的价值判断，如农民起义，官方正史叫做叛乱，等等。现在只就佛教史范围内的一些具体事实来谈尊重历史事实的问题。比如说佛教传入中国的时间，历史上有种种传说。当佛教和道教互相争夺宗教界领导权时，佛教徒力图把佛教产生的时代以及传入中国的时间提前，为了把道教尊奉的神老子压下去，使他在释迦面前只能充当晚辈。汤用彤先生在他的佛教史中，就曾把佛教传入中国的诸说胪列出来，一一加以评论，客观地向读者介绍了佛教传入的时代。

关于佛教净土信仰，社会流传慧远结莲社的说法，汤先生指出，净土念佛一派出于北方，“中唐之世，尚无信徒唱弥陀而求往生西方者，如后代俗僧之所信也。”(《往日杂稿》)并指出，世所推崇之净土三大师昙鸾、善导、道绰均生长于淮水之北，行化亦限于北方、道绰《安乐集》卷下，经叙此土大德，不言远公。

汤先生研究佛教而不信奉佛教，与当时名僧及佛教界名流素不交往，他认为信仰某宗教，必然对它有偏好，有偏好就很难客观地评论其得失。汤先生谨严地、客观地把中国古代佛教这一社会现象当作历史学的一个分支来探讨。

考据之学，到了清代发展得比较充分，方法多为搜集大量的资料，证其真伪，辨其异同。汤先生精通考据方法，他的学术论文充满着考据精神，精密而不烦琐，三十年代，他指导的研究生王维诚完成了一篇《老子化胡考》。取材详备，论据周密，曾引起学术界的重视。这一考证的特点，不止考证了《老子化胡经》伪出(这是一般考据学一般应当做到的)，而且进一步揭示此伪经出现的社会原因，从中看出佛道两教斗争的背景。又如佛教史上国际国内聚讼纷纭的《牟子理惑论》的真伪问题，汤先生也顺利地提出了令人信服的论据，以说明此书不伪。他的态度是尊重史实、让史实站出来作证。

汤先生的考据不同于传统的考据，还在于他不是传统的汉学家，他是受过现代科学训练的史学家和哲学史家，不只懂考据之学，还懂得义理之学。读者容易感到焦循的《孟子正义》和刘宝楠的《论语正义》有差别。前者胜过后者，就在于焦氏兼通义理之学，刘氏只局限于汉学。使考据为史学服务，所以能简要不烦。

五、功能学派或批判学派的文化社会观

旧社会的大学里，像北大这类学校里，通晓马列主义、历史唯物主义的教授极少。在旧社会，国民党办的学校中，马列主义不能公开讲授。只在五四前后，李大钊同志曾在北大开设过唯物史观这类课程，只是昙花一现，以后没有继续下去。

汤先生在解放后才开始和全校师生学习马列主义。汤先生的解放前著作一直用唯心史观，他在佛教研究工作中。比较注意文化与社会思潮的联系。在旧时代的学者中，他的见解值得重视。比如他讲授印度哲学史，讲到佛教早期分布时，没有忽略古天竺北方各地与南方各地的学风差别；讲到中国禅宗的兴起，菩提达摩的禅法与慧能禅宗的差异时，他也注意到北方禅法重坐禅修炼方法，与北方地论宗的关系；讲到慧能禅宗时，注意到五祖弘忍于黄梅东山寺以《金刚经》为主要教材的转变，指出《金刚经》与南方流行的“三论宗”传布地区的关系。这些见解有的已得到国内外学术界的承认。因为他看到了社会上文化思潮流行与佛教有某些联系的大量现象。他讲“隋唐佛教史”(仅在北大印有铅印本讲义，汤先生生前未公开出版，1982 年，遗稿由中华书局出版，书名为《隋唐佛教史稿》)，在归纳隋唐佛教的特点时，曾列举隋唐佛教有四个特点(这里指的特点是与汉魏南北朝相比较而言)。

第一，隋唐佛教的统一性。南方佛教与玄学理论相融会，重玄谈，思辨探索，佛教流行及发展偏重宗教理论方面。如梁武帝发动群臣批判范缜的《神灭论》，只表现为在文字围攻而没有行动上的人身迫害。北方宗教重实践、修行、坐禅、造像念佛，对理论的兴趣不大，北方信佛教与反佛教冲突，理论方面的辩论不多，行动上，往往表现

为拆庙，杀和尚等活动。隋唐统一，南方北方的特点开始互相吸收，调和统一。政治上的统一也表现在文化上的统一。

第二，国际性。隋唐国势强盛，东西方经济商业来往较多，由长安通向西方的丝绸之路畅通，海上交通也发达。佛教僧侣来往频繁，中国僧人西到印度，东到朝鲜、日本，各国学人互相往来。隋唐时期的佛教也成了国际文化交流的媒介。

第三，自主性。佛教在隋唐时期，各宗派纷纷建立，自成体系，建立自己的传法世系，寺院庙产世袭，庙规僧规也有各宗派的传统，与印度佛教的差异越来越显著。

第四，系统性。各宗派建立了完整的判教体系，把外来各种佛教流派的理论，重新排列、安置，给以适当的位置。从历史事实归纳出来佛教的特点，从而得出外来文化与本土文化接触后产生什么后果问题。

西方有些社会学流派主张世界文化来源只有一个，中国有人也主张文化的出路在于全盘西化。汤先生在一次讲演中说，文化发展，将来的事，我们不是预言家，不相信预言，不过过去的事往往可以作为将来的借鉴。汤先生比较倾向于文化功能学派和批判学派的观点。从汤先生佛教史的著作中看，确曾运用这种方法作为他的研究工作的指导，他从佛教的传入后与中土文化的接触过程中看出：外来文化与本土文化必发生影响，但必须适应本土文化环境，即为本土文化所接受；外来文化也要经常改变自己原来的某些方面，以适应本土文化环境，不能原封不动的移植过来。本土文化有它自己的特点，虽然接受外来文化，但不可能完全改变自己的特性，它的结果，将引起新的变化，外来文化变得适于本土文化环境，本土文化吸收外来文化后，自身也起了变化。他还举例来说明他的观点，如“地狱”和“灵魂”的观念，中国人也有，但佛教传入后，涵义发生了变化。中国人的理解，轮回是鬼(灵魂)在轮回，佛教主张轮回而不主张有鬼(灵魂)，佛教的“念佛”本来是坐禅的一种方法，中国人理解为念佛即口唱佛名，与印度本来的意义不同。等到完全吸收后，外来文化即已变成中国文化的一部分，已不再是外来文化了。

汤先生当年不懂得历史唯物主义，也未接触过上层建筑与基础的相互关系。但他从大量历史事实、文化现象中发现外来文化与本土文化要相适应，不适应即不能生存。陈寅恪先生也看到玄奘的学问不适合中国人好简易的习惯。这些解释虽然还值得进一步讨论，他们从事实出发，看到这一文化生活中的现象，尽可能做出的科学解释，因而他们能做出有价值、有意义的学术贡献。他的文化功能学派的观点，其合理内核是看到，并强调外来文化的传播要适应当地的文化土壤条件。这是他后来较快地接受马列主义的历史唯物观的一个外因。

六、历史的比较法

在没有学习马列主义以前，汤用彤先生的治学方法，我暂称为“历史的比较法”。从道理上讲，为提高鉴别能力，避免片面性，就要进行比较，古今的比较，中外的比较。我们近代几位有成就的历史学家，所以能够超越封建历史学家，如王国维、陈寅恪，他们成功地运用了历史的比较法，研究中国古代史，不局限于运用中国古代当时的文献资料，而要对比同时外国的文献资料；不但要从中国看中国，还要从外国看中国，尽量了解当时中国四邻的状况。有了对比，则便于鉴别。在马克思主义历史唯物主义未被认识以前，这是世界上资产阶级史学工作者通常采用的方法。有了历史唯物主义，这种方法也不能废弃，还不失为一种辅助方法，只是不作为第一位的方法罢了。

汤先生研究并讲授西方近代哲学史，讲授印度哲学、魏晋玄学，无形中充实了佛教史的研究。他讲授欧洲大陆理性主义，重点在斯宾诺莎、笛卡尔，讲授英国经验主义重点在洛克、休谟、贝克莱。这两门课程每年交替开设，他经常采取双方对比的方法，他讲授魏晋玄学课程，也经常采取以王弼与郭象的学说对比的方法。他讲授佛教课，经常采用与印度外道对比的方法。讲授中国佛教史，也经常采用与西方近代哲学的概念、范畴对比的方法。他还对我说过，越是研究中国哲学，越要了解欧洲的哲学和印度的哲学。这是说，他的佛教史撰写的背后，埋藏着人们没有看到的大量的工作和功力，他有深厚的知识积累，才能在他专业范围内驰骋自如，游刃有余。这种横剖面的比较研究，对哲学史的研究十分必要。因为范畴、概念、每一个民族，都有它的特点，不能忽略了这些特点；同时作为认识论，人类的推理，认识外界，又有它一般性、共同性的因素。如果不是这样，我们中国人无法了解亚里士多德的逻辑学，印度的因明之学也传不进中国来。

更为重要的对比，在汤先生用作研究方法的还是古今对比，从历史现象的发展中找寻变化的线索。汤先生的魏晋玄学，未写成书，但有了一个基本体系框架。这也可以说汤先生在中国哲学史研究中一项重大贡献。因为魏晋南北朝正逢中国哲学思潮的变革时期，两汉经学神学目的论到魏晋时期已临绝境，这时佛教、道教在社会上也广泛流传。不研究魏晋玄学，佛教道教也难以深入。汤先生于 1936 年在北大开始讲授“魏晋玄学”课。这一哲学形式和内容与以前以后都有显著的差异。当时我国学术界人士也都感到这一特定阶段的哲学形态有它的特色，还没有形成一个固定的名称，有人称为“清谈”之学，也有人称为“思辨之学”，还有一些其他的名称。今天“魏晋玄学”这一名称已为多数哲学史家所采用。我记得用“魏晋玄学”概括这个时期哲学特点的是汤先生。他为了纪念这一年开始讲授“魏晋玄学”的课程，汤先生为他小儿子命名为“一玄”。

昔年章太炎《五朝学》有云“俗士皆曰秦汉之政踔踔异晚周，六叔(魏、晋、宋、齐、梁、陈)之俗孑尔殊于汉之东都。其言虽有类似。魏晋者俗本之汉，陂陀从迹以至，非能骤溃。”(《章氏丛书》文录卷一)汤先生认为历史变迁常具继续性。文化学术异代不同，然其因革推移，悉由渐进，研究历史，不能不弄清它的变迁之迹。他还说，研究时代学术的异同，虽当注意其变迁之迹，即客观现象，更应当注意变迁的理由。变迁的理由又有两个方面，一方面要注意时代思潮的影响，另一方面要注意治学的眼光与方法。新学术的兴起，虽然受时代思潮的影响，如果没有新的眼光与方法，也不能产生组织完备的新时代哲学体系。

汤先生在他的《读人物志》一文中说：“汉魏之际，中国学术起甚大变化。”即在魏晋时期，细加分别，它变化也很大。如正始名士(老学较盛)，元康名士(庄学较盛)，东晋名士(佛学较盛)，正始以前，魏初名士(刑名较盛)。占有广泛资料，把历史现象给以排比、归纳，分疏其前后时期的异同，才可以说明一个特定时期的思潮的精神面貌。汤先生从先后对比，提出从两汉到魏晋，在认识上是一大进步。汉代学者对天地万物的总体观，不出宇宙生成论(Cosmology)，魏晋玄学则由宇宙生成论进而为探究天地万物之本体，哲学的重心不在于宇宙由何物构成，是元气还是什么，而在于本体论(Ontology)。不但揭示汉魏两个时期哲学形态不同，而且提出汉魏哲学的性质的不同，认识深度的不同。章太炎早年也看到了汉魏学术不同，对魏晋学术也很欣赏，评价颇高，但章氏没有从思想发展的内部指出从汉到魏晋何以不同，两者的不同意味着什么。从认识论的角度来进行探索，这是汤先生魏晋玄学的研究工作超过章太炎的地方。

在中国佛教史研究方面，汤先生把重点放在魏晋南北朝的断代研究方面，这是有原因的。因为汉末，佛教刚刚传入中国，魏晋南北朝时期，佛教蔚为大宗，道教也逐渐扩大它的影响，中国固有文化与这一陌生的外来文化接触后，动荡激摩，有抵牾，有融会，情况复杂，问题多，困难也大。把这一段搞清楚了，对以后的佛教发展史的研究才可以顺利开展，收到振衣挈领的效果。又由于魏晋南北朝正逢中国哲学思潮的变革时期，两汉经学到魏晋时期已陷绝境。佛教、道教也广泛流传。魏晋玄学思潮是佛教、道教滋生的土壤。抓住这一大变革的环节，经过周密的历史的比较，佛教史的脉络比较容易被发现。又由于佛教是个外来的意识形态，又提出了中外比较的有利条件。这也给有功力、有才能的学者以充分施展专长的机会。

旧中国的哲学界就是旧中国的政治、经济状况的一面镜子。半殖民地半封建的社会症状一一表露在学术界。买办的、封建的货色充斥市场，也充斥学术界。当时中国哲学界几乎成了西方资产阶级哲学流派的分支机构。说分支机构也许夸大了，也许可以说是售货商亭或推销外国流派的小摊贩。胡适的实用主义，张东荪的柏格森主义，其他新学派，新体系，凡是外国时兴的，国内都有一点。汤先生对当时趋时髦、凑热闹的学术界十分看不惯，他曾说，第二等的天资，老老实实做第二等的工作(即从事历史资料考证等工作)，而不挂上什么流派的牌号，可能产生第一等的成果；如果第二等的天资，做第一等的工作(建立体系)，很可能第三等的成果也出不来。汤先生说，他有自知之明，甘愿做第二等的工作，给后人留下点有用的资料也好。学术研究本无所谓等级高下的差别，这分明是针对当时务虚名、不务实学的一种批评。

七、史学与史识

在旧中国，从事考据之学的，不少人喜欢引用一些别人看不到的材料借以抬高身价，沾沾自喜。汤先生和几位有成就的历史学者，如陈寅恪先生，陈垣先生却不是这样。他们主要依据是《五经》、《二十四史》、《高僧传》、《资治通鉴》、《大藏经》等，都是摆在大路边上，人人易见的资料。他的立论也平易朴素，从不自诩有什么惊世骇俗的伟大发现。他的著作平实中见功力，经得起时间的考验。《汉魏两晋南北朝佛教史》出版到现在快半个世纪，仍然被学术界所重视。后来外国出版的同类著作，至目前为止，我所看到的，多半是在他原来的间架上有所增益，没有重大的突破，有的作者由于对古汉语的隔阂，还有不少知识性的缺陷。经得起时间考验的学术著作从来是为数不多的。经得起时间考验的主要原因，考订谨严，资料扎实，学术界信得过。汤先生自幼身体不大强壮，三十多岁即满头白发，患高血压，写字手颤，写文章也不像有些作家那样，下笔万言，一挥而就，而是反复斟酌，日积月累，逐渐完成的。内行人都佩服他的文章古朴、厚重、典雅、平实、寓高华于简古，深具汉魏风骨。

汤先生读书十分仔细，他治学谨严，对原始材料一字一句，一个标点也认真考虑，从不轻于放过。他早年写的几篇《大林书评》(收在《往日杂稿》)中对日本一些著名学者的著作提出评论。有根有据，平心静气地说道理，并严肃地指出他们对古代汉籍的断句、标点的错误，从而造成对古人原文意义的误解。作为一个有修养的中国学者，对中国文化遗产的整理，应当最有发言权，也应当善于运用我们的发言权，为国争光。这一点，汤先生表现出中华民族的学术骨气。旧中国有些文化人，生就一付奴颜媚骨，在洋人面前不敢争是非，这种恶劣影响今天还有待于肃清。

汤先生十分注意一个学者的史识，他经常说，做学问，除了广泛占有资料外，还要有科学的识见，他经常用 Insight 这个词。没有史识，光是资料的汇集，不能算作史学著作。有意识地运用历史比较法研究中国佛教史，开创者是汤先生。在汤著佛教史以前也有几本中国佛教史，基本上是封建主义的、资料摘录式的介绍，有成就，但他们的成就受到方法的局限，使问题钻研的深度受到一定的限制。汤用彤先生提出，史学者要有史识。他不同于封建史学者。他对西方现代资产阶级唯心主义哲学有较深的理解，具备现代资产阶级的一些思想方法，对佛教思想进行分析比较，比起那些只会用封建的含混不清的叙述，用佛经解释佛经的中世纪办法提高了一个历史阶段。又由于他能把佛教的传播与发展当作一种社会现象来对待，他解放前用的是唯心史观，但比起那些和尚居士们对佛教怀着迷信态度的膜拜，成就自然高得多，这是他能超出封建学者的原因。

解放以后，汤先生学习了马克思主义，接受了唯物史观，扩大了眼界，才进一步认识天外有天，感到过去的观点方法与唯物史观比较，又有霄壤之别。汤先生认为过去所强调的“史识”有了质的改变。他表示要下决心学好马列主义，对佛教史重新钻研，对自己过去的著作成绩也要自己重新估价。可惜他的健康一直没有完全恢复，这一深切愿望没有完全实现。解放后发表了不少短篇论文等著作，但汤先生对此并不满足。他一直想把中国佛教史重新写过。汤先生从三十年代到北大以后，日本帝国主义侵华行动年年加剧，北京大学师生均有地处国家边陲之感。抗日战争时期，蒋管区政治黑暗，贿赂公行，安分守己的教育工作者更是衣食不周，过着半饥半饱的生活。抗战胜利后。国民党又发动内战，民不聊生。几十年的内忧外患，一大批知识分子、学者，目击国家多难，不愿与国民党同流合污，又不懂得哪是革命的出路，他们打算在学术中寻求安身立命的道路。他们皓首穷经，潜心研究，工作条件艰苦，心情沉重。虽说做出一些成果，这些成果对挽救国家灾难有什么用，他们自己也茫然。汤先生的佛教史著作，就是在这种阴暗低沉的气氛中写成的。

中国解放后，汤先生不止一次地说过，“若不是遇到全中国的解放，可算糊涂过了一生。”汤先生研究史学，把史识放在第一位，直到解放后，学习了马列主义，才真正找到最高明、最科学的指导历史研究原则——唯物史观。

和汤先生同辈的一些学者，解放后，都在自己的岗位上做出了不同的贡献。抗日前在北大哲学系教书时，朋友过从较密的有蒙文通、熊十力、钱穆，贺麟、郑昕、洪谦诸先生。汤先生早年在东南大学时学生有向达、陈康诸位，在南开大学时学生有郑昕等。抗战前在北大哲学系的老学生有熊伟、胡世华、王森、韩镜清、庞景仁、齐良骥、韩裕文、石峻等。这些老朋友和老学生中，有的飘泊海外，有的凋谢，有的成为光荣的共产党员，成了马克思主义者。汤先生若在世，按照他思想发展的逻辑，人们相信他会成为一个光荣的中国共产党党员和马克思主义者的。

贺著《五十年来的中国哲学》序[①]

《五十年来的中国哲学》今天重印，是件很有意义的事。本书所收文章始于30年代初到40年代末。有些篇章的写作过程，我还记得清清楚楚。

20世纪进入30年代的第一年，发生了“九一八”事变，东北沦陷，华北危急。1937年全面抗日战争开始，北京大学迁往昆明，成立西南联合大学。日寇投降后，北大迁回北平，又三年，全国解放，新中国诞生。这二十年间，我们的国家发生了根本变化，哲学界也发生了根本变化。新中国建立以前，中国哲学界有两支队伍，一支是马列主义的队伍，他们代表哲学界的主流，预示着未来的方向。还有一支队伍，他们多半是在国民党地区高等学校的专业工作者，研究西方哲学流派，介绍西方思潮，也有研究中国古典哲学的，这一些哲学工作者学有专长，勤勤恳恳地从事教学和研究。具有代表性的学者中，如贺麟先生、冯友兰先生、朱光潜先生，汤用彤先生、熊十力先生，都是学

① 这是为贺麟先生的文集写的序。

有专长的学者，专业不同，性格不同。他们都希望祖国繁荣富强，“天下兴亡，匹夫有责”，是他们共同的抱负。抗日战争时期他们是坚决的抗战派。解放战争时期，他们对共产党的政策不尽理解，对马列主义不理解，有的持怀疑以及反对态度。他们的爱国主义思想占了主导地位，看到国民党把国家搞得民穷财尽，怨声四起，对国民党不抱希望，因此，都拒绝了国民党诱劝，没有离开大陆，而是在各自的教学岗位上，留下来迎接新中国的降临，把中国富强的希望寄托在中国共产党身上。他们各自用实际行动来履行他们爱国主义的心愿。与中华人民共和国共命运、共忧乐。1959 年以后的三年困难时期也与全国人民共同受饥饿，极“左”思潮下的政治运动，他们曾成为批判的靶子，在一般知识分子所遭受的折磨外，还受到更多的折磨。尽管如此，他们的爱国的初衷没有动摇，而是坚定地继续前进，与国同休戚。他们从唯心主义转变到唯物主义，有的加入了中国共产党，成为马克思主义者，贺麟先生就是其中的一位。

贺先生在北大教学多年，他讲授的课程、大量译著介绍的是西方哲学，并带出了几代攻读西方古典哲学的学者，开创了中国学者研究黑格尔的道路，这些方面是大家看得见的，并被社会上、学术界所公认的，用不着多说。

如果深入地了解贺先生的为人为学，会发现他是旧中国成长的知识分子，从他身上可以看到影响深厚中华民族的文化传统，这个传统表现在为人处世的方方面面。他是研究西方哲学的有数的专家，而他思想深处更多的儒家入世、救世的倾向，往往被忽视。他治学不光是说说而已，而是要见诸实行；他讲学偏重在西方哲学，而用心却在中华民族的安危存亡。他不满足于讲论的义理之学，他还要付诸实践，参与社会活动和社会文化变革。可惜他所操之术和他的善良愿望未能吻合，以致走了弯路。直到找到马列主义，才算找到了最终归宿，给自己找到了一个足以安身立命的地方。

《五十年来的中国哲学》中记载着当年的大学讲坛上，一些真心实意追求真理的学者们辛苦探索的历程。他们对传统文化(中国的、西方的)有真实感情，他们追求真理的态度是严肃的。正是由于他有爱国主义的思想基础，对传统文化有真实感情，探索真理有严肃态度，才有可能使贺先生晚年成为一个马克思主义者。

五十年来，许多哲学工作者，从唯心主义转变成唯物主义，历尽了艰辛，才找到通向真理之路。《五十年来的中国哲学》一书不失为哲学工作者的一面镜子，它反映出旧中国的一些哲学工作者的观察世界的方法。

作者经过长期的考察、比较，最后才从唯心走向唯物主义，虽说步履艰难，但是立足坚实，当初不轻信，既信了就不动摇。中国知识分子的优良传统，在贺先生身上也体现得比较充分。贺先生的这部著作反映着旧中国一批学者的学术造诣和认识水平。中国传统文化的优点和局限都可以从中看出来。总结过去，为了更好地开创未来。近三十年来哲学界成败得失，至今尚未来得及很好总结。如果对《五十年来的中国哲学》给以适当注意，对以后的三十年的中国哲学的认识也会有所裨益。

熊十力先生的为人与治学

三十年代初，我在北大哲学系当学生，后来又在北大教书，熊先生这三十年间，有短暂的时间不在北大，可以说基本上没有离开北大哲学系。这三十年间。国罹劫难，人遭苦厄，社会相、人心相呈现得更加分明，使人加深了对熊老师为人与为学的认识与怀念。

从课堂讲授到书院式的讲学

记得 1934 年考入北京大学时，听高年级的同学们介绍北大的老师们，其中有一位唯一在家里上课的老师，是熊先生。比我高两届的同学说，他们听熊先生讲课还在北大红楼。到了我们这届，1935 年始就不在教室上课了。因为他受不了上下课时间的拘束。熊先生认为听者得不到实际的益处，记得他写给选他课的同学们的一封信，有“师生蚁聚一堂，究竟有何受益”的话，这封信贴在哲学系办公室有很长时间。

熊先生冬天室内不生炉火。北京的冬天差不多有四个多月，听课的学生全副冬装，坐着听讲。熊先生开的课是两个学分，也就是两节课。但熊先生讲起来如长江大河，一泻千里，每次讲课不下三、四小时，而且中间不休息。他站在屋子中间，从不坐着讲。喜欢在听讲者面前指指划划，讲到高兴时，或者认为重要的地方，随手在听讲者的头上或肩上拍一巴掌，然后哈哈大笑，声振堂宇。有一次和张东荪谈哲学，张在熊先生面前，也成了学生，一巴掌拍在张的肩上，张东荪不得不眨眨眼，逡巡后退，以避其锋芒。抗战时，听郑昕先生说他在天津南开中学求学时，听熊先生讲课，他怕熊先生的棒喝，每次早一点到场，找一个离老师远一点的位子坐下。我才知道熊先生这种讲课方式由来已久。

听熊先生讲课，深感到他是教书又教人，讲“新唯识论”、“佛家名相通释”往往大骂蒋介石东北失陷，不抵抗，卖国投降。熊先生不止传授知识，他那种不媚俗，疾恶如仇的品格，感染了听讲的人。

颠沛流离中不废讲学

自从“九一八”以后，北平，昔日故都就成了边城。日本侵略势力逐年向华北延伸。华北之大，摆不下一张安静的书桌。熊先生平时深居斗室，不参与政治运动，但他对同学们的罢课、游行是支持的。同学们罢课，反对华北独立，熊先生的课也上不成，熊先生是同情学生的。对胡适强迫学生上课，也表示不满。“七七”事变后，北平为日军占领，熊先生冒险，化装成商人，乘运煤的货车逃出北平。随行的有刘锡嘏(公纯)，也是北大的学生，一路照料，火车上正值大雨倾盆，衣履尽湿，生怕熊先生感受风寒，幸好未生病。熊先生辗转到了武汉，又到了四川璧山县。这时已是1938年的冬天。

熊先生从北平脱险后，住在璧山县中学里，中学校长钟芳铭欢迎熊先生住下。熊先生的学生钱学熙夫妇、刘公纯也随熊先生留在那里，熊先生没有闲着，写他的《中国历史讲话》。贺麟先生和我从重庆南温泉去璧山看望他。熊先生兴致勃勃地谈他的《中国历史讲话》的内容梗概，大意是讲“五族同源”说。在民族危急存亡关头，对中华民族的热爱，促使他不知疲倦地撰写他的这一著作。我们去时，熊先生很得意地讲述他如何解决了“回族”的起源问题。说，这个问题使他苦苦思考了很久，才解决的。这时，他已同时着手写他的《新唯识论》语体文本。由钱学熙译为英文，刘公纯代他抄写。

在四川八年，熊先生生活很不安定，物价飞涨，大后方民不聊生，熊先生只好投靠老朋友、老学生，艰难度日，和家属不在一起。但他没有一天不讲学，没有一天不修改他的《新唯识论》语体文本。他看到国民党横行霸道，胡作非为，还是指名道姓地骂蒋介石，却从不显得灰心丧气，给人的印象是勇猛精进，自强不息。

熊先生在 1939 年离开璧山中学，住到南温泉鹿角场学生周鹏初家，我当时也在南温泉，每星期天到熊先生处。后来，我回到昆明，他中间到过嘉定乌龙寺，和马一浮主持“复性书院”。不久，书院遭到日寇的轰炸，熊先生膝部中弹片受伤，他也离开了复性书院，和马一浮先生还发生过小的不愉快。熊先生回到璧山来凤驿，与梁漱溟先生住在一起，借住在一所古庙西寿寺。我和贺麟先生同去看过他。那天晚上，梁先生还讲述了他到延安，和毛泽东同志在一个大炕上，连续谈过八个通宵的事。熊先生这时还没有忘了讲学，韩裕文从复性书院退出，随同熊先生。熊先生对韩裕文也分外关心。按通常习惯，我们对熊先生自称学生，熊先生命韩裕文称“弟子”。“弟子”，大概有及门或入室的意思吧。韩裕文是我在大学的同班同学，为人笃实，学问也朴实，对中国的理学、西方的古典哲学，有很深厚的基础。在熊先生那边，学了一两年，因为生活无法维持，不得不离开，到了昆明贺麟先生主持的“西方哲学名著编译会”当专职的翻译，每月有了固定收入，略相当于大学的讲师。1947年间，赴美留学，因肺癌不治，半年后病逝于美国。熊先生为此十分伤痛。如果天假以年，韩裕文在哲学上的成就必有可观。

梁漱溟先生在重庆北碚金刚碑创办了勉仁中学，熊先生被邀到勉仁中学去住，梁先生的几个学生，黄艮庸、云颂天、李渊庭等也成了熊先生的学生，这时熊先生也还是修订他的《新唯识论》语体文本。我在西南联大哲学系，利用暑期，到北碚勉仁中学熊先生处住一两个月。熊先生在北碚除了给勉仁中学讲讲哲学，还结识了郭沫若先生。郭沫若听说熊先生爱吃鸡，滑竿上捆了两只鸡去看熊先生，以后两人通信，讨论先秦诸子及中国传统文化问题，这时郭还向熊先生介绍周恩来同志，他的信上说“周恩来先生，忠厚长者”，愿来看望先生。熊先生与郭沫若结下的友谊，到全国解放后，一直维持着。

在北碚时，牟宗三、徐佛观(后来改为复观)等都常来熊先生处，牟宗三也住在那里。

胸怀坦荡　古道热肠

熊先生的老朋友邓高镜先生，抗日战争期间，没有到大后方去，北平收复后，熊先生回到北京大学，又见到他。见他生活潦倒，很困难，熊先生自己还约集林宰平、汤用彤诸先生按月给他生活费，由我每月发工资后汇寄给他。这种资助一直到邓老先生逝世。

抗战时期南京的支那内学院迁到四川的江津，称支那内学院蜀院。欧阳竟无先生是内学院的创立者，有一大批弟子。熊先生、吕澂先生、汤用彤先生都从欧阳先生问学。吕先生是欧阳先生的事业的继承人。梁启超当年在南京也从欧阳先生学佛学。熊先生的哲学体系已突破佛教思想体系，融佛入儒，欧阳先生认为他背离佛教，背离师说，命人写《破新唯识论》以驳斥熊先生的学说。熊先生又著《破破新唯识论》。从此师生不相来往。我和熊先生相处三十年间，熊先生谈起欧阳先生，总是带有十分敬意，认为他是一代伟人，有造诣的学者，没有不满的言词，只是在学术观点上不一致。欧阳先生在江津病危，熊先生听说后，还是到江津内学院探视，希望与老师最后见一面。当时内学院的同仁，认为欧阳先生垂危，怕见了熊先生情绪激动，受刺激，反而不好，没有让熊先生与欧阳先生见面。熊先生出于师生情谊，前往作最后的诀别。事后人们谈论起这件事，都认为熊先生做得对。

马一浮先生与熊先生多年来是学术上的知己。互相了解，也互相欣赏。熊先生的《新唯识论》出版时，马先生为此书作序。文中有"生肇敛手而咨嗟，奘基矫舌而不下"的话，认为此书的见解超过道生、僧肇、玄奘、窥基。抗战期间在复性书院有一段时期有点不愉快而分手，后来抗战胜利后，两人友好如初。我和熊先生通信，有些见解，熊先生认为有道理的，也把信转给马先生看，马先生的信，也有时熊先生转给我。熊先生的生日，马先生有诗相赠，有云"生辰常占一春先"，因为熊先生的生日在农历正月初四。

全国解放后，熊先生在北京时，收了一个义女，命名"仲光"，和他自己的女儿幼光、再光排行。仲光喜静，爱读佛书，帮助熊先生料理家务，抄写稿子，熊先生一生很少和师母在一起，子女也不学哲学，在北京及在四川，都是独立生活，晚年有一女儿作为弟子，又能听他讲学，十分满意，他说"伏女传经，班女受史，庞女传道"，今得仲光，又多了一个可以传道的人。熊先生南下后，仲光留在北京未随去。

熊先生一生没有积蓄，有时靠亲友的资助，抗战时期有几年很困难。熊先生对他的学生凡是去看他的，他都留下，吃住和他在一起。学生给老师带点礼物，如带只鸡，送点药物，熊先生也不客气。慨然收下，相处如一家人。但是在学问上有错误(对古人的思想理解不对)，熊先生也不客气地指出，从不说敷衍、客气话。有问必答，甚至问一答十。跟熊先生在一起，令人有虚而往，实而归的感觉。和熊先生相处，好像接近一盆火，灼热烤人，离开了，又使人思念难以忘怀。

昂首天外　挥斥八极

北京大学蔡元培当校长时，仿照西方大学的规章，教授要开三门课程。只担任一门课的，聘为专任讲师，外校教授在北大讲授一门课程的，聘为兼任讲师。当年鲁迅就是兼任讲师，我在北大时，清华大学的张申府、金岳霖先生都担任过北大的兼任讲师，林宰平、周叔迦先生也是兼任讲师。熊先生经蔡元培先生介绍到北大哲学系，是专任讲师，每月薪水 120 元。那时蒋梦麟主持北大，熊先生的为人，不会与人俯仰，只是做自己的学问，他这个讲师的名义一直继续到“七七”事变，离开北京为止。他从不参加系里的开学、毕业、迎新送旧的活动。他这个讲师，在任何教授面前屹然而立。不论什么人来访问，他从不和人谈论天气，一谈起来，就是讲学问。除学生们前来请教的以外，在北平常和熊先生来往的，有汤用彤、林宰平、蒙文通、贺麟、张东荪诸先生。都是这些先生到熊先生家，熊先生从不回访。抗战时期在重庆，有不少国民党的达官显宦来访，居正是当年辛亥革命时的朋友，陈铭枢从欧阳竟无先生学过佛学，与熊先生也友好。熊先生住北碚时，陈铭枢请熊先生在一个背山面江风景优美的饭馆吃饭。熊先生朝江面看风景，陈铭枢面对熊先生，背对着江面。熊先生问陈，你为什么不看看风景，陈说，你就是很好的风景。熊先生哈哈大笑，声振堂宇。说：“我就是风景？”熊先生对他们也是讲他的“体用不二”的道理。不论什么人，只要常到熊先生处，听他讲学，不知不觉地就成了他的“学生”了。熊先生有一种气势，或者说有一种“境界”把来访的人慑服了。

我的老朋友韩裕文，曾对我说过，熊先生告诉他，做学问，不能甘居下游，要做学问就要立志，当第一流的学者，没有这个志向，就不要做学问。做学问，要像战场上拼杀一样，要义无反顾，富贵利禄不能动心，妻子儿女也不能兼顾。天才是个条件，但天才不能限制那些有志之士。他还告诫，青年学者，要爱惜精力，他在勉仁中学写了一联赠一青年学者“凝神乃可晋学；固精所以养气”。他对韩裕文讲过像×××，人很聪明，可以成器，他就是爱嫖，这也成不了大器(据说此人现在台湾)。

全国解放后，董必武同志、郭沫若同志函电邀请他到北京来。熊先生路过武汉，当时林彪、李先念主持中南工作，设宴招待他，他还是讲他的唯心主义哲学。到北京后，对人讲，林彪心术不正，怕不得善终。老朋友们劝他不要随便乱说。到北京后，毛泽东同志给他送了几本书，还写了信。熊先生申明，他拥护共产党，爱新中国，一辈子学的是唯心论，无法改变自己的哲学主张。我们的党没勉强他，还出钱帮他出版了好几种唯心主义的著作。他的表里如一，爱国、热爱学术的精神，受到共产党的尊重。

他住在上海，担任全国政协委员，到北京开会，他先说明，我保证“三到”(开幕、闭幕、照相)，其余的大小会都不参加。会议期间他有机会去与多少年的老朋友叙叙旧，也很高兴。他与钟泰、张难先、吕秋逸过从。陈毅同志也前往拜访。鼓励他写他的书，帮他出版。解放后，熊先生的心情基本上是舒畅的。

以理想滋润生命　以生命护持理想

从熊先生和许多良师益友的身上，使我懂得了应当走的路和如何去走。教训深刻，而又使我铭记不忘的，使我首先想到的是熊先生。

熊先生这个人，以他的存在向人们展示了一种哲学的典型。一生坎坷，没有遗产留给儿孙，家庭关系处理得也不尽妥善。几十年来。没有见他穿过一件像样的考究的衣服。伙食注意营养，却不注意滋味，甚至可以说他吃了一辈子没有滋味的饭，人们认为值得流连的生活方式，对熊先生毫不沾边。熊先生博览群书，不讲究版本，手头藏书很少，可以说没有藏书。我认识的学者中，熊先生是唯一没有藏书的学者。别人也许觉得他贫困，他却显得充实而丰足。别人也许认为他不会安排生活，他却过得很幸福、坦然。他也像普通人一样，有时为了一点小事发脾气，过后，却深自谴责，好像雷阵雨过后，蓝天白云分外清新，他胸中不留纤毫芥蒂，真如古人所说的，如光风霁月。他具有只有他才具有的一种人格美。

我常想，是一种什么力量使他这样？这里面大有学问。我感到熊先生在生命深处埋藏着一个高远的理想，有了这个理想，使他百折不回，精进不已，勇往直前，义无反顾。在四川北碚时，熊先生说他在北平寓所有一副自写的对联："道之将废也，文不在兹乎"。胡世华同学看了想要，熊先生送给了他。前不久遇见胡世华，问起这件事，他说确有此事，还补充说，熊先生取下这副对联，在上面写上"此联吾自悬于座，世华见而索之"。"文化大革命"劫火之后，不知此联是否尚在人间。这十个字，充分说明了熊先生的理想。他孜孜不倦，汲汲遑遑，从南到北，开门授徒，著书立说，无非是为了这个理想。熊先生讲学，不问对象(有学人，也有官僚政客、商人)是否值得讲，听讲者是否真正愿意听，他总是苦口婆心。锲而不舍地讲授。讲述的中心，无非要人们认识中华民族传统文化的价值。他中年以后，建造自己的哲学体系后，“舍佛归儒”。除了在他著作中写出来的，理论上发现的佛教哲学缺失外，还有一个埋藏在他内心深处的“第一因”——对中华民族传统文化的热爱。有了这种深挚的爱，虽长年病躯支离，却肩起振兴中华文化的责任。这种深挚而悲苦的责任感，是二十世纪多灾多难的中国爱国的知识分子独有的。对中国传统文化了解得愈深刻，其深挚而悲苦的文化责任感也愈强烈。这就是熊先生理想的动力。①

熊先生抽象思维、辨析名相的功力为常人所不及，《因明大疏删注》即是明证。但熊先生的著作中反复申明的，倒不在于抽象思维的训练，而是教人端正学习的态度。他指出学问的精髓不在于言说文字，而在善于体认言说文字之外的中心恻怛的心怀(超乎小我的感情)，他一再教人不要把学问当作知解看待，要学会体认心之本体。他在著作中反复叮咛：玄学不同于科学，中国哲学不同于西方哲学。这里不存在抬高中国哲学，贬低西方哲学的意思。熊先生只是提供人们如何正确理解中国传统文化的一把钥匙。因为中国传统文化的核心部分，熊先生称为“玄学”(与西方玄学、形而上学意义不同)，它既有思辨之学。又有道德价值观，美学观等更丰厚的内容，这些内容确实

① 有这种思想感情的，事实上不只熊先生一个人，而是一批这样的仁人志士，哲学家个人的具体遭际，以及对文化的认识、观点的差异，各人的表现也不尽相同。

是近代西方意义的哲学所包容不进去的。

“道之将废也，文不在兹乎”，这说明进入二十世纪，中西文化接触后，引起中国有识之士的广泛而深刻的反省。西方侵略国家挟其船坚炮利的余威，给中国的经济生活以破坏，连带引起社会生活、政治生活、以至家庭生活的变革。面临前所未有的大冲击、震荡，发展下去，必然引起知识分子深刻的世界观的动荡。春秋战国在中国历史上曾被认为是个大变革，它与五四以后的变革相比，简直微不足道。熊先生的哲学的核心问题，与其说它讲的哲学问题，不如说它讲的文化问题、传统文化的前途、出路问题。

熊先生“弃佛归儒”，正是由于儒家传统带有浓重的民族特色，而佛教(特别法相唯识之学)更多思辨特色。思辨精神与中华民族的生死存亡的关系不是那么直接。“为生民立命”，在西方近代哲学家看来，本不是哲学家的事，而中国知识分子则认为责无旁贷。熊先生与欧阳竟无先生的分歧在于：熊先生以佛为妄而舍佛归儒；欧阳竟无先生在抗战前后发表的关于《大学》、《中庸》的论著，以及对孔孟的评价，也有“舍佛归儒”的倾向，只是欧阳先生认为儒家高明博大，佛亦不妄，佛儒交相融摄，更趋向于儒而已。

熊先生为了他的理想，生死以之。他很早就宣称他不能接受马列主义，不能相信唯物论。像他这样一位爱国的知识分子，这是可以理解的。

我和熊先生相处多年，相知甚深。我过去一直是儒家的信奉者。新旧中国相比较，逐渐对儒家的格、致、诚、正之学，修、齐、治、平之道，产生了怀疑。对马列主义的认识，逐渐明确。在 1956 年，我与熊先生写信说明，我已放弃儒学，相信马列主义学说是真理，“所信虽有不同，师生之谊长在”，“今后我将一如既往，愿为老师尽力”。熊先生回了一封信，说我“诚信不欺，有古人风”。以后，书信往来，就不再探讨学问了。熊先生历年给我的信很多，可惜毁于十年劫灰中！

学马列主义，也不能在言语文字上打转，也要身体力行，这方法和态度还是从熊先生的教诲中得来的。熊先生是我永不能忘的老师。

赘　语

海外不少学者和同行们，出于对熊先生的关怀，流传着不少传闻和推测。有人认为新中国对待旧社会的老专家实行压迫，他们失去了讲学的自由，受到不公正的待遇，解放后，一直受折磨，饮恨而终。我对此不得不做一些必要的说明。

先说解放前熊先生在北大所受的待遇。熊先生在旧北大一直当讲师。“七七”事变后，教授可以到西南联大报到，仍能教书，不致失业，而熊先生不是教授，迁到大后方，拒绝收容他，任他漂泊西南天地间达八年之久。全国解放后，董必武等政府领导人请他来北京。北京解放不久，教授的待遇按小米折价，刚从美国回来的华罗庚和熊先生的工资都按最高标准定为800斤小米。

抗战胜利后至解放前，熊先生住在沙滩北大孑民堂后院的两间改造过的集体宿舍里，面积约20平方米。解放后，国务院在交道口附近给他租了一处住房，北房五间，并为他购置了必要的家具。他和义女仲光来京后，即住在这里。两三个月以后，熊先生嫌这个院子嘈杂，又搬了一次家，搬到西城宝禅寺街，住在最后一进院子，是个独院。在这里未住多久，国务院又给熊先生在北海鸦儿胡同购买了一所小四合院，出门不远就是什刹海后海。住在这里不到一年，熊先生感到年老，不耐北方严寒，打算到上海依儿子世菩，这是他唯一的儿子，当时世菩在上海招商局任工程师。熊先生的客人学生来往的人多，世菩向招商局申请，扩大他的住房面积，以便安置年老的父亲。格于制度，没有办到。最后由国务院指示上海市委，在愚园路给他安排住房，这个地方比较安静、宽敞。熊先生的工资仍按月由北大汇寄，后来熊先生嫌每月汇寄麻烦，工资由上海市委统战部支付。

旧中国不曾限制唯心论，只限制唯物论，但熊先生的著作出版，遭到种种挫折，有的书是熊先生自己出钱印的。解放后，他的书由国家出钱，出版了七八种，公开发行。说到这里，也附带说一说陈寅恪先生。陈先生抗战期间，为英国庸医所误，双目失明，仅有光感。解放后，中山大学在他的楼前特别用白色涂刷了一条小径，以便于他借助白色反光饭后散步。陈先生用的药品，国内买不到的，由香港购进，24 小时有护士三人轮流护理。还请他到北京担任历史所所长。陈先生的朋友学生多在北京，他也有意北来。由于敦请陈先生的那位学生说话不慎，惹得陈先生不高兴，他拒绝北来。

熊、陈这两位老先生备受政府礼遇，这些事实都说明共产党是尊重学有专长的专家学者的。到了“文化大革命”，是非颠倒，国家遭难。外人只看到知识界、文化界人士在“文化大革命”中所遭受的折磨，误认为是共产党政府搞的。“四人帮”是共产党的敌人，共产党的开国元勋，上至主席、元帅、将军，包括周恩来总理在内，下至一般干部、一般群众，遭难而死的，何止成千上万？这些罪恶行径，应与共产党政府无关，这是不得不说明的。

北大的“老”与“大”*

自从我 1934 年考入北大哲学系，到 1964 年中国科学院成立世界宗教研究所，前后共 30 年。我调离北大后，仍在北大兼任教学工作。这样算来，我与北大同忧戚，共浮沉，已有 54 年。

北大有北大的特点，特点是什么，近来认真想了想，可用两个字概括，一是“老”，一是“大”。

写北大校史一向从 1898 年创建“京师大学堂”算起。我觉得这个算法不符合北大的历史实际状况。

大学名称起源于欧洲中世纪，欧洲古希腊也有讲学的地方称为学院。欧洲中世纪的大学是由教师与学生共同组成的社团，最早的大学建于 11 世纪的博洛尼亚，相当于中国的北宋时期。12 世纪起，有巴黎大学、牛津大学，以后逐渐增多。如果照欧洲中世纪的大学标准来看中国古代的大学，中国的大学比欧洲的大学起码早一千年。汉武帝元

* 原载《精神的魅力》(纪念北大 90 周年论文集) 北京大学出版社 1988 年 4 月出版

溯五年(公元前 124 年)设五经博士弟子 50 人，是西汉太学建立之始。中国不叫大学叫太学，意思是一样的。昭帝时增弟子员满百人，宣帝末，增倍之(按：200 人)。西汉末年，经学盛行，成帝绥和八年(公元前 8 年)增到 3000 人。东汉开国皇帝刘秀就当过太学生。东汉顺帝、质帝时，太学人数又有大量增加，达到 30000 人。

从西汉历魏晋南北朝、唐、宋、元、明、清，直到京师大学堂的建立，两千多年，太学的教学内容以儒家经学为主要课程，以三纲五常教育学生，辛亥革命(1911)前，京师大学堂每月定期向学生宣读《圣谕广训》一次，灌输忠君思想。1913 年，已进入民国时代，清朝隆裕太后死了，教育部令各校放假一天，大总统的生日，也要放假一天，1915 年政府授给北京大学校长胡仁源以“中大夫”的头衔。以上这些事实都说明，北大直到五四以前，它是汉唐以来“太学”的继续。

再看五四以前学校的课程设置，五四以前的北京大学以经学为主课，1909 年，有“经科”，下设“毛诗门”、“周礼门”、“左传门”。和清朝国子监教学内容没有什么区别。

以上这些事实都表明，五四以前的北京大学带有很重的封建气味，从它身上可以看出两千年来中国古老的“太学”的影子。

古代太学生有关心国家大事的传统，他们不大甘心读死书，王莽要当皇帝，太学生上过书；嵇康被判死刑，太学生上过书；京师大学堂时期 1902 年，清朝向沙俄出卖中国的权利，大学堂学生上“抗争俄约疏”。1905 年美国排华，北大同学刊印“广劝抵制美约说”，广为散发，抵制美货。1907 年，慈禧对这批大学生很不放心，发出“上谕”，严禁学生“干预国家政治，及离经叛道，联盟纠众，立会演说”。禁止学生“悖弃圣教”，“变易衣冠”。十月革命影响下，发生了五四运动，大学生运动达到高潮。至于载入史册的“一二·九”运动，更是使当时腐败政府头痛、推动革命前进力量之一。这个老传统值得大书特书。这是从学生方面看北大从太学中继承的老传统。

从旧北大的校领导人来看，蔡元培先生是个教育家，学者，没有官气。蔡先生以前和以后的校长们有官气的较多。西南联大时期同学们曾议论过北大的蒋梦麟校长和清华大学的梅贻琦校长，认为梅贻琦校长在办教育，蒋梦麟校长在当官，后来竟给宋子文当秘书去了。有人说，这也许是北大的旧传统太深，“国子监祭酒”非有官气不可吧？太学生关心国事的传统与国子监祭酒当官的传统竟绵延不断地传袭了两千年！

再说北大的“大”。

北京大学蔡元培先生曾提出：

> “大学者，囊括大典，网罗众家之学府也。……各国大学，哲学之唯心论与唯物论，文学美术之理想派与写实派……常樊然并峙于其中。此思想自由之通则，而大学之所以为大也。我国承数千年专制之积习，常好以见闻所及，持一孔之论。”（《北京大学月刊》发刊词）

这里提出了破除数千年专制之积习，防止“持一孔之论”，容纳不同观点的学说，给各家以争鸣的机会，无疑起了繁荣学术的作用，给五四新文化运动开辟了一条通路。

北大的“大”，不是校舍恢宏，而是学术气度广大。这一无形养成的学风，使北大的后来人能容纳不同的学术观点。我进北大时，蔡元培校长已离任多年，但当年的学风还在。形形色色的教授中，有衣冠楚楚的，也有衣履躐踏的；有口才便捷的，也有语言不清的；有有学历头衔的，也有没有上过大学的；有新人物，也有老秀才。北大教师的总体阵容是壮大的。抗战时期的西南联大，更是呈现了百家争鸣的局面。全国解放后，经历了1952年的全国院系调整(这里有利有弊不可一概而论)，北大的教师队伍打破了各校长期隔阻，南北不通气的格局，促成了解放后的新校风。人们在众多流派中各自汲取其要汲取的，取精用宏，不名一家。北大这个“大”的特点，谁能善于利用它，谁就能从中受益；肯学习，就能多受益。不能说其他大学不具备这种“大”的特点，似乎北大给人的印象最深。不知这里是否杂有个人的偏好？

我 的 书 斋*

顾名思义，书斋应当是读书的地方。古人为了表明自己的爱好、追求，以斋名表明自己的志趣。如“潜揅堂”、“知不足斋”等。在读高中一年级时，发生了“九一八”事变。后来在北京大学读了三年书。当时北大学生们习惯于个人单独活动，宿舍里只有几平方米左右的地盘，也往往用布幔隔开，互不来往。我在北大西斋住了几年，也有一个单独活动的小天地。“九一八”以后，日本军阀连年生事，北平成了边城，华北之大，竟放不下一张平静的书桌。西斋那一间宿舍已被日本兵占去，书籍也全部损失。

抗日战争期间，随学校迁到昆明，开始是当研究生，住集体宿舍，没有自己的书斋。后来留在学校教书，我有了一间书斋，在昆明翠湖边一条小巷子里，住在第三层楼上，面对着西山。在一间斗室里过了七八年。——研究所刚成立时，这里住的都是北大文科研究所的师生。这一间房间原是陈寅恪先生的住室。陈先生身体素弱，冬天用纸

---

* 原载《光明日报》1986 年 12 月 13 日第 2 版

条把窗户封死。砖木结构的楼房不隔音，难免互相干扰，但大家对陈先生都很尊重，晚上九时以后，他要休息(左右邻居，楼上楼下，研究生的导师如罗常培、郑天挺、姚从吾、汤用彤诸先生都住在这里)，大家都不敢高声说笑。有一天，楼下傅斯年、罗常培、郑天挺几位正高谈阔论，陈先生正好在楼上房间，用手杖把楼板捣得咚咚响。傅、罗、郑几位连忙停止了议论，一时变得“四壁悄然”。1941 年后，陈先生赴英国讲学，我也毕业，搬进了陈先生住过的那一间斗室。西山的朝晖夕阴，岫云出没，读书倦了，抬头看看远山，顿觉心情开阔许多。那时生活穷，物价涨，“躲进小楼成一统”，倒也读了不少书。埋头读书，自号书室为“潜斋”。有“潜斋笔记”多卷，“文化大革命”中，毁于火。

侵华日军战败投降，1946 年北大迁回北平原址。这时内战已开始，国民党统治区物价飞涨，民不聊生，北平学生运动风起云涌。我在沙滩红楼有一间住房兼书房，有书也读不下去。这几年间教授中国哲学史及中国佛教哲学，所研究的内容与现实脱节，这个矛盾无力解决，心情比较苦闷，直到 1949 年才好转。1952 年，北京大学由城内迁往城外，我住在中关园，自己又有了一间书斋。有机会系统学习马列主义，眼界比过去开阔了，对社会历史与思想的关系看得比过去清楚多了。解放后，社会上对中国古典经籍不大感兴趣，古籍容易收集。我的书斋藏书比过去充实了。又适逢政治清明，物价稳定，又有马列主义为指导，这十年间对我来说，是个读书及研究的好时机。五十年代末开始，阶级斗争的弦越绷越紧，后来又上山下乡，劳动加运动，知识分子不遑宁处。从干校回来，“文化大革命”十年，全国遭难，书房取消了，我已没有书斋，只好睡在书箱叠成的“床”上，右眼失明，在极困难的情况下，勉强从事写作。

1977年，国家拨乱反正，离开住了二十多年的中关园，搬进了城内，我又有了一个书斋。在这里，给研究生讲课，与学术界的朋友们讨论问题。和“文化大革命”的十年相比，恍如隔世。《中国哲学发展史》、《中国佛教史》、《宗教词典》、《中华大藏经》这几部集体编写的书，都是在这个书斋里开始的。

要做的事还很多，深感力不从心，只好一步一步地前进。在昆明时，书斋为“潜斋”，回到北京，五十年代北大的书斋没有名称，通讯地址写作北大中关园宿舍，取其谐音似可称为“中关虚舍”，因为一半虚度了。现在又遇到政清人和的好时光，本可以多做些事，以弥补十年动乱失去的时间，偏偏眼疾缠身，遵医嘱，为保持目力，夜间不看书、不写字，这个书斋姑命之为“眼科病房”，因近年来不再像从前那样夜以继日地工作，有似病房也。

对我影响最大的书*

《居里夫人传》

居里夫人是个普通的人，是普通家庭的普通一员，又是在科学上有光辉成就、对人类做出卓越贡献的人。

科学成就，要有一定的条件，但也不是等待一切条件具备后再干。居里夫人就是一个不等待条件具备，勇于克服困难的科学家。

很多人经受住了失败，经受不住成功，过了艰苦关，过不了荣誉关。居里夫人始终一贯，自强不息。科学成果归属于个人，还是归属于人类，《居里夫人传》明确回答了这个问题——知识分子要把知识奉献给人民。

《呐　喊》

鲁迅用严峻的目光、严峻的语言、严峻的要求来剖析中国传统文化。鲁迅对中华民族有深厚的爱，爱之也深，

---

* 原载《北京日报》1988 年 9 月 16 日第 3 版

责之也切。今天仍在障碍我们四化的一大堆绊脚石，《呐喊》时代起作用，今天还在起作用，更加使我们认识到除旧布新的紧迫性。《呐喊》值得再读。

主要著作目录

魏晋玄学中的社会政治思想略论(与汤用彤先生共著)上海人民出版社，1956 年 2 月

中国近代思想史(与石峻　朱伯崑先生共著)，1956 年 2 月

老子今译　北京古籍出版社，1956 年 8 月

墨子　上海人民出版社，1956 年 7 月

汉—唐中国佛教思想论集　北京三联书店　1963 年 10 月

韩非　上海人民出版社，1964 年 10 月

中国哲学史简编(主编)北京人民出版社 1973 年 10 月

老子新译　上海人民出版社，1978 年

中国哲学史教科书(四卷本)(主编)北京人民出版社 1979 年 3 月

中国佛教史　(主编)(八卷本)社会科学出版社已出版第 1、2、3 卷

中国哲学发展史(主编)(七卷本)人民出版社已出版 1、2、3 卷

论文目录

1953年

何启·胡礼垣的改良主义思想(《中国近代思想史论文集》)

1954年

孙子兵法中的辩证法因素(《光明日报》4月21日)

1955年

长期被埋没了的民主思想家——邓牧(《光明日报》1955年)

韩非的社会政治思想的几个问题(《文史哲》4期)

论胡适在禅宗史研究中的谬误(《历史研究》1955年5月、10月)

1956年

中国古代医学和哲学的关系(《历史研究》5期)

魏晋清谈的实质和影响(《历史教学》10期)

孟子(中国思想家人物志)(《中国青年》1956年18期)

介绍老子的哲学(《光明日报》1956年1月11日)

范缜的神灭论今译(《人民日报》1956年11月2日)

司马迁的哲学思想(《新建设》1956年6期)

鲁迅同中国古代伟大思想家们的关系(《科学通报》1956年10期)

1957年

苏联哲学界争论的一些问题(《新建设》1957年5月)

中国哲学史的对象和范围

在中国哲学研究中所遇到的几个困难问题(《中国哲学史问题讨论专辑》7月)

中国哲学研究在苏联(《北京日报》1957年4月19日)

1959年

春秋时代天文学和老子的唯物主义思想(《北京大学报》1959年4期)

历代农民革命战争对中国哲学史的影响(《光明日报》1959年5月12日)

从中国古代科学与民主思想的发展看五四运动的科学与民主精神(《光明日报》1959年5月3日)

关于先秦哲学思想的评价问题(《光明日报》1959年4月5日)

老子的研究(任继愈、冯憬远合著《光明日报》1959年5月24日)

1961年

易经和它的哲学思想(《光明日报》)

释老子书中的式(《文汇报》1961年12月)

1962年

释庄子·齐物论篇的以明(《文汇报》1962年9月6日)

老子的朴素辩证法思想(《教学与研究》1962年2期)

墨子生卒年简考(《文史哲》1962年2期4月)

孔子——奴隶社会的保守派，封建社会的圣人(《北大学报》·人文，1962年5期)

孔子的仁的保守思想中的进步意义(《学术月刊》1962年7期)

1963年

王弼贵无的唯心主义本体论(《北大学报》1963年3期)

如果老子是唯物主义者(《哲学研究》1963年6期11月)

李筌的唯物主义观点和军事辩证思想(《北大学报》(人文)1963年6期，12月)

1964 年

刘知几的进步的历史观(《文史哲》1964 年 1～2 月)

悼念汤用彤先生(《历史研究》1964 年)

中国古代朴素唯物主义的特点(《人民日报》1964 年 4 月 19 日)

1979 年

破除迷信，解放思想，发展马克思主义的宗教学(《世界宗教研究》第 1 期)

为发展马克思主义的宗教学而奋斗(《哲学研究》第 4 期)

漫话佛学(《书林》第 1 期)

关于僧肇的《般若无知论》(附今译)(《世界宗教研究》第 1 期)

学习中国哲学史三十年(《哲学研究》1979 年第 9 期)

1980 年

论儒教的形成(《中国社会科学》1980 年第 1 期)

儒家与儒教(《中国哲学》，1980 年，第 3 期)

克服两个缺点(《中国哲学史研究》1980 年第 1 期)

如何看待历史上的唯心主义(《中国哲学史方法论讨论集》，中国社会科学出版社 1980 年 7 月)

中国佛教的特点(《历史论丛》(山东人民出版社，1980 年 8 月)第 1 期)

关于中国封建主义的问题——1980 年 9 月 18 日在陕西省哲学学会的讲话(《人文杂志》1980 年第 6 期)

1981 年

老子研究的方法问题(《中国哲学史研究》1981 年第 1 期)

佛教与中国思想文化——《中国佛教史》第一卷序(《世界宗教研究》1981 年第 1 期)

当前宗教研究中对三个问题的争论(《理论研究资料》1981年，49期)

附：用历史说明迷信——任继愈专访(《桂林日报》1981年11月1日)

1982年

儒教的再评价(《社会科学战线》，1982年，第2期)

推荐一本哲学入门书——《通俗哲学》(《光明日报》1982年4月24日)

评孙叔平著《中国哲学史稿》(《人民日报》1982年7月2日)

中国哲学史的对象和方法《中国哲学》(三联书店，1982年，第8辑)

朱熹与宗教(《中国社会科学》1982年第5期)

发扬中华民族优良传统，建设社会主义精神文明(《云南社会科学》1982年第5期)

关于影印汉文《大藏经》的设想(《文献》第13辑)

宗教研究与哲学研究(《青海社会科学》1982年第5期)

中国哲学史的特点——在《中国哲学史稿》讨论会上的发言(《南京大学学报》(哲社版)1982年，第4期)

伟大的唯物主义者王夫之(《求索》1982年增刊)

附：用历史的观点研究宗教——记任继愈教授的一次谈话(《广西日报》1982年4月1日)

明清理学评议(载：《明清史国际学术讨论会论文集》，天津人民出版社，1982年)

1983年

我是怎样研究起佛学的(《书林》，1983年第2期)

研究中国哲学史的基本功(《中国哲学史研究》1983年第2期)

论汤用彤先生治学的态度和方法(《中国史研究》1983年第2期
又见:《燕园论学集》,北京大学出版社,1985年)

《中国少数民族哲学史论集》序(《哲学研究》1983年,第6期)

建设社会主义精神文明与中国国情(《福建论坛》1983年第4期)

《辽藏》笔谈(《中国历史博物馆馆刊》第5期)

破除封建迷信,建设社会主义精神文明(《求索》1983年第6期)

无神论发展的新的历史阶段(《厦门日报》1983年3月19日)

关于破除封建迷信的几个问题(《光明日报》1983年5月2日)

附:承认宗教,反对迷信——访任继愈教授(《中国农民报》1983年2月22日)

论中国哲学史上普遍存在的思想交融问题——(载《中国哲学史论》,山西人民出版社,1983年,第1~3页)

1984年

唐宋以后的三教合一思潮(《世界宗教研究》1984年,第1期)

《印度佛教史》汉译本序(商务印书馆《印度佛教史》序1984年)

1985年

魏晋玄学研究如何深入(《文史哲》1985年,第3期)

1986年

中国佛教的特点(《世界宗教研究》1986年,第2期)

评马学良等彝文《劝善经》译注(《世界宗教研究》1986年,第3期)

佛教与儒教(《文史知识》1986年,第10期)

论魏晋南北朝社会思潮的交融(《中国文化与中国哲学》,东方出版社,1986年)

瞻望中国哲学史研究的前景(《华东师范大学学报》1986年,第1期)

人才问题杂议(《群言》1986年，第12期)

谈学术文章的写作(《光明日报》1986年12月1日第3版)

我的书斋(《光明日报》1986年12月13日第2版)

1987年

敦煌《坛经》写本跋(《1983年全国敦煌学术讨论会文集》(文史·遗书编·下)甘肃人民出版社，1987年4月)

道家与道教(《文史知识》1987年，第5期)

《五台山古诗选注》序(《五台山研究》1987年，第1期)

任继愈谈佛教与东方文化(《社会科学快报》(沪)1987年9月17日)

附：任继愈谈我国宗教学研究现状

(《团结报》1987年1月3日)

文化发展的势差规律(《群言》1987年，第12期)

1988年

《中国佛性论》序(《哲学研究》1988年，第6期)

女皇的苦闷(《群言》1988年，第4期)

关于编辑《中华大藏经》汉文部分的意义(《书品》1988年，10期)

北大的“老”与“大”(载《精神的魅力》，北京大学出版社，1988年)

对我影响最大的书(《北京日报》1988年9月16日第3版)

隋唐时期的中国文化

熊十力先生的为人与治学(熊十力先生诞生一百周年纪念会)

陈著《韩柳诗文系年》序——论韩愈的历史地位(巴蜀书社)

《中国古代哲学与自然科学》序(李申博士论文序)

论朱熹的《四书集注》(岳麓书社《古典名著普及文库·四书集注·

序》)

佛教与东方文化(《东方文化知识讲座》)

《周易》研究小议(致周易研究会)

《五十年来的中国哲学》序(为贺麟先生文集序)

论白鹿洞书院学规(1987年厦门朱子学国际会议论文)